ZHONGGUO JIAOYU TON

中国教育通鉴

（三）

（鸦片战争——宣统末年）

杨生枝 著

陕西新华出版传媒集团

陕西人民教育出版社

·西安·

图书在版编目（CIP）数据

中国教育通鉴. 三，鸦片战争——宣统末年 / 杨生枝著.
—西安：陕西人民教育出版社，2020.10
ISBN 978－7－5450－7776－6

Ⅰ．①中⋯　Ⅱ．①杨⋯　Ⅲ．①教育史－中国－清后期
Ⅳ．①G529

中国版本图书馆 CIP 数据核字（2020）第 194702 号

中国教育通鉴(三)

鸦片战争——宣统末年

杨生枝 著

出版发行：陕西新华出版传媒集团
　　　　　陕西人民教育出版社
地　　址：西安市丈八五路 58 号
邮　　编：710077
责任编辑：巩长卿
经　　销：各地新华书店
印　　刷：三河市悦鑫印务有限公司
开　　本：787 mm×1092 mm　1/16
印　　张：16.5
字　　数：300 千
版　　次：2020 年 10 月第 1 版
印　　次：2024 年 6 月第 2 次印刷
书　　号：ISBN 978－7－5450－7776－6
定　　价：39.00 元

目　录

卷二十四　道咸时期——传统教育的冲击

从清道光二十年（1840）到咸丰十年（1860）的二十年里，以英国为首的西方资本主义列强先后对中国发动了两次鸦片战争，强迫清政府签订了一系列不平等条约，对中国进行无情的经济掠夺和政治压迫，中华帝国开始丧失其独立地位，从此沦为半殖民地半封建社会。在鸦片战争的强烈刺激下，一些进步封建官僚和开明知识分子，开始提出"师夷长技以制夷"的进步要求，率先发出了要求变革和向西方学习的呼声。这期间，以太平天国为主体的农民革命风暴，极大地扰动了中国封建社会的旧秩序，加速了封建社会的崩溃。

一　道光末年

清宣宗旻宁道光二十年（1840）—清宣宗旻宁道光三十年（1850）

以清道光二十年到二十二年（1840—1842）的鸦片战争为标志，中国历史进入近代，也就是半殖民地半封建社会时代。

道光帝在位凡三十年，为挽救清王朝的衰败，他很想作为一番，重整朝纲，使清朝振作起来。清中叶以后，社会经济积弊难返，特别是鸦片烟毒的泛滥已成为严重的社会问题。故雍正、乾隆、嘉庆三朝，均有禁吸鸦片之命令。但由于清皇朝的吏治腐败和外国鸦片烟贩子的破坏，纸纸禁令，形同具文。到19世纪30年代，鸦片趸船揽储于外洋，快蟹、扒龙等艇飞棹走私，可供吸食的大小窑口潜藏于内地。吸食者遍布城乡各地。鸦片烟毒，危害生灵，"势将胥天下之编氓丁壮，尽为萎靡不振之徒"（《筹办夷务始末〈道光朝〉》卷三），野有游民，国无劲旅，这是多么令人触目惊心的情景。道光帝即位伊始，连连发布严禁鸦片的命令，查拿烟贩，禁民吸食，不准私种罂粟，防止鸦片蔓延。但是，这些禁烟措施并未能遏止鸦片流毒的汹涌泛滥，清统治集团内部禁烟与反禁烟的斗争日益激化。

鸦片的大量输入，使中国由白银入超变为出超，导致国内银价急剧上涨，百业萧条，市场凋敝，国库空虚，封建经济出现危机。道光十八年（1838），鸿胪寺卿黄爵滋建议禁烟。湖广总督林则徐表示坚决支持，并尖锐地指出，鸦片“流毒于天下，则为害甚巨”，“若犹泄泄视之，是使数十年后，中原几无可以御敌之兵，且无可以充饷之银”。（《林则徐集·奏稿》，第601页）道光帝认识到了问题的严重性，于是任命林则徐为钦差大臣，赴广东禁烟。

道光十九年（1839）3月，林则徐到达广州，立即雷厉风行地开展禁烟运动。为了应付英国的武装挑衅，林则徐一方面加强海防，积极备战，一方面相信“民心可用”，依靠社会基层组织的支持开展禁烟运动，并于道光十九年四月二十二日（1839年6月3日）开始将收缴的鸦片在虎门海滩当众销毁。但是，英国政府为维护其可耻的鸦片贸易，派驻广州的商务监督义律等人百般顽抗，多次挑衅，以便他们找到发动侵略战争的借口。10月1日，英国召开内阁会议，正式决定向中国出兵。道光二十年（1840）6月28日，由48艘船舰、540门大炮和4000名士兵组成的英国“东方远征军”封锁了广州江面和海口。第一次鸦片战争爆发了。但此时的清朝统治已腐败透顶，官吏渎法嗜利，骄奢淫逸，置国计民生于不顾，对外国的事物更是暗昧无知，清朝军队腐败到了极点。“兵心不固”，“见贼即走”，在英国侵略军的攻击下不堪一击。清统治者外而震慑于英国侵略军的船坚炮利，内则十分仇视人民，认为“患在内而不在外”，担心战争时间延长，国内可能出现民众揭竿而起的局面，不如早日向英军妥协求和。因此，道光帝在广东、浙江两次出师失败后，就完全采取一意求和的政策，有意接受屈辱的和约。道光二十二年七月二十四日（1842年8月29日），清政府同英国侵略者签订了丧权辱国的中英《南京条约》。这个条约是在炮口的威逼下订立的。通过《南京条约》及以后的补充条约，英国侵略者从中国攫取了许多特权，主要有：（1）割让香港岛；（2）勒索巨款，赔偿银元共2100万元；（3）开放五口通商，即开放广州、福州、厦门、宁波、上海五口；（4）控制关税，使中国丧失了关税自主权；（5）赋予英国领事裁判权，严重破坏了中国的司法主权；（6）赋予英国片面最惠国待遇。这些条约中虽未涉及鸦片问题，但实际上，鸦片的大量输入已为腐败的清政府所默许。其后，美国、法国及其他一些西方国家纷至沓来，要求“共同分享”侵略权益。清政府对此采取“一视同仁”的政策，一概予以满足。从此，中国人民深受帝国主义和封建主义的双重压迫。

（一）外来冲击下的应对思维

鸦片战争的失败，以严酷的事实暴露了当时的中国与西方世界的差距，以无情的武力手段，迫使中国被卷入世界资本主义大潮之中。对于这些形势，清朝统治阶级中只有极少数先进分子有所觉察和认识，睁眼看世界的第一人林则徐，在与西方资本主义列强的频繁接触中，就非常注意了解和研究外国，主张睁眼看世界。为了"采访夷情"，在到达广州后不久，他即组织了当时几个通晓外文的人才，从外国报刊上搜集有关资料并编译成《澳门新闻纸》。他还组织人力根据英国人慕瑞的《地理大全》的一部分编译整理成《四洲志》。《四洲志》是我国第一部比较系统的世界地理大观，它介绍了世界五大洲的30多个国家的地理分布和历史变迁概况，成为后来魏源编纂《海国图志》的蓝本。他还组织有关人员摘译西方报刊上议论中国的各种言论资料，辑成《华事夷言》；摘译瑞士人瓦特尔（或译作滑达尔）关于国际法的著作，编成《各国律例》；摘译英国人池尔洼的《对华鸦片贸易》等书。通过这些翻译成汉文的西方著述和资料，林则徐了解到不少"夷情"，并据此制定了对敌的"制驭之方"（梁廷枏：《夷氛闻记》，第68—69页）。他还请人翻译西方关于大炮瞄准法等武器制造方面的应用书籍，以学习外国的先进军事技术，并将大炮瞄准法在广东防务中加以应用。林则徐致力于了解"夷情"，其目的是"尽得西人之长技，为中国之长技"，以抵抗外来侵略。这个指导思想也就是魏源后来所概括的"师夷长技以制夷"。

在林则徐"开眼看世界"的实际行动和魏源"师夷长技以制夷"思想的影响下，十九世纪四十年代，确曾出现过一股以研究西方器物文化为特征的经世致用思潮。继林则徐的《四洲志》和魏源的《海国图志》之后，当时编辑成书的有《英吉利记》（萧令裕）、《红毛蕃英吉利考略》（汪文泰）、《海国四说》（梁廷枏）、《瀛寰志略》（徐继畲）等，也有直接研究西方武器的著作问世。（费正清、刘广京主编：《剑桥中国晚清史》〈下卷〉，中国社会科学出版社，1985年版，第174页）这些书籍的编辑刊刻，反映了人们对西方资本主义文明的感受和认识，也表明把西方先进的船炮技术转为己有的迫切愿望。

·相关链接·

魏源的《海国图志》流传日本后，给要求抵御外敌、革新内政的维新人士以重要启迪，从而对推动日本的开国与维新发挥了作用。日本学者北山康夫曾经指出："魏氏之革新与批判精神给予日本维新分子以极大鼓舞，诸如佐久间象山及吉田松阳等均受其影响。"引自肖致治：《魏源的〈海国图志〉及其对日本的影响》。

　　但是，就整个封建统治阶级而言，依然是文恬武嬉、歌舞升平，没有危机感，而沉湎于一纸和约可换来万年太平的美梦之中。在鸦片战争失败及中英、中美、中法《五口通商条约》签订之后，清代的统治者并没有认识到"师夷长技"和改革内政的紧迫性，而是指望通过这些丧权辱国条约的签订，满足外夷的嗜欲，以便换来永久的和平。道光皇帝在中英谈判期间，虽对英方强加的条款愤懑之至，但仍称"于万无可奈之中，不能不勉允所请"，并谕示耆英"迅速定议"，以期"永绝后患"（《清实录·宣宗实录》卷三七八）。耆英在《中美望厦条约》签订后，也深信中国的和平已经确保无疑，并对美国人送的火炮模型和军事技术书籍这类"利器"，嗤之以鼻。这种态度，显然反映了当时朝野士大夫的普遍心态。

　　在应对政策上，与先进知识分子的觉醒和呐喊形成鲜明对照的是，整个统治阶级则得过且过、颠顶虚骄和沉醉于对"天朝声威"的迷恋。许多官僚士大夫在总结善后之策时，有的主张只要朝廷"乾纲独断于堂陛，而弗涉游移，守臣效命于疆场，而罔敢退蒠"，就能"殄灭妖氛，廓清海甸"，"中外禔福，长享太平"。（阿英：《鸦片战争文学集》，人民文学出版社，1957 年版，第 1007 页）。有的认为，"欲治今日之天下，则莫若固未散之民心，欲固未散之民心，则其要归于择守令，而海疆之善后，卒亦无以易此焉"（张穆：《海疆善后宜重守令议》，《月斋文集》卷二）。也有人认为，"欲息内外之争，必先弭民夷之隙"（《道光夷务》第六册，第 3093 页）。提出要"屈民以从夷。"还有的提出具体的"御夷"办法，用"火攻"，用木棒击夷兵之腿，用"闷香"薰，收集妇女溺器为"压胜具"，等等。这些所谓的"善后"之策、"御敌之方"，实在是千百年来早已唱烂的老调子，归结起来无非是"整顿吏治""团结民心"的老调重弹；至于以"木棒""闷香"和妇女溺器去对付"夷人"之火炮、战舰的对策，真是愚昧、滑稽至极，更让人产生一种深沉的悲怆。

·相关链接·

　　鸦片战争的消息传到日本后，许多日本人士都立即认识到这也是与日本的命运密切相关的大事。当时幕府总理政务的老中水野中就说：鸦片战争"虽为外国之事，但足为我国之戒"（信夫清三郎：《日本政治史》节（卷））。日本朝人士纷纷提出要以鸦片战争等中国事变作为日本的"前车之鉴"。他们常常引用《易经》中"履霜坚冰至"这句话来表示看到中国发生鸦片战争，就该考虑日本有遭受侵略的危险。盐古岩阴就曾指出："今观满清鸦片之祸，其有不戒于履霜矣！""西海之烟氛，又庸知不其为东海之霸也哉。"（引自王晓秋：《近代中日文化交流史》）

（二）强化教育体制的自我改造

鸦片战争后，清朝统治阶级对外部世界这样一种基本的认识，决定了这一时期在整合传统教育方面，采取了调整教育的政策、措施。这和以前消除旧学弊症的办法没有实质性的区别，是以强化对封建教育体制内部的自我改造作为善后之策的应对措施。

1. 巩固儒学在教育中的至尊地位

道光三十年（1850），道光皇帝发布上谕："著各省督抚会同各该学政特饬地方官及各学教官，于书院家塾教授生徒，均令以《御纂性理精义》《圣谕广训》为课读讲习之要，使之家喻户晓，礼义廉耻油然自生，斯邪教不禁而自化，经正民兴，庶收实效。"（《十朝东华录·咸丰六》，光绪甲午积山书局石印本，第30页）面对当时内外交困的局势，大臣耆英就提出通过学校之人"于民夷冰炭之处"，进行开导劝谕，他在道光二十六年（1846）说："升平等各社学……均有公正绅士为之钤束。近年以来，不惟滋扰府署与官为仇者，社学之人不与其事，即焚毁公司馆与夷构衅者，亦并无社学之人。"（《道光夷务》第六册，第2994页）要求充分发挥教育的特殊作用。

2. 整顿官学

鸦片战争后，道光帝发布谕旨，要求严格考校教官整顿官学。道光三十年，连发两道谕旨："学校为教化之原，士子训课，责在教官；教官贤否，责在学政。近日教官一途，半皆年老衰庸及末学浅见之士。著各省学政严行考校：文行兼优者，方准列荐；庸劣不职者，即行甄别。"（刘锦藻：《清续文献通考》卷九七）"国家建立官学，原以教养宗支及八旗子弟，自应循名责实，无令旷功。据称近日各学勤学者少，仅止按时呈交月课，多不入学，殊非认真教督之道。嗣后著管学王大臣严饬各该学正副管助教习等，督率各生勤加讲课，以整学规，毋任虚糜饩廪也。"（《钦定大清会典事例》卷三九三）这一系列整顿官学的主要措施，虽然措辞严厉，但并无突破性的新举措。

3. 改进科举取士

道光二十三年（1843），清政府明令："各直省中试举人，自下科始一体复试。"（刘锦藻：《清续文献通考》卷八六）至此，中试举人非经复试不许参加会试，遂成为一种制度，

·相关链接·

1848年，意大利通过教育法规，以法律形式规定了各级教育行政机构的领导权，加强了各级教育机构的管理。

1850年，意大利出版《论教育》，提出道德秩序的基础是道德教育。

1850年，澳大利亚悉尼大学创办。

一直延续到科举制度被废除。此外，又扩大科举取士名额，道光二十一年（1841）夏，"赐龙启瑞等二百二人进士及第出身有差"。道光二十五年（1845）夏，"赐萧锦忠等二百十七人进士及第出身有差。"（《清史稿》卷十九《宣宗本纪三》）可见，这一措施只不过是为了多造就几个"科举之才"而已。

鸦片战争后，清政府在教育方面采取的这些应对措施，只是教育在长期发展过程中所形成的自我调节应变的举措，既不能应对国门被强迫打开后西方文化教育发起的挑战，也难以对维护封建社会生存和发展继续发挥作用，改革已势在必行。

（三）魏源："师夷长技以制夷"的教育观念

鸦片战争的炮火硝烟，更将本已危机四伏的晚清社会笼罩在一层深重的民族危机之中，"制夷"成为举国注意的焦点，"经世致用"思想也沿着"制夷"的路径发展。一些有识之士通过战争的进程和结果，敏锐地认识到西方在自然科学技术和军事技术方面所占据的优势，主张学习西洋技术，并相应地改革传统教育。道光二十一年（1841），两广总督祁𡎰上疏，提议将制器通算等实用知识列入科试。在这些有识之士中，尤以魏源为最重要的思想家代表。

魏源（1794—1857），字默深，湖南邵阳人。出身于地主知识分子家庭，童年时期家道已经中落，过着清贫的生活，"家贫无书，假之族塾"。他沉静寡言，好学用功，读书常至深夜，"夜则燃豆秸，母绩子读，欣欣忘贫"（《邵阳魏府君事略》，《魏源集》，第847—861页）。十七岁时在县里已小有名气，开始授徒讲学，是一位年轻的教师。二十岁随父入京，开始研究经学。后又与龚自珍一起学习公羊学。道光二年（1822），顺天府乡试魏源考中举人。道光九年（1829）考进士未中，捐了一个内阁中书舍人，得以博览内阁典籍。道光二十一年（1841），他加入两江总督裕谦幕府，投入抗英斗争，并撰成《圣武记》十五卷。后于镇江会晤遣戍伊犁途中的林则徐，受林则徐嘱托，在《四洲志》的基础上，撰成《海国图志》。道光二十五年（1845）考中进士，在地方官任内"为民请命"，改建书院，创设义学，注意发展教育事业。后被革职，他将全家迁往兴化，从此专心著述，著述丰富，咸丰七年（1857）病逝于杭州。

倡导经世致用，批判学术时弊　"经世致用"是中国教育的优良传统。魏源从"经世致用"的观点出发，提出了"以经术为治术"（《默觚上·治篇九》，《魏源集》，第24页）的学术思想。他对乾嘉之际沉迷于训诂考据、烦琐无用的学风十分反感，尖锐地指出考据之学和义理之学远离政治，不切实际。他批评道："自乾隆中叶后，海内士大夫兴汉学，而大江南北尤盛。……争治训诂音声，瓜剖𬭤析"，他们将明末清初顾炎武、黄宗羲等的经世致用之学摒于经学之外，却以专事寻章摘句来"锢天下聪明智慧，使尽出于无用一途"（《武进李申耆先生传》，《魏源集》上册，第 358 页）。魏源认为考据之学是"以诂训音声蔽小学，以名物器服蔽《三礼》，以象数蔽《易》，以鸟兽草木蔽《诗》，毕生治经，无一言益己，无一事可验诸治者"（《魏源集》，中华书局，1976 年，第 24 页）。针对义理之学的空腐，魏源说："口心性，躬礼义，动言万物一体，而民瘼之不求，吏治之不习，国计边防之不问，一旦与人家国，上不足制国用，外不足靖疆圉，下不足苏民困，举平日胞与民物之空谈，至此无一事可效诸民物，天下亦安用此无用之王道哉？"（《魏源集》，中华书局，1976 年，第 36 页）他强调结合现实斗争学习经史典籍，他说："读父书者不可与言兵，守陈案者不可与言律，好剿袭者不可与言文"，认为必须打破陈规戒律，创造性地学习。他称赞那种"善琴弈者不视谱，善相马者不按图，善治民者不泥法"（《默觚下·治篇五》，《魏源集》，第 49 页）的独立学习精神。就是说，他认为学习一定要结合实际，能够"亲历诸身"，付诸实践。

魏源为了纠正这种不良学风，并从根本上否定这种风气赖以流行的护身符，对一些被清代汉学家奉为神明的经典提出大胆质疑。在《诗古微》中，他指斥《毛传》和大小序皆系晚出伪书；在《书古微》中，他认为马融、郑玄之学都出于伪作的杜林《漆书》，提出古文《尚书》是否存在尚有疑问，这一观点被视为"阎百诗以后第二重公案"。他认为，《六经》并不是万古不变的教条，只是"网罗放失，纂述旧闻，以昭代为宪章，而监二代之文献"（《国朝古文类钞叙》，《魏源集》上册，第 228 页）。既然上古三代与后世的天地人物都不同，法令和制度也都随之发生变化，那么就不能泥守古法，必须变革。

批判科举制度，提倡效法西方 魏源认为，鸦片战争的失败，在于内政不修，而内政不修的根由，在于缺乏经邦治国的人才。他说："官无不材，则国桢富；境无废令，则国柄强。桢富柄强，则以之诘奸奸不处，以之治财财不蠹，以之勤器器不窳，以之练士士无虚伍。如是，何患于四夷，何忧乎御侮。"（《圣武记叙》，《魏源集》，第 166 页）他理想中的人才，要能够"以实事程实功，以实功程实事"。无论在军事、外交、理财、实业各方面，都有实际的知识和技能。他要求改变当时官场和知识界"人心之寐"和"人心之虚"的弊病。

他猛烈抨击了当时的八股科举制度，讥讽这种考试选拔的人，是"专以无益之画饼，无用之雕虫，不识兵农礼乐工虞士师为何事"的"科举兔册之人"。（《默觚下·治篇一》，《魏源集》上册，第 37 页）让这些醉心于功名利禄之人来遍任六官之职，治理四方之民，怎么能治理好国家呢？他在《都中吟》中讽刺只重小楷试帖的科举取士制度："小楷书，八韵诗，青紫拾芥惊童儿；书小楷，诗八韵，将相文武此中进。……从此掌丝纶，从此驰韬铎……从此考枢密，从此列谏官，尽凭针管绣鸳鸯。……雕虫竟可屠龙共，谁道所养非所用！"淋漓尽致地讽刺了八股取士制度的黑暗和所选人才的无能。

　　作为一个经学家，魏源基本是在传统经学的范畴之内寻求革弊良方的。在《默觚·学篇》中，他在严厉指责传统教育以腐儒无用之学贻害天下，以浮藻饾饤冒充圣学之后，提出了"以经学为治术"，"以《礼》《乐》服制兴教化"，"以《周官》致太平"等一系列主张。他要求以实用知识科试士子，主张"国家欲兴数百年之利弊，在综核名实始。欲综核名实，在士大夫舍楷书帖括而讨朝章，讨国故始。舍胥吏例案而图讦谟，图远猷始"。（《武事余记·兵制兵饷》，《圣武记》，第 241 页）他在《海国图志·筹海篇》中从中西对比中分析八股取士制度的危害。他指出："国家试取武生、武举人、武进士，专以弓马技勇。"在使用火枪、火炮的时代，这样选拔武官的方式远远落后于西方国家。而且，武科取士只是"陆营有科而水师无科"。他说西方各国却不然，西洋"则专以造船、造火器、奇器，取士抡官"。他建议仿照西洋办法，在闽粤二省"武试增水师一科，有能造西洋战舰、火轮舟，造飞炮、火箭、水雷、奇器者，为科甲出身"，用以选拔海军人才。考中以后，"分发沿海水师致习技艺"。他主张"凡水师将官必由船厂、火器局出身"，或者"由舵工、水手、枪手出身"。他认为这样做"必有奇材绝技出其中"。他分析研究后得出这样的结论："知水师者不能舍船械而空谈韬略，武备不能舍船炮而专重弓马。"（《海国图志》卷三，第 6 页）魏源的这类建议，虽然是在旧的教育体制和观念内部，进行的有限调整，但在当时这种见解却是实际的，有见地的，符合时代要求的。

　　"师夷长技以制夷"的教育主张　在《海国图志》中，魏源开宗明义地提出学习西方先进技术以抵御外侮的思想。"是书何以作？曰：为以夷攻夷而作，为以夷制夷而作，为师夷长技以制夷而作"（《海国图志叙》）。他驳斥了"夷兵不可敌"的畏敌观点及视西方科技为"奇技淫巧"的谬论，并胪列了"师夷长技"的具体内容和措施。魏源的"师夷长技以制夷"的思想，其出发点和归结点都是为了"制夷"，它具有抵抗外侮、卫国守土的爱国主义特点。其认识主要体现在以下几个方面：

　　首先，师夷长技必须熟悉夷情。在《圣武记》卷十二中，魏源指出：当世士大夫"徒知侈张中华，未睹寰瀛之大"，"儒者著书，惟知九州之内，至塞外诸藩，则若疑若昧；荒外诸服，则若有若无"。社会上甚至朝廷之上，对于外部世界很少了解，许多人对像英国这样已经与之通商二百年的国家，"竟莫知其方向，莫悉其离合"（《海国图志·筹海篇三·议战》），对于外国的许多先进技术，又一概鄙夷为"奇技淫巧，形器之末"，或但知"船炮为西夷之长技，而不知西夷之所长，不徒船炮也"（《海国图志·筹海篇三·议战》）。针对这种状况，魏源提出"筹夷事必知夷情"，"欲制外夷者，必先悉夷情始"，而"欲悉夷情者，必先立译馆，翻夷书始"（《海国图志·筹海篇三·议战》）。为了熟悉夷情，翻译夷书，道光二十二年（1842），魏源在林则徐委托袁德辉译编的《四洲志》基础上，又根据明代岛志及当世夷国、夷译，"以西洋人谈西洋"的众多资料做参考，编撰《海国图志》六十卷，又于五年后补撰为一百卷，共八十余万言，并附地图七十五幅，附船炮式样图五十七幅，为朝野上下提供了全新的世界知识。魏源在这部书的开头议战议守部分指出："有用之物，即奇技而非淫巧。今西洋器械，借风力、水力、火力，夺造化，通神明，无非竭耳目心思之力。""夷之长技三：一战舰，二火炮，三养兵练兵之法。"他既赞赏竭耳目心思之功而成的器械，有夺造化的功用，又注意到了战争中养兵练兵之法，即今日所称人的因素。

其次，师夷长技必须"转夷之长技为中国之长技"。这是魏源从鸦片战争失败的实际感受中逐步形成的思想。开始，魏源也认为"与其制之内地，不如购之外夷"，后来他的观点就不再停留在购船购炮上，而是要求"仿钦天监用西洋历官之例，行取弥利坚、佛兰西、葡萄亚三国各遣头目一二人，赴粤司造船局，而择内地巧匠精兵以传习之，如习天文之例"（《魏源集·道光洋艘征抚记上》，第 186 页）。他还曾提出："请于广东虎门外之沙角、大角二处，置造船厂一，火器局一。行取佛兰西、弥利坚二国各来夷目一二人，分携西洋工匠至粤，司造船械，并延西洋柁师，司教行船演炮之法，如钦天监夷官之例，而选闽粤巧匠精兵以习之，工匠习其铸造，精兵习其驾驭攻击。""沿海商民，有自愿仿设厂局以造船械，或自用，或出售者听之。"（《海国图志·筹海篇三·议战》）他对顽固派把设厂局、造船械视为"靡费"的论调给予驳斥，说"使有议置造船械，师夷长技者，则曰靡费；及一旦靡费十倍于此，则又谓权宜救急而不足惜"（《海国图志·筹海篇三·议战》）。这种自己设厂设局、造船造炮的办法，自然也给教育提出了培养科技人才的新课题。

此外，师夷长技必须"厉精淬志"。在西方长技面前，魏源毫不自卑，他指出："中国智慧，无所不有。历算则日月薄蚀、闰余消息、不爽杪毫；仪器则钟表晷刻，不亚西土；至罗针、壶漏，则创自中国，而后西行……是人才非不足明矣。"（《海国图志·筹海篇三·议战》）并认为将来"风气日开、智慧日出，方见东海之民，犹西海之民"（《海国图志·筹海篇三·议战》），完全可以迎头赶上西方。他还援引西史论证说：

"俄罗斯之比达王（彼得大帝）聪明奇杰，因国中技艺不如西洋，微行游于他国船厂、火器局，学习工艺，返国传授，所造器械，反甲西洋。由是其兴勃然，遂为欧罗巴洲最雄大国。故知国以人兴，功无倖成，惟厉精淬志者，能足国而足兵。"（《海国图志·筹海篇三·议战》）魏源要求当国者应厉精淬志，奋发图强，并认为"国以人兴"，具有强烈的民族自尊心和自信心。

另外，魏源还提出了师夷之长技的具体措施：（1）买进西方坚船利炮，并在国内设厂制造。如此，"我有铸造之局，则人习其巧，一二载后不必仰赖于外夷"。（2）发展"自修自强"的对外贸易，学习西方技艺。他认为，对外贸易如果没有鸦片进口，是有利于中国的，"使无鸦片之害，则外洋之银有入无出，中国银且日贱，利可胜述哉？"（《海国图志》卷二）在进口物品中，他主张进口大米的同时，进口武器及发展工业所需的"铅、铁、硝"等物，也准外商"艘械抵茶叶湖丝之税"。（3）积极培养掌握西方长技的人才。他认为中国也应该像西方那样，鼓励读书人学习科学技术，改变单纯以科举词章取士的制度。如有能造西方战舰、火轮船、大炮、水雷等新式武器者，即可给以科甲出身。（4）设立译馆，翻译介绍西方书籍。他在《西洋人玛吉士地理备考序》中说：西方有"明礼行义，上通天象，下察地理，旁彻物情，贯串古今者，是瀛寰奇士，域外之良友"，应该积极地向他们学习。

更为可贵的是，魏源在提出师夷长技的同时，也开始注意研究资本主义国家的社会政治制度。他从当时败象丛生的封建制的中国看外国的资本主义制度，曾表示赞叹向往。他认为美国的联邦共和制和议会制是"以部落代君长，其章程可垂奕世而无

·相关链接·

与魏源同一历史时期的欧文（1778—1856），是英国伟大的教育思想家和教育实验家，也是一位伟大的空想社会主义者。他生于手工艺者家庭，9岁离家，自谋生计，自学成才。1800年1月接任苏格兰新拉纳克纺织厂经理，推行改革计划，在历史上第一次为工人子女开办公共学前教育机构——幼儿学校，包括3岁以下的托儿所和4～6岁的幼儿园。为6～10岁儿童开办初等学校，为11～17岁的少年工人开设夜校，为工人及其家属举办讲演会、咨询会和文化娱乐晚会等。教授适合儿童年龄且对未来生活有用的科学知识。废除呆读死记和教条主义的教学方法，重视直观教学，强调培养儿童独立思考的习惯。后期，他更注意到人的天生素质及其差异对性格形成的影响，提出人是其机体及自然与社会形成的条件的必然产物。重视人的全面发展，要求培养体、智、德全面发展的有理性的人。主张教育平等和儿童公育，要求教学同机械力学和化学的最新成就为基础的生产劳动结合，以利于改进获得物质财富的方法，增进人的智力和体力。

弊"，"公举一大酋总摄之，匪惟不世及，且不四载即受代，一变古今官家之局"，"议事听讼，选官举贤皆自下始，众可可之，众否否之，众好好之，众恶恶之"（《海国图志》卷五十九）。这些都是可取的。他认为瑞士的资产阶级共和国政体是"推择乡官理事，不立王侯"，可称"西土之桃花源"（《海国图志》卷四十七）。

魏源"师夷长技以制夷"的主张，代表了鸦片战争后中国最早觉悟的一批先进知识分子中形成的寻求富国强兵之道的思想倾向，这使他成为资产阶级启蒙思想的先驱者。"师夷长技以制夷"的教育思想，可以说是清代教育逐步近代化的开端。

二　咸丰时期

清文宗奕詝咸丰元年（1851）——清文宗奕詝咸丰十一年（1861）

道光三十年正月（1850年2月）道光帝旻宁死，其子奕詝即位，是为文宗，改明年（1851）为咸丰元年。

第一次鸦片战争之后，英、法、美等外国侵略者已经在中国获得了不少特权和利益，但他们仍不满足，还想迫使清政府做出更大让步。咸丰四年（1854）和咸丰六年（1856），英、法、美几国两次向清政府提出"修约"的要求，借口修改第一次鸦片战争中签订的《南京条约》有关条款，实际上要签订一个更利于他们进一步侵略中国的新的不平等条约。在"修约"的要求遭到清政府的拒绝后，英、法两国决心挑起新的侵华战争，通过武力达到目的。1856年10月，英国以所谓的"亚罗号"事件为借口，挑起了第二次鸦片战争。从1856年起，四年之内，清政府被迫与列强分别签订了《天津条约》《北京条约》《瑷珲条约》等一系列不平等条约。如果说鸦片战争的震动主要冲击的是东南沿海地区的话，那么，持续四年之久的第二次鸦片战争则把沉重的打击从广东一隅推及中国社会的中枢。咸丰皇帝"车驾北狩"，英法联军进入京城，圆明园在熊熊大火中化作废墟。与此同时，在咸丰元年（1851）兴起的太平天国运动正如狂飙突起，以排山倒海之势在中国南方各省纵横驰骋。第二次鸦片战争和太平天国运动击碎了清朝统治阶级"万年和约"的迷梦，加剧了封建统治的危机。

（一）第二次鸦片战争时期的教育

咸丰六年到十年（1856—1860），正当太平天国起义达到高潮的时候，英国和法国在俄美两国支持下，对中国发动了一次新的侵略战争。它们企图利用中国国内战争的机会，胁迫清廷全面修改条约，扩大鸦片战争中所取得的侵略权益。因为这次战争是鸦片战争的继续，历史上称为第二次鸦片战争。

咸丰六年九月（1856 年 10 月），中国广东水师在中国商船"亚罗号"上搜捕海盗，但蓄意挑起战争的英国人却硬说"亚罗号"是英国船，并以所谓的"亚罗号"事件为借口，英国海军进攻广州，第二次鸦片战争爆发了。在英、法、美、俄四国的共同策划下，1858 年，英法联军攻陷大沽炮台，进犯天津。清廷急忙派大学士桂良等人到天津求和，分别与四国代表签订了《天津条约》。1860 年 10 月，英法联军攻入北京圆明园，纵火焚烧，掳掠一空，皇家园林变成一片废墟。清政府在敌人的武力逼迫下，与英、法又分别签订了《北京条约》。当英法联军攻入北京之际，俄国以充任"调停人"为由，迫使清政府同意曾与之签订《瑷珲条约》，并于 1860 年 11 月签订中俄《北京条约》，侵占了中国 144 万多平方公里的领土。这一系列丧权辱国的条约的签订，掠去了中国大片领土，中国丧失了许多主权，扩大了侵略者的既得权益，加速了中国的殖民化。

在整个第二次鸦片战争中，清政府力求同侵略者妥协了事，力求避免决裂，全盘接受侵略者提出的要求，想依靠他们来保障自己的生存。鸦片战争结束后，西方侵略者纷纷表示，愿意帮助清政府镇压太平天国。咸丰皇帝等人虽对此持怀疑态度，但清廷与外国侵略者开始走上了彼此合作的道路。

1. 教育危机的加剧

第二次鸦片战争前后，清廷经历了一系列军事、外交等方面的惨败，几乎遭遇灭顶之灾。随着民族危机的加重、国内矛盾的尖锐化，当时的一些开明的官僚和知识分子开始程度不同地意识到：非兴学不足以国强，非兴学不足以固本。

教育变革的紧迫感，深深地触动了清王朝的统治者。《清史稿·选举志二》记述："自五口通商，英法联军入京，朝廷鉴于外交挫衄，非兴学不足以国强。先是交涉重任率假手无识牟利之通事，往往以小嫌酿大衅，至是始悟通事之不可恃；又震于列强之船坚炮利，急须养成翻译与制造船械及海陆等人才。"在这里，人才的缺乏，被认为是导致军事、外交惨败的根本原因，也是由于教育跟不上世界发展形势所致。因此，尽快建立能够培养翻译、机械制造和陆海军人才的新型学校，已成为摆脱社会危机的一项重要课题。

《天津条约》中的有关规定，也打开了传统教育模式的缺口。在这个条约中规定：今后英法送至中国的外交文件，概用本国文字书写，仅在中国未能造就翻译人才之前，附以中文副本。在这种形势的逼迫之下，清王朝不能不推行外语教育。当时主持外交事务的恭亲王奕䜣，在 1861 年的一个奏折中，就要求只限于在八旗子弟中挑选幼童，学习外语。

　　在咸丰十一年（1861），一些开明绅士提出了更彻底的变革主张。著名学者冯桂芬在这一年出版的《校邠庐抗议》中，建议在广东、上海分设翻译公所，聘西人课以诸国语言文字。同时主张除外语之外，其他凡有益于国计民生者，都应学习。他称赞西方的算学、重学、视学、光学、化学等，皆得格物至理；西人舆地书备列的百国山川、阨塞、风土、物产，也多中人所不及。他认为"以中国之伦常名教为原本，辅以诸国富强之术"（《校邠庐抗议》卷下《采西学议》），中国多秀民，必有出于夷而转胜于夷者，并视之为"今日论学之一要务"。冯桂芬还将人才的缺乏和外交的失利，归咎于科举八股取士制度和旧教育的腐败低效，在《改科举议》中他斥责八股取士"意在败坏天下之人才，非欲造就天下之人才"。冯桂芬是林则徐的学生，他的教育主张代表了早期洋务派中激进的教育观点，反映了当时学术思想的新的变化。

　　虽然第二次鸦片战争彰显了教育变革的紧迫性，但清政府仍将这种变革限制在尽可能小的范围之内，并尽量不去变动原有的教育秩序。

　　2．消除旧学弊症的努力与措施

　　当中国面临被西方列强瓜分的危机之时，清廷君臣及朝野人士无论政见如何，首先想到的就是通过教育变革，兴育人才，进而达到富国强兵、挽救危机的目的。然而，清王朝的教育变革是在旧教育体制内部进行的，所采取的局部调整和措施，只是消除旧学弊症的努力，旨在延长旧教育制度的存续与发展。

・相关链接・

　　帝国主义侵略的加剧，使一些人日益感觉到古圣先贤的理论抵制不住侵略势利，加深了寻求救国新路的探索的紧迫感，他们认定"西学"是救亡图强的最好武器。《邵氏危言》描述了当时人们渴求"西学"的心态："道光、咸丰以来，中国再败于泰西，使节四出，交聘于外，士大夫之好时务者，观其号令约束之明，百工杂艺之巧，水陆武备之精，贸易转输之盛，反顾赧然，自以为贫且弱也。于是西学大兴，人人争言其书，习其法，欲用以变俗。"（《纲纪》，《邵氏危言》卷上）说出了人们希图借助"西学"革新图强的愿望。

　　重振经学教育。1851 年 8 月，刚即位的咸丰帝颁行《圣谕广训》，为"深读讲习之要"。咸丰三年（1853），咸丰帝亲临国子监彝伦堂，讲《中庸》"中和"一节，《尚书》"皇天无亲"四句，"自王公大臣以及有司百执事，自先圣、先贤之裔，以及太学诸生，环集桥门璧水之间者，以万计"（徐珂编撰：《清稗类钞》第二册，中华书局，1981 年，第 480 页）。演出了晚清最隆重，也是最后一幕辟雍大典。1856 年 7 月，清政府将武英殿刊刻的"清文、汉字合璧"的《五经新语》"颁行中外，俾士子讲习有资用昭法守"

（刘锦藻：《清续文献通考》卷一〇一）。同一年，咸丰帝针对河南学政俞樾出题割裂一案发布上谕，严令"嗣后各省学政考试出题，即防剿袭旧章，间用截搭，亦须句读分明"，强调"制义代圣贤立言"，出题要引导士子"能阐发圣贤义理"（《钦定大清会典事例》卷三六七），等等。从私塾书院、各级国学到国子监，从一般教学内容到科场命题，全面强调儒家经典圣贤义理在国家教育中的至尊地位。

加强国子监。国子监是清代官学的最高学府，号称人才济济、足以观化四方。咸丰元年（1851），由于太平军起义的爆发，军费开支激增，朝廷拨给国子监的教育经费大量削减，国子监又一度因经费短缺而度日维艰。与此同时，清廷屡屡更置监内章程，以图维持诸生学业照常进行，并"以国学专课文艺，无裨实学，令兼课策论，用经史性理诸书命题，奖励留心时务者"（《清史稿·选举志一》）。为了保证上述教学内容的改革能够奏效，清廷于次年（1852）向国子监增加岁费 3000 两。咸丰九年（1859），清廷又恢复南学居舍旧额，并选文行优良的 40 名生员住宿南学，厚给饩廪，以资奖励。同时，清廷还加强了对官学的整顿。咸丰九年（1859），咸丰帝发布谕旨："嗣后各属监生滋事，教官不能认真约束，即著该学政指明严参惩办。至学政局门考试，场外弊端，势难稽查，全赖提调知府弹压巡查。"（刘锦藻：《清续文献通考》卷九七）加强了对各级各类官学的整顿。

增广官学学额。太平军起义爆发后，清政府大幅度地扩大了各地官学的学额。据《国朝长元吴三邑诸生谱》一书统计，从咸丰元年（1851）至咸丰十年（1860）的十年间，苏州府长、元、吴三县取中生员总数是 591 人，学额增加 31.6%。（转引自张仲礼：《中国绅士》，第 151 页）清政府大幅度增加官学学额的主要原因：一是吸引封建士子，二是解决财政困难，"现在大江南北军营，援剿之兵，逾数十万……际兹大兵云集，需饷尤殷，仍不能不借资民力，以济军储"，"凡绅士商民捐资备饷，一省至三十万两者，准广该省文武乡试中额各一名。一厅州县，捐至二千两者，准广该处文武试学额各一名"（《钦定大清会典事例》卷三七〇）。同年颁发的另一道谕旨重申了这一规定，如果一县捐输银一万两，那么该县或是可以在下次官学入学考试时一次性增加文武生员学额各 5 名，或是可以永久性增加文武生员学额各 1 名（《钦定大清会典事例》卷七二〇）。这两道谕旨都是颁布于太平天国起义达到高潮时期的咸丰三年（1853）。很明显，通过增加学额，可以获得急需的军饷。

广招贤才。咸丰帝即位后，诏求直言。侍郎曾国藩疏陈："本原至计，尤在用人。人材有转移之道，培养之方，考察之法。"帝采纳之，诏中外大臣荐举人才。大臣们荐举了一批栋梁之材，特旨重用。咸丰五年（1855），以各省用兵，诏采访才兼文武，胆识出众之士，"破除满、汉畛域，用人不拘资地"。诏选的这些人才，大都为国之栋梁，真可谓"荐贤满天下，卒奏中兴之功"（《清史稿·选举志五》）。

尽管这些变革措施是在完整保留旧的官学体制和科举制度的前提下进行的，不可能从根本上解决清末教育所面临的危机。但这样的努力和措施，在传统教育日趋衰落而新学制尚未建立的过渡时期，仍是十分必要和有益的。

（二）教会教育的传入与教会学校的创办

在西方列强向东方殖民侵略不断扩张的趋势下，宗教传播也成为他们实施扩张的重要手段之一。尽管传教士来华的目的是传播宗教、拯救灵魂，但是，他们传教的有效手段——教会教育，却成为西学东渐的桥梁和媒介，并在一定程度上对中国封建传统教育给予了极大挑战。

1. 不平等条约下的教会教育

早在明朝末年，意大利耶稣会士利玛窦等就来到中国传教。当利玛窦将欧洲人绘制的有着经纬线、赤道和回归线的地图展现在中国士大夫面前时，被斥为"以其邪说惑世"，"欺人之人其目不能见"，"直可谓画工之画鬼魅也"（明·徐昌治：《圣朝破邪集》卷二）。为避免与中国正统士大夫的观念发生正面冲突，又为了传播《圣经》福音事业的需要，利玛窦读儒书、着儒服，以"西儒"自诩，结好士林。在他的博学和真诚的感召下，终于使徐光启等一批中国士大夫皈依基督教。

·相关链接·

> 教会教育，即教会学校教育，通常是指欧洲中世纪由基督教会设立和管辖的学校。在中古时代的很长时期，它曾是西方社会唯一的教育机构，主要培养对上帝虔诚和服从教权与政权的教士为目的。其教育内容主要是"三科"：修辞、文法、辩论法；"四学"：算术、几何、天文、音乐。合称"七艺"。其各个科目都贯穿着神学。

到了以船坚炮利的武装威胁与强迫就范打开中国大门的英吉利时代，英美基督教会加强了对中国的文化攻势，传教士为了"基督将成为唯一的王和崇拜对象"而纷然东来（《中国丛报》，1832 年 8 月号，第 140 页）。当时积极在华进行文教活动的，有著名的英国传教士马礼逊（Robert Morrison，1782—1834）、教士裨治文（Elijah Coleman Bridgman，1801—1861）等。马礼逊受伦敦布道会之命，于嘉庆十二年（1807）抵达广州，学习中文，熟悉中国的风俗习惯。他完成了将《新约全书》《旧约全书》译为中文的工作，又以《康熙字典》为蓝本，编纂了英汉对照字典，还编了《汉语语法》等。嘉庆二十三年（1818），马礼逊在马六甲创办了"英华书院"，其创办宗旨是"在这个书院中为中国培养一批传教士"(顾长声:《从马礼逊到司徒雷登》,上海人民出版社,1985年,第9页)。道光十五年(1835),亦即在马礼逊逝世的第二年,驻广州的西方各国商人、传教士,在英国大鸦片商查顿等倡议和组织下,成立了"马礼逊教育会",其宗旨是从开办教育入手,以期影响中国未来政治、经济、文化教育的发展。并在马礼逊教育会的委托下,美国耶鲁大学毕业的传教士布郎所主持的中国第一所西式学堂——马礼逊学堂正式开学。

道光二十年(1840),英国用大炮打开中国大门。传教士们为打开中国大门做了推波助澜的宣传鼓动,他们认为刺刀、大炮是"上帝用来打开中国大门的手段"(《中国丛报》,1840年9月号,第268页)。西方列强强迫清政府签订了一系列的不平等条约,在中国攫取了大量特权,其中包括在中国传教和办学的特权。道光二十二年(1842),中英《南京条约》中规定:"耶稣天主教原系为善之道,自后有传教者来至中国,须一体保护。"并规定开放广州、福州、厦门、宁波、上海五个通商口岸。从此,这五个城市成为外国传教士进行传教及办教会学校的基地。道光二十四年(1844)十月,中法《黄埔条约》进一步规定:"佛兰西人亦一体可以建造礼拜堂","倘有中国人将佛兰西礼拜堂、坟地触犯损坏,地方官照例严拘重惩"。当年12月,清政府被迫取消了延续已达120年之久的对天主教的"禁教"令,并于道光二十六年(1846)宣布归还教会财产。这一系列的条约和规定,使西方宗教在中国畅通无阻,由传教士所创办的教会学校也在不平等条约的庇护下得以发展。

咸丰八年(1858),英、法、美、俄等国又强迫清政府签订了《天津条约》。英国与清政府所签条约第八款中规定:"耶稣圣教暨天主教,原系为善之道,待人如己。自后凡有传授习学者,一体保护。其安分无过,中国官毫不得刻待禁阻。"法国与清政府所签条约第十三款也规定:"天主教原以劝人行善为本……入内地传教之人,地方官务必厚待保护。"从此,英、法、美等国各教派势力以不平等条约作为护身符,以"为基督教征服中国"为宗旨,深入中国各地创办宗教事业、慈善事业和文化教育事业。至此,西方文化以一种非正态、非对等的形式,对中国进行大规模地输入、渗透,冲击着中国的传统社会和文化。

传教士在传播宗教的过程中,把宗教教育作为传教的有效手段,开始创办教会学校,招收贫寒之家的儿童,给他们提供食宿,向他们教授基督教教义和一些基本的读写知识,这样传教士就有了一定数量、较为固定的布道对象,而且绝大多数传教士从办学过程中吸收教徒。如咸丰四年(1854),入华的美国长老会传教士倪维思在开办男女寄宿学校后就说过:"在中国办学是最省钱、最有效的传教方法。"(《从马礼逊到司徒雷登》，上海人民出版社，1985 年，第 171 页）总之，早期教会教育的发展完全是为了满足传教工作的需要，教会学校成为教徒的养成所，而从事教育工作的传教士更多地是在履行自己"神圣"的传教职责。两次鸦片战争，西方列强的胜利，给传教士带来了迅速用基督教征服中国的希望。他们相信，这个东方大国必将很快成为基督教胜利征服世界的又一个对象。诚如英国传教士杨格非所说："我们到中国来并不是为了发展其资源，促进其商业，也不仅仅是为推动文明的发展。我们在这里是为了同黑暗势力进行斗争，拯救世人于罪恶之中，为基督征服中国。"（转引自史静寰：《狄考文和司徒雷登在华的教育活动》，文津出版社，1991 年，第 30 页）这时期教会学校的教育无异于教堂布道，使"学校成为其内容。学院还拥有一个藏书 4000 多册的图书馆，以及印刷厂、诊所、药房、天文观象台等办学设施，可以说是中国甚至远东地区创办最早的西式大学之一。"清乾隆二十七年（1762），圣保禄学院被葡萄牙政府当局关闭。在其前后 168 年的办学历史中，这所学院培养了数百名高级专门人才，对中西方文化交流做出了重要贡献，其师生中不乏利玛窦、徐光启、艾儒略、毕方济、汤若望、南怀仁、吴渔山这样的著名学者。虽然它早已永远消失在历史长河中，但其在中国土地上开教会学校和西式大学之先河的历史地位，却是不容抹杀的。

开始于 16 世纪末的"西学东渐"因中国的禁教和闭关政策而停顿，但西方向东方殖民扩张之势则有增无减。19 世纪初，随着资本主义势力的进一步扩展，海外传教事业也随之兴盛。其时的中国，海禁未开，西人传教仍被严厉禁止，但也有为数不少的西方传教士受不同宗教组织的派遣来中国沿海一带进行传教活动。马礼逊为西方基督教新教派遣来华的第一位传教士，受伦敦布道会之命，于嘉庆十二年（1807）抵达广州，从事翻译《圣经》、编纂中英文基督教的宣传工具和培养"传播耶稣福音"的基督教徒（转引自史静寰：《狄考文和司徒雷登在华的教育活动》，文津出版社，1991 年，第 32 页），这便是早期教会学校的办学宗旨。

2. 早期的教会学校

中国最早的教会学校诞生于澳门。澳门原属广东省香山县（今珠海市）。明嘉靖三十二年（1553），葡萄牙人通过贿赂广东地方官吏得以在澳门码头停靠船舶进行贸易。明嘉靖三十六年（1557），葡萄牙人入侵，开始于澳门设官。明隆庆五年（1571），欧洲天主教耶稣会传教士在澳门创办了中国历史上的第一所西式小学——圣保禄公学。明万历二十二年（1594），其升格为大学，并以圣保禄学院（俗称"三巴寺"）之名正式注册成立。圣保禄学院的办学体制以葡萄牙历史上的第一所大学——科英布拉大学当时的章程为参照，并因地制宜地进行了修改。其课程设置既包括神学、拉丁文、哲学、文学、历史、地理、法律、艺术、音乐、人文学、语言学、逻辑学等社会人文学科，也包括数学、天文、物理、化学、医学等自然科学方面的科目及传教活动。由于清政府实行禁教政策，马礼逊和米怜便以马六甲为对华传教基地。嘉庆二十年（1815）他们在马六甲创办了英华书院，培养传教人员并大量刊发传教印刷品。嘉庆二十五年（1820），书院开学，入学的多为旅居南洋的华侨子弟，也有少数欧美籍学生。道光十四年（1834），伦敦会女传教士郭士立夫人在澳门办有一所女塾，马礼逊学校招收的学生一直附读于郭士立夫人女塾，后女塾停办。道光二十二年（1842），英国霸占香港。为更便于向华人传教和传学，道光二十三年（1843），英华书院正式迁往香港，道光二十四年（1844）更名为英华神学院（Anglo－Chinese Theological Seminary），咸丰六年（1856）停办。英华书院尽管初开不是设在中国本土，办学的目的也只在"为宣传基督教而学习英文和中文"，但它是第一所主要面向华人的新式学校。该校毕业的部分华裔学生，成为近代中国第一批西学的知情者。从传教士方面说，英华书院也为鸦片战争后教会学校的大量设立积累了经验，探索了路径，准备了人才。

自鸦片战争以后，中国门户大开，凭借不平等条约的保护，西方传教士纷纷来华传教办学，仅在两次鸦片战争之间的 20 年里，天主教耶稣会在江南一带已发展教徒7.7万余人，有传教据点 400 余处，传教士约 50 人，天主教小学 90 所（顾长声：《传教士与近代中国》，上海人民出版社，1981 年，第 107 页）；基督教传教士约 100 人，教徒约 2000 人（顾长声：《传教士与近代中国》，上海人民出版社，1981 年，第 117 页），设于广州、福州、厦门、宁波、上海五个通商口岸的基督教新教小学就达 50 所，学生有 1000 余人。

鸦片战争后的道光二十四年（1844），英国"东方女子教育促进会"派遣爱尔德赛女士在宁波开办女子学塾，为中国本土上第一所教会创办的女子学校；同年，伦敦会在厦门开办了英华男塾。道光二十五年（1845），美长老会在宁波开设一所男塾，同治六年（1867）该校迁往杭州，名为育英书院，是为浙江大学前身。道光二十六年（1846），美国圣公会文惠廉在上海开设崇信义塾。其后，道光三十年（1850）天主教耶稣会在上海创办徐汇公学（亦称圣依纳爵公学），后改称圣芳济书院，这为天主教在中国开办的最早的西式学堂之一。同年，英国圣公会在上海开设英华学塾，公理会裨治文夫人在上海开设裨文女塾。咸丰元年（1851），美国圣公会在上海设立文纪女塾（即圣玛利亚女校前身）。咸丰二年（1852），法国天主教在上海开办仿德小学。咸丰三年（1853），美国公理会在福州创办格致书院，同年又在福州开设文山女塾，法国天主教在天津开设法汉学堂、诚正小学及淑贞女子小学。咸丰八年（1858），归正会在厦门开设真道学校。咸丰九年（1859），美以美会在福州开办毓英女校。咸丰十年（1860），长老会传教士范约翰在上海开办清心男塾，后发展为清心中学。

早期教会学校集中在五个开放通商的沿海城市和香港。其中的大多数附设于教堂，这些学校规模小，开始时一般不满 10 人，有的只有两三个学生。它们程度低，绝大多数是相当于小学程度的学塾。他们办学是为"传播福音开辟门路"，在中国人中培植一批传教助手，以扩展传教范围。其招生对象以贫苦人家的孩子为主，还有一些无家可归的难童，也有父母成了教徒的孩子。早期教会学校程度虽浅，但一般都设有数学、天文、地理等课程，在教学方法上也有别于中国传统蒙学，有的学校还开设外语课程。从中毕业的学生在当时日益纷繁的中外交往活动中充当通事（译员）的角色。

这一时期的教会学校是在西方列强以鸦片和大炮作为侵略手段迫使大清帝国开放门户的历史条件下发展起来的，因而带有明显的配合西方列强政治、军事入侵，借宗教与文化手段来同化中国士民的特点。对此，美国学者露懿思曾在《基督教教育在中国之情形》一文中，详细论述道："基督教育之在中国，其起始为 1842 年……伊时反对外人之举最烈，故外人用种种方法使中国人信任，而斯时适谋教育普及，实行开放门户主义，化除国籍界限，教会即开学校，初亦不过于宣讲《圣经》之外，教以读写知识，及算术字母而已。来学者大率为贫苦儿童，学校免其学费，且有津贴书籍事物者。其后逐渐进步，学校程度提高，且介绍西方学术。"（《新教育》第六卷第五期，1923 年 5 月）这里所说的"实行开放门户主义""化除国籍界限"，实际上正是西方列强凭借武力打开中国大门的目的所在；而"谋教育普及"乃是达到此目的的辅助手段；在当时历史条件下也毕竟弥补了了解"西方学术"这方面的人才空缺。

（三）太平天国的教育

第一次鸦片战争后，在殖民主义、封建主义的双重压迫下，中国的社会矛盾日益尖锐，人民的反抗斗争日趋频繁。到道光三十年底，人民的反抗斗争汇成一股强大的革命洪流，这就是洪秀全领导的太平天国农民起义。

洪秀全（1814—1864），广东花县（今广州市花都区）人。他把西方基督教所宣传的内容加以改造，形成一套革命理论。他在自己的家乡创建了拜上帝会，并且撰写了《原道救世歌》等宣传其思想的诗文，提出要敬信唯一真神上帝，消灭"阎罗妖"，即清朝统治者，实现"天下一家，共享太平"的美好理想。经过几年的宣传和组织，拜上帝会在广西桂平县紫荆山地区组织成一支反清武装力量。道光三十年十二月初十日（1851 年 1 月 11 日），太平天国起义在桂平县金田村正式爆发了。清政府立即派兵镇压，但起义军锐不可当。在三年的时间里，太平军攻克了南京，建都天京，旋即北伐西征，纵横十八省，起义烽火燃遍中华大地。在太平天国节节胜利的情况下，外国侵略者改变了原先所谓的"中立"立场，转而帮助清政府进攻太平天国。太平天国奋起反击，表现了中国人民凛然不可侵侮的民族气节。

在中外敌军的联合进攻下，1864年7月19日（太平天国十四年六月六日，清同治三年六月十六日），天京陷落，轰轰烈烈的太平天国运动悲壮地结束了。太平军余部与另一支农民起义军捻军会合，又同清军战斗了将近四年，也被清军镇压了下去。

· 相关链接 ·

拜上帝会，是太平天国领袖洪秀全吸收基督教教义而组建的特殊基督教组织。拜上帝会属于神教，宣扬唯有上帝是"独一真神"。他自称是上帝次子，称耶稣为天兄，并仿效《劝世良言》写成《原道救世歌》《原道醒世训》《原道觉世训》等书，作为该会教义，同时又制定了宗教仪式与会规。洪秀全借助这一新的宗教形式，把习惯于散漫生活的农民组织成为一支革命大军；又由于封建社会农民战争的现实需要，舶来品的基督教形式才发挥了这样的作用。

1. 太平天国的思想理论

太平天国革命与历次农民起义比较，在思想理论上超越了历次农民起义的水平。为了发动群众、组织群众参加反清斗争，必须探求一种理论武器作为行动指南。"拜上帝教"教义就是太平天国的最高指导思想，是所有成员共同信奉的理论和必须遵守的规范。

洪秀全虽聪明而用功，但在科举考场上却始终不得志。大约从十五六岁起，直到三十一岁的十几年间，他多次应考，但从未得中秀才。道光二十三年（1843），洪秀全又一次应考失败后，仔细阅读了一本叫《劝世良言》的书。这是早年的基督徒、广东高明人梁发编写的一本宣传基督教的小册子，其内容是摘引新约、旧约《圣经》的某些片段，加以中国化的敷衍讲解，宣传拜上帝、敬耶稣，反对拜偶像邪神和天堂永乐、地狱永苦等说教。洪秀全于道光十六年（1836）在广州应考时得到这本书，但当时只略一翻阅就置于书笥。这次细读后，他的思想产生了强烈震动，"觉得已获得上天堂的真路和永生快乐之希望，甚为欢喜"（韩山文著、简又文译：《太平天国起义记》，燕京大学图书馆印，1939年，第9页上。文字据英文稍有改动）。"拜上帝教"就是他从其中接受了西方基督教的某些平等观念，如独尊上帝、不信邪神等和一套宗教仪式，并把它与中国传统的"大同世界"的原始民主观念结合起来，经过加工改造，开创了中西杂糅、古今混合的独特的宗教思想。

为了证明皇上帝是唯一真神，洪秀全对中国历史进行了一番新的考察和解释。他说："历考中国史册，自盘古至三代，君民一体皆敬拜皇上帝也。坏自少昊时，九黎初信妖魔，祸延三苗效尤，三代时颇杂有邪神及有用人为尸之错。然其时君民一体皆敬拜皇上帝仍如故也。至秦政出，遂开神仙怪事之厉阶，祀虞舜，祭大禹，遣人海求神仙，狂悖莫甚焉。……秦政作罪魁于前，历汉文、武、宣、明、桓、梁武、唐宪接迹效尤于后，至宋徽又更改皇上帝尊号。自宋徽至今已历六七百年，则天下多惘然不识皇上帝"（《原道觉世训》，中国近代史资料丛刊《太平天国》第一册，第 96 页）。"盖拜皇上帝这条大路，当初……中国番国俱是同行这条大路。但西洋各番国行这条大路到底，中国行这条大路，近一二千年则差入鬼路，致被阎罗妖所捉"（《天条书》，中国近代史资料丛刊《太平天国》第一册、第 73、74 页）。从上述引文可以看出，洪秀全指责自秦始皇起历代统治者僭越皇上帝的尊号以皇帝自居，与妖魔为伍、亵渎神圣。一下子把封建帝王推到与皇上帝对立的地位，把推翻清王朝摆到纠正两千多年历史错误的位置上，认为这不仅是人世的需要，而且符合上帝的意旨。他劝导人们信仰上帝，就可以纯洁灵魂，消除邪恶，就可达到《劝世良言》所说的"君正臣忠，父慈子孝，官清民乐"，实现"夜不闭户，道不拾遗的清平好世界"。

洪秀全宣传所有人应该只拜上帝，不拜邪神。在他看来，上帝是无所不能，至高无上，创造了天地万物，也主宰着人间的祸福。"天父上主皇上帝无所不知，无所不能，无所不在，样样上，又无一人非其所生所养"（《天命诏旨书》，中国近代史资料丛刊《太平天国》第一册，第 67 页）。《天父下凡诏书》说得更清楚："尔知我天父上帝要人生则生，要人死则死，是天上地下之大主宰么？"（中国近代史资料丛刊《太平天国》第一册，第 13 页）。就是这样一种宗教思想，经过洪秀全等人的加工改造，升华成为一套相当完备的动员群众反压迫、求生存的理论体系。在中国传统文化影响极深的菩萨、观音、灶王、门神等家家崇拜的众神之外，从西方舶来的"上帝"之所以能被众多民众所接受，正是由于拜上帝教虽然渊源于西方，但经过洪秀全等人的加工，已经中国化了。在太平天国的文献中有许多关于传统文化与基督教精神结合的实例，如：关于"上帝"，在他们的著作和言谈中常常用"天""天公""天帝"作为"上帝"的同义语。在中国古代哲学、宗教以及日常生活中，"天"的观念根深蒂固，使用极为广泛，特别是在广大下层人民的心目中，天有至高无上的权威，被看作是亿兆生民命运的主宰者。因此，洪秀全等巧妙地把典籍中的"天""帝"与西方的耶和华等同起来，减少了人们对"上帝"的生疏感。同时，他们又在拜上帝教中，以中国传统文化为思想营养，在《百正歌》中，列举尧、舜、禹、稷、周文、孔丘等古圣先贤，说他们是君正、臣正、父正、子正的典范；在《原道救世歌》中，以夏禹、伯夷、叔齐、周文、孔丘、颜回等人为例，宣传孝顺、忠厚、廉耻、非礼四勿、贫富有命等"正道"的思想行为；在《原道醒世训》中，提出天下男女都是兄弟姐妹，憧憬唐虞三代之世"天下为公"的大道。"世道乖离""人心浇薄"，就在于人们不知道上帝是大家的共同父亲，"见小故其量小"。实现大道之途径在于皈依天父上帝和"心好""量宽""各自相安"。这样，就把中国古圣先贤的嘉言懿行、政治理想和伦理道德，纳入拜上帝教的教义中去，使西方基督思想增添了中华民族的乡土气息，使拜上帝教虽然新鲜但并不陌生。

"拜上帝教"作为太平天国革命运动的思想武器，发挥了巨大的作用。应该承认，在19世纪中叶中国的社会条件下，没有也不可能有产生新思想体系的社会土壤，没有也不可能有建立新理论的政治经济基础，再加上农民阶级的保守性、狭隘性，也不可能摆脱封建主义意识的影响。因而，建立中国传统文化与西方基督教教义相混杂的理论结合体，正是"支配人们日常生活的外部力量在人们头脑中幻想的反映"（《马克思恩格斯选集》第三卷，第354页）。这种妄图借助"上帝"的权威达到自我解放的思想理论，突出表现了农民阶级意识形态中革命反抗与保守落后的双重性。

2. 反封建思想的教育宗旨

太平天国的革命目的，就是要推翻清朝的封建统治，建立人间"天国"。洪秀全宣称："天上有天国，地下有天国。天上地下同是神父天国，勿误认单指天上天国……盖天国来在凡间，今日天父天兄下凡开创天国是也。"（金毓黻等：《太平天国史料》，第78页）洪秀全他们把人们追求的理想和斗争的场所，由虚幻的彼岸世界，拉回到人间现世生活。

太平天国要建立的"天国"是一个"太平"社会，即"有田同耕，有饭同食，有衣同穿，有钱同使，无处不均匀，无人不饱暖"的理想社会（《天朝田亩制度》，中国近代史资料丛刊《太平天国》第一册，第321页）。在这里，无论贵贱、君臣、士庶、男女，一律平等，不存"此疆彼界之私"，没有"尔吞我并之念"，就如同中国唐虞三代时那样"天下有无相恤，患难相救，门不闭户，道不拾遗，男女别途，举选尚德"（《原道醒世训》，中国近代史资料丛刊《太平天国》第一册，第91页）"天下为公"的"大同"社会。为此，太平天国就是以培养忠于"天国"理想和拥护革命的群众为教育宗旨。

《钦定士阶条例》提出："天国创万年之基业，应树万年之规模，得非常之贤才，乃克佐非常之治绩。"（中国近代史资料丛刊《太平天国》第二册，第547页）欲建革命政权，必须有"非常之贤才"。他们理想中的"贤才"是"才德兼备者为尚，德有余而才不足者次之"。"德本也，才末也。"一个人必须正确对待德才，"不容以才德自矜"，应谦虚谨慎，不可妄自尊大，因为"德以积而愈高，才以敛而愈大"。要注意个人品德修养，"修德于人所不见之地"，"展才于势有可乘之时"，以做到"人人共证天心，法至良，意至美"，养成"敬天爱人"的优良品德（中国近代史资料丛刊《太平天国》第二册，第547页）。并对"官民"提出了具体的修养标准，即"遵命令尽忠报国者为忠"，"遵条命及力农者则为贤为良"（中国近代史资料丛刊《太平天国》第一册，第323页）。

太平天国还把教育的重点放在了"教化"民众上。《原道醒世训》中阐发说，奸邪淫乱，忤逆父母，杀人害人，偷窃抢劫，赌博酗酒，吸食鸦片，拜邪神，讲迷信，都是不道德的行为。告诫人们，"跳出邪魔之鬼门，循行上帝之真道，时凛天威，力遵天戒，相与淑身淑世，相互正己正人"（《原道醒世训》，中国近代史资料丛刊《太平天国》第一册，第92页）。为了"教化"民众，《天朝田亩制度》规定："其二十五家中童子，俱日到礼拜堂，两司马教读《旧遗诏圣书》《新遗诏圣书》及《真命诏旨书》焉。凡礼拜日，伍长各率男妇至礼拜堂，分别男行女行，听讲道理。"并规定，礼拜日"师帅、旅帅、卒长更番至其所统属两司马礼拜堂讲圣书，教化民，兼察其遵条命与违条命及勤惰"。从这一规定中可以看出：太平天国辖区人人都有享受教育的权利；男女教育机会均等；知识教育、思想教育和宗教教育综合进行；地方长官兼有教化民众的责任。

总之，为了推翻清王朝政权，建立"太平天国"，太平天国的教育是以培养"非常之贤才"，以教化官民"遵命令尽忠报国"为重点，动员和组织群众积极参加和支援革命战争，对儿童和妇女、民众和士兵进行反封建、反侵略的革命教育。

3. 从反儒到容儒的文教方针

太平天国革命用以发展和组织农民的思想武器，是"拜上帝教"教义。在"拜上帝教"教义中，只有上帝（又称皇上帝）是唯一的真神，其他一切权威和偶像如孔子、菩萨、阎罗、皇帝等都是"邪神"，都必须打倒。在被称为"邪神"的权威和偶像中，因为孔子及其所代表的儒学是清王朝的精神支柱，再加上洪秀全、冯云山等人因多次科举失意对儒学滋生了厌恶，因此，革命一开始就将斗争矛头指向封建文化的偶像——孔子及其所开创的儒学。

在金田起义之前，洪秀全、冯云山、洪仁玕就在他们任教的私塾里，撤除孔子牌位，以示与传统儒学教育的决裂。洪秀全对孔子非常反感，《盾鼻随闻录·碎事录余》中记述，洪秀全"以孔子为不通秀才，得罪天父，每考四等。只有'四海之内，皆兄弟也'二语，能合天父之意。文昌帝君曾经犯罪斥革，现为天父拘禁"。英人吟唎在书中说："洪秀全因不满意场屋，愤恨不平，已有蔑视孔子教义之心，故基督之言易入也"（《太平天国外记》卷上，第 21 页）。为了表示冲决封建网罗的决心，洪秀全毅然将其执教的莲花塘乡塾中供奉的"大成至圣先师"孔子牌位捣毁，并称孔子为"妖魔""邪神"。在洪秀全的影响下，冯云山、洪仁玕也相继砸毁自己任教的私塾里的孔子牌位。

洪秀全为证明反孔符合上帝意旨，编造出"皇上帝"鞭笞孔丘的故事："皇上帝""推勘妖魔作怪之由，总追究孔丘教人之书多错"，因此怒责孔丘，"孔丘强辩"，并"欲与妖头偕走"，"皇上帝"大怒，派人将孔丘捆绑，严加鞭打。孔丘跪在地上"再三讨饶，鞭挞甚多，孔丘哀求不已"（《太平天日》，中国近代史资料丛刊《太平天国》第二册，第 635 页）。洪秀全把强烈的反抗精神通过神话的形式表现出来，否定孔丘实质上是否定封建文化教育，显示了农民阶级冲破封建精神枷锁的坚定信念。

太平天国视一切偶像、鬼神为"妖"，一切卜筮、术数祷祀为"妖法"。所以，太平军所到之处，常常毁孔庙，拆宗祠，烧经书，宣布《五经》《四书》为妖书。太平天国明令，"凡一切孔孟诸子百家妖书邪说者尽行焚除，皆不准买卖藏读也，否则问罪也"（黄再兴：《诏书盖玺颁行论》，中国近代史资料丛刊《太平天国》第一册，第 313页）。当时的一些史书记载说，太平天国"本欲废六经、四子书，故严禁不得诵读，教习者与之同罪"（张德坚：《贼情汇纂》卷十二，中国近代史资料丛刊《太平天国》第三册，第 327 页）。太平天国还开展了大规模的搜书和烧书运动，"搜得藏书论担挑，行过厕溷随手抛，抛之不及以火烧，烧之不及以水浇。读者斩，收者斩，买者卖者一同斩，书苟满家法必犯，昔日撑肠今破胆"（马寿龄：《金陵癸甲新乐府》，《太平天国》四，第 735 页）。出现了"致将孔孟横称妖，经史文章尽日烧"（《太平天国史料丛编简辑》第六册，中华书局，1963 年，第 388 页）的局面。

太平天国奠都南京以后，对儒家的文化政策有了变化，采取弃其"邪说淫词"，用其"合于天情道理"的方略，由禁止、焚烧改为删改。1854 年（清咸丰四年、太平天国甲寅四年），成立了"删书衙"，"使春官丞相卢贤拔立其事，择能文书手佐之"（中国近代史资料丛刊《太平天国》第四册，第 719 页）。要求根据拜上帝教的宗旨和革命需要对儒家经典删改后印行，"始准读习"。诏令将《四书》《五经》中的"一切鬼话、妖怪话、妖语、邪语，一概删除净尽，只留真话、正话"（张德坚：《贼情汇纂》，中国近代史资料丛刊《太平天国》第三册，第 190 页）。如《金陵省难纪略》载："始以《四书》《五经》为妖书，后经删改准阅，惟《周易》不用，他书涉鬼神丧祭者削去，

《中庸》鬼神为德章,《书·金縢》《礼》丧服诸篇,《左传》石言神降俱删,《孟子》则可以祀上帝,上帝上加皇字,《诗》荡荡上帝,上帝板板,皆加皇字;《论语》夫子改孔某,子曰改孔某曰。"(张德贤:《贼情汇纂》,中国近代史资料丛刊《太平天国》第四册,第 719 页)1861 年,太平天国颁布《钦定士阶条例》,在所附《劝戒士子文》中声称:"天父前降有圣旨云:孔孟之书不必废,其中合于天情道理亦多,既蒙真圣主御笔钦定,皆属开卷有益者,士果备而习焉,则焕乎有文,斐然成章"(中国近代史资料丛刊《太平天国》第二册,第 552 页)。并让士子们"诵习书史,博览篇章"。这实质上已经将包括儒学在内的中国传统文化纳入了教育内容。

太平天国由反儒向容儒的转变有其必然因素。首先,太平天国的革命目标是铲除"清妖",而并未明确提出废除封建制度,因此不可能从儒学和封建制度的关系上来加以认识和否定,它反孔的目的在于剥夺孔子作为文化权威和精神偶像的神圣地位,以确立"拜上帝教"中"上帝"的唯一至尊地位,这决定了它反孔仅是形式上的而非实质上的。其次,洪秀全等太平天国的读书人,都读过孔孟经书,受过儒家思想的熏陶,生活在儒家思想浸沉弥漫的社会里,不可能脱离儒家思想的影响。太平天国的立国精神、规章、文献无不留有儒家的政治意识和伦理观念,大都引有不少《诗》《书》《易》《中庸》中的文字。尤其是《礼运》篇的"大同"思想和"不患寡而患不均"的平均主义思想,对太平天国的革命目标影响极深。特别是到了革命后期,他们头脑中固有的尊卑等级、三纲五常思想日益膨胀,在《太平礼制》中,更为明确地制定了从王、侯、丞相到军中大小指挥的等级制度,包括他们妻妾的称谓、出行时军民的回避等,都森严而苛繁。所不同的是,在定都天京前更多地吸收了儒家思想中的民主平等思想成分,而定都天京后更多地吸收了儒家思想中的封建等级思想成分。

太平天国的反儒反封建斗争,击中了封建统治阶级的要害,统治阶级惊恐不安。咸丰帝哀叹"朕心如捣",下诏"崇儒重道";曾国藩则攻击太平军焚学宫、毁圣像,"士不能诵孔子之经,举中国数千年礼义人伦、诗书典则,一旦扫地荡尽,岂独我大清之变,乃开辟以来名教之奇变,我孔子、孟子所以痛哭于九原"(曾国藩:《讨粤匪檄》)。他以维护封建纲纪为标榜,宣扬要以孔孟之道来"辟异端","杜绝窈冥诞妄之说"。说明,反孔反儒与尊孔尊儒的斗争,在当时乃是革命与反革命,农民阶级与地主阶级之间在文化教育领域里的一场激烈搏斗。

4. 文化教育的政策措施

咸丰三年(1853),太平天国定都南京(改称天京),建立了与清王朝对峙的农民革命政权,在军事上取得重大胜利的同时,在文化教育方面也进一步提出了自己的政策措施。

（1）广泛招贤纳士　　太平天国发动革命后，随着革命事业的发展，他们深感知识分子参加革命工作的重要。为了广泛吸引知识分子参加革命，太平军每到一地，就发出号召，出榜招贤。咸丰二年（1852），太平天国发布的《奉天诛妖救世安民谕》中明确提出，"各有志者万殊之众，名儒学士不少，英雄豪杰亦多，惟愿各个起义，大振旄旗，报不共戴天之仇，共立勤王之勋"。在这里，提出了吸收"名儒学士"参加革命的主张。从张德坚《贼情汇纂》中的太平军张贴出的招贤榜文中就可以看出：第一，太平天国革命胜利在望，太平天国领袖们认识到"致治必在于兴贤"。在"况值天命维新之际"，急需各种人才，"凡属文达武通之彦""专家曲艺之流"，均为招贤对象，"怀才必期于见用"。第二，太平天国治国兴贤，实行"任官惟贤""见贤即用"政策，号召广大知识分子"勿以自荐为羞"，而应"乘时而利见"，鼓励他们"报名投效""自贡所长"。第三，太平天国"望治维殷"，除希望有志之士自动报名投效外，各地长官应该访贤纳士，深入"探访"、广泛"搜罗"，"保荐入朝"，以便"量才录用"。第四，为使投奔太平天国的知识分子解除后顾之忧，凡参加革命的，"家口厚给资粮"，"俾免内顾之忧，以慰从公之态"（中国近代史资料丛刊《太平天国》第三册，第113页）。太平天国对被招聘的人才立即重用，例如咸丰三年十月安徽望江庠生潘合孚投效石达开，被录用为翼殿尚书。（中国近代史资料丛刊《太平天国》第四册，第670页）

太平天国招贤的范围很广，除去一般文人以外，"倘有一技之长"者均属招纳对象，诸如木、瓦、石、铜、铁各种匠人，吹鼓手、拳技、书手、医生、兵法、地理、历史、天文、数学等专长的人。招收的各行各业的能工巧匠和有某方面实用技能的人才，在太平天国革命事业中发挥了一定作用。

（2）推行文化改革　　太平天国为了让广大群众掌握文化，理解和接受革命道理，以便发动和组织群众参加革命，以简易化、通俗化为方向，进行了文教改革。主要改革措施有：①改革文体，推行语体文。长期以来，"八股六韵"统治文坛，形成一种僵化的、脱离群众生活的贵族式古典文体。为了宣传革命道理，使广大劳动群众易于理解和接受，太平天国对脱离群众的旧式文学体裁进行改革，推行话体文。太平天国的公文、告谕，洪秀全、洪仁玕等人的著作大多是用广大群众容易听懂、看懂的语体文写成的，而不是艰涩深奥、空言无朴的官样文章。太平天国的各种文告、诗歌、读物，简明、生动、通俗，即使是文化水平不高的农民也能听懂、记牢。②改革文字，采用简体字。太平天国吸收民间常用的简体字作为官方文字，以便于书写。在太平天国的公文书籍里采用的简体文字百余个，如"虫""胆""窃""铁""粮""响"等，其中有些简化字与今天使用的简化字相同。③改革旧文字不加句逗的故习，使用标点符号。太平天国仿照西方的做法，在书写、印刷时引入标点符号，便于识读。常用的有"、"（用于文句的停顿）、"。"（用于文句的结束）、"——"（当时汉字是竖写，加在人名的右边）、"＝"（加在地名、国名、朝代名的右边）。标点符号的运用，降低了阅读的难度，提高了学习效率。④改革文风，提倡使用"俗语"。公元 1861 年，太平天国颁布了《戒浮文巧言谕》，要求一切奏告文章，"语语凿凿，不得一词娇艳，毋庸半字虚浮"，"总须切实透明，使人一目了然"（中国近代史资料丛刊《太平天国》第二册，第616 页）；不许使用"龙德""龙颜""鹤算""龟年""岳降""嵩生"等阿谀奉承的词句。要求文章内容反映现实生活，做到"文以纪实"，提倡使用"俗语"，即大众化的语言。

（3）改革科举制度　1861 年，太平天国颁布了《钦定士阶条例》，以官方文件的形式规定了科举考试的方针、目的、方法和组织领导者，把科举制度的改革提到了一个新的高度。太平天国在广西永安时就开科取士，定都天京以后，继开文武两科，各王在所属地区也开科考试，选拔人才。太平天国规定取士目的，在"得非常之贤才"，以建"非常之治绩"，"创万年之基业"，"树万年之规模"。从这一科举取士的目的出发，太平天国对旧科举制度采取了用其形式、革其内容的方法进行改革。

在科考的组织形式上，太平天国将原来的县试、省试、殿试三级制，改为乡、县、郡、省、京试（即天试）五级制。按照《科场士阶条例》规定：每年二月举行乡试，由军帅典试，考取一名者，文士称信士，武士称艺士。每年三月举行县试，由县监军典试，文武均取前两名，文士称秀士，武士称英士。各郡提学举行郡试，考俊士（文）和毅士（武）。每逢子午荣（卯）酉年由京遣放提考，每省正副各一员，主持省试，考约士、猛士，各取若干名。每逢辰戌好（丑）未年，集各省试中所取之士应天试。在组织领导方面，使地方官直接参加取士工作。按规定乡试、县试、郡试分别由军帅、监军、总制出题、典试和校阅。这样就保证了地方官员直接领导和监督取士工作，以避免旧科举制度中少数人主持取试、营私舞弊等现象。

太平天国对旧科举制度的改革，其主要特点有：第一，废除封建等级、门第的限制，不论社会地位高低、出身贵贱，都可以应试。史书记载，太平天国考试"无虑布衣、绅士、倡优、隶卒，取中者即状元、翰林诸科"。乡试亦"不论门第出身，取中即为举人"（中国近代史资料丛刊《太平天国》第三册，第 111 页）。士子若私自隐瞒出身，一经查出定会受到严惩。第二，提倡男女平等，首开女科取士。在《天朝田亩制度》中，规定了男女在政治、经济、教育上的平等原则。胡思燮《患难一家言》中有

"令女官举女子应试"的记载。特别是 1853 年曾开设女科,专门选拔女子人才,突破了中国古代科举考试对女性的限制。至于太平天国中的女官、女将、女兵、女工则更不乏记载。第三,录取标准大大放宽。尽力照顾考生的饮食、起居、旅费,以减轻考生生活上的不便和经济负担。在录取上也放宽了标准,"稍知文理,皆抡首选"。如咸丰四年,太平天国甲寅四年(1854),湖北乡试,"入场未及千人,取中者至八百余名"(《贼情汇纂》卷三《伪科目》,见中国近代史资料丛刊《太平天国》第三册,第 112 页)。第四,在考试内容上,废除从《四书》《五经》中出题,题目必须出自《旧遗诏圣书》《新遗诏圣书》《真命诏旨书》等太平天国文献或有关"拜上帝教"的书籍。除考诗文以外,还考策论,文章不需拘泥于八股文,以选拔"撰文则足以辅国,奋武则足以诛妖"的人才(中国近代史资料丛刊《太平天国》第二册,第 553 页)。第五,改变士阶名称。太平天国依据"综核名实,定厥宏规"的原则,改秀才为"秀士","谓士人荣显之初如卉木之方秀";改补廪为"俊士","谓智过千人为俊";改拔贡为"杰士","谓才过万人为杰";改举人为"博士","谓其博雅淹通";改进士为"达士","谓其通达事变足以兼善天下";改翰林为"国士","谓其学识超乎一国"。武秀才等则改称"英士"("谓其英多磊落")、"猛士"("谓其猛可济宽")、"壮士"("谓其克壮大猷")、"威士"("谓其有威可畏")。要求科举考试所取之士,"文可兼武,韬略载在诗书;武可兼文,干戈化为礼让"(《中国近代教育史教学参考资料》上册第 13 页)。名称上的变换并做形式上的改变,体现了太平天国"扫除故技而更张之"的革命精神,是太平天国科举制度完备化的标志。

5. 实行独特的教育形式

太平天国定都南京后颁布的《天朝田亩制度》,是太平天国革命的总纲。《天朝田亩制度》以土地改革制度为中心,提出一整套相当完备的理想制度设计。它否定私有财产,消除贫富差别,希望建立"无人不饱暖"的人间天国。为此,它规定了一系列的社会生活准则和社会结构,将生产、分配、军事、宗教、政治、教育都集中于基层组织"两"。规定政权从大到小分别是军、师、旅、率、两、伍,其中"两"为基本单位,由"两司马"领导管理,共二十五家(含两司马实为二十六家),建立了政教合一、生产教育结合、社会教育与宗教活动联伍的独特的教育形式。由于太平天国没有建立起统一的全国政权,在天京政权仅存的十余年间,又忙于战事,管辖区域不定,因此也没有建立起完整的教育制度。太平天国规定或实行的教育形式主要有:

(1)教堂兼学校 太平天国颁布的《天朝田亩制度》规定,"凡二十五家中设国库一,礼拜堂一,两司马居之"。在地方政府体系中所设立的"礼拜堂",不仅是祭奠、赞颂"上帝"，进行宗教仪式的场所，而且是进行群众教育的场所。"礼拜堂"是一个教堂兼学校的组织形式。"礼拜堂"是宗教教堂，"凡礼拜日，伍长各率男妇至礼拜堂，分别男行女行，讲听道理，颂赞祭奠天父上主皇上帝焉"，进行宗教活动。"礼拜堂"又是学校机构，"其二十五家中童子俱日至礼拜堂，两司马教读《旧遗诏圣书》《新遗诏圣书》及《真命诏旨书》焉"（中国近代史资料丛刊《太平天国》第一册，第322页）。儿童在这里接受识字、道德和宗教的启蒙教育。师帅、旅帅、率长、两司马等地方官，不仅是行政长官，且又兼为教师。他们在"礼拜堂讲圣书、教化民，兼察其遵条命与违条命及勤惰"。

（2）育才书院、育才馆　招史料记载，太平天国管辖的地方，设有育才书院、育才馆等教育机构。《金陵省难纪略》记述太平天国在天京（南京）城区"设育才书院，延师教各官子弟读，名育才馆"（中国近代史资料丛刊《太平天国》第四册，第709页）。育才书院和育才馆等教育机构，收容因战争受伤的儿童和太平天国干部的子弟，给以衣食和教育。负责教育工作的教师称育才官。据《金陵杂记》说，育才官有正、副。育才馆招收各官子弟包括他们的子侄和义子、义弟及各省孩童，"令通文理者教习读"太平天国所撰之书（中国近代史资料丛刊《太平天国》第四册，第621页）。

（3）收养与"带徒弟"　太平军常常收养认领民间孤儿和战争中失去父母兄长的将士子弟，作为义子、义弟的方式进行培养。自丞相至率长、士兵，"均准携带"，"总名为带娃崽"（中国近代史资料丛刊《太平天国》第四册，第623页）。共同生活使儿童与将士建立了深厚感情，少年儿童将太平军将士看作"亲父兄，居则浣衣涤器，行则背负刀剑，谨步后尘，冬则为之拨火温衾，夏则为之扇凉拭浴……日相偎，夜伴宿"。太平军将士对儿童"亦待如亲子弟"（中国近代史资料丛刊《太平天国》第三册，第307页）。

太平天国除对儿童实施学校教育外，还以"带徒弟"的方式教育儿童。张德坚的《贼情汇纂》"童子兵"一节中说，太平军官员"自显要至卑贱，莫不有公子老弟，多者数十人，少者亦一二人"（中国近代史资料丛刊《太平天国》第三册，第308页）。这些儿童与太平军朝夕相处，在实践中学习知识和本领，在生活中接受政治思想和宗教道德教育。

（4）社会教育　太平天国十分重视社会教育，群众教育的主要形式是宗教集会和"讲道理"。据清朝官方史书记载，太平军管辖的地方，"动辄鸣锣传集贼众百姓，于何日何时齐集何处听讲道理"（中国近代史资料丛刊《太平天国》第三册，第266页）。《金陵癸甲新乐府》描述"讲道理"的情景，"锣敲四声麾令旗，听讲道理鸡鸣时，桌有围，椅有披，五更鹄立拱候之。日午一骑红袍驰，戈矛簇拥箫管吹，从容下马严威仪，升座良久方致辞。我辈金田起义始，谈何容易乃至斯，寒暑酷烈，山川险巇，千辛万苦"。"讲道理"的内容十分丰富，常常以聚众演讲、教唱歌谣等形式进行宣传。这实际上是一种社会教育的形式。

（5）士兵教育　太平天国的士兵教育主要分政治思想教育和军事技术教育两个方面。"天晴则操练兵士，下雨则习读天书，讲解分明，互相开导，俾人人共识天情，永遵其道"（中国近代史资料丛刊《太平天国》第一册，第 383 页）。汪士铎《乙丙日记》中载，太平军每日三餐及上阵打仗前，都要举行祈祷仪式，祈祷后则齐声高呼"杀妖！"为了用革命思想武装太平军将士，专门为士兵刻印政治、宗教书籍，限令军中朝夕诵读，然战士多不识字，"遂责识字者诵习口授之"。要求战士"务须去邪从正，返朴还淳，修炼成人，同归真道"（中国近代史资料丛刊《太平天国》第一册，第 355 页）。在政治思想教育中，很重视军队的纪律教育。太平天国颁行的军纪条规有《行军总要》《行营规矩》等，"刊刻颁行，使军中将士循诵习传，知所取法"（中国近代史资料丛刊《太平天国》第二册，第 415 页）。在军事教育中还重视培养将士的作战能力，重视军事训练，并根据自己的经验和特点创造了新的战术、阵法，结合实践进行了学习和训练。经过军事教育，培养了一支勇敢善战的农民军队。

6. 教育的基本内容

太平天国的教育，主要是在"拜上帝教"的名义下，以宗教教义的形式组织起来的，把政治思想、道德教育融汇到宗教教育与宣传之中，同时也可达到初步读写和文化知识教育的目的。

（1）群众性的宗教、政治思想教育读物　这方面，主要有《天条书》《旧遗诏圣书》《新遗诏圣书》《真命诏旨书》等。《天条书》是洪秀全、冯云山亲自编纂的拜上帝会的一部经典，包括宗教仪式和公众的十条行为准则：即崇拜皇上帝，不好拜邪神，不好妄题皇上帝之名，七日礼拜颂赞皇上帝恩德，孝顺父母，不好杀人害人，不好奸邪淫乱，不好偷窃抢劫，不好讲谎话，不好起贪心。《旧遗诏圣书》和《新遗诏圣书》是基督教《圣经旧约》和《圣经新约》的编译本，但对其中不符合太平天国革命利益的部分进行了修改与删订。《真命诏旨书》是 1853 年以前所谓"天父、天兄下凡诏旨"和"天王诏旨"的汇集。此外，还有洪秀全早期写的《原道救世歌》《原道醒世训》《原道觉世训》，以及在起义中形成的著名文告、檄文等，都作为一般宗教和政治思想教育的读物广为流传。

（2）儿童启蒙性读物　为了对儿童进行启蒙性教育，太平天国把公元 1852 年编订的《幼学诗》、1853 年编订的《三字经》、1854 年编订的《御制千字诏》等，作为识字启蒙教材，"令小儿读之"。《幼学诗》共集五言诗三十四首，内容广泛，包括教义和做人两方面，除"敬上帝"三首、"敬耶稣"三首外，其他如"敬肉亲"（即敬父母）、"朝廷""君道""家道""父道""母道""子道"等等，均为人们的生活准则和道德条规。《三字经》共一千零五十六字，三字一句，其内容分为：介绍基督教的发展史；以中国古代文献中的"上帝"附会基督教中的上帝，叙述"上帝"在中国的遭遇；介绍上帝遗子下凡逐灭妖魔，建立太平天国的经过，告诫儿童要"拜上帝，守天条"及应遵守的行为准则。《御制千字诏》共一千一百零四字，四字一句，基本无重字，其内容分两部分，本着上帝创造万物的意思介绍了有关社会历史、天文气象、地形地貌、动物植物、日常生活、人体各部等知识；结合基督教和太平天国的发展阐明拜上帝教教义，并介绍一些社会知识（参考陈学恂《中国近代教育史教学参考资料》上册，第 4～8 页）。这类读物虽以宣传政治、宗教、伦理思想为主，但采用韵语形式，重视识字教育，发挥了中国传统启蒙教材的优点。

（3）科学技术知识　太平天国重视并提倡科学技术教育，认为"火船、火车、钟表、电子表、寒暑表、风雨表、日晷表、千里镜、量天尺、连环枪、天球、地球"等等近代科学技术，"是以广闻见之精，此正正堂堂之技"，即应列入教育内容（中国近代史资料丛刊《太平天国》第二册，第 526 页）主张凡外国人技艺精巧者，只要不干涉天国的内政，都准其"教导我民"。太平天国许多领袖的子女，对于"西方科学与文明无不通晓，尤精地理及机械学"（孟宪承译《太平天国外记》）。

（4）经学教育　在 1854 年设立"删书衙"以后，经过删改的儒家经典也准阅读。1861 年颁布的《钦定士阶条例·科场士阶条例》中表示："至真圣主御笔改正《四书》《五经》各项，待镌颁后再行诵读。"这表明将包括儒学在内的中国传统文化纳入了教育的内容。

（5）军事教育　太平天国在军事教育方面，普遍采用的教材有：《太平条规》《行军总要》《武略》《真圣主诏明大小兵法水旱战法》和《兵法四则》等，对官兵进行战争技术和军队纪律的教育。

（四）洪仁玕："学习邦法"的教育主张

洪仁玕（1822—1864），广东花县人，是洪秀全的同宗族弟。在太平天国运动中，是一个具有特殊经历的人物。特别是他在咸丰九年（1859）从香港来到天京以后，总理朝政，向太平天国政府提出了一系列的治国主张，希望通过改革朝政在中国发展资本主义。他是太平天国革命运动中最进步、最有远见卓识的思想家。在文教方面，提出许多除旧布新的措施，设计了仿效资本主义模式办教育的方案，在中国近代史上占有重要地位。

1. "志在攘夷愿未酬"的革命经历

洪仁玕自幼读书，曾在家乡私塾任教，28 岁时参加科举考试，但未考中。在洪秀全的影响下，成为拜上帝教早期信徒，为探求"真道"，曾向罗孝全（Roberts, Lssachar Jacob）学习基督教知识。金田起义时，他在广东省清远县做塾师，闻讯赶赴广西，但太平军已经转移，不得不折回广东。咸丰二年（1852），他和洪秀全派来的一位领导者发动一次小规模的农民起义，没有成功，被清朝官方追捕，他逃到香港。太平天国定都南京后，洪仁玕企图去天京，但在上海被阻，只好再折回香港，直到 1858 年才再次赴天京。这一时期，他结交了一些外国传教士，还做过基督教伦敦布道会牧师。他努力学习天文、历算，努力学习西方文化和科学，通过对各国的政治、历史、地理有关书籍的认真研究和考察，对西方资本主义有所了解，成为"学究天人，识贯中西"的新派人物。

1858 年 6 月，洪仁玕离开香港，由陆路于 1859 年 4 月辗转到达太平天国的首都——天京。此时，太平天国内外交困，内政出现混乱。在这种局势下，洪秀全很快封他为"开朝精忠军师顶天扶朝纲干王"，总理朝政，并任文衡正总裁，主持文教工作，还兼理了一个时期的外交事务。洪仁玕抱着重振太平天国的热情，着手进行太平天国的政权建设、经济建设和文化建设，进行了带有资本主义性质的改革。他主持朝政仅仅几个月，就向洪秀全提出了一个振兴太平天国的纲领——《资政新篇》，深受洪秀全的赞许，诏令颁布施行。

1863 年底，洪仁玕奉命出京催粮，因此，1864 年 7 月天京失陷时他未在天京。天京陷落后他去广德见幼天王，再图进取，未能成功。洪仁玕护送幼天王入江西，遭到敌人袭击，洪仁玕当场被擒，于 1864 年 11 月在南昌被杀。洪仁玕在生死关头，大义凛然，就义前写下《自述》，决心效法文天祥，"至于得失生死，付之于天"。临刑之前，他赋诗明志，《绝命诗》写道："一言临别赠，流露壮思飞；战国祚虽斩，有日必复生"（转引自牟安世：《太平天国》，上海人民出版社，1979 年，第 477 页）。洪仁玕壮烈殉国，浩气长存，表现了他的赤胆忠心和临危不惧的伟大气概！

2. 发展资本主义的宏伟计划

洪仁玕登上太平天国的历史舞台后，总理朝纲，他很快就向天王条陈《资政新篇》，随后又颁行《立法制宣谕》《钦定军次实录》《钦定英杰归真》等书，详细阐述了他改造太平天国政权的主张。而在这些著作中，尤以《资政新篇》最完整、最全面地揭示了他发展资本主义的思想主张。

（1）革新政治　《资政新篇》一开头就说："照得治国必先立政，而为政必有取资。"洪仁玕所编的《资政新篇》，就是把"立政"放在第一，而所谓"新篇"的"新"就在于有别于旧的纲领制度。《天朝田亩制度》是太平天国早期的纲领，带有极大的空想性，早已名存实亡。而《资政新编》正是针对当时国内外的形势，有纲领、有措施地提出了"治国""立政"和"取资"的方法。洪仁玕针对官员中的结党营私，提出"禁朋党之弊"，制定了杜绝"私与官职""越队求荣""私镌伪铸"等具体规定，想从根本上纠正各级将领随意拉拢亲信、封官给禄的现象。他希望建立一个仿效西方资产阶级民主政治的政府，不赞成事无大小都由天王一人裁决，主张发挥中央行政机关的作用，建议天王"更立一无情面之谏议在侧，以辅圣聪不逮"（《资政新篇》，《洪仁玕选集》，第 21 页）。在加强中央集权的同时，主张政府官员接受群众监督，设立新闻纸和意见箱，对行为不轨的官员及时进行揭露。

（2）建立法制　洪仁玕在《立法制宣谕》中指出："国家以法制为先，法制以遵守为要，能遵守而后有法制，有法制而后有国家，此千秋不易之大经"，把立法看成是整顿国家的当务之急。他在《资政新篇》的"法法类"中认为，如果政府规定的法律都是以法法之法，多是遵五美、摒四恶之法，诚能上下凛遵，则刑具可免矣。至于那些不遵法的"顽民"，则用刑罚来处治他。因此，《资政新篇》又有"刑刑类"之规定。洪仁玕的立法思想，有一个突出的特点，即主张以"教化"为主；还提倡官员要以身作则，用自己的守法行为来教化部下。

（3）制定蓝图　洪仁玕在《资政新篇》中，提出了一个发展资本主义经济的宏伟方案，内容十分丰富。他具体的主张是要发展工业（所谓"兴器四技艺"），开采矿藏，发展交通（"兴车马之利""兴舟楫之利"，以至制造火车轮船），创办银行，发行纸币，设立邮局、报馆、医院等等；他主张准许私人投资、奖励发明创造，对那些能制造火车轮船的人，"首创至巧者赏以自专其利"。上面这些主张，是明显的发展资本主义的蓝图，是任何封建思想家所无法提出的。它和《天朝田亩制度》的基本内容是不同的。《天朝田亩制度》主张废除一切私有财产，而《资政新篇》则主张发展资本主义，保护私有财产。

（4）改变陋俗　洪仁玕抨击封建官僚制度下的各种败风陋俗。首先是纠正文风，提倡"文以纪实"。他批评文人学士"不务实学，专事浮文"的现象，指斥"文士简短长篇，无非空言假话；下僚之禀帖面陈，俱是谀言赞誉"。他还在《资政新篇》中规定，一切文件"只须写实，勿着一字浮文"，在《戒浮文巧言谕》中提出"文以纪实"，浮文必删。奏章文谕，"尤属政治所关，更当朴实明晓，不得稍有激刺、挑唆、反间，故意令人惊奇危惧之笔"。其次要革除陋习，坚决反对诸如"男子长指甲，女子喜缠脚，吉凶军宾琐屑仪文，养鸟、斗蟋、打鹌赛胜，戒箍手镯金玉粉饰之类，皆小人骄奢之习"，要厌而去之。提出对美德善行，要"以奖其成"。要用新的道德观念来教化民众，改变人们的旧习俗。

（5）外交关系　洪仁玕反对"天国至大"的自守思想，主张平等互利的外交政策。他认为西方这些国家"技艺精巧，国法宏深"，应该允许同外国通商；在不干涉内政的条件下，欢迎外国人来传授工艺技术。在《资政新篇》中，他反对那种所谓"万方来朝，四夷宾服，及夷狄、戎蛮、鬼子等一切轻污文字，皆不必说也。盖轻污字样是口角取胜之事"，只会影响国与国之间的关系，并非"经纶实际"，无补于事。

· 相关链接 ·

《资政新篇》设想的是一个资本主义工商业得到发展的新社会，但却又完全抛弃了《天朝田亩制度》，不懂得自己所投身的这场农民革命同发展资本主义的关系。因此，《资政新篇》虽具有进步的思想意义，但对太平天国农民革命的发展没有能够发挥作用。

3. "学习邦法"的教育主张

洪仁玕所谓的"学习邦法"，就是要以西方资本主义国家为榜样来革新政教，发展文教事业。他向西方学习的教育思想的内容，可概括为以下几个方面：

（1）主张兴教治国　洪仁玕十分重视教育，他认为英、美、德、法等资本主义国家富强的原因，关键在于"大兴政教"。他在《资政新篇》中，列举世界各国富强的事实，论证兴办教育方能使国家富强的道理。他指出，这些西方国家强盛的奥秘就是重视教育，开发人的智慧。如：英国"其人多有智力"，因而强盛；美国善于利用外国的智力资源，"别邦人有能者，册立为官"，又广设学校，残疾的跛盲聋哑人均有学校，"教习技艺"，使残而不废；法国重视教育，"大兴政教"，因而"声威日著"，成为"北方冠冕之邦"；东方的日本，也由于向外国学习，而"变为富智之邦"。洪仁玕进而指出，中国必须向西方学习，发展文化教育事业，"乘此有为之日，奋为中地倡"（见罗尔纲编著《太平天国文选》，上海人民出版社，1956年，第123、124页）。他认为，加强教育，则"足以开人之蒙蔽以慰其心，又足以广人之智慧以善其行，人能受其中之益，则理明欲去而万事理矣"。他指出，若使太平天国强盛，必须发展教育，"立牧司教导官，亲身教化之"，通过教育培养"贤人"。只有"先得贤人，创立大体，代有贤能继起，而扩充其制，精巧其技，因时制宜，度势行法，必永远不替也"（《资政新篇》，罗尔纲编注《太平天国文选》，上海人民出版社，1956年，第124、119页）。显而易见，他把发展教育、培养人才作为"立政""治国"的根本，视为国家长盛不衰的保证。

（2）重视德才兼备　洪仁玕要求"天下万郭万世之士永远修好炼正，端士习，敦士品"（《钦定士阶条例》，中国近代史资料丛刊《太平天国》第二册，第550页）。而"修好炼正"就是要达到德才兼备。他给"德"下了一个定义："德也者，行真道而有得于心之谓。"他所谓的真道，是指拜上帝教的宗旨，体现在政治上就是要忠于农民革命。他所谓的才，既包含有文化知识，也包含有技艺才能。但无论任何人都要以"德"为根本。他说："德本也，才末也。"同时，他也指出，只有德而才不足也不好，理想的人应该是德才兼备。不然，"德非真德，才非真才"，只有"才德兼备者为尚"。

从德才兼备的人才观出发，洪仁玕又提出了文武兼备。他在《钦定士阶条例》序文中指出，太平天国"立政任人，揆文奋武"。在他看来，最理想的人才，应该"文可兼武""武可兼文"，"事事协文经武纬，人人具武烈文谟"。所以，不论文士或者武士都必须"习练诗书技艺，共识天情奥妙"。文士应该"博雅淹通"，"通达事变，足以兼善天下"（《钦定士阶条例》，中国近代史资料丛刊《太平天国》第二册，第549页）。也就是说，有经世治民的抱负和治理国家的才能。武士也要讲德才兼备。他说："武士之才在强，有德则强者和矣；武士之才在练，有德则练者精矣。"所以，武士不仅要学习大小兵法，干戈弓矢，而且要善于用智，因为"力取不如用智"，"决胜恃乎运筹"。主张"以义理之勇，化血气之勇"（中国近代史资料丛刊《太平天国》第二册，第552页）。他认为，文士和武士都能做到"真心实力，众志成城"，则"新天新地新世界"不难建成（《资政新篇》，中国近代史资料丛刊《太平天国》第二册，第525页）。可以看出，洪仁玕的人才标准，已经突破了封建士大夫的模式，也超越了农民阶级狭隘眼界，走在了同时代人的前边。

（3）提倡"自新之学"　洪仁玕认为，只有"自新之学"，才能培养"新民新世"的人才。他所主张的教育内容，首先是要重实学。他认为，"诵习书史，博览篇章，耳濡目染，课学即求心之道；通经致用，家修即廷献之资"（中国近代史资料丛刊《太平天国》第二册，第551页）。他把"求心之道"作为诵习书史的目的；把"廷献之资"作为通经致用的标准。也就是说，读书的目的，在于真正了解"天道真理"，达到认识上的统一，而通经致用则在于为国家出力献策。为此，他规定的书目有：《旧遗诏圣书》《新遗诏圣书》《天条书》《三字经》《太平天国编》等，至于所谓凡情书，"业经钦定改正"也可以学习。他说："孔孟之书不可尽废，其中有合于天情道理亦多……皆属于开卷有益者。"但学习时一定"要求真本真源"，与天情相吻合（中国近代史资料丛刊《太平天国》第二册，第546页）。

其次，是诗书技艺。洪仁玕非常重视诗书技艺的传授。他说："所有应试士子，必须习练诗书技艺，共识天情奥妙"（中国近代史资料丛刊《太平天国》第二册，第546页）。他提出，习史的目的是"借古开今"。他自己曾表示，"惟喜读古文《纲鉴》，每得有忠真节义之句，便念念不忘"（中国近代史资料丛刊《太平天国》第二册，第607页）。他主张结合实际学习经史文章，没有采取一概否定的虚无主义态度，而是按照太平天国的利益加以"因革损益"。在他规定的学习内容中，也包括修订后的《四书》《五经》等传统的经史典籍。但他强调"学业精于择"，即对学习的内容，要经过去伪存真、去凡情存"真道"的选择，使视、听、言、动都合乎"天情真理"。洪仁玕还认为，士子既应学习诗书，又要重视技艺，真正做到："弦诵之士怀经济，趄桓之士尽腹心，文可兼武，韬略载在诗书；武可兼文，干戈化为礼让。"（中国近代史资料丛刊《太平天国》第二册，第549页）。他列举武士应具备的知识技艺，如"雨晴风雾"等天文知识，"山原林坎"等地理知识，"智仁勇义"等胜敌韬略，以至真假虚实等战术。只有掌握这些知识技艺，才能百战百胜。

此外，重要的是要学习"西学"新知识。他提倡学习西方资本主义国家的先进科学文化知识，提出："火船、火车、钟表、电火表、寒暑表、风雨表、日晷表、千里镜、量天尺、连环枪、天球、地球等物。皆有夺造化之巧，足以广闻见之精"，是"正正堂堂之技"。他认为，以这些近代科学文化武装人民，则能"开人之蒙蔽以慰其心，广人之智慧以善其行"（中国近代史资料丛刊《太平天国》第二册，第526页）。为此，他主张让外国人来中国传授新科学、新知识，在国内鼓励人们发明创造，发展科学技术，支持他们招徒传授。

（4）建立新型教育机构　洪仁玕建议"设新闻馆以收民心公议"，使"上览之得以资治术，士览之得以识变通，商农览之得以通有无"，还可以奖善惩恶，教育民众。鼓励开设"学馆"，以传播科学文化知识。建立"跛盲聋哑院"，"教以鼓乐书数杂技，不致为废人"。办"鳏寡孤独院"，"生则教以诗书各法，死则怜而葬之"。并且主张，凡外国人技艺精巧者，在不干涉中国内政的情况下，准许传播科学技术，"教导我民"。1860年，容闳到天京，向洪仁玕建议七件事，其中有四件事属于教育方面：一、设立武备学校；二、建立海军学校；三、颁定各级学校制度；四、设立各种实业学校。这些建议均得到洪仁玕的赞赏。这一系列措施均属资本主义的教育体制范畴。

（5）兴办社会文化教育事业　他主张设"士民公会"，以拯困扶危，办理教育。鼓励人民兴学馆、办医院，发展文化教育事业，他说："倘民有美举，如医院、礼拜堂、学馆、四民院、四疾院等，上则亲临以隆其事，以奖其成。"他主张禁演戏、修斋、建醮，将节约下来的钱财用于资助办医院、四民院、学馆等。禁庙宇寺观，"改其室为礼拜堂，藉其资为医院等"，"有益于民生实事"（中国近代史资料丛刊《太平天国》第二册，第525、536页）。

资产阶级改良派容闳认为"洪仁玕对外面世界的了解比其他诸王要多，甚至比洪秀全还要多"，"凡欧洲各大强国所以富强之故，亦能知其秘钥所在"（容闳：《西学东渐记》，钟叔河主编《走向世界丛书》，岳麓书社，1985年，第94页）。洪仁玕"学习邦法"的思想，由于当时处于战争年代，加上守旧势力的掣肘，未能实现。但这并不影响洪仁玕的光辉思想作为向西方学习真理的重要里程碑而载入史册。

卷二十五　同治中兴——教育近代化的起步

　　清咸丰十一年七月十七日（1861 年 8 月 22 日），咸丰帝病死热河，六岁的载淳即皇帝位，年号祺祥。尊嫡母皇后为母后皇太后，尊生母懿贵妃为圣母皇太后。不久，又分别加上徽号，称慈安太后、慈禧太后，俗称东太后、西太后。幼帝的生母慈禧太后企图揽权，要求"垂帘听政"。大臣载垣等以"本朝向无垂帘故事"予以拒绝，故彼此发生权力冲突。慈禧与恭亲王奕訢在回銮北京时发动政变，史称"辛酉政变"，实行两宫太后垂帘听政，改年号为同治。从此，朝廷大权掌握在慈禧手中。（同治十二年）（1873）同治帝亲政。同治十三年十二月初五（1875 年 1 月 12 日），同治帝崩于养生殿，终年十九岁，庙号穆宗。

　　同治年间，清廷勾结外国侵略势力，实行借洋兵剿逆政策，先后镇压了太平天国、捻军、苗民、回民起义，缓解了清王朝的统治危机。同时，采用洋务派"自强"和"求富"的方针，开办一些新式工业、训练海军和陆军，以加强政权实力。清廷又支持顽固派对洋务派进行牵制，以加强深宫集权。这一时期，被清统治阶级称为"同治中兴"。

一　同治时期

清穆宗载淳同治元年（1862）——清穆宗载淳同治十三年（1874）

（一）洋务运动的兴起

洋务运动，是伴随着慈禧太后的统治时期以联合西方资本主义侵略势力来镇压造反的农民大众而开始的。

第二次鸦片战争以后，清廷向西方资本主义国家屈服，出现了所谓"中外和好"的局面。曾国藩、李鸿章、左宗棠等在和西方军队合作镇压太平天国运动过程中，看到了西方坚船利炮的重大作用，承认了向西方学习的必要性。于是，朝野上下达成了一个共识："练兵以自强"，必须在军事和工业技术等方面，向西方资本主义国家学习。

当时兴办洋务的倡导者曾国藩，为了对付太平天国和捻军等，在咸丰十年（1860）就提出"师夷智以造炮制船"（《曾文正公全集·奏稿》卷一二，第58页）。曾国藩说，火轮船"可以剿发捻，可以勤远略"，为"今日救时之第一要务"，除向外国购买船炮，还要自己制造（《曾文正公全集·奏稿》卷一四，第10—11页）。洋务运动的中心人物李鸿章，曾对庚申（1860）以后夷势内向的形势做了分析，认为外国侵略者"阳托和好之名，阴怀吞噬之计，一国生事，诸国构煽，实为数千年来未有之变局"。欧美各国"轮船电报之速，瞬息千里；军器机事之精，工力百倍；炮弹所到，无坚不摧，水陆关隘，不足限制，又为数千年来未有之强敌"（李鸿章：《筹议海防折》，《洋务运动》一，第41—42页）。为了巩固清朝统治，李鸿章提出变"成法"，立"奇业"的主张，即是在不变更封建统治的前提下，学习西方，略事变革，发展军事工业和民用工业，对付新的"变局"和"强敌"。奕䜣也说，"自强之术，必先练兵"。这反映了清政府一批务实开明的权臣对形势和西方列强的认识，比第一次鸦片战争后朝野上下的懵懂和浑噩要清醒得多。在经历了创剧痛深的"千古之奇变"后，"稍变成法"的革新思想开始成为一种社会思潮，自强以图御侮开始成为朝野上下的自觉意识，于是兴起了兴办洋务的活动。

所谓"洋务"，简单地说，就是指外国资本主义的一切事务，有人把当时的洋务活动概括为："讲制造也，则必曰精算学；言交涉也，则必曰通语言；办教案也，则必曰谙外交；言通商也，则必曰通商情。合交涉、制造、教案、通商诸务，而概之以一名词，曰洋务。"（《民国日报汇编》第三集《社学》，第33页）在举办洋务的官员中，清廷中枢有恭亲王奕䜣和军机大臣桂良、文祥，地方总督、巡抚有曾国藩、李鸿章、左宗棠和张之洞等。由于他们在兴办洋务问题上，思想主张基本一致，在清廷内部形成了一个势力相当强大的派别，被称为洋务派，他们主持的洋务活动史称洋务运动。

洋务派在外交、经济、军事和文化教育等方面，提出了与封建顽固派不同的主张，他们希望中国从洋务运动中得救，因此，把办洋务看成是求富自立的途径。李鸿章认为，"今日世喜谈洋务，乃圣之时"（《复刘仲良中丞》，《李文忠公全集·朋僚函稿》十六）。他们认为，搞洋务是时代的需要。洋务活动，由魏源提出的"师夷长技以制夷"

的命题，具体化为奕䜣、曾国藩、李鸿章等人的洋务实践。咸丰十一年（1861）以后，清政府在政治、军事、经济等方面采取了一系列重大改革措施，如成立总理各国事务衙门，进行政治制度改革的尝试；购求坚船利炮，改善武器装备，训练新式军队，追求军事近代化；创办江南制造总局、金陵机器局等近代工业企业，军事近代化的追求促进了工业近代化的起步。正是由于洋务运动，中国出现了第一批机器生产的现代化工厂，创办了第一个轮船公司，铺设了第一条铁路，架设了第一条电线，建立了第一支海军舰队，开设了第一批现代形式的新学校，派遣了第一批留学生等等。

结果，中国第一次有了自己的科技人才，也产生了工矿企业的产业工人，并使一些地主、官僚、商人逐渐向资产阶级转化。应该承认，这一切导致了资本主义幼芽的出土，为资本主义在中国发展在物质基础和阶级基础上准备了某些条件。尽管洋务派的改革是出于维护其自身统治的需要，但却自觉不自觉地适应了资本主义发展的历史要求。当然，由于洋务运动与人民群众对立，所以，所谓"自强""求富"并没有使中国真正富强起来，由于"对外和好"的妥协政策，也不可能成功地抵制外国的侵略，当然更谈不上阻止中国沿着半殖民地半封建轨道继续沉沦下去。

·相关链接·

近代中国遭受西方殖民主义的入侵和掠夺，使邻国日本朝野震动。一些头脑比较清醒敏锐的日本人通过认真总结中国鸦片战争失败的教训，认识到日本要避免遭受与中国同样的命运，必须学习"西洋之法"，进行维新改革。1868年4月6日，以天皇为首的新政府发布具有政治纲领性的《五条誓文》，6月11日公布《政体书》，开始推行具有资本主义性质的全盘化与近代化改革运动，史称"明治维新"。日本政府进行近代化改革，建立君主立宪制政体；经济上推行"殖产兴业"，学习欧美技术，进行工业化运动；提倡"文明开化"、社会生活欧洲化；大力发展教育等。"明治维新"改革使日本成为亚洲第一个走上工业化道路的国家，逐渐跻身于世界强国之列，是日本近代化的开端。

（二）兴办洋务教育的指导思想

在洋务运动中，教育活动是主要方面，洋务派主张兴"西学"，提倡"新教育"，培养洋务人才。

洋务派认为，当时中国是"敝絮塞漏舟，腐木支大厦，稍一倾覆，遂不可知"，而"东西各国日益强盛，中土一无所恃"，若欲改变中国积弱积贫的状况，维护封建统治秩序，造就人才"实为中国自强之本"，且是"目前当务之急"（《肄习西学请奖折》，

《李文忠公全集·奏稿》五十三）。李鸿章在奏请科举增开洋务进取科时较集中地表述了洋务派主张教育改革的理由。他说："抑臣更有陈者，用人最是急务，储才尤为远图。洋人入中国已三十余年，驻京已十余年，以兵胁我，殆无虚岁，而求练达兵略精通洋法者恒不数觏，由于不学之过，下不学由于上不教也……而所用非所学，人才何由而出？近时拘谨之儒，多以交涉洋务为浼人之具，取巧之士，又以引避洋务为自便之图。若非朝廷力开风气，破拘挛之故习，求制胜之实济，天下危局，终不可支。日后乏才，且有甚于今日者。以中国之大，而无自强自立之时，非惟可忧，抑亦可耻。"（《李文忠公全书·奏稿》卷二十四）

由中国之落后而可忧可耻，进而图谋自强自立，进而思虑人才的学用一致，进而要求教育的改革。这一思路在洋务派中是共通的。奕䜣认为："中国之宜谋自强，至今日而已亟矣。识时务者，莫不以采西学、制洋器为自强之道。"（《筹办夷务始末》同治朝卷四十六）曾国藩也认为："欲求自强之道总以修政事、求贤才为急，以学作炸炮、学造轮舟为下手工夫。但使彼之长技我皆有之，顺则报德有其具，逆则报怨亦有其具。"（《曾国藩全集·日记》二，第748页）可见，他们的一个共同观点，就是认为教育改革是图谋自强的重要措施。就连清朝的统治者，也认识到教育改革的紧迫性："自五口通商，英法联军入京，朝廷鉴于外交挫衄，非兴学不足以图强"，而且"急须养成翻译与制造船械及海陆军人才"（《清史稿·选举志二》）。

洋务派虽然力主对传统教育变革，以培养一批洋务人才，但他们认为人才之根本品质，依然还是传统的忠孝节义之气节。他们虽然承认西方科技的先进，但认为清王朝的封建统治是不可更改的，中国的纲常名教是西人所没有所不如的，诚如李鸿章所言："中国文物制度迥异外洋獉狉之俗，所以郅治保邦固丕基于勿坏者，固自有在。必谓转危为安，转弱为强之道，全由于仿习机器，臣亦不存此方隅之见。顾经国之略，有全体，有偏端，有本有末。如病方亟，不得不治标，非为培补修养之方，即在是也。"（《李文忠公全书·奏稿》）可见，他们在坚守封建伦理纲常这一问题上是毫不含糊的。学习西方科技，只是用于治标，而中国之本是无须培补的。

从这一立场出发，洋务派便提出了兴办洋务的指导思想。在这方面，最先发出呐喊的是冯桂芬。1861年，他在《采西学议》中提出："以中国之伦常名教为原本，辅以诸国富强之术。"（《校邠庐抗议·采西学议》）这一观点，就为此后所阐发的"中体西用"说，奠定了基本格局。

李鸿章等洋务派在兴办洋务教育时，也正是以这一思想为指导来处理中学与西学的关系的。曾国藩在奏请开设留学教育时提出："随时课以中国文义，俾识立身大节，可冀成有用之材。"（《筹办夷务始末》同治朝卷八十二）主张在培养洋务人才时，仍坚持传统的纲常伦理教育。李鸿章在派遣学生出洋的"应办事宜"中指出："考察中学西学，分别教导。将来出洋后，肆习西学，兼讲中学，课以《孝经》、小学、五经及国朝律例等书，随资高下，循序渐进……宣讲《圣谕广训》，示以尊君亲上之义，庶不囿于异学。"（《李文忠公全书·奏稿》卷十九）李鸿章在创办上海广方言馆时所订章程中也有一条：讲习"分经学、史学、算学、词章为四类，而以讲明性理效行立品为纲。……西语西文之暇，仍以正学为本"。（朱有瓛编：《中国近代学制史料》第一辑上册，第216、217页）这些主张反映了洋务派的教育变革是在"数千年未有之变局"中考虑的，也是他们对洋务人才的要求。

洋务派本着"变器不变道"的原则，在"中体西用"的思想指导下提倡"西学"。这一指导思想，主张以引进西学改革传统教育，这是他们较之前人的先进之处。但他们又不能摆脱封建教育的信条，坚持以传统纲常伦理教育为本的原则，又表现了他们教育思想中保守落后的一面。这种集新与旧、革新与保守于一体的教育思想，表现了近代中国人面对中西文化冲突而进行选择的初步尝试。

·相关链接·

日本在明治维新时代，大力发展教育。新政府设立文部省，颁布教育改革法令——《学制》，发展近代资产阶级性质的义务教育，将全日本划分为8个大学区，各设1所大学，下设了两个中学区，各有1所中学，每一中学区下设立210小学，每一所小学区设1所小学，总计全国有8所公立大学，245所中学，53760所小学。教育机关颁布《教育敕语》，灌输武士道、忠君爱国等思想。此外，亦选派留学生到英、美、法、德等先进国家留学。

（三）近代教育的开端：京师同文馆

1907年，美国传教士丁韪良（Martin，William Alexander Parsong）在《同文馆记》一文中说："有希望革新这古老的帝国的是新教育，新教育的肇端是同文馆。新教育潮流之所以日臻蓬勃，来源虽多，但其最初的源泉是五十年前在北京设立的一个研究外国语文的小学校——同文馆。"（丁韪良：《同文馆记》，《教育杂志》第二七卷第四号）

1. 创立与发展

鸦片战争以来，清政府在外事活动中，由于语言文字的隔阂，所受外交损失极大，为了应付外交的迫切需要，培养本国的外交人员和翻译人员，已刻不容缓。因此，在1861年初，《北京条约》签订后不到三个月，主持对外交涉事务的恭亲王奕䜣便在《统筹全局酌拟章程六条折》中，提出创办外国语言学堂培养外语人才与设立总理各国事务衙门，分设南、北洋大臣这一系列重大举措仅在七天之后，就得到咸丰皇帝的批准。经过一年多的筹备，京师同文馆于 1862 年 6 月 11 日正式开学。首届学生 10 名，均系八旗子弟，英文教习包尔腾（J. S. Burdon），汉文教习徐树琳。为了防止包尔腾趁机传教，事先言明"只学语言文字，不准传教"，并嘱咐汉文教习负责稽查。开办之初，只设有英文馆。次年，增设法文馆、俄文馆，两馆学生各 10 名，仍从八旗子弟中挑选，聘请司默灵（A. E. Smorrenberg）为法文教习，柏林（A. Popoff）为俄文教习。三馆学制均为三年，学生三年期满，核实甄别，优者授为七、八、九品官，劣者分别降革、留学。

严格说来，为适应对外文化交流的需要，在国内培养外语人才并不始于京师同文馆。据史籍记载，早在唐代就有了官办的翻译机构。明清两代，为了"译远方朝贡文字"，都设有专门机构，明代叫"四夷馆"，清代改称"四译馆"。乾隆年间，为了训练俄文口译和笔译人员，于乾隆二十二年（1757）开设俄罗斯文馆，京师同文馆正是在俄罗斯文馆的基础上改设的。与历史上培养外语人才的机构相比，京师同文馆至少有两点不同：第一，它的开办目的，不再以"译远方朝贡文字"相标榜，而是为了"熟悉各国情形"，以便"不受人欺蒙"（《筹办夷务始末》同治朝，卷八）。明清两代的"四夷馆""四译馆"，主要是为了培养熟悉东方语言善于与周边藩属地区打交道的人才，而京师同文馆所要培养的是与西方资本主义列强打交道的人才，英语为学习的首选语种。第二，历史上的同类机构，多"取本国人为教师"，而京师同文馆则从一开始就聘请外国人为教习。这两点不同就使京师同文馆从成立时起，就是一所以外国人为主要科目教习的学堂，就是一所为认识和了解外部世界而开办的学堂，具有明显的时代印记。

京师同文馆设立不久，随着各地洋务事业的开展，洋务官员越来越感到培养科技人才的重要，便有人倡议在学习外国语言文字的同时，兼学西洋格致之学。同治五年（1866）12 月，恭亲王奕䜣等奏请清廷，拟在京师同文馆添设天文算学馆（即科技馆），"因思洋人制造机器、火器等件，以及行船、行军，无一不自天文、算学中来。现在上海、浙江等处讲求轮船各项，若不从根本上用着实功夫，即习学皮毛，仍无裨于实用"（《洋务运动》二，第 22 页）。奕䜣建议添设天文算学馆外，并提议以"满汉举人及恩、拔、副、岁、优贡，汉文业已通顺，年在二十以外者"和"前项正途出身五品以下满汉京外各官，少年聪慧，愿入馆学习者"，均为招生对象，"延聘西人在馆教习"（高时良：《中国近代教育史资料汇编·洋务运动时期教育》，上海教育出版社，1992 年，第

43 页)。

　　显然，这一计划如能得到切实推行，对改变封建官吏的知识结构，提高他们的近代科技修养，进而对推进洋务事业的发展大有裨益。因此引起了强烈反响，特别是引起了守旧派士大夫的疑忌和非议。鉴于此，奕䜣再次上奏说明开设天文算学馆的必要性和紧迫性，更进一步建议将招生对象扩大到翰林院编修、检讨、庶吉士等官员，又一次得到朝廷的批准，却遭到守旧派官员的公开抵制和攻击，发生了一场扩增同文馆与撤销同文馆的激烈争论。

　　这场历时半年之久的争论，在朝廷的干预下，虽然以奕䜣等人的胜利而告一段落，但所造成的负面影响却是很大的，在一片反对添设天文算学馆的声浪中，原准备报考的正途人员退缩了。奕䜣等人不得不放宽报考条件，不再拘执于正途人员。1867 年 6 月，天文算学馆正式举行招生考试时，报名的 98 人实到 72 人，酌取 30 名，半年后又因程度低劣，经复试后仅留下 10 人，被并入英、法、俄文馆，所谓的天文算学馆名存实亡，京师同文馆也处于衰落时期。

　　在京师同文馆创立之后，一些地方也开始创办类似的外国语学堂。如同治二年 (1863)，江苏巡抚李鸿章奏请仿照京师同文馆之例设立于上海，初名"上海同文馆"，同治六年后改称上海广方言馆。同治三年，广州将军瑞麟等奏请在广州开设广州同文馆。

　　1869 年 11 月，原来教授英文、万国公法等课程的美国人丁韪良受聘担任京师同文馆总教习，采取了一些改革措施，逐步扩大了课程范围。上海广方言馆和广东同文馆也陆续选送一些优秀学生来馆肄业。因此，19 世纪 70 年代后京师同文馆有所发展。1871 年，添设了德文馆。京师同文馆至此逐步走向了正规发展的道路。

　　2. 教师与学生

　　同文馆的教师（教习）有外国人也有中国人，按职责可分为总教习、教习和副教习。同文馆由总理各国事务衙门直接管理，校内最初并无专任长官。1869 年聘丁韪良为总教习，总揽全馆教务。教习大多从传教士中聘请，担任外语、天文、化学、格致、医学、万国公法等方面的教学任务，中国学者担任汉文、算学等方面的教习。副教习协助教习的教学工作，一般都是从优秀的高年级学生中挑选，他们仍不脱离学生的身份，须在馆学习、考试，每门课程设 1～4 人不等。

　　同文馆的规模不大，也不年年招生。初创时学生仅有 10 人，以资送为主，对象为八旗子弟，方法是由各旗推荐，再由总理各国事务衙门择优录取，年龄一般在十五岁以内。招考始于同治六年（1867）添设天文算学馆的时候，以后又在同治九年举行过一次考试。资送生由上海广方言馆和广东同文馆从本馆的优秀生中选送，他们多成为京师同文馆毕业生中的佼佼者。其实，在同文馆早期，因生源不足，由有关官僚、馆内教习甚至资深学生引荐而直接入馆的学生也不少。学生待遇体现了"厚给薪水以期专致""优加奖叙以资鼓励"的思想，额内学生享有津贴，额外学生不享受津贴。对额内学生的津贴，根据入学的年限、成绩的优劣，还有是否担任副教习而分成不同的等级。

同文馆学生中的一些人在当时的外交活动中，常常担当译员，参加外事活动。后来，肄业于同文馆的学生担任外交使节，肩负外交重任。例如，同治五年（1866），总理衙门派斌椿前往各国考察，就有同文馆学生三人为译员。又如同治八年（1869），以美国公使蒲安臣为首组成的出使欧美使团，访问欧美各国，就有同文馆学生六名充当译员。这种随团出使外国的办法，为中国培养训练外交人才起到一定作用。

3. 课程与考试

自天文算学馆创设以后，同文馆由一个初级的外语学校变为一个具有近代意义的教授实用科学的学校。扩充后的同文馆课程在原先的中文、外语之外，逐步增添的新课程有：算学（1868 年），李善兰为教习；化学（1866 年），先是赫德兼，后请法国人毕利干为教习；万国公法（1869 年），英国人丁韪良为教习；医学生理（1871 年），英国人德贞为教习。又如，同治八年（1869），上海广方言馆与江南机器制造局开设的学堂合并，仍名为广方言馆，但教学内容扩大，加强了自然科学的教学。据《上海县续志》记载，合并后的广方言馆分上、下两班，初入馆者为下班，学习算学、代数学、对数学、几何学、重学、天文、地理、绘图及外国语言文字。一年后甄别，择优升入上班。上班分七门：一、辨察地产、分炼备金，以备制造之材料（即地质矿产）；二、选用各金材料或铸或打以成机器（即冶金）；三、制造或铁或木各种器物（机器制造）；四、拟定各汽机图样或司机各事（设计制图）；五、行海理法；六、水陆攻战；七、外国语言文字，风俗国政。每个学生专习一门，后又改为正科、附科，分英文馆和法文馆，毕业后送北京同文馆肄业。

同文馆主要以考试来督促和检查学生的学业。考试分目课、季考、岁试三项，日期由馆方确定。每届三年举行一次大考，由总理各国事务衙门主持，其成绩作为授官或降革的依据。

就办学成效而言，京师同文馆不能列入洋务学堂的先例，也未表现出比其他洋务学堂更鲜明的特点，但它是洋务学堂的开端。同文馆的创立，打破了中国两千多年封建教育模式，是中国新教育的胚胎。同文馆的建立，改变了以文为主的传统教育内容，近代科学技术知识开始被列为正式课程，不仅开创了实用科学的教学，而且出现了科学渗入科举的构想和行动。同文馆在京师的设立，起了"领头羊"的作用，正是因为它才有紧随其后的一批外国语言学校的创立和其他类型的洋务学堂的涌现，这就使中国的教育在向西方学习方面开始由观念变为现实，有力地冲击了封建教育制度。

（四）从"西语"到"西艺"：福建船政学堂

洋务派认为，在中国内忧外患十分严重的情况下，要想"靖内患，御外侮，非讲求兵制不可"（中国近代史资料丛刊《洋务运动》一，第 11 页）。他们建议仿效西方军事教育，建立新型军事学校。因此，正当清廷朝野上下为京师同文馆增设天文算学馆一事进行激烈争论时，另一所在中国教育近代化过程中有着重要影响的新式学堂——福建船政学堂（初名求是堂艺局）在福州城内定光寺创立了。

福建船政学堂，是福建船政的组成部分。福建船政局也称"马尾船政局"或"福州船政局"，是近代中国第一个、也是洋务运动时期最大的专门制造近代轮船的工厂，是由闽浙总督左宗棠于 1866 年奏请创办。设立船政局的主要目的是造轮船以应军需，加强海防，有效地抵御列强的海上侵略；同时也鉴于两次鸦片战争后，航行于沿海及长江的洋行轮船日渐增多，传统的船运业已面临破产，必须发展自己的近代船运业。但是，在中国近代造船业的起步阶段，设备、人才、技术上都只能依赖洋人，为了摆脱这种局面，解决"设学造未能尽洋技之奇，即能造轮船不能自作船主"（《左文襄公奏稿》卷二〇，第 62—68 页）的困境，左宗棠就将设厂造船与培养人才统一规划。他说："夫习造轮船，非为造轮船也，欲尽其制造驾驶之术耳；非徒求一二人能制造驾驶也，欲广其传，使中国才艺日进，制造、驾驶展转授受，传习无穷耳。故必开艺局，选少年颖悟子弟习其语言、文字，诵其书，通其算学，而后西法可衍于中国。"（中国史学会主编：中国近代史资料丛刊《洋务运动》五，上海人民出版社，1961 年，第 28 页）。船政大臣沈葆桢更反复强调："船政根本在于学堂"（《洋务运动》五，第 55 页），船政局"创始之意，不重在造而重在学"（《洋务运动》五，第 138 页）。把创办学堂、培养新式人才看作是发展中国近代工业的根本，这种思想是非常可贵的。

同治五年五月十三日（1866 年 6 月 25 日），左宗棠在奏请设立福州船政局时请求在船政局内设置学堂。次年初，学堂开办，总名为求是堂艺局。左宗棠拟定了《艺局章程》，规定了学堂的组织制度，学生的待遇，考试的办法，学习的年限，以及毕业后的作用，等等。并聘请外籍专职教习 9 名，兼职教习 14 名。所谓兼职教习，多为外籍技师、工匠、工头之类，这就意味着，在福建船政学堂，学生们不仅要用心听外国专家讲授，还要在外国工匠的指导下进行专业学习或实习。学堂监督、法国人德克碑、日意格向左宗棠立下"保约"："限自铁厂开厂之日起，扣至五年，保令外国员匠教导中国员匠，按照现成图式造船法度，一律精熟，均各自能制造轮船……并开设学堂教习法国语言文字，俾通算法，均能按图自造；教习英国语言文字，俾通一切船主之学，能自监造、驾驶，方为教有成效。"（《洋务运动》五，第 36 页）船政学堂的学生一开始就没有严格的出身限制，都是"民间十余岁粗解文义子弟"（台湾"中央研究院近代史研究所"编：《海防档》乙，《福州船厂》一，第 97 页），凡"性慧夙有巧思者，无论官绅、士庶，一体入局讲习"（《船政奏议汇编》卷一，光绪戊子年刊本）。甚至还从香港、上海招收一批"有铁器和铁板工作经验"的青年工人入学（转引自［美］毕乃德：《洋务学堂》，杭州大学出版社，1993 年，第 170 页）。章程中规定，学生除衣、食、住及学习和医疗费用由学堂提供外，"每名每月给银四两，俾赡养其家，以昭体恤"。学生五年学成后，"即令作监工、作船主，每月薪水照外国监工、船主、辛工银数发给，仍特加优擢以奖异能"（《洋务运动》五，第 29 页）。相应要求是，学生入学时，"取具其父兄及本人甘结，限内不得告请长假，不得改习别业，以取专精"（《洋务运动》五，第 29 页）。

学堂分前堂、后堂两部。前学堂注重法文，专习舰船制造，主要课程包括算术、代数、画法几何、解析几何、三角、微积分、物理和力学，有的课程还有透视原理以及蒸汽机结构课；此外，学堂还设有"实习课"，对学生进行船体建造、机器制造与操作的实践教育，注重能力培养。后学堂注重英文教习，专习管轮驾驶，主要课程包括算术、几何、代数、平面三角和球体三角、航海天文学、航行理论以及地理；此后，学生需参加一年半至两年的在训练船上进行的包括航海技术、射击技术和指挥的训练，进行远洋航行实习。除前后两学堂外，后因需要，又添设绘事院及艺圃两所。绘事院分为两部：一部学习船图，一部学习机器图，目的是培养船舶设计制造工程师。艺圃，专门招收十五六岁的艺徒，实行半工半读，以培养领班工头。

在短短的五年里，船政学堂培养出中国近代第一代轮船设计制造人员、第一代轮船驾驶人员，成为培养科技人才的摇篮。据沈葆桢在同治十一年四月二十日（1872 年 5 月 26 日）和同治十二年二月十六日（1873 年 3 月 14 日）给皇帝的奏章中报告，学堂共有学生和艺徒 300 余名。（《中国近代学制史料》第一辑上册，第 467 页）毕业生广泛地活跃在近代海军建设、经济、文化、科技和文化教育等各个领域。

福建船政学堂在创办之初，并没有将汉文经学的讲习列为正课，只是作为一般性要求："每日常课外令读《圣谕广训》《孝经》，兼习策论，以明义理。"（《洋务运动》

五，第 55 页）与京师同文馆相比，从一定意义上讲，可以说它们分别代表着中国近代教育发展的两个阶段。如果说京师同文馆是"西语"教育思潮的产物，其创办的最初动机是培养外语人才而"不受人欺蒙"；那么福建船政学堂则是"西艺"教育思潮的产物，其创办的目的是为了"西法可衍于中国"，使西方的科学技术在"中国得转相授受，为永远之利"。虽然京师同文馆增设天文算学馆也是基于这样一种认识，但却遭到了顽固守旧派的反对和攻击；而到了福建船政学堂，"奉夷人为师"不再被视为"家国之忧"了，真正实现了"彼（指西方）之所长，皆我之长也"，而且认为"自强之道，此其一端"（朱有瓛编《中国近代学制史料》第一辑上册，第 380 页）。我们说，京师同文馆是中国教育近代化的开端，福建船政学堂则是中国教育近代化起步中的突破，是新教育的典型。

在福建船政学堂创办期间，专习"西艺"的洋务军事学堂也在各地相继创立。同治四年（1865），李鸿章会同曾国藩奏明于上海虹口地方收购一座外国人的机器铁厂，改名为江南制造总局，生产军火武器。为了培养自己的人才，他们主张除设厂制造船炮以外，应建立学堂，妥置课程，选聪颖子弟随同学。于是在同治元年（1867）制造局移城南高昌庙镇，分建机器、汽炉、杠、铸铜铁等厂，"并以立学堂、习翻译为制造之本"（朱有瓛编《中国近代学制史料》第一辑上册，第 474 页），培养工程与机器制造人才。

可见，洋务学堂的创办为中国近代教育的发展奠定了一定基础，迈出了十分重要的一步。

（五）走出国门的教育：派遣留学生

两次鸦片战争期间，曾出现过一些零星自发的留学行为，留学生基本是教会学校的学生，在传教士的撮合下成行。发起由政府派遣出国留学人员的倡导则是在洋务运动开始之后的事情。1863 年，拣选知县桂文灿鉴于日本派遣幼童分赴俄、美两国"学习制造船炮、铅药及一切军器之法"，上书总理衙门总理王大臣奕䜣，建议中国仿效执行。奕䜣虽然肯定了这一建议，但以难以物色到合适的出国带动人选予以婉谢（《筹办夷事始末》同治朝卷十五，第 33 页）。之后，又有来自不同渠道的留学教育建议，都未能付诸实施。

洋务活动开展以后，洋务人士逐渐认识到，要全面深入地学习西方的先进技术，国内的学堂存在师资、社会文化环境等诸多局限因素。于是，向国外派遣留学生，到先进资本主义国家主动接受和学习西方近代科学技术，是实施洋务计划、进行洋务教育的重要一环。

　　洋务派认为，西方科学技术先进，"中国欲取其长，一旦遽图尽购其器，不惟有力不逮，且此中奥突，苟非遍览久习，则本源无由洞彻，而曲折无以自明"（舒新城编《中国近代教育史资料》上册，第 164 页），建议选派聪颖子弟出国留学。同治九年（1870），曾国藩、李鸿章等上《奏选派幼童赴美肄业办理章程折》，详细地说明了第一批留学生派遣的理由。他们在奏折中驳斥那种认为"京师设同文馆，选满汉子弟延西人教授，又上海开广方言馆，选文童肄业，似中国已有基绪，无须远涉重洋"派留学生留学的错误思想，指出"百闻不如一见"，洋务学堂的学生之所以对西方近代技术的"本源无由洞彻，曲折无以自明"，原因即在于此，因此"造募学生出洋肄业西学"，可弥补洋务学堂育才之不足，是为"当务之急"。

　　1. 幼童赴美留学

　　由清政府派出的第一批留学生，不是派往近代以来与中国接触较早并且当时是最发达的资本主义国家英国，而是派往美国，主要原因是赴美留学的条件业已成熟。

　　同治七年（1868）签订的《中美续增条约》第七条规定：嗣后中国人欲入美国大小官学学习各等文艺，须照相待最优国之人民一体优待。美国人欲入中国大小官学学习各等文艺，亦照相待最优国之人民一体优待。（王铁崖编：《中外旧约章汇编》第一册，生活·读书·新知三联书店，1957 年，第 263 页）这一规定为赴美留学提供了条约依据，而且在同治十一年（1872）春，美国公使路经天津时又与李鸿章详细面商此事。

　　同时，近代留学教育的倡始人容闳本人就有着留学美国的经历。容闳（1828—1912），字达萌，号纯甫，广东省香山县（今珠海市）人。道光十五年（1835），容闳就读于由德国传教士郭士立（Gutzlaff）夫人开办的教会学堂。道光二十一年（1841），进入澳门马礼逊学堂，次年，学堂迁至香港，容闳在马礼逊学堂读了六年。道光二十七年（1847），该校校长布朗与夫人回国养病，想带三五名学生赴美深造，容闳与另外两位同学随同前往。1847 年至 1854 年的七年间，容闳在美国读完了中学并获耶鲁大学文学学士学位，成为近代中国受过美国系统高等教育的第一人。在美留学的七年生活中，他就立下了献身沟通中美文化教育交流事业的志向，决心"以西方之学术，灌输于中国，使中国日趋于文明富强之境"，"当使后予之人，亦享此同等之利益"（容闳：《西学东渐记》，湖南人民出版社，1981 年，第 23 页）。因此，1854 年回国后，他多方奔走，广泛结交洋务大员，寻求实现自己抱负的机会。同治九年（1870），天津教案发生，曾国藩奉命前往处理，容闳担任译员。容闳于是通过参与办案的丁日昌正式向曾国藩提出派遣学生留学美国的计划，并自愿带领学生出国。容闳本人的留学经历和他所提出的洋务计划又消除了洋务人士派遣留学生的疑虑。

洋务派在拟订的《选派幼童赴美肄业办理章程》中，详细规划了赴美留学事宜，并在上海设立"出洋局"，筹备出洋事务。根据洋务活动对人才的需求，洋务派对留学生教育，提出了明确规定：选派幼童数量每年为30名，分四年进行，共120名，学习年限为15年。在上海、宁波、福建、广东等地挑选曾经读过数年中国书的聪慧幼童，年龄在十二至十六岁之间，经过国内试读考试合格后录取。经费由海关洋税（进口关税）中指拨。学生到美国后除学习西学外，仍要兼讲中学，课以《孝经》、小学、五经及国朝律例等书，在规定日期由正、副委员集中幼童宣讲《圣谕广训》，还要在美国设立的留学事务所内设至圣先师神位，由驻洋委员率领幼童和随行教师行礼等，并在美国设立留学管理机构"驻洋局"（后来称"留学事务所"）。派遣正、副委员（监督）和数名"中学"教师同往，首任正委员是翰林出身的守旧人物陈兰彬，副委员为容闳。

挑选幼童赴美留学，诚如李鸿章所说："固属中华创始之举，抑亦古来未有之事"（《洋务运动》二，第157—159页）。在当时社会风气十分闭塞，读书被认为是天经地义的正途的环境中，大家子弟不肯远适异国，应募者多为衣食生计而来，即便如此，招生也遇到很大困难。经容闳多方努力，才勉强凑足规定人数。同治十一年七月八日（1872年8月11日），第一期詹天佑等30名幼童经上海预备学校培训后，在监督陈兰彬带领下从上海出发赴美（容闳已先期赴美做准备工作）。1873年6月、1874年11月，1875年10月，第二、三、四期各30名幼童也按计划出发。其中第二、第四期在30名正额之外还各有7名和3名自费生随行。

幼童到美后，为了尽快提高外语水平和适应美国的生活，被分散到美国教师家中，每位教师负责2～4人，英文基础较好的幼童直接进入美国学校，不合格者在教师家中接受个别补习。幼童一般根据各自的情况先进入小学不同的年级，而后由中学而至大学。建于康涅狄格州首府哈特福德市的留美事务所是管理中心，幼童逢假期要到这里补习中文，平时犯有过失者即在这里接受处分。

幼童们以其勤奋好学的精神和优异的成绩赢得了中外人士的赞誉。耶鲁大学校长朴德等在联名致总理衙门的信中，高度评价幼童"人人能善用其光阴，以研究学术"；"各种科学之进步，成绩极佳"；而且道德"优美高尚"，"礼貌之周至"，"尤为外人所乐道"；幼童"咸受美人之欢迎，而引为良友"；"实不愧为大国国民之代表，足为贵国增荣誉也"（容闳：《西学东渐记》，第108页）。在光绪二年（1876）费城举办美国独立100周年纪念博览会期间，幼童受到美国总统的接见。前来参观博览会的中国官员在看过留学生的作业展览后感慨："诚可见用心专而教法备焉"（李圭：《环游地球新录》，钟叔河主编《走向世界丛书》第一辑第六种，岳麓书社，1985 年，第 300、212 页）。

　　然而，这些幼童并没有按计划完成学业而被中途撤回。因为幼童们在接受西方教育、西学知识大长的同时，必然要背离传统封建教育的藩篱，特别是由于他们多为十几岁的少年，正所谓"腹少儒书，德性未坚"之时，接受异质文化的浸润影响几乎是难以避免的。而正是由于这一点，送幼童出国留学自始至终为国内守旧势力所担心，这些担心最终成为中途撤回幼童的理由。在被撤回的留美幼童中，如铁路工程师詹天佑、开滦煤矿矿冶工程师吴仰曾、北洋大学校长蔡绍基、清华学校校长唐国安、第一位美国华裔律师张广仁、清末交通总长梁敦彦、民初国务总理唐绍仪、1884 年中法战争中英勇殉国的薛友福等，都是中国近代史上的知名人物。

　　2. 留欧学生的派遣

　　1873 年末，福建船政局和所属船政学堂大批外国技术人员和教师按合同规定即将期满回国，福建船政局面临着如何发展的问题。这一年的 12 月 26 日，沈葆桢正式向清廷提出派遣福建船政学堂学生赴欧洲留学的建议：选择前学堂优秀学生"赴法国深究其造船之方，及其推陈出新之理"；选择后学堂优秀学生"赴英国深究其驶船之方，及其练兵制胜之理"。他认为按此方法培养人才，"速则三年，迟则五年，必事半而功倍"。他还进一步做长远打算，提出"三年五年后，有由外国学成而归者，则以学堂后进之可造者补之。斯人才源源而来，朝廷不乏于用"（陈学恂、田正平：《中国近代教育史资料汇编·留学教育》，第 225 页）。

·相关链接·

　　日本比中国迟遭西方列强入侵，但却比中国早十年派出了留学生。由于日本对西方文化采取比较积极的吸取态度，在出国留学上，人们的热情从一开始就比较高。正因为如此，近代日本无论是幕府还是明治政府在派遣留学生的政策中，见不到诸如清政府所制定的对出国留学生归国后给予奖励的种种规定，有的只是出于对出国留学生派遣上的重视，提出的鼓励之言。在留学生的选拔上，在幕末，由于人们出国留学比较踊跃，在资格上，虽然无明确的考核措施，但已比较注重出国留学生的身份。在选拔留学生上一直坚持考试的方法，并制定了严格的选择标准。在留学科目上，社会科学与自然科学、应用科学一应俱全。兵部留学生学军事，工部则学近代工业，民部学农、畜牧、造酒等实业，文部学近代教育，法务部学法政，表现出对西方文化兼收并蓄的态度。

沈葆桢的建议，送总理衙门征求李鸿章、左宗棠等人意见。李鸿章在致总理衙门函中认为：“闽厂选派学生赴英法学习造船驾驶，洵属探本之论。”（《海防档》乙，《福州船厂》二，第 486 页）左宗棠不仅认为“艺局生徒赴各国游学，以扩闻见长识解，自题中应有之义”（《洋务运动》五，第 463 页）。而且提出，学生出国留学，不必指定某国，“尽可随时斟酌资遣”（《洋务运动》五，第 460 页）。

1874 年，沈葆桢在日意格的帮助下具体拟订了船政学堂学生的留学计划：到法国学习轮船制造的学生，期限为五年左右，每天半日在工厂学习，每年用两个月时间游历各国大船厂、铁厂，“以增长其见识”。到英国学驾驶的学生，期限是两年左右，以在学校学习为主，每年抽出两个月时间赴大兵舰上“阅看练习”，并设计了教学大纲。

赴欧留学计划具体而翔实，但由于同治十三年（1874），日本侵略台湾，沈葆桢受命赴台筹划防务，同时也因一时“无巨款可筹”，“倥偬未及定议”，这一计划便被暂时搁置。

（六）旧教育变革中的新教育因素

作为教育近代化起步重要标志的，还包括传统教育体制变革中所体现出来的近代因素。

1. 改革科举考试的呐喊

19 世纪 40 年代初期，魏源和祁寯曾分别提出改革武举考试、文举考试内容的建议，但是，这些建议没有在社会上得到响应，更未能被清政府所接纳。进入 19 世纪 60 年代，随着各种新式事业的兴办，改革科举考试内容的呼声再起。1861 年，冯桂芬写下《校邠庐抗议》一书，在《采西学议》一文中主张，在广东、上海各设一翻译公所，招生课以诸国语言文字，并择西书之有理者翻译为华文。学生受业“三年之后，诸文童于诸国书应口成诵者借补本学；诸生如有神明变化，能实见之行事者，由通商大臣请赏给举人”（张岱年主编：《中国启蒙思想文库·采西学议》，辽宁人民出版社，1994 年，第 76 页）。在《制洋器议》一文中，冯桂芬建议，在各通商口岸设船炮局，“聘夷人数名”，招收学生“从受其法”，接受教育，然后进行考试，根据学习成绩“赏给举人”或“赏给进士”（张岱年主编：《中国启蒙思想文库·制洋器议》，辽宁人民出版社，1994 年，第 76 页）。很明显，冯桂芬改革科举立论的重点，在于引进西学。

在 19 世纪 60 年代提出类似主张的，还有拣选知县桂文灿和四川道监察御史陈廷经。桂文灿建议：“将来考试通商衙门办事司员请专策问海外各国舆地、山川、风俗、政教、物产一切情形，并无庸限以中书部属，凡自现任职官以至布衣之士，俱准考试。"(《筹办夷务始末》同治朝卷十五)陈廷经提出:"请自今乡会武场及学政考试,俱加用火器,以归划一。"(《洋务运动》一,第 12 页)

进入 19 世纪 70 年代,李鸿章、沈葆桢、英桂等洋务派的奏请和提议,使传统教育体制的变革很明显地体现出对西学的接纳和吸收。1870 年 10 月,沈葆桢会同闽浙总督英桂奏请清廷:"特开算学一科,诱掖而奖进之,使家有其书,人自为学……庶几精益求精,人才日众矣。"(《沈文肃政书续编》卷七。转引自高时良主编:《洋务运动时期教育》,第 626 页)但是,当时有关部门的大臣反对这个建议,理由是没有人能评定这种试卷。1872 年 5 月,沈葆桢再次提出这个建议,并且推荐京师同文馆教习李善兰和另一位叫杨宝臣的前高级官吏二人精通西方算学,完全可以胜任阅卷工作。并指出,如果中国废除没有用处的武科考试而增设迫切需要的算学考试,那么几十年内中国就有大量的人才,不再需要外国专家了。但是,这个建议再次被搁置。

1874 年底,李鸿章在《筹议海防折》中明确表示支持沈葆桢、丁日昌关于设算学和武试改试枪炮的建议,他认为传统的科考内容"甚非作养人材之道。似应于考试功令稍加变通,另开洋务进取一格,以资造就"(《洋务运动》一,第 53 页)。他还分析说,京师同文馆的创办和派遣学生到国外留学,"似已开辟西学门径",但其实情况并不乐观,一般家庭子弟不愿进新学堂,人们对放洋留学态度冷淡,其原因就在于"用人进取之途全不在此故也"。如果在科举考试中增设"洋务进取一格",使那些从事西学研习的人感到"与正途出身无异",就可以鼓励人们研习西学,"二十年后制器、驶船自强之功效见矣"(《洋务运动》一,第 54 页)。

李鸿章的奏折在朝野上下引起了较大反响。1875 年 2 月,《万国公报》发表文章称李奏请别开一科,以试天文、算数、格致、翻译之学的建议是"中国转弱为强之基,而怀抱利器者处囊脱颖之会也"。而且还指出李奏请别开一科之学,乃"当今切用之学,非异端左道之学也"(《万国公报》第七期,第 344 页)。礼部亦于同月上《奏请考试算学折》,提出通过京外官员核实保荐,在国子监设算学科,吸收有志者学习以及设科考试等多种途径鼓励人们研习算学。但是,李鸿章的奏折也引起守旧派的反对。通政使于凌辰在奏折中攻击李鸿章的"立洋务进取格"的建议是"直欲不用夷变夏不止",认为学洋学导致"师事洋人",这就会使士子丧失礼义廉耻;如果更以洋学的"精否为人才之用舍",必将使人心解体。(《洋务运动》一,第 121 页)大理寺少卿王家璧也上奏折说:"今欲弃经史章句之学,而尽趋向洋学,试问电学、算学、化学、技艺学,果足以御敌乎?""李鸿章何乃欲胥中国士大夫之趋向,尽属洋学乎?"他的意思是"毋令金壬之徒巧为尝试,斯为国家之福"。(《洋务运动》一,第 129—130 页)科举考试绝不能增设洋务一科，否则将给国家带来无穷祸患。1875 年 5 月，总理衙门总理王大臣奕䜣等人支持李鸿章、沈葆桢请开洋学及请设特科的建议，认为他们的建议迟早要办，只是现在"尚非仓猝所能举行"《洋务运动》一，第 151—152 页)。光绪皇帝在同日颁发的上谕中肯定了总理衙门的意见。然而，增设算学一科的建议，并未见诸实施。

2. 书院引入西学教学内容

有清一代，书院发达，是传统教育体系的重要组成部分。19 世纪 60 年代以后，随着洋务教育的开展，一些书院亦开始把西学引入书院的教学内容。

把西学引入书院教学内容，首先是在东南沿海得地利之先的一些书院中发生的。如广东广州的学海堂，是道光四年（1824）两广总督阮元创办，是以提倡实学而在全国产生重要影响的著名书院之一。在阮元的倡导下，学海堂"专勉实学"，"非以弋功名"，原来就有较浓厚的研习算学的风气，"学长中如吴兰修、侯度、陈澧、张其翙、邹伯奇皆精数学"（古公愚：《学海堂述略》，转引自璩鑫主编：《鸦片战争时期教育》，上海教育出版社，1990 年，第 289 页)。但是，在阮元时，并没有把算学作为一种课业固定下来。同治二年（1863），巡抚郭嵩焘查照旧章，恢复膏火，并添算学，在学海堂设数学一门专课，并增广专课额数。从此，数学成为学海堂固定课业而被制度化。

其次，这一时期创办的教会书院，把近代西方科学知识列入教学课程。如同治元年（1862），英国圣公会在香港创办的中央书院，后改名为皇后书院、皇仁书院，也称维多利亚书院；同治十年（1871），美国美以美会传教士武林吉在福州创办的福音书院、培元书院；杭州的育英书院，是道光二十四年（1844）美国长老会传教士创建，同治六年（1867）迁至杭州后改名；上海的圣芳济书院，同治二年（1863）教会创建；上海的培雅书院，同治四年（1865）美国圣公会创办；上海的度恩书院，同治五年（1866）美国圣公会创建；上海存养书院，同治十年（1871）美国监理会传教士创办，是为博习书院之前身；山东的登州书院，同治三年（1864），美国长老会教士创办；北京通县的潞河书院，同治六年（1867）美国公理会创办；武昌的文华书院，同治十年（1871）美国圣公会创办；等等。这些教会书院是西方资本主义侵华的产物，为西方在华的侵略利益服务。但从客观上看，这些教会书院将近代西方科学知识列入课程，是近代中国传播科学技术的重要基地。教会书院从本质上看是移植到中国的西式学校，其西式的管理、西式的课程、西式的教学方法等，无不对传统的学校教育形成一种压力，迫使其变通和改革。

（七）洋务教育同旧学观念的冲突

洋务教育作为自强运动的一部分，是在资本主义列强的步步紧逼下起步的。为了使中国自觉或不自觉地适应资本主义发展的历史要求，洋务派举办了一些带有明显资本主义性质的新式事业，试图用新式教育培养新式人才；而传统封建教育及其在发展过程中所形成的自我调节的机制，却无法完成这一时代任务。于是，新式教育机构的出现和传统教育体制的被突破便成为历史的必然，从而引发了洋务教育同旧学观念的冲突和论争。

第一次论争是围绕京师同文馆增设天文算学馆一事而展开的。同治元年（1862）设立的同文馆，主要是培养翻译人才，注重外语的学习。由于开始规模尚小，影响不大，顽固派虽没有公开表示反对，但是以文渊阁大学士倭仁为首的顽固派主张讲求"圣人之道"，严防"以夷变华"，反对奕䜣等人提倡学习西方语言文字等政策，"以不谈洋务为高"，并伺机对洋务政策进行攻击。同治五年（1866）十二月，奕䜣以"洋人制造机器、火器等件，以及行船、行军，无一不自天文算学中来"为理由，奏请在京师同文馆内增设天文算学馆，指出"若不从根本用著实功夫，即习学皮毛，仍无裨于实用"（《筹办夷务始末》同治朝卷四六，第3页）。为保证质量，要求聘请西人担任教师。对此，顽固派极为恼火。同治六年（1867）正月，倭仁指使掌山东道监察御史张盛藻首先发难，认为同文馆置算学馆，学习西洋天文算术，在《尚书》以来的任何古籍中均找不到先例，可谓名实不正，反对由科甲正途官员肄习。在张盛藻的奏本被上谕驳回后，倭仁又亲自上折，向朝廷奏言："立国之道，尚礼义不尚权谋；根本之图，在人心不在技艺"，指出令学士、大夫学习制器之理，是"上亏国体，下失人心"，尤其反对"奉洋人为师"。于是，一批守旧卫道之士群起效尤，一时"谤议繁兴"。奕䜣斥责倭仁"守旧衰谬，不识时务"，讥讽朝中守旧大臣，无事则嗤外国之利器为奇技淫巧，以为不必学；有事则惊外国之利器为变怪神奇，以为不能学，指斥倭仁等"以忠信为甲胄，以礼义为干橹"，"徒以道义空谈"（《洋务运动》二，第33页）。进一步指出："识时务者，莫不以采西学、制洋器为自强之道。"经过几个回合的论辩，顽固派的气焰才有所收敛。到这年的六月三十日清帝谕旨此事毋庸再议，才结束了这一场论争。

第二次论争是围绕着是否应变通科举而展开的。发生于19世纪70年代中期的这场关于改革科举考试内容、增设算学（或称洋务）一科的争论，实际上是19世纪60年代的中期京师同文馆增设天文算学馆那场争论的延续。学校是养士之地，科举是抡才大典，在封建教育体制中，二者本来就是紧密相关的。科举考试内容增设算学一科，意味着西学对科举的渗透，就对传统封建教育的变革而言，具有更深刻的意义，因此，它引起的争论，是必然的。洋务派变通科举的一个基本观点，就是"以章句弓马施于洋务，隔膜太甚"，"小楷试帖，太蹈虚饰，甚非作养人材之道"，造成"所用非所学"。因此，在"科目即不能骤变，时文即不能遽废"的情况下，另开辟一科以选拔洋务人才。（《李文忠公全集·奏稿》卷二四）自古以来为儒者不屑一顾的工匠之事，不仅要列为官学的教学内容，而且还要列为科举的正式科目，这对顽固派来说更是接受不了。因而洋务派的这个建议屡奏不准。于凌辰认为："人材是今日作事根本，如李鸿章、丁日昌讲求洋学，实愈加败坏，尚何人材可言？"（《洋务运动》一，第 120 页）极力反对开设艺科，以防其微渐。关于改革科举考试内容，早在道光二十三年（1843），两广总督祁贡就请开制器通算一科，未被采纳。同治元年（1862），贡生黎庶昌请开绝学科，同治九年（1870），闽浙总督英桂等奏开算学科，均遭主管教育的礼部拒绝。同治十三年（1874），李鸿章在《筹议海防折》中提到："沈葆桢前有讲开学科之奏。"（《李文忠公全集·奏稿》卷二四），支持沈葆桢、丁日昌关于增设算学和改革科举考试内容的建议。清光绪元年（1875），总理衙门奕䜣等人的《择要条议海防诸议折》为这场争论暂时画上了一个句号。

　　第三次论争是围绕着留学教育而展开的。据容闳的《西学东渐记》记载：早在留学生赴美之前，丁日昌推荐了刑部主事陈兰彬协助容闳率队赴美。但丁日昌没料到，陈兰彬本身就是一个极力破坏留学教育者。留学生到达美国后，陈兰彬对留学生横竖看不顺眼，事事阻挠反对，与容闳"时有龃龉"。尤其是陈兰彬推荐吴子登接任留学生监督后，更是加快了破坏留学教育的步子。吴子登属顽固派，对留学教育吹毛求疵，苛求其短，并捏造种种谣言，欺骗政府，并上奏朝廷停办留学教育："如不迅速行动，幼童均将成为'洋鬼'矣。皇帝照准其请，立刻下令全体幼童即日撤局回华。"（陈学恂：《中国近代教育史教学参考资料》上册）这场论争亦就以此而告结束。

　　从洋务教育中的这几次论争来看，封建传统教育的根基是十分深厚的，它根植于中国传统文化的土壤之中，历经数千年的稳定凝固，形成了一股强大的文化惰性。顽固派正是仰仗于这一惰性，挥舞着"祖宗成法"的旗帜，攻击洋务教育是用夷变夏。洋务派也不能从根本上摆脱这一传统观念，只是利用"师夷制夷"的这面旗帜，以冯桂芬的"以中国伦常名教为原本，辅以诸国富强之术"为指导，力图在体与用的关系上做点新文章，所以整个理论显得软弱无力。但是，洋务派的可贵之处，在于他们在变化的形势面前，主张"学贵适用，事贵因事"，反对墨守成规，因循积习。他们在落后挨打的现实面前，已萌发出"即日夜图维，业已不及"的危机感，油然而生起一种"一误何堪再误"的紧迫感，他们要求稍作变通，以教育的某些变革来救亡图存。因此，他们"竭虑殚思，但期可以收效，虽冒天下之大不韪，亦所不辞"（《洋务运动》二，第31－33页）。这正是他们呼喊出"自强"之音的力量所在，是他们具有历史感的表现，也是他们比顽固派更具历史进步意义的所在。他们所提倡的教育变革，完全是无可奈何的举措，是不改不行，绝非是个人的好恶。

（八）教育政策上的"除旧"与"布新"

在洋务运动过程中，清政府在教育政策上也发生了变化，主要反映在对传统封建教育的"除旧"与"布新"上。所谓"除旧"，是指革除旧教育存在的弊端，以适应形势发展的需要；所谓"布新"，是指创办新教育机构、采取一些新的培养人的举措。然而，在"除旧"与"布新"两个方面，清政府对前者的态度更为谨慎，也是更为顽固地坚守；而对后者，相对而言，则态度较为积极。

中国教育近代化是在资本主义列强的步步紧逼下起步的，从某种意义上看，洋务学堂的产生，本来就是一种被动的"应急性"举措。对外交往的急迫需要催生了一批语言学堂；保卫海防的强烈愿望，促成了福建船政学堂和一批水师学堂的创办，等等。洋务学堂的培养目标是造就各项洋务事业需要的专门人才，属于提供专门训练的专科性学校。洋务学堂大都带有部门办学的性质，是洋务机构的具体组成部分或附属单位，直接为本部门和机构培养人才。与传统学校培养科举入仕的人才有所不同。在教学内容上，洋务学堂以"西文""西艺"为主，课程多包括外语、数学、格致、化学等一般性课程，以及和各自专业相关的科学技术课程，注意学以致用，以此区别于传统学校的经史义理和八股文章。在教学方法上，洋务学堂改变了偏重死记硬背的传统学风，注意教学中的理论与实践结合，学校一般都安排有实践性课程，有的还建立了实习制度，不似传统学校完全把学生禁锢在书斋之中。

洋务学堂是套种在传统封建教育体制边上的幼苗，植根于半殖民地半封建社会的土壤，难脱其桎梏和影响。由于洋务学堂是洋务大臣们各自为政办起来的，零星分散，缺乏全国性的整体规划和学制系统。学校与学校之间是相互孤立的，即使是同一类型的学堂，在学制、科目、师生待遇诸方面也差异甚大。洋务学堂在西学课程的教学和相关环节的管理上都依赖外人，洋人往往挟以自重，因此，难免在薪给、聘期、人员去留等方面受其牵制，影响学堂的正常办理。在教学内容上，洋务学堂在传授西方西艺的同时，并没放弃四书五经的学习。京师同文馆虽未将四书五经列入分年课程表，但要求学生每日专以半日用功于汉文经学；上海方言馆则规定"通馆每七日中，以四日读西书，三日读'四书''五经'"。留学生走出国门，本来的目的是寻求富国强兵的新知识、新本领，却被规定必须"兼讲中学，课以《孝经》《小学》《五经》及国朝律例等书"，"每遇房、虚、昂、星等日，正副二委员传集各童宣讲《圣谕广训》，示以尊君亲上之义，庶不致囿于异学"。（《洋务运动》二，第158页）这种做法，甚至引起美国有识之士的责问："贵政府当日派学生来美时，原期其得受美国教育，岂欲其缘木求鱼，至美国以习中学?"（容闳：《西学东渐记》，第110页）可见，洋务教育这种新旧杂糅的特点，必然成为一种畸形的教育。

洋务教育以西方近代科技文化作为主要课程，在形式上也引入了资本主义因素，初步具备了近代教育的特征。但它在产生之初，并未有意与科举为核心的旧教育体制对抗，甚至还乞求后者的容纳。因此，洋务教育的任何变革都没有触动封建教育的大政方针。例如，最早的新式学堂创办于同治元年（1862），第一批留学生走出国门是1872年，但对科举取士制度带有实质性的改革的增设算学取士一科的落实，却迟了25年之久，直到1888年才开始付诸实行。事实上，近代以来，改革科举取士制度的呼声远比创办新学堂的要求提出得早。在洋务运动的这一时期，清政府在教育方面未见有大的剔除积弊的政策出台。传统封建教育体制的主体部分，即国子监、太学、八旗官学，各省、府、州、厅、县的儒学以及社学、义学、私塾等，从制度到教学内容上均无实质性的变化。虽然部分书院有讲授算学等新气象，但这并非是国家教育政策的体现，而多受书院主持者或地方督抚个人学识见地的影响。洋务派推行新式教育的目的并非是要用资本主义取代封建主义，只不过是借用或引进西方的科学技术知识和具体手段来培养出能应付变化了的世界形势、维护清王朝统治的新式人才。正是基于这样一种指导思想，教育政策上才表现出重布新、慎除旧的倾向。

· 相关链接 ·

除旧布新是一个事物的两个方面，新式学制的价值与传统教育的改造密切相关。日本在1872年颁布并施行新式学制，这一举措消除了传统制度对新式教育发展的压抑机制，排除新旧体制间的摩擦与内耗，为新式学制的发展开辟了广阔的前景。中国从1862年新式学堂的建立，到1904年新式学校制度的颁布，约40年中，旧式科举一直存在，新旧制度重重叠叠，除旧布新一波三折。自新式学制实施以后，中国教育的近代化才全面启动。

（九）冯桂芬："博采西学"的教育思想

冯桂芬（1809—1874），字林一，号景亭，江苏吴县人。他自幼博览群书，通晓经史，早负盛名。道光十二年（1832）考中举人，鸦片战争爆发那年，即道光二十年（1840）考中进士，授职翰林院编修。先后任顺天府乡试副考官，广西乡试主考官。咸丰元年（1851），咸丰皇帝诏内外大臣荐举贤才，冯桂芬和林则徐等四人被大学士潘世恩推荐，官至詹事府右中允。因开罪于权门势族，他被排挤挂冠返里，不复入京。咸丰三年（1853）太平军攻克南京等地，冯桂芬在苏州举办团练。太平军攻克苏州后，他遁居上海，一度入李鸿章幕，对李的洋务事业多有建言。晚年在上海敬业书院、苏州紫阳书院、正谊书院讲学，从事著述。

冯桂芬出身于一个拥有"薄田十顷"的殷实之家，聪明好学，知识渊博，志向宏大，曾受业于林则徐，颇受赏识。由于他生活在动荡多变的时代，又受魏源、林则徐的社会改革思想影响，使他的思想比较复杂、比较开阔。在他的思想中，不仅保留着"以中国之伦常名教为根本"的传统观念，又蕴含着"辅以诸国富强之术"的资产阶级观点。他的这一思想，充分反映在他在上海完成的《校邠庐抗议》一书中。他在自序中说："凡为篇四十，旧作附者又二，用后汉赵壹传语，名之曰抗议，即位卑言高之意。"该书的重要特点是依据资产阶级观点，针对中国实际，提出一系列改革主张，对中国近代社会观念的转变产生过相当大的影响。1898 年孙家鼐曾向光绪帝推荐《校邠庐抗议》，受到光绪的重视，下令印刷颁发给京官参考，成为维新变法时的重要参考文献。冯桂芬其他文章收入《显志堂稿》，共八卷。此外，冯桂芬还有《弧矢算术细草图解》《西算新法直解》《说文解字段注考证》等书。在反映他的教育思想的文章中，冯桂芬提出了许多新观念、新见解，代表着中国近代教育思想发展中的重要阶段。

1. "博采西学"的教育思想

冯桂芬认为，在国难当头的时候，人们首先应对国际形势有清醒的认识，不应该闭目塞听，墨守成规，而应有实事求是、因时而变的态度。要克服"虚骄之气"和"迂阔之论"，面对现实，有自知之明。他说："夫世变代嬗，质趋文、拙趋巧，其势然也。"（《制洋器议》，《校邠庐抗议》下卷）但那些因循守旧的人却不知"今之天下，非三代之天下比矣"。（《采西学议》，《校邠庐抗议》下卷，）他举例说："时宪之历，钟表、枪炮之器，皆西法也。居今日而据六历以颁朔，修刻漏以稽时，挟弩矢以临戎，曰：'吾不用夷礼也'，可乎？且用其器，非用其礼，用之乃所以攘之也。"（《制洋器议》，《校邠庐抗议》下卷）他告诫说，只有承认自己的不足，"实知其不如之所在"，才能迎头赶上。他概括出中国"四不如夷"："以今论之，约有数端，人无弃材不如夷，地无遗利不如夷，君民不隔不如夷，名实必符不如夷。"又说："至于军旅之事，船坚炮利不如夷，有进无退不如夷。"（《制洋器议》，《校邠庐抗议》下卷）所以他认为，必须学习"彼何以小而强，我何以大而弱，必求所以知之"，即认为应该向西方学习，改革我国的某些制度。这种认识，在当时可谓先进。

在学习"西学"上，冯桂芬发展了魏源、李鸿章等"师夷长技"的思想，他把"师夷长技"的观点发展为"博采西学"的思想。他首先指出："法苟不善，虽古先吾斥之；法苟善，虽蛮貊吾师之。"（《校邠庐抗议》，第 101 页）认为自强之道在于"师夷"；"始则师而法之，继则比而齐之，终则驾而上之"。（《校邠庐抗议》，第 158－159 页）继而又断言西学中的"算学、重学、视学、光学、化学等，皆得格物至理，舆地书备列百国山川、阨塞、风土、物产，多中人所不及"。（《校邠庐抗议》，第 148 页）进而主张将英华书院、墨海书馆等处所藏西学书刊整理翻译出版，"由是而历算之术，而格致之理，而制器尚象之法，兼综条贯。轮船火器之外，正非一端"（《校邠庐抗议》，第 150 页）。最后，他还强调："一切西学皆从算学出，西人十岁无人不学算。"（《校邠庐抗议》，第 149—150 页）冯桂芬不仅提倡西学，还认为"一切西学皆从算学出"，强调了基本理论科学的重要性，这与当权者们对西学不外乎学其船坚炮利的看法不同。洋务派当权者们对"西学"的认识仅仅局限在"西技"的层面上，尤以西方的制造船炮及一切军器之法为学习的主要目标。而冯桂芬提出学习"西学"，不仅在于"师夷"，更重要的在于"驾而上之"；不仅只在于"轮船火器"，而重要的在于学习西学的"历算之术""格致之理""制器尚象之法，兼综条贯"。可见，冯桂芬把"师夷长技"的观点发展为"博采西学"的新思想。

冯桂芬还认为要学"西学"，必须创设新式学校。他说："今欲采西学，宜于广东、上海设一翻译公所，选近都十五岁以下的颖悟儿童，倍其廪饩，住院肄业，聘西人课以诸国语言文字，又聘内地名师课以经史等学，兼习算学。"（《校邠庐抗议》，第 149 页）不久，这一建议得到时任江苏巡抚李鸿章的采纳，主张仿照京师同文馆之制在上海设立广方言馆。在由冯桂芬手订的《试办章程十二条》中，更明确规定："西人制器尚象之法，皆从算学出，若不通算学，即精熟西方亦难施之实用。凡肄业者，算学与西文并须逐日讲习……专习算学者，听从其便。"（朱有瓛主编：《中国近代学制史料》第一辑上册，第 217 页）在李鸿章的支持下，冯桂芬出任上海广方言馆监院，开始全面实施他的"采西学"的构想。在课程设置方面，除聘中外教习执教西方、经史之课外，十分重视算学。为此，冯桂芬亲手制作定向尺及反罗经，又著有《弧矢算学细草图解》《西算新法直解》等书。上海广方言馆的课程设置采用了中西合璧的结构方式，既重视传统经史、文艺之学，又广为接纳西方格致、天算各科，可谓冯桂芬"博采西学"思想的具体实践，也反映了冯桂芬的"以中国之伦常名教为原本，辅以诸国富强之术"的教育思想。

　　2. 改革科举的教育主张

　　冯桂芬深刻揭露了明代以来科举制度的流毒，指出"时文取士，所取非所用"，是败坏天下人才牢笼士人的权术，必须改革。他曾借饶廷襄之口说："其事为孔孟明理载道之事，其术为唐宋英雄入彀之术，其心为始皇焚书坑儒之心……意在败坏天下之人才，非欲造就天下之人才。"（《校邠庐抗议》，台湾"文海出版社"，1968 年，第 123－124 页）有鉴于此，冯桂芬对八股取士制度提出了大胆的改革意见。

　　首先要改革科举考试内容。在考试内容上，他主张加大难度，以减少营营奔竞之人。"盖难则能否可以自知，中材以下有度德量力之心，不能不知难而退，而觊幸之人少矣。"（《校邠庐抗议》，台湾"文海出版社"，1968 年，第 123－124 页）他认为，把科举考试改为经解、策论、古学三场，宜以"经解"为第一场，"经学为主"，"而小学、算学附焉"；以"策论"为第二场，"史学为主"；以"古学"为第三场，"散文、骈体文、赋、各体诗各一首"（《改科举议》，《校邠庐抗议》下卷）。从经学、史学、文学三方面来考察应试者的素质，这比过去专重八股试帖要全面得多。其次要改革科举选士制度。冯桂芬认为，科举选士渠道十分狭隘，难以选拔出社会需要的各类人才。他肯定了明初科目、吏员、荐举三途并进的做法，进而提出变科举一途而并行幕职、吏员、科目、荐举的主张。其中，冯桂芬最推重的是荐举。荐举，古已有之，但他认为古代荐举本末倒置，走的主要是一条自上而下的道路：宰相举百僚，长官举属吏。"宰相以一人之耳目，收天下之贤才，遗固十八九，滥亦十二三。"（《校邠庐抗议》，第 132 页）冯桂芬主张，"荐举之权，宜用众不宜用独，宜用下不宜用上"。具体办法是：由各地绅董举荐，然后"州县核其得举最多者一二人申大吏，会同学政、山长，博采舆论，简其尤列入荐牍"（《广取士议》，《校邠庐抗议》下卷）。不难发现，冯桂芬"用众不用独""用下不用上"的荐举之法，权操诸民众，已初步含有民权的思想。

　　设特科以造就近代科技人才，这是冯桂芬提倡改革八股取士制度的一项重要措施。他认为，科举考试使人"销磨于时文试帖楷书"等无用之事，不仅其途至隘，而且选拔出来的人才也多是满口"伦常名教"之徒，与国家急需的军事技术人才相去甚远。为了造就选拔近代军事技术人才，他主张学得西人技艺者，一律予以科举待遇，提出了设特科、得能人的主张。他建议："宜于通商各口，拨款设船炮局，聘夷人数名，招内地善运思者，从受其法，以授众匠，工成与夷制无辨者，赏给举人，一体会试。出夷制之上者，赏给进士，一体殿试。"（《制洋器议》，《校邠庐抗议》下卷）根据学习者所习技能高低，给予不同科名，择优录用。为制器之匠单独设科，以示国家重其事，导其选，久之，必将"上好下甚，风行响应，当有殊尤异敏，出新意于西洋之外者"（《校邠庐抗议》，第 158 页）。冯桂芬提出"特设一科，以待能者"，建议改革科举，给予掌握西方技艺者科举待遇。这一主张对洋务派产生很大影响，对维新派也有所启迪。

3. 近代学制思想的介绍

冯桂芬的教育改革主张已为晚清社会构建了一个多层次的学校教育系统，广州、上海等沿海发达地区创办翻译公所、广方言馆等近代新式学校，在广大农村设立义庄、普建善堂，各省、州、县修建书院。为了给中国近代普及教育树立可资效法的楷模，他还曾关注欧洲先进国家的义务教育，并对之有所介绍。他曾叙述荷兰、瑞典两国义务教育的制度与措施："荷兰国有养贫、教贫二局……少壮入教局，有严师，又绝有力，量其所能而与之程，不中程者痛责之，中程而后已。国人子弟有不率者辄曰：逐汝，汝且入教贫局。子弟辄耆为之改行。以是国无游民，无饥民。""瑞颠（瑞典——笔者注）设小书馆无数。不入院者官必强之。有不入书院之刑，有父兄纵子弟不入书院之刑。以是国无不识字之民。"（《校邠庐抗议》，第 101—102 页）他还记载了英、法两国普及教育的情况："英法两国，设立义学，广招贫苦童稚，与以衣食而教督之。"（《校邠庐抗议》，第 211—212 页）但他对西方近代教育及其学制了解有限，故对其全貌介绍不多。

在中国教育近代化刚刚起步之际，冯桂芬"博采西学"的教育思想，虽然在实践层面上尚未大见成效，但对中国传统教育向近代教育的转型发挥了先觉者的启迪作用。

（十）曾国藩：折中新旧的教育主张

曾国藩（1811—1872），湖南湘乡（今双峰）人，出身地方豪族。自小诵习五经，埋首时文帖括，二十八岁时会试中进士。之后参加朝考，至翰林院庶吉士。在翰林院供职期间，曾国藩按理学家修身养性之条规，刻苦攻读，历次考试成绩均为优等，由七品的翰林院侍讲一直升迁到从二品的内阁学士，具备了出当大任的官阶与资格。在翰林院期间，他将原名曾子城改为曾国藩，以示自己孝忠天下国家之志。在太平天国风起云涌的局势下，他效忠于清廷，以镇压太平天国的功臣而名扬朝野。曾国藩重视采用外国军火，主张师夷智以造炮制船。咸丰十一年（1861），曾国藩设立安庆内军械所，制造洋枪洋炮，后又试制小火轮船。同治二年（1863），造成黄鹄号轮船，并派容闳赴美国购买机器。1865 年至 1866 年，与李鸿章在上海创办江南制造总局等军事工业，后为之积极筹措经费，派遣学童赴美留学，成为清末兴办洋务事业的首创者，也是教育近代化的重要推动者。

　　曾国藩深受封建统治思想熏陶，从思想到行动都立志维护封建地主阶级的统治。他毕生坚守清朝官方哲学理学，曾受业于"生平学宗朱子"的唐鉴，又与号称理学大师的倭仁讨论学问，认为义理、考据、经济、辞章四者缺一不可，但始终将理学放在首要地位。按照曾国藩的思想，他是容不得任何诋毁封建礼教的异端存在的。曾国藩在镇压太平天国的《讨粤匪檄》中，对太平天国奉行西方的上帝深恶痛绝。他说："举中国数千年礼义人伦诗书典则，一旦扫地荡然。此岂独我大清之变，乃开辟以来民教之变，我孔子孟子痛哭于九泉。凡读书识字者，又无可袖手安坐，不思一为之所也？"（《中国近代教育史教学参考资料》上册，第 21 页）正是这种卫道的使命感使他满身沾满血腥气味而不辞。然而，当外国侵略者用炮舰轰开"天朝上国"的大门时，却无所措手足了，他"四更成眠，五更复醒。念（夷人）纵横中原，无以御之，为之忧悸"（《曾文正公手书日记》咸丰十一年十月初三日）。这种危机感迫使他又不得不屈从于有碍"夷夏之大防"的西方文明了。尤其是在镇压太平天国的过程中，他不仅承认了西方科技的优势，而且还萌发了"将来师夷智以造船炮，尤可期永远之利"的想法（《曾文正公全集·奏稿》卷十二）。曾国藩的这种思想是在资本主义列强枪炮的紧逼下产生的。一方面，从维护清王朝封建统治出发，他坚守封建纲常伦理的主体地位，坚持官方统治哲学的理学；另一方面，从挽救清王朝封建统治出发，他疾呼"采西学""求贤才"，以求"自强之道"。于是，中学和西学的矛盾冲突就这么交织在曾国藩等洋务派的教育思想中。

　　1. "欲求自强之道"的西学教育

　　当曾国藩率领湘军与太平军激烈战斗期间，发生了英法联军侵华的第二次鸦片战争，曾国藩在对待外来侵略的问题上是主张抵抗的。第二次鸦片战争后，俄、法驻华公使连续向清廷表示愿意共同镇压太平天国，清朝统治集团中的某些要员便提出了"借兵助剿"的主张。曾国藩则反对"洋兵会剿"，主张"师夷智"以"自强"。在当时声势浩大的农民大起义的冲击下，曾国藩首先倡导兴办军事工业，提出"师夷智以造炮制船，尤可期永远之利"（《曾文正公全集·奏稿》卷一二，第 58 页）。他认为："欲求自强之道，总以修政事、求贤才为急，以学作炸炮、学造轮舟为下手工夫。但使彼之长技我皆有之，顺则报德有其具，逆则报怨亦有其具。"（《曾国藩全集·日记》二，第 748 页）

正是基于这一认识，曾国藩首先创办军事工业，"试造洋器，全用汉人，未雇洋匠"，制造出"在外国为二等，在国内为巨擘"的轮船（《洋务运动》第四册，第125页）。除了制枪炮、造船，曾国藩在江南制造局还设置了翻译机构，"另立学馆，以习翻译"。他还接受容闳的建议与李鸿章联名奏请派遣幼童赴美留学。曾国藩说："设局制造，开馆教习，所以图振奋之基也。远适肄业，集思广益，所以收远大之效也。西人学求实际，无论为士、为工、为兵，无不入塾读书，共明其理，习见其事，躬亲其事，各致其心思巧力，递相师授，期于月异而岁不同。"（《筹办夷务始末》同治朝卷八十二）这一思想已大大突破了传统教育的框架，主张在更大范围内发展新式教育，士、工、兵各界人士都应入校读书。

应该看到，曾国藩提倡引进西方科技，一方面来源于他承认西方科技的先进，以适应自强的需要。另一方面也来源于他的"中学"观念，认为学者的根本任务就是要"格物诚意"。他说："大学之纲领有三，皆己身切要之事明矣。其条目有八，我自观之，其致功之处则仅此二者而已：曰格物，曰诚意。格物，致知之事也；诚意，力行之事也。物者何？即所谓本末之事也，身心意知国家天下，皆物也，天地万物皆物也，日用常行之事，皆物也。"（《曾文正公家书》道光二十二年十月二十六日）很显然，曾国藩所主张的格物范围，既包括"本"，即身心意知国家天下之事，也包括"末"，即天地万物，日用常行之事。二者不可偏废。在他看来，"本末"的关系是一回事，而认识本末之理又是一回事。不能因为本末的关系而拒绝去认识本末之理。"一物不知，儒者之耻"，奕訢也说："士子出户，举目见天，顾不解列宿为何物，亦足羞也。"（《筹办夷务始末》同治朝卷四六）因而，曾国藩等洋务派坚持学习西方科技，也是以这一认识论作为依据的。

2. 提倡"实力讲求"的求实学风

传统教育的空疏无用，耗学子精力于时文帖括，选人才以科名之学，造成学非所用。这是洋务派们深感忧虑的。他们在创办洋务教育中，奕訢爱讲"从根本上用著实功夫"，曾国藩多次强调"实力讲求"，李鸿章反复重申"讲求实际"，都是主张破除传统教育的空疏无用。

曾国藩毕生崇奉程朱理学，按照理学家的严格要求进行修身养性。他以"理学大师"倭仁为榜样，"每日自朝至寝，一言一行，坐作饮食，皆有札记"（《曾文正公手书日记》第一册，辛丑（道光二十一年）七月十四日）。但他比倭仁等更重视践履和事功。他自称"一宗宋儒，不废汉学"（《曾文正公全集·书札》卷二〇《复颖州府夏教授书》），能兼收并蓄，尤其是重视经济之学。他在《劝学篇·示直隶士子》中说："为学之术有四，曰义理，曰考据，曰词章，曰经济。义理者在孔门为德行之科，今世目为宋学者也；考据者在孔门为文学之科，今世目为汉学者也；词章者在孔门为言语之科，从古艺文及今世制义诗赋皆是也；经济者在孔门为政事之科，前代典礼政书及今世掌故皆是也。"（《曾文正公杂著》第四卷，第 4 页）这个观点，与清人治学只及义理、考据、词章三者有所不同，比唐鉴、倭仁更重视践履和事功。不仅如此，他对诸子百家也是择长而用，得益匪浅，因而形成了他求实务用的学风，也因此对八股取士的空疏无用之学颇为不满。

3. 主张学习西学"仍以正学为本"

曾国藩虽然主张对传统教育有所变革，以培养一批洋务人才，但他所认为的"贤才"，依然是传统的符合封建纲常名教的人才观。曾国藩在论述中国传统之学中义理、考据、词章、经济四科关系时，明确指出："以为义理之学最大。义理明则躬行有要，而经济有本，词章之学亦所以发挥义理者也。"（《曾国藩全集·诗人》第 55 页）由于他在哲学上主要是崇奉义理之学，因而在主办洋务和洋务教育时，也正是以这一思想来处理中与西、中学与西学的关系的。

曾国藩笃信坚守的义理之学，在哲学思想上主要集中在论诚、论仁、论礼几个方面。他说："承示驭夷之法，以羁縻为上，诚为至理名言。"（《复李中堂》，《曾文正公全集·书札》卷三三，第 10 页）曾国藩从外国侵略者入京"不伤毁我宗庙社稷"和"助我攻剿发匪"两件事上，认为西人素重信义，颇有君子之行。因此主张用忠信笃敬这些传统理论规范去处理华洋交涉。同治九年五月（1870 年 6 月），天津发生了重大教案，爱国民众愤怒惩罚欺压中国人民、无视中国主权的法国驻天津领事丰大业等侵略分子，焚毁教堂和外国驻津机构多处。事件发生后，清廷派遣曾国藩前往处理。曾国藩到天津后，明知这次教案"曲在洋人"，但为了讨好侵略者以维持"中外和好"，他不惜违心地大肆惩办中国人民，将"启衅"的罪名硬加在天津老百姓头上。在他的主持下，任意逮捕了 80 余名无辜群众，重刑逼供，"正法之犯二十人，军徒各犯二十五人，天津知府、知县发配边疆，赔款四十九万七千余两"（《筹办夷务始末》同治期卷七七，第 14—15，42—43 页），还由清廷派专使到法国赔礼道歉。曾国藩不喜欢天主教，但又不得不庇护天主教，这种曲意讨好外国侵略者的卑劣行为，引起了全国舆论的强烈反对，曾国藩也不得不承认对于这一事件"办理过柔，寸心抱疚"，"内疚神明，外惭清议，为一生憾事"（《曾国藩全集·家书二》，第 1375—1379）。李鸿章在谈到他办洋务的体会时，极度推崇曾国藩对他的训导，"只捧着一个锦囊，用一个'诚'字同他相对"（吴永：《庚子西狩丛谈》，第 131—132 页）。因此，对外国侵略者强加的一切不平等条约，他们总是信守不渝；对外国侵略者的军事讹诈，他们总是步步退让。这就是洋务运动既不能挽救清王朝灭亡，更不能使中华民族振兴的关键所在。

曾国藩也以义理之学的哲学思想来处理中学与西学的关系。在奏请开设留学教育时，他奏请"拟选聪颖幼童送泰西各国书院学习军政、船政、步算、制造诸学，约计十余年，业成而归。使西人擅长之技，中国皆能谙悉"（《中国近代史资料》上册，人民教育出版社，1961 年）。另又提出："随时课以中国文义，俾识立身大节，可冀成有用之材。"（《筹办夷务始末》同治朝卷八二）曾国藩的这一教育思想，是以传统的"经世致用"思想为主线，企图折中新学与旧学、中学与西学，达到道器兼举，本末并存的教育变革主张。

以曾国藩为代表的洋务派虽然对教育改革提出了许多看法，但这些思想尚未形成一个完整的体系。他们兴起了洋务事业，致力于洋务运动的实践，但对很多问题还没有上升到理论高度。尤其是对中学与西学的关系，他们还缺乏系统冷静的思考和总结。

卷二十六　光绪时期——传统教育的转型

　　清同治十三年十二月（1875 年 1 月），同治帝病死，无子，四岁的载湉被慈禧太后立为皇帝，因在位年号为光绪而被称作光绪帝，由慈禧太后垂帘听政。光绪十五年（1889）皇帝始亲政，但朝中大权仍操持在慈禧太后手中。光绪二十年（1894），中日甲午战争爆发，光绪帝主张抵抗。派刘永福到台湾布防，下令停止继续移用海军经费修建颐和园。次年，《马关条约》签订后，康有为连续上书，请求变法，光绪帝受到启迪，7 月，光绪帝发布一道命令，列举一系列应革事项，由于慈禧太后阻挠，未能实施。光绪二十三年（1897）冬德国占领胶州湾，中国被列强瓜分的危机四伏，康有为再次来到北京，上书指陈时局紧迫。光绪帝决心变法，力排众议，于光绪二十四年四月二十三日（1898 年 6 月 11 日）下“明定国是”诏书，宣布变法开始。为推行新政，允许士民上书言事，极力任用维新人才，裁并机构，改革臃肿的官僚体制，延聘东西各国政治专家研讨制度，通盘筹划，一时颇有维新气象。但维新变法措施遭到慈禧太后和顽固守旧大臣的极力抗拒。八月初六日（9 月 21 日），慈禧太后发动政变，推翻新政，将光绪帝载湉囚禁于瀛台。轰动一时的“百日维新”被慈禧太后为代表的顽固守旧势力所扼杀。光绪二十六年（1900）八国联军逼近北京时，光绪帝被挟逃亡西安。还京后，慈禧太后让其备位随朝，以欺天下视听。光绪三十四年十月二十一日（1908 年 11 月 14 日），光绪帝崩于宫中。

一　光绪即位至甲午战争

清德宗载湉光绪元年（1875）——清德宗载湉光绪二十年（1894）

　　光绪元年正月二十日（1875 年 2 月 25 日），清廷在紫禁城太和殿为载湉举行了登基大典。接着，两宫皇太后又以皇帝年幼为名再度垂帘听政，重演同治帝即位时的故伎。载湉虽成了皇帝，也有过亲政之时，但操纵政局的人物仍然是慈禧太后。

从光绪即位到甲午战争爆发的这一时期，以"自强"活动为中心的洋务运动得到进一步发展，中国有了一批官办企业。洋务派在继续"求强"的同时，又开始创设以"求富"为目的的民用企业，它们最主要的组织形式是官办或官督商办。近代工业的出现，使中国产生第一批近代产业工人，这是早期的中国无产阶级。此后，随着中国资本主义的出现，资产阶级也产生了。随着中国民族资本主义产生，萌生了近代早期维新思潮，中国的思想、文化和教育都发生了新的变化。

洋务运动是清朝统治者的求强求富活动，与这个运动相激荡的是资本主义列强加强对中国的边疆和周边邻国的侵略。从 19 世纪 70 年代开始的边境危机，演化为 80 年代中期的中法战争，90 年代中期的中日甲午战争。紧张的边境形势和新的战火，一方面不断给洋务运动以新的刺激，另一方面又是对它的阻挠，同时还是对它的成果的检验。特别是甲午战争的惨败，宣告了洋务派富强梦之破灭。

·相关链接·

1875 年，日本设立东京女子师范学校。日本森有礼等设立商法讲习所。

1876 年，日本设立第一所幼儿园。

1877 年，日本创设东京大学。

1879 年，日本颁布《教育令》。

1880 年，日本颁布《改正教育令》。

1881 年，日本创立私立明治法津学校。颁布《小学校教则纲领》。

1882 年，日本大隈重信创立东京专科学校。文部卿发表《小学修身书编纂方法大意》。

1883 年，日本实行教科书由文部省批准的制度。制定《府县立师范学校通则》。

1884 年，日本制定《商业学校通则》。再次修订《教育令》，废除町村学务委员会，规定由村长管理地方教育事务。

1885 年，日本文部省设立视学部。

1886 年，日本颁布《学校令》，其中包括《帝国大学令》《师范学校令》《中学校令》《小学校令》四个法令。制定《教学用图书检查条例》，实行国家检定教科书制度。

1890 年，日本颁布《教育敕语》。

1894 年，日本颁布《实业教育费国库补助法》。

（一）"中学为体，西学为用"的教育纲领

从同治三年（1864）太平天国革命失败，到光绪二十年（1894）中日战争爆发的 30 年间被称为洋务运动时期。这是清政府一部分较为有政治头脑的当权人物，在"自强""求富"的口号下，采用一些资本主义生产技术以保持封建统治的自救运动。洋务运动的过程实质上是一场近代西方文明成果的移植过程，因此必然地引出这样一些问题：要不要学习"西学"？如何学习"西学"？这里就产生了一个"西学"与"中学"

的关系问题。在回答这个问题时，当权派中的顽固保守势力拒绝学习"西学"，认为提倡学习"西学"是"舍本逐末"，仇视西方进步事物，反对对中国封建制度和传统观念进行任何改变；而洋务派提倡"西学"的目的是为"治世变"，以维护摇摇欲坠的封建主义专制制度。洋务派在应对守旧派攻讦和处理中西关系上，提出了"中学为体，西学为用"的思想，简而称之"中体西用"，就是在不危及"中体"的前提下侧重强调采纳西学，这既是洋务派的文化教育观，也是洋务派应对守旧派的策略。

作为一种社会思潮，"中体西用"的思想在鸦片战争时期便已经出现了。魏源的"师夷之长技"的主张已经道出了"西学为用"的思想，而 1861 年冯桂芬在《校邠庐抗议》中用"以中国之伦常名教为原本，辅以诸国富强之术"两句话，进一步发展了魏源的思想，勾勒出了"中体西用"的基本框架。其后的人们，不论是洋务派，还是早期改良主义者，甚至资产阶级维新派，为引进西学，都对这一思想继续进行了探讨、阐述和发展。19 世纪 70 年代，薛福成提出："今诚取西人器数之学，以卫吾尧、舜、禹、汤、文、武、周、孔之道。"（薛福成：《筹洋刍议·变法》）19 世纪 80 年代，王韬提出："西学西法，非不可用，但当与我相辅而行可矣。"（王韬：《弢国文录外编》第 297 页）19 世纪 90 年代，郑观应提出："中学其体也，西学为末也；主以中学，辅以西学。"（郑观应：《盛世危言》第一卷）由此可以看出，随着时间的推移，人们先是局限于对中学、西学作用的直观表述，进而试图将这一认识纳入哲学范畴，反映了对中西文化认识的不断深入。

最早表述"中学为体，西学为用"这一概念的是沈寿康。光绪二十二年（1896），他在《匡时策》一文中说："中西学问本自互有得失，为华人计，宜以中学为体，西学为用。"同年 8 月，孙家鼐在《遵议开办京师大学堂折》中说："今中国京师创立大学堂，自应以中学为主，西学为辅；中学为体，西学为用。中学有未备者，以西学补之；中学有失传者，以西学还之。以中学包罗西学，不能以西学凌驾中学，此是立学宗旨。"（陈学恂：《中国近代教育史教学参考资料》上册，第 413 页）而以比较完整的理论构架来论述"中体西用"思想，使之上升为一种比较系统的理论和哲学体系的，则是洋务派的政治家、教育家张之洞的《劝学篇》所完成的。

在中国古代哲学中，体与用本是一对重要范畴。其基本含义有二：一是指本体及其作用、功能、属性；一是指本体与现象。在中国古代，体用范畴的运用极其广泛，不同时代不同学派的体用观的含义也不尽相同。但有一点却是共同的，那就是体与用都是统一在中国封建经济政治体制的基础之上。体为精神之主导，用为应事之方术。体与用是统一的。一方面由体达用，在根本原则的指导下举而措之天下，经世宰物，利济群生；另一方面用不能离开体。但是到了洋务派，传统文化的体用观演变为"中体西用论"，即坚持以中国封建传统儒家意识形态为主导，采纳西学以"补缺用之"，这就使体用的含义变成了一种本末或主辅的关系了。张之洞在他的《劝学篇》里，对"中学为体，西学为用"的含义作了全面系统的阐释。他认为，"中学"就是旧学，是封建的典章制度、伦理道德和思想文化，"体"就是本体，"中学为体"就是以"中学"为根本，在作为体的中学中最主要的在于"明纲"（三纲五常）。"西学"，张之洞归纳为西政、西艺、西史，"西学为用"就是以"西学"为方术，在作为用的西学中最主要的是学习"西艺"，即西方的科学技术知识。如何认识"中体西用"中的"体"与"用"的关系呢？张之洞明确回答说，"中学"是根本，"西学"是末节；"中学"是主，"西学"是从，只有在通"中学"的基础上才能学"西学"，只有在"中学"的主导下才能用"西学"。他在《劝学篇》中说："今日学者，必先通经以明我中国先圣先师立教之旨，考史以识我中国历代之治乱、九州之风土，涉猎子集以通我中国之学术文章，然后择西学之可以补吾阙者用之。"（《张文襄公全集》四，第559页）同时，他对西方民主思想及其价值观念持根本排斥的态度，宣传："中国圣经贤传无理不包，学堂之中岂可舍四千年之实理而骛数万里外之空谈哉！"（《张文襄公全集》一，第987页）站在这一立场上，张之洞所阐发的"中体西用"思想，已成为清朝统治者反对中国资本主义化的理论武器了。他选择在1898年春出台，则有借此以消弭维新思想和表白其政治立场的用心。

提倡"中体西用"的并不都是洋务派人物，但他们在洋务运动中多附从洋务派，为洋务派提供思想理论。"中体西用"是洋务实践活动的基本方针，是洋务教育活动的基本纲领。如在洋务学堂的招生和遴选留学生时注意汉文、经学有根柢者，在教学内容上曾国藩等强调要"查考中学、西学，分别教导。……肄习西学仍兼讲中学，课以《孝经》、小学、五经及国朝律例等书……宣讲《圣谕广训》，示以尊君亲上之义，庶不至囿于异学"（陈学恂、田正平：《中国近代教育史资料汇编·留学教育》，第91页）。光绪三年（1877），李圭由留美幼童话题引发出一段议论："幼童之往业者，业其事为耳。我圣人之达道达德、三纲五常，此幼童固自有，亦固自在，不以业西人之事为而少阙也。且取长补短，愿不以此自域。……是道德纲常者，体也；兼及西人事为者，用也。必体用皆备，而后可备国家器使，此尤今之所不可不知也。"（李圭：《环游地球新录》，钟叔河主编《走向世界丛书》第一辑第六种，第300页）这可以作为"中体西用"思想体现于洋务教育实践的具体说明。"中体西用"对清末教育产生了极大影响，尤其在教育宗旨上的影响则更为深刻。可以说，清末新学制就是"中体西用"教育纲领的产物，著名的"癸卯学制"就充分体现了"中体西用"的教育思想。光绪三十二年（1906），清政府学部又颁定了"忠君，尊孔，尚公，尚武，尚实"的教育宗旨，是"中体西用"思想进一步的具体化。所以说，"中体西用"思想，一直支配着晚清教育。

"中体西用"思想作为洋务教育的指导方针，它对中国近代教育的影响是双重的，它既有推动近代教育改革的积极面，也有阻碍向现代教育发展的消极面。"中体西用"思潮极大地冲击了传统教育的价值观，逐步改变了封建士人对新式教育的看法。在当时封建主义的文化弥漫天下的社会氛围里，"中体西用"的结合形式，在封闭僵化的封建文化教育体制上打开了一个缺口，对封建制度的解体起到了催化作用，在中西文化的交融中人们思想认识、价值观念发生了变化，在当时社会中树立了"非天下广设学堂不可"的观念。"中体西用"理论对"西学"教育的合理性进行了有效论证，使"西学"在中国的传播和发展争得了一定的合法地位，从而促进了"西学"教育规模的不断扩大。特别是随着"西学"内容的不断丰富，"西用"范围的不断扩大，"西学"教育也纳入新的成分，促进了资本主义文化在中国的传播，为中国近代社会的变革注入了新的物质力量和精神力量。随着西学的传入，西方教育制度也被介绍到中国来了，这些西方教育制度对清末教育制度的改革启发很大，清末新政实施的教育体制改革就是仿照欧美日本教育制度而进行的。在"中体西用"思想的指导下，清政府引入自然科学知识，创办新式学堂，开拓留学教育，改革科举制度，培养了中国第一批不同于封建士大夫的一代新人，对中国教育的发展起了积极作用。但是，随着西方资本主义政治学说、民主平等思想被裹挟着一起介绍和宣传，直接冲击到封建专制主义的政治制度和纲常伦理等"中体"的核心部分时，"中体西用"理论却起到了维护封建专制统治和意识形态的作用，阻碍了资本主义新文化更广泛的传播，也阻碍了教育沿着资本主义方向向前发展。

总之，"中体西用"思想兴起的初期，它是作为中、西文化接触后的结合方式，后来又作为一种文化整合方案，直至发展成为国家的教育改革纲领，一步步地对教育产生着不同的影响。但在整个发展过程中，却没有克服"中学"与"西学"之间的固有的内在矛盾，而是在"中学"体制上的直接嫁接，是在"正统主义"意识形态的准绳上嫁接"实用主义"的价值标准，这就必然会引起两者之间的矛盾冲突。在解决这一矛盾冲突中，洋务派的"中体西用"在"中学"吸纳"西学"的过程中，又采取了对"西学"部分的排斥，这就导致了"中体西用"的进步与反动、积极与消极的双重影响。

（二）洋务学堂的鼎盛

19 世纪 70 年代至 90 年代初，是洋务教育的鼎盛时期。在这一时期内，由于洋务派在朝中顶住了守旧势力的反对，并占据了总理各国事务衙门及相当一批重要的督抚职位，在中央及地方均形成了显赫的势力，因而得以大力推进洋务学堂的建设。

1. 早期洋务学堂的扩展和完备

早期的洋务学堂教学内容粗浅，学科种类不完备，且师资力量薄弱，学生数量太少，管理体制混乱，往往人浮于事，远不足以达到初创者的期望。如京师同文馆，创建时仅设英、法、俄文及算学四馆，教学内容的设置也无一定标准；学生人数每馆仅限于 10 人；所聘的洋教习也有滥竽充数之徒，像充任天文学教授的德国人方根拔，对天文学一窍不通，就连总教习丁韪良也说他是个一心只想赚钱的江湖骗子；同文馆之教习设置也不完备。1870 年以后，同文馆开始改组扩建，到 1876 年清廷正式公布的同文馆八年课程表就比较完备，规定（引自光绪五年（1879）刊：《同文馆题名录》，19—23 页）：首年，认字写字，浅解辞句，讲解浅书。二年，讲解浅书，练习句法，翻译条子。三年，讲各国地图，读各国史略，翻译选编。四年，数理启蒙，代数学，翻译公文。五年，讲求格物，几何原本，平三角，弧三角，练习译书。六年，讲求机器，微分积分，航海测算，练习译书。七年，讲求化学，天文测算，万国公法，练习译书。八年，天文测算，地理金石，富国策，练习译书。

同文馆的学生人数也有大幅度增长，由原来的 30 人增至 1879 年的 100 人、1888 年的 125 人。教师除汉文教习以外，1870 年至 1895 年陆续到同文馆任教的外籍教习（不含外籍副教习），总数达 35 人之多。同文馆的教学设备也有增加：1873 年附设印刷所，备有中文及罗马体活字，负责印刷教材和师生译著；1876 年，设置了化学实验室及博物馆；光绪十四年（1888）又增设了天文台及物理实验室。至此，同文馆已由一个初级的外语学堂，发展成为一个综合性的近代中级学院，并具有相当的规模。

2. 扩大洋务学堂的种类和规模

据不完全统计，19 世纪 70 年代至 90 年代，洋务派所建的新式学堂达 30 余所，大体可分为四种类型：（1）兼习西学的外语学堂，主要有：光绪十三年（1887），巡抚刘襄勤奏请在新疆创办的新疆俄文馆；光绪十四年，巡抚刘铭传奏请仿京师同文馆章程在台湾创办的台湾西学馆；光绪十五年，吉林将军长顺奏请在珲春创办的珲春俄文馆，专门培养俄文翻译；光绪十九年，湖广总督张之洞奏请在武昌创办的湖北自强学堂。初设方言、格致、算学、商务四斋，但"惟方言一斋住堂肄业"。1896 年改为专习泰西方言的外国语学堂，分为英文、法文、俄文、德文四门。1898 年又添设东文（日文）等。（2）军械技术学堂。除早期的福建船政学堂之外，主要有同治十三年（1874）创办的上海江南制造局操炮学堂；1898 年与上海广方言馆合并后改称工艺学堂；还有 1882 年，两广总督刘坤一等人于广州黄埔建成的广东实学馆，又称西学馆；1884 年，张之洞接任两广总督后，先改"实学馆"为"博物院"，随即又改名为"广东水陆师学堂"；等等。（3）专业技术学堂。包括电报、医学、铁路、矿务、工程等工种。主要有：光绪二年（1876）丁日昌创办的福州电报学堂；1880 年李鸿章创办的天津电报学堂；1882 年在上海创办规模较大的上海电报学堂；1881 年李鸿章赞助创办的天津西医学堂；1892 年在一个矿石分析实验室基础上创办的湖北矿务局工程学堂；1895 年津榆铁路公司在山海关创办的山海关铁路学堂；1896 年两江总督张之洞在南京创办的南京储才学堂等。（4）水师、武备学堂。这属于专门培养军事指挥人才和训练作战技术的近代军事学校。主要有：光绪七年（1881）李鸿章创办的天津水师学堂；光绪十年张之洞创办的广东黄埔鱼雷学堂，后并入广东水陆师学堂；光绪十一年李鸿章创办的天津武备学堂；光绪十二年醇亲王奕譞创办的北京昆明湖水师学堂；光绪十六年北洋海军提督丁汝昌创办的山东威海卫水师学堂、两江总督曾国荃创办的江南水师学堂（又称"南洋水师学堂"）、北洋舰队创办的旅顺口鱼雷学堂；光绪二十年创办的山东烟台海军学堂；光绪二十二年张之洞在南京创办的江南陆师学堂、在武昌创办的湖北武备学堂、袁世凯创办的直隶武备学堂；等等。

3. 洋务学堂的设立更加务实

洋务教育作为"自强"运动的一部分，在国家屡遭外国军事、外交凌辱的情况下，优先发展外语、军事技术及军事工业教育，这是必然的选择。因此，在创办的新式学堂的种类方面，则明显地将与军事关系密切的专业技术教育置于重要的位置。如，在 19 世纪 70 年代至 90 年代中创办的 30 余所洋务学堂中，军械制造及专业技术学校占了 10 所之多，武备、水师学堂占了 18 所之多，几乎占新建学堂的 90%。

19 世纪 70 年代以后，一批近代化的军事工业及工矿、铁路、电报、船政企业陆续建成，清廷又耗费巨资创建了北洋水师和南洋水师，亟需大批的工业技术人才和能够掌握操作机器生产程序的技术工人，而水师官兵尤其需要进行近代化的海军技术操作、维修及作战知识的训练，为了满足这种客观需求，大批的军事学校及专业技术学堂才应运而生和陆续建成。

洋务大臣们在创办近代化的军事工业的过程中，深刻认识到培养人才的重要性，认为发展洋务事业的根本在于创办学堂。光绪六年，时任北洋大臣的李鸿章在请求创办天津电报学堂的奏文中，首先称"电报实为防务必需之物"，肯定了电报在军事和外交方面的重要价值，进而指出设立电报学堂，培养中国自己的人才，则是发展电报事业的前提条件。四年之后，李鸿章在谈到天津水师学堂的创制时，也称北洋筹购铁甲快船，以管驾员弁需才甚亟，并称："水师为海防急务，人材为水师根本，而学生又为人材之所自出，臣于天津创设水师学堂，将以开北方风气之先，立中国兵船之本"（《李文忠全书》奏稿五二）。这足以说明，重视近代新式人才的培养，是洋务教育兴盛发展的主要推动力。

（三）留学教育曲折发展

在早期留美学生的派遣活动中，自同治十一年至光绪元年（1872—1875），清廷每年分别派遣了 30 名，共 120 名幼童，分入美国中小学学习。当时留美学生的正监督陈兰彬出身翰林，是一个守旧派人物，心中早就对派遣留学生不满，对外国教育极端鄙夷，他与容闳共事，"时有龃龉"，而且"辄故为反对以阻挠之"（容闳：《西学东渐记》，第 102 页）。学生参加宗教礼拜活动被陈兰彬视为叛逆，学生进行健身运动，跳掷驰骋，也被陈目为叛逆。留学生私自剪去辫子则被看作是对清朝的不忠，其人则被剥夺留学资格遣送回国。至光绪二年（1876），因剪辫子等原因而被召回国的幼童就有 9 名（《李文忠公全书·奏稿》卷三〇，第 5 页）。光绪二年（1876），清廷派遣由陈兰彬推荐的吴子登任监督，使矛盾更加尖锐。吴子登更是变本加厉，"苛求其短"，不断夸大事实密报清廷。他因学生不向自己行跪拜礼而勃然大怒，密告学生，"若更令其久居美国……纵能学成回国，非特无益于国家，并且有害于社会"，并建议早一日撤回，"即国家早获一日之福"（《西学东渐记》，第 193 页）。陈、吴二人对留学事业的破坏并不是孤立的，而是与国内守旧派的攻击遥相呼应。国内有人不断对留学提出非议，"士大夫议者纷纷"（《复陈荔秋星使》，《李文忠公全书·朋僚函稿》卷十八），守旧派的进攻至光绪六年（1880）达到高潮。光绪七年（1881），清廷下令解散留学事务所，留美幼童被悉数撤回。当时就有人为之愤慨和惋惜。爱国诗人黄遵宪在《罢美留学生感赋》中叹曰："亡羊补恐迟，蹉跎一失足，再遣终无期。目送海舟返，万感心伤悲。"（黄遵宪：《人境庐诗草》）表达了对祖国前途的深切忧虑。

与赴美留学比较起来，赴欧留学在派遣上更加实际。1877 年 1 月，李鸿章等奏请派遣福建船政学堂学生留欧，并将议定的《选派船政生徒出洋肄业章程》附呈，朝廷批准。依据章程，在同年 3 月 31 日，中国近代第一批正式派遣的留欧学生在监督李凤苞、日意格的带领下出发赴欧。其中前学堂学生郑清濂等 12 人，艺徒裴国安等 4 人，赴法国学习制造；后学堂学生刘步蟾、严宗光（严复）等 12 人，赴美国、西班牙等国学习驾驶。规定留洋期限均为三年。光绪七年（1881），又派遣福建船政学堂学生 18 名由香港出发，分赴美、法、德三国学习，年限为三年，这是第二届留欧学生。光绪十二年（1886），从福建船政学堂、天津水师学堂共选取 34 名学生（除一人未成行外），均于四月六日由香港出发赴欧学习。在洋学习年限驾驶三年、制造六年，是为第三届留欧学生。这三届留欧学生共 73 人，分赴美欧等国学习轮船、驾驶、矿务、枪炮制造工艺、鱼雷、火药等知识，说明赴欧留学生由重在学习西方语言而转变为学习西方近代科学技术；由单纯培养外交、军事人才进而兼顾实业人才的培养。他们回国后大多数成为北洋水师及舵船制造业的中坚人物。虽然由于社会的落后和封建制度的桎梏，并非人人能尽展其才，但他们对近代中国社会的影响，特别是在近代中国海军建设中发挥了重要作用。

洋务留学教育虽然规模小、人数少，但它是中国教育走向世界过程中最名副其实的一步，就引进"西学"而言，不再有比留学更有效的途径。归国留学生献其所学，在事业上做出突出贡献，有力地回击了守旧派"终鲜实效"的预言，也改变着人们科举正途的观念。

（四）教会学校的扩张

第二次鸦片战争后，西方列强通过与清政府新签或修订的一系列不平等条约，又进一步取得了自由进入中国内地通商、租地以及传教、建造教堂和开办学校的特权，教会学校的发展不仅由原来的通商口岸深入到内地，教会学校的数量迅速增加，而且其办学策略也发生了新的变化。

19 世纪 60 年代以后，教会学校迅速增加，到光绪二年（1876），教会学校由 60 年代初的不足 200 所发展到约 800 所，学生人数达到两万人左右（参见孙培青主编：《中国教育史》（修订版），华东师范大学出版社，2000 年，第 318 页）。除一些原来带有识字班性质的学校扩大为小学外，新建较为著名的教会学校有：同治三年（1864），美国公理会在北京办的育英学堂、美国圣公会的贝满女学堂。同年，由美国长老会传教士狄考文在山东登州办的蒙养学堂，后改称文会馆。同治四年（1865）美国传教士在京办的崇实馆；同年美国圣公会在上海办的培雅学堂。同治五年（1866）天主教在天津办的究真中学堂；同年基督教在上海办的度恩学堂。同治六年（1867），天主教在上海办的崇德女校；同年基督教在杭州办的育英义塾等。

截至 19 世纪末，教会学校总数增加到 2000 所左右，学生数增加到 4 万人以上。增加的数量不算多，但办学层次更高了，中等学校占 10％，好多学校都在中学的基础上发展了大学班级，大学生总数虽不到 200 人，但表明教会大学在逐渐形成之中（顾长声：《传教士与近代中国》，第 228 页）。其中比较著名的教会学校有：同治九年（1870），美国归正会在厦门鼓浪屿设立毓德女中。同治十年（1871），美国圣公会在武昌开办文惠廉纪念学堂；美以美会女差会在福州设立毓英女学；监理会在苏州设立存养书院，后改为博习书院。同治十三年（1874），法国天主教圣母会在上海设立圣芳济学堂，后改为圣芳济中学。光绪五年（1879），圣公会教士施约瑟将原来所办的培雅书院和度恩书院合并为圣约翰书院。光绪七年（1881），圣公会将上海文纪、裨文两女塾合并，成立圣玛利亚女校；美以美会在福州设立鹤龄英华书院。光绪八年（1882），监理会林乐知在上海设立中西书院，后与苏州的博习书院等合并。光绪十年（1884），美以美会在重庆设立男塾，后发展为求精中学。光绪十一年（1885），美长老会在广州设立格致书院。光绪十二年（1886），法国天主教在上海设立中法学校，后改为光明中学。光绪十四年（1888），浸礼会在广州设立培道女中；美以美会在南京创办汇文书院。光绪十六年（1890），监理会教士林乐知在上海设立中西女塾，后改为中西女中。光绪二十年（1894），法国天主教在上海设立善导学堂，后改为善导中学。这一时期还出现传教士与中国官绅共同创办新式学堂的情况，如 19 世纪 70 年代创办的上海格致书院，即为此类型（引见孙培青主编：《中国教育史》（修订版），华东师范大学出版社，2000 年，第 319 页）。

从 19 世纪 60 年代后期到 19 世纪末叶，教会学校的办学规模、教育方向及学校角色等方面都发生了新的变化。

1. 教会教育由无组织向有组织转化

教会教育是凭借着帝国主义列强的枪炮和强加在中国人民头上的不平等条约的保护而得以产生的。一批传教士深入中国腹地，利用教会教育，霸占土地，干涉内政和欺诈群众，导致中国人民的反抗，全国各地的“教案”接连不断发生，这对教会学校传播福音事业带来了阴影和阻碍。同时，西方基督教各差会和传教团体的传教士，是由不同差会派遣来华的，国籍不尽相同，传教士之间甚至还经常为争夺传教范围发生摩擦。就教会学校而言，大多依附于教堂，为传教服务，独立性不强。为了促进传教活动的协调，加强传教士之间的联系与交流，光绪三年（1877）5 月，以英美为首的基督教传教士在上海举行了第一次传教士大会。这次大会上，在狄考文、傅兰雅等的发起下，成立了“学校教科书委员会”，该会的中文名称为“益智书会”，其主要任务虽是编辑西学课程的教科书，但它毕竟是西方列强在华教育的第一个联合组织。这一组织的成立，使得教会的教育使命不仅仅停留于宣讲教义、发展教徒上，而且要加强西学教科书的编写，加强自然科学知识的传播，同时也要理顺"基督教会与教育的关系"。随着西学教科书的大量出版，这些书籍不但被广泛应用于各地教会学校，其中一些也被各地新设世俗西学堂所采用。这在客观上促使教会教育向着教育世俗化、正规化转变，也促使一些传教士向着教育家转化。

光绪十六年（1890），在上海举行的第二次"在华基督教传教士大会"上，决定将"学校教科书委员会"扩大改组为"中华教育会"，其主要任务是"促进在华教育的兴趣，增强从事教育工作的人员间兄弟般的合作"（《在华基督教传教士1890年大会记录》，中华教育会章程第二条）。从职能上看，它超过教科书委员会，是在华传教士教育工作者所组成的第一个教育专业性团体，体现了教会教育专业化达到新的水平。其目的在于联合在华各教派所有教育机构的力量，进一步控制中国教育的发展，"取儒学的地位而代之"，用"基督教和科学"来教育中国的年轻一代，使他们"成为社会上和在教会中有势力的人物"（《在华基督教传教士1890年大会记录》，转引自陈景磐《中国近代教育史》，人民教育出版社，1979年，第70页）。从"学校教科书委员会"到"中华教育会"，一方面是扩大了工作范围，另一方面是强调了工作的经常性和规范性，标志着西方在华的教会教育转向了制度化和组织化。"中华教育会"后来实际上成为中国基督教教会教育的最高领导机构，并对当时中国教育的发展产生过较大影响。

2. 教会学校的办学宗旨发生了变化

教会学校初建时，以"向河中撒种"的方式和途径，争取社会下层人受洗礼成为教徒，甚至早期教会学校像"难民收容所"那样，召集在街头流浪的儿童，为他们提供食宿，向他们传授基督教教义，并以此种方式使教会有了相对固定的和有一定数量的布道对象。可见，教会学校最初显然只是传教的工具，其创办的动机旨在为传教提供便利，主要目标是使学生成为教徒，成为传教士传播基督福音使命的助手。随着教会教育的发展，传教士越来越感到"办学与布道"是"密不可分的"，"没有学校的话，我们永不能取得彻底的成功"。（史静寰：《狄考文与司徒雷登在华的教育活动》，文津出版社，1991年，第85页）于是，传教士充分利用自己在科学上的优势，利用中国社会日益增长的对西学的兴趣和学习科学的愿望，以扩大教会学校的影响。因此多数教会学校，特别是位于沿海通商口岸的教会学校，已不再免费招收穷苦人家的孩子，而是吸收新兴资产阶级家庭和其他富裕家庭的子弟，收取较高的学费。这样不仅可以扩大教会教育的影响，还能在进行文化渗透的同时获取经济利益。

随着帝国主义列强在华势力的日益强大，进一步增强了西方列强对中国政治、经济上的控制欲。西方传教士在坚持用《圣经》福音征服中国传统文化的思想指导下，认识到"教会必须积极办教育"，通过办教育来培养在中国有势力、有影响的人，"使基督教徒占据有势力和有影响的位置"，以形成"献身于为基督服务的力量"（顾长声：《从马礼逊到司徒雷登》，上海人民出版社，1985 年，第 309－310 页）。光绪十六年（1890），美国传教士狄考文曾对教会学校的宗旨做了进一步阐述，他说："真正的基督教学校，其作用并不在于单纯地教授宗教，从而使学生受洗入教。他们看得更远，他们要进一步给学生们训练"，使之"成为社会上及在教会中有势力的人物，成为一般人民的导师和领袖"。（《在华基督教传教士 1890 年大会记录》）这样可以实现"对中国的发展进行一种最令人满意的又最为巧妙的控制"（美国伊利诺伊大学校长詹姆士致函罗斯福总统的话）。特别是在西方列强强大的政治、军事力量的保障下，中国国家主权日益削弱，半殖民地化程度日益加深，爆发了震惊中外的义和团运动，使帝国主义感到"以夷制华"的侵华政策行不通了。在华的传教士便提出了"利用中国人治理中国人"的"以华治华"的策略。为了培养基督教领袖，改变中国社会上层敌视基督教会的心理，传教士又采取了赔款兴学的措施。光绪二十八年（1902），英国传教士李提摩太用山西赔款创办的山西大学，成为"庚款兴学"的先导。

3. 教会学校开始由初等教育向高等教育转化

到 19 世纪的八九十年代，中国此起彼伏的"教案"不断发生，使得长期在中国从事教会教育事业的传教士们认识到，像以往那样大面积泛泛地传播福音给万民听的形式，如同对庄稼的粗放经营，广而不精，难以将传教事业深入下去。因此办教育须像集约经营那样，需要集中力量进行精心地培育。特别是他们想通过教会教育以培养在社会上以及在教会中有势力和有影响的人物，以达到"以华制华"的目的。为此，他们开始更多地将注意力放在创办高等教育，培养殖民地化的高层次知识分子身上。美国长老会差遣的传教士狄考文就明确地说出了这一观点。他说："一个受高等教育的人是一支燃着的烛，别人就要跟着他的光走。""作为儒学思想的支柱者，是受着高等教育的士大夫阶级。如果我们要取儒学的地位而代之，我们就要准备好自己的人，用基督教和科学教育他们，使他们能胜过中国的士大夫，因而取得旧士大夫阶级所占有的统治地位。"（《在华基督教传教士 1890 年大会记录》）

教会大学是指直接由教会管辖或办理的大学。自 19 世纪 80 年代起，教会教育开始向高等教育过渡，而且主要是在教会中学基础上添加的大学班。基督教在华的第一所大学当数美国长老会在山东登州开办的登州文会馆。登州文会馆原是一所小学，后演变为教会中学。光绪八年（1882），登州文会馆正式升为学院。美国长老会差会同意将文会馆扩建为大学，其中文校名暂时不变，英文名称改为 Tengchow College，并在经费和师资方面给予支持。传教士狄考文成为中国第一所大学的校长。19 世纪中国的基督教大学共有 5 所，除了登州文会馆外，光绪十四年（1888）美国卫理公会在北京开办了北京文汇书院；光绪十五年（1889）美国公理会在通州建立了通州华北协和大学；光绪十六年（1890）美国圣公会在上海的圣约翰学院设置大学课程；光绪十九年（1893）美国长老会在杭州设立育英书院。

19 世纪末和 20 世纪初，随着清政府的废除科举"以广学校"政策的推行，教会大学纷纷建立，或由中学升格为高等学校，并且出现各差会联合办大学的新形式。如光绪二十七年（1901），在苏州设立的东吴大学，为美国监理会所创存养书院与上海建中两书院合并而成。光绪二十九年（1903），设立于武昌的文华大学，为原博文书院所设大学部，为美国传道会所办。光绪三十一年（1905），设立于广州的夏葛医学院，由美国长老会负责。光绪三十二年（1906），于北京设立的协和医学校，由英国伦敦会、伦敦教会医学会、英格兰教会、美国长老会、内地会、美以美会共同负责。光绪三十四年（1908），设立于上海的沪江大学（初名浸礼大学），由美国浸礼会负责。到宣统二年（1910），设立于南京的金陵大学，由南京汇文书院与宏育书院合并而办，由美国长老会、美以美会、基督会、浸礼会合办；设立于成都的华西协合大学，由英国圣公会、公谊会、美国浸礼会、美以美会和加拿大循道会合办；设立于杭州的之江大学，由美国南北长老会负责；等等。

教会大学以美国居多，其中大部分在美国注册立案。如苏州东吴大学，于光绪二十八年（1902）在美国的田纳西州注册；上海圣约翰大学，于光绪三十二年（1906）在美国哥伦比亚区注册；设立于南京的金陵大学，于宣统三年（1911）在美国纽约州教育局和纽约州立大学立案；等等。这些向美国注册的教会大学的毕业生可以不经过考试径直升入在美国注册过的州立大学或挂钩合作的大学，并可颁发相应的各大学认可的学士、硕士、博士学位。这对于提高教会学校吸引力无疑具有一定效用，同时也表明在外注册的大学虽设立在中国的土地上，但却与中国的政治法律制度无涉，其享受治外法权和各种特权。因而，教会大学被视为"外国文化租界"。

4. 教会女学的拓展与残疾人学校的创办

自道光二十四年（1844），英国女传教士阿尔德塞（Alciersey）受伦敦"东方妇女教育促进会"派遣创办了宁波女塾开始，到咸丰三年（1853）哈巴夫人在广州创办了基督教女子学校，再到咸丰十年（1860），有 11 所教会女子学校建立在五口通商口岸。到光绪三十三年（1907），仅天主教会在江南地区设立的女校就达 697 所，在校生达

15 300人（《中国教育思想通史》卷五，湖南教育出版社，1994年，第409页）。到20世纪初，教会女子高等学校相继建立。如，光绪三十年（1904），华北协和女子大学设立，同年基督教美以美会也酝酿在福州创办华南女子大学。此外，在高等学校中实现男女同校，教会大学也走在了前面，如广州岭南大学，早在光绪三十一年（1905）就兼收女生。光绪三十三年（1907），中国传教士百年会议又敦促宣教会本部在战略要地合作创办一些女子大学。此后，又有著名的南京金陵女子大学等女子高等学校建立，并有一些高等学校相继招收女生。举办教会女校，其目的是为了培养"女会吏、圣经教士、牧师之助理人、宗教教育之领导者、宣传教义者及基督教青年会之书记"，（《基督教女子教育的起源与作用》，李楚材编《帝国主义侵华教育史资料——教会教育》，教育科学出版社，1987年，第241页）"使她们——依靠上帝的帮助——成为向那些可怜、无知、被践踏的中国妇女传布福音和对她们施以教化的工具"。（黄新宪：《中国近代女子教育》，福建教育出版社，1992年，第136页）

此外，教会还在中国开办了残疾人教育。光绪十三年（1887），美国传教士梅理士夫妇在山东建立了登州启喑学院，梅理士任馆长，夫人梅耐德（中国名）任教员，另外聘请一名懂英语的中国人为助教，经费由美国北长老会提供。当时聋哑教育在中国前所未闻，还有人说西洋人对聋哑人施行邪术，因而启喑学院难以招收到学生，开院时只有一名学生，是贫苦木匠的儿子。学校开办七八年，总共才招收了4名学生（郭大松、曹立前：《传教士与近代中国启喑教育》，载《近代史研究》1994年第6期）。梅理士夫妇开办的聋哑学校是中国历史上第一所残疾人学校。

5. 教会学校的课程设置逐渐走向统一

在光绪三年（1877）第一次基督教传教士大会成立"学校教科书委员会"之前，各校基本由主办者自行选择、编写教材，自行安排课程。但在此之后，"学校教科书委员会"希望通过以统一编译教科书的方式引导课程朝规范化方向发展，"学校教科书委员会"的成立对各教会学校的课程朝规范化方向发展起到了一定的作用。直至光绪十六年（1890）的第二次基督教传教士大会期间，"学校教科书委员会"共出版了100多种、3万多册教科书，内容涉及算学、天文、历史、地理、宗教、伦理等。从第二次基督教传教士大会开始，传教士大会对课程统一问题有了较多的关注，并且课程统一问题成为"中华教育会"努力推行的事项。概括而言，教会学校的课程设置一般包括宗教、外语、西学、儒家经典几个方面。

（1）宗教　宗教是教会学校必开的主课，除课程表里列有宗教课程外，学生还参加弥撒、做礼拜等其他活动，大部分学校都规定宗教课程不及格者不能升级。如传教士狄考文在山东登州开办的登州文会馆，就有基督教教义论证等课程。在宗教教学中，登州文会馆主要教授"天路历程"、救赎哲学、罗马书等课。光绪六年（1880）以后，登州文会馆的学生大多来自基督教家庭，学校制定了一些礼拜条规，督促学生的宗教生活的开展。从19世纪70年代中期到光绪二十六年（1900），狄考文负责每天的祈祷，并在礼拜三晚上和主日讲道，学生们则被要求参加主日学和晚祷会。学生中的宗教组织也不断增多，成立勉励会，每周聚会一次，学习《圣经》、唱诗，交流彼此的宗教经验；成立传扬福音会，目标是向其他省的中国人传福音。在宗教课程的设置方面也有鲜见的特例，上海中西书院在课程规划中就不列宗教课程，学生是否听讲圣经，"总以各随自便，毋稍勉强之"。

（2）外语　教会学校的学生作为上帝的仆人，为了以后更好地服务教会事业的发展，英语教学随着教会学校的建立，便被引入了教会学校的课堂上。如早在嘉庆二十三年（1818）马礼逊在马六甲创建的英华书院，对欧美学生教授中文，对中国学生教授英语、宗教知识和其他科学知识。到19世纪60年代初，教会学校普遍"兼习中外文字"，开设外文已不是个别现象。光绪三年（1877），基督教传教士大会上尽管对是否应加强教会学校的英语教学产生过争论，但以后英语却越来越受到重视。光绪七年（1881），圣约翰书院正式设置英语部，首先招收学习英语的学生。英语部的设置是以培养在外国商行工作的买办为宗旨。传教士卜舫济，认为教会学校应把英语教学列为重点，这既可以培养在中国商界担任要职的人才，又可以"铲除学生的排外偏见"（顾长声：《从马礼逊到司徒雷登》，上海人民出版社，1985年，第393页），还可以树立教会学校的良好形象。卜舫济任圣约翰书院校长后，努力把课程改革至除中文课外，一律使用英语课本的程度。

光绪十六年（1890），在第二次在华传教士大会上，关于教会学校是否教授英语是一个争论的热点。狄考文在会上发表了《如何最有效地利用教育来促进中国基督教的发展》的论文，提出反对教会学校教授英语的主张。认为教会学校教授英语，就会"被迫放弃学校的具有特色的宗教性质"，"学校的宗教风气将迅速改变"，而且"学习英语将使掌握中国古典文学受到致命的影响"（顾长声：《从马礼逊到司徒雷登》，上海人民出版社，1985年，第289、290页）。在争论中，狄考文虽持激烈反对的态度，但也认为"一方面教以有限的英语"，另一方面"授予优化的中文教育"，是一种"实际的做法"（朱有瓛、高时良：《中国近代学制史料》第四辑，第101页），并不完全排斥英语课程。在这次会上，大多数人赞同教会学校应普遍开设英语，甚至一些过去主张中文教学，反对教授英语的传教士也认为教授英语是适合时宜的。如美以美会传教士李承恩在发言中说："我曾经以为用汉语是最好的办法，但是现在我赞成英汉两语并用。"（史静寰：《狄考文和司徒雷登在华的教育活动》，文津出版社，1991 年，第 87 页）此后，教会学校普遍开设英语课程，有些学校已用之作为教学用语。19 世纪 90 年代后的教会学校则出现"英语热"，英语成为引诱中国学生入教会学校的"香饵"，"哪里在使用英语，哪里就有基督"。

（3）西学　教会学校重视西方科学知识的教学。传教士们开始是将科学作为一种对中国人的诱饵，制定了"学术传教"的政策。美国公理会在对差遣来华传教士的指示中说："你也可以随时用我们的科学技术，帮助他们。但是……只有当这些能作为福音的婢女时，才可引起你的注视。"（顾长声：《从马礼逊到司徒雷登》，上海人民出版社，1985 年，第 72 页）可见，科学最初随着传教士进入中国时，只是作为上帝的"婢女"，为上帝所驱使、运用。由于随着中国方面对西学的需求变得强烈，以及西学所显示出的足以影响中国的前景、控制中国教育的力量，传教士们认为必须使科学与上帝紧密结合，使科学与宗教成为"盟友"。在他们看来，教育虽然不是上帝用来实现民众改变信仰的直接方式，但是它却可以通过科学知识来"摧毁异教堡垒"。由于科学知识是上帝特别赐予教会打开异教邪说大门的工具和争取人们信仰基督的手段，因此教会学校，只有牢牢把握住科学这个"强大的机器"，才能控制中国的教育。美国传教士、九江同文书院创建者库思非就指出：为了使"科学与宗教联盟"的教会教育更好地为西方国家服务，教会学校不但要使"科学与宗教携手并行"，给学生以一般文化知识的教育，还要给学生以必要的职业技术训练。他们认为，教会学校重视科学教育有三大好处：其一，学习科学可以破除迷信；其二，注重科学可以提高教会学校的声誉；其三，传播科学可以使教会学校毕业生更具有能力，以便于控制中国社会未来的发展方向。因此，教会学校一般都开设相当数量的数学、物理、化学课程和其他科技课程，高等级的学校也开设一定数量的人文社会学课程，如哲学、逻辑学、经济学等。

（4）儒学经典　早期的传教士认为儒家文化和基督教文化是势不两立的，他们的传教活动由于受到儒家思想的强烈抵制，有着不可渗透性和强烈的排它性的儒家学说的道德力量，使西方传教士深切感到要让中国人民信奉外来的上帝是多么困难的一件事。在儒家文化与基督教文化发生正面、强烈的冲撞之时，在以耶稣取代孔子之说行不通之际，西方传教士开始寻找迂回策略，从将孔子与耶稣进行对立对待，转向寻求将孔子与耶稣进行共融，于是教会教育从战略思想上发生转变，出现了"孔子加耶稣"的教育方针，教会学校中一般都开设相当数量的儒经课程。光绪十六年（1890），基督教传教士大会上，美国传教士潘慎文建议教会学校要以 1/3 至 1/2 的时间学习经书，

"每个学生要熟记'四书'，《诗经》和《史记》"。但强调对于儒学中的"异端学说和伪科学"，要通过基督教和自然科学的教学予以抵消（朱有瓛、高时良：《中国近代学制史料》第四辑，第 130 页）。

由于"孔子加耶稣"教育方针的确立，教会学校的课程设置亦随即得到了反映。狄考文主持的文会馆分备斋、正斋两个学部，前者为三年制，后者为六年制。其正斋课程规定如下：

第一年：天道溯源（即《圣经》神学课）；《书经》三、四，《诗经》《论语》；代数备旨。

第二年：《天路历程》（宗教小说）；《书经》全，《礼记》一、二，《孟子》；形学备旨，圆椎曲线；万国通鉴（世界通史）。

第三年：救世之妙（《圣经》神学）；《礼记》三、四，《诗经》，《学》《庸》（即《大学》《中庸》）；八线备旨，测绘学，格物（力、水气、热、磁），省身指掌。

第四年：天道溯源；《礼记》一、二、三，经书，《左传》一、二、三、四，赋文；量地法，航海法，格物（声、光、电），地石学。

第五年：罗马书（《圣经·新约》）；《礼记》四，《左传》五、六，赋文；代形合参，物理测算，化学，动植物学；二十一史约编。

第六年：心灵学（即心理学）；是非学（即逻辑学）；富国策（即政治经济学）；《易经》全，《系辞》，读文；微积学；化学辨质，天文揭要。（顾长声：《从马礼逊到司徒雷登》，上海人民出版社，1985 年，第 285、286 页）

从上述课程反映出，宗教教育与儒家典籍教育占据同等重要的位置，其次才是西学，即包括自然科学和社会科学等课程。狄考文认为本校之所以设立儒家典籍课程，"因是政府科举考试所要求的，也是作为受尊敬的学者所必需的"（顾长声：《从马礼逊到司徒雷登》，上海人民出版社，1985 年，第 288 页）。教会学校在教学内容和课程设置上，充分体现"孔子加耶稣"的教育思想，其深层内涵则是为了借孔子之名，进一步为基督教鸣锣开道。

6. 教会学校的性质与影响。

教会学校是西方世界殖民扩张的产物，它是以武力开道，以不平等条约为保护伞，没有在中国政府立案的基督教学校。在洋务运动这一特定的历史时期和社会条件下，教会学校实现了由自发状态向制度化的转变。当时，教会学校与洋务学堂被并称为新式学堂，但教会办学的整体规模大于洋务教育的规模，而且教会学校来自于先进的资本主义国家，具有近代教育的特征。这样，教会学校就成了中国人学习西方教育的样本。

教会学校为培养超过中国旧式士大夫而在中国有势力的人，注重自然科学知识的引入和传授。特别是 19 世纪 70 年代以后，教会学校向着世俗化、正规化转化之后，更重视科学知识的教育。教育内容的科学化，是对以四书、五经为教授内容，以科举制为核心的封建传统教育的冲击。尤其是教会大学的出现，逐渐使学术思想界的价值观念发生变化，对传统教育那种以儒学为正学的思想以极大冲击。教会大学建立以前，中国传统高等教育大约处于西方 16 世纪宗教改革时期的水平，即以古典文史学问为主的水平。而到 20 世纪初期，在华最好的教会大学的水平则接近了同时代欧美一般大学的程度，这与教会大学的创办是分不开的。

在中国近代教育史上，教会学校最早引进西方教育制度、西方课程和新的教学方法。近代学校教育的班级授课制与实验方法是经由教会学校传入中国的；体育运动、音乐课程也是教会学校最先开设的；教会学校最早注意到德、智、体全面发展的人。教会学校还倡导男女平等，开设女学，反对缠足，否定传统教育的旧观念、旧习俗。教会大学引进和开辟了许多新学科，在英语教学、女子高等教育、医科、农科诸领域都起了先导作用。此外，还有一些传教士参与了中国的官方学校的教育工作，一批区别于旧士大夫的掌握近现代科学文化知识的科学家、教育家脱颖而出。

教会学校在中西方文化交流中，成为基督教文化与现代西方文明传播的载体，在近代西学东渐中成为媒介和桥梁。它输入西方文化，扩大了中国人的眼界，成为西方文化的传导者，对于推进中国反封建专制，加速民主和科学的进程，客观上起了一定的激励作用。

（五）中华教育会成立

光绪三年（1877）西历 5 月，第一次在华基督教传教士大会在上海举行。参加大会的有来自世界各地的一百二十六名基督教传教士，其中美国七十二人，英国四十九人，其他国籍者五人。为适应教会教育的发展，规范教会学校的教学内容，大会决定成立"学校与教科书委员会"（Shool and Textbook Series Committee），当时中文名称为"益智书会"。委员会成立后，即决定编写初、高级两套中文教材。教材科目包括：（1）初级和高级的教义问答手册；（2）算术、几何、代数、测量系、物理学、天文学；（3）地质学、矿物学、化学、植物学、动物学、解剖学和生理学；（4）自然地理、政治地理、宗教地理和自然史；（5）古代史纲要、现代史纲要、中国史、英国史、美国史；（6）西方工业；（7）语言、文法、逻辑、心理哲学、伦理科学和政治经济学；（8）

声乐、器乐和绘画；（9）一套学校地图和一套植物与动物图表；（10）教学艺术，以及任何以后可能被认可的其他科目（朱有瓛、高时良：《中国近代学制史料》第四辑，第33、34页）。要求在编写时，要使用统一的术语，充分照顾中国文字、民族风俗习惯，在保证"具有严格的科学性的同时，抓住一切机会引导读者注意上帝、罪孽和灵魂拯救的全部事实"（朱有瓛、高时良：《中国近代学制史料》第四辑，第35页）。"学校与教科书委员会"成立后，极大地推动了教会学校的教材编写工作，加速了教会学校的制度化发展。

光绪十六年（1890）西历5月，第二次在华基督教传教士大会在上海召开，将"学校与教科书委员会"改组为"中华教育会"（The Educational Association of China），议定每三年召开一次大会。大会制订通过了《中华教育会章程》（1893年大会修订），规定："凡正在和曾经从事教育工作，或办学校，或编教科书的基督教各会成员，都得为本会会员。"在这次会上，狄考文当选为首任会长。他在大会上曾作了一个《怎样使教育工作更有效地促进中国基督教事业》的报告，开宗明义地指出：

"可以毋庸置疑地说，传教士是为着基督教的利益而来办教育的……教会到了哪里，哪里就有大、中、小学。""教育是基督教会的一根很重要支柱，不能漠然视之。重要的问题是，要怎样使教育工作为教会的最高目标服务。"（朱有瓛、高时良：《中国近代学制史料》第四辑，第94、95页）正是在这种思想指导下，传教士的办学活动出现了专业化、世俗化和体系化趋势。

"中华教育会"，对整个在华基督教教育进行指导。通过对中国教育进行调查、办杂志和各种讲习会、交流会、演讲会，并鼓励个人之间以通信联系的方式来推广教育经验，策划教育方针和具体措施。还在基督教教会学校推行公共考试计划，检查一般的宗教内容和其他选修课程，向所有达到本会要求的人颁发不同层次的文凭或证书（朱有瓛、高时良：《中国近代学制史料》第四辑，第43页）。按照规划，1893年大会如期在上海举行，大会主席美国传授士潘慎文在开幕词中说：必须在中国大力推广基督教教育，以"打破中国人的傲慢和除去中国人的惰性"。这次大会就传统儒经、英语在教会学校中的地位进行了更广泛的讨论。

从"学校与教科书委员会"到"中华教育会"，一方面是扩大了工作范围，另一方面是加强了工作的规范性。"中华教育会"后来实际成为中国基督教教会教育的最高领导机构，并对当时中国教育的发展产生过较大影响。

（六）早期维新教育思想的形成

鸦片战争以后，以枪炮为后盾的商品输入已开始冲击和瓦解中国封建农业经济结构，但因牢固的传统社会结构的抗拒，这一历史进程的启动显得格外被动和迟缓；与此相应，人们在痛定思痛之际开始探索摆脱民族危机的出路。首先，人们从战争的硝烟中看到的是西方列强的"船坚炮利""坚甲利兵"，认为这些构成了对中国的主要威胁，于是最初的思索和结论便凝聚在"师夷长技以制夷"这方面上来，稍后崛起的洋务派将魏源的思想付诸实践，始而兴办近代军事工业以"求强"，继而又兴办民用企业以"求富"，但这仍没有消除造成国家的"内患"和"外侮"的兵战。此后，人们这才开始认识到中国所面临的威胁不仅在于西方列强兵器的精良，而且还有它背后所依托的资本主义商品经济的巨大力量。如 1874—1889 年王韬在香港主办《循环日报》时即提出发展资本主义工商业对国家的强盛具有重要作用的思想。光绪十五年（1889），薛福成出使英、法、意、比四国时，考察了西方国家的历史和现状，认为："欧美两洲各国勃然兴起之机，在学问日新，工商日旺，而其绝大关键，皆在近百年中"（薛福成：《出使英、法、意、比日记》，第 68 页）。他以一个思想家的远见预言"将士农工商之旧社会，变成商工农士"的"以商为首"的新型结构的新社会必将到来。郑观应更是明确指出："中国以农立国，外洋以商立国。"（夏东元编：《郑观应集》上册，第 614 页）其结果西方"博商以富国，亦博商以强国"（夏东元编：《郑观应集》上册，第 623 页）。他们认为，中国要富强，就要发展资本主义的工商业，走西方列强的强国道路。正是从这一思想出发，早期改良派既反对顽固派固守的"无实""无用"的"旧学"，又不满洋务派和西方传教士所说的"西学"，而是主张要学习西方教育，"欲用以变法"。

1. 从 19 世纪 70 年代到 80 年代，是早期维新思想的发生时期，其教育代表人物有薛福成、马建忠等

薛福成（1838—1894），字叔耘，号庸庵，江苏无锡人。同治四年（1865），致书曾国藩，建议改革科举，学习西方军事技术。光绪元年（1875），应诏上改革内政外交万言书。光绪五年（1879），撰《筹洋刍议》，主张发展工商业，实行关税自主。光绪十五年（1889），受命为出使英、法、意、比四国大臣。出使期间，更进一步主张效法西方国家，发展民族工商业，并在政治上赞赏英国和德国的君主立宪制度。一生著作甚丰，以撰写了大量政论而被公认为当世谈时务的巨擘。

薛福成为了国家的富强，提出了"工商立国"说。他认为，西方国家的富强途径，即是"以工商为先。耕战植其基，工商扩其用"。"然论西人致富之术，非工不足以开商之源。则工又为其本，商为其用。"（《薛福成全集·筹洋刍议·商政》）他指出，中国利益外流，"往而无来"，"无怪近日民穷财尽"。所以，他认为要挽回利权，必须要让工商业得到自由发展，能使中国商人也列于未来的世界竞争之列，把"外洋所独擅

之利，则从而夺之"（《薛福成全集·筹洋刍议·商政》）。从这一立场出发，他在《变法论》中提出了"变"的理论。薛福成针对封建卫道士们所标榜的"天不变，道亦不变"的理论，提出"天道数百年小变，数千年大变"，"世小变则治世法因之小变，世大变则治世法因之大变"，明确否认有所谓永恒不变的天道，主张因而也就没有永恒不变的人间体制。他认为，中国正处在一个"天下亟变"的关头，应随时势之变化而变化，即所谓"彼其所以变者，非好变也，时势为之也。今天下之变亟矣，窃谓不变之道宜变今以复古，迭变之法宜变古以就今"。薛福成的"变"的理论，虽然还不彻底，但却是极富有时代意义的命题，丰富了早期新学派的思想理论。

在学习西学问题上，薛福成虽然仍持"以西人器数之学以卫吾尧舜禹汤文武周孔之道"的"变器卫道"论观点，但他又主张"使古今中西之学会而为一"，又赋予"西学"以很高的地位。这就显示出他们在遵循圣人之道和学习西方之学间的矛盾心态，从而也反映出这批早期新学派学者还不能同洋务派思想彻底分清界限。

马建忠（1844－1900），字眉叔，江苏丹徒（今镇江）人，出身于信奉天主教的商人家庭。少年时学习经史之学，后因受列强侵略的刺激，转而学习西学，抛弃科举，赴法国留学。归国后，担任李鸿章的幕僚，曾赴印度、朝鲜、日本等国处理外交事务，又曾任轮船招商局会办、上海机器织布局总办。主张发展私人资本主义工商业，反对洋务派对新式工业的垄断。他所著《马氏文通》，从经、史、子、集中选出例句，参考拉丁文语法，研究古代汉语的语法结构，为中国近代第一部较为完全而系统的语法著作。

马建忠是我国近代早期新学派中宣传西方重商主义理论的杰出代表。他提出了"国强基于国富，国富唯赖行商"（《适可斋纪行·南行纪》）的观点，强调国富有赖于通商和争取有利的对外贸易。他明确提出了"求富之源，一以通商为准"（《适可斋纪言·富民说》）的重商主义的基本原则，十分强调有利的对外贸易乃是富国的有效手段。故他又说："欲中国之富，莫若使出口货多、进口货少。出口货多，则已散之财可复聚；进口货少，则未散之财不复散。"（《适可斋纪言·富民说》）这批早期新学派学者，代表着新出现的资产阶级的利益，要求政府采取保护资本主义企业的政策，反对封建性的关卡和税收。

马建忠要求对封建专制制度作某些改革，提出"学校建而智士日多，议院立而下情可达"。曾建议在广州、福州、上海、天津等处设立水师小学。另于水师衙门附近设水师大学院，教以英文、几何、八线、重、力、流、热、光、电，以及天文舆图及格致诸学之浅近者。薛福成、马建忠是早期具有维新思想的代表人物，他们的社会观念和教育思想中，都带有明显的资产阶级意识。

2. 从 19 世纪 80 年代至 90 年代，是早期维新思想的发展时期，它伴随着资本主义工商业的初步发展，也增添了新的内容。其教育代表人物有何启、胡礼垣等

何启（1859－1914），字迪之，号沃生，广东南海（今广东省广州市）人。他早年留学英国，后长期定居香港，以律师为业，曾任香港立法局议员，并开办雅丽氏医院，还是香港大学创始人之一。胡礼垣（1847－1916），字荣懋，号翼南，广东三水县人，出身于买办商人家庭。自幼生活于香港，毕业于香港皇仁书院。他创办《粤报》，翻译《英例全书》。1894 年中日战争起，中国驻日使馆人员撤离，他被中国留日商民推举为神户代理领事。战争结束后即返香港。何启、胡礼垣合作发表许多政论文章，汇集为《新政真诠》一书。

何启、胡礼垣的改良思想，较之前人在某些方面则有所前进和突破。他们反对洋务派只把借外债、修铁路看成是向西方学习的观点，认为这是"靠诸外国之助，则是误国之谋"。批评洋务派将官民对立起来的思想，指出："国之根本在民，而民之身家托于官，官不保民而民危矣。官之害民，而民愈危矣。"（《新政真诠》初编，《〈曾论〉书后》）他们认为"民虽寡学，而断不可欺，民纵愚蒙，而善能知感"，进而强调"民权愈盛，其国愈强"（《新政真诠》初编，《〈曾论〉书后》）。他们提倡自由发展资本主义工商业之外，竭力宣传西方资产阶级民主政治的理论，提出国家长治久安的根本之策在于开选举、设议院，全面进行变法改革。他们提出了七个方面的改革措施，其中"宏学校以育真才""昌文学以救多士"，都是直接关系文教方面的改革（《新政真诠》二编，《新政论议》）。

何启、胡礼垣的维新教育思想，主要包括以下几个方面：

（1）兴"西学"，革新传统观念。首先，他们批判"三纲"思想，指出："汉宋之学重三纲，泰西之学重五伦。重三纲者有君无民，重五伦者君民兼顾，此君权民权之别，中外学术所由分也。"（《新政真诠》，《前总序》）他们指出，按照"三纲"要求，"君可以无罪以杀其臣，长可以无罪以杀其幼"，实际上是维护"勇威怯，众暴寡，贵陵贱，富欺贫"的社会的不平等。甚至搬出孔孟作为其反"三纲"的依据，说什么"三纲之说非孔孟之言也"。他们还把封建的"五伦"作为批驳封建"三纲"的依据，反映出他们的思想并没有完全摒弃封建意识。其次，他们从资产阶级利益出发，把追求个人利益看成是人的天性，是合理的，是符合道德原则的。他们在《〈正权篇〉辩》一文中说："但能合人人之私以为私，于是各得其私，而天下亦治矣。"只是"不能以己之私夺人之私，不以人之私屈己之私，则国家亦无患其不富，并无忧其不强"。应该

承认，"人人各得其私"的主张，正是反映了新兴资产阶级在意识形态领域里的追求和希望。再次，为了摆脱封建思想对人们的束缚，他们大胆地对"六经"提出怀疑，主张"使经宗我，使经为我用"。也就是说，他主张对待经书，只能使经书为我所用，而不应该墨守成法。他们说："惟其愈求救时，是以愈求西学，惟其愈求西学，是以愈能救时。"认为中国的教育十分落后，其内容不外"浅陋之讲章，腐败之时文，禅寂之性理，杂博之考据，浮诞之词章"，这些学问"强国学之必致于襄，弱国学之必致于灭，非惟不可以救当时，而且足以累后世"（《新政真诠》，《前总序》）。因此，他们主张废科举，兴学校，改变这种落后的教育。

（2）宏学校，培育建国人才。何启、胡礼垣认为，要改变中国的落后唯有变法，而"将欲变法，必先择人"。至于如何择人，他们设想：一是就现有官吏中择其智者、能者；二是"宏学校以育才"。他们十分欣赏西方国家兴学育才的办法："泰西凡幼童不入学者，则罪及其父母，胁之至矣。而民无怨者，以教子之功，官司力任，教育既成，国家分用，从无弃才也。"（《新政真诠》五编，《〈幼学篇〉书后》）他们提议，"宜下令国中各府州县俱立学校，每省发一大臣，为学校以总其成，每年成材者登诸册簿，以记其才学、人数"。他们建议设立专门教育行政机构——学部，并将学部列为国家八大部中的第二部，说："学部不设，则国内无堪用之才，故应加立学部而进之为第二者，欲中国以贤才为宝也。"（《新政真诠》二编，《新政论议》）

何启、胡礼垣针对中国面临列强欺凌、民族危机的情况，主张发展军事教育，设立新式军事学校。"宜于学校之设，兼教兵法、枪炮等事，凡有志为兵者，每日习练此事数时，学之三年而无过失者，教师给以凭照。"凡遇国家扩兵增将，"则以此等人补授"。还主张"宜于各省府州县武备学校处兼设水师一科"，凡参加学习且成绩优秀者，可由学部推荐令其出洋学习，学好回国，并有考试凭证的，天子则命以为统带水师。他们也设计了各府州县学校的教学科目：首先"以中国文字为一科"，即将中国的语言文字列为共同必修科目，在此基础上再分科学习，并列举了"外国文字""万国公法""中外律例""中外医道""地图数字"，以及"化学""机器""建造""轮船""铁路""电线""电气""开矿""农务""陆军""水师"等各门学科（《新政真诠》二编，《新政论议》）。这些知识正是建设资本主义国家所必需的。他们提出的理想人才，应该是"士崇秋实，不尚春华，人务经纶，不争词采"。这样的人，都有"一技之才，一艺之擅"，而且是"有志于其技，有志于其艺者"，或者是有"一法之善，一事之能者"，而且又"留心于其法，留心于其事者"（《新政真诠》二编，《新政论议》）。假若使这样的人参与政治、管理国家，国家何患不强。

（3）改科举，选拔治国之才。何启、胡礼垣深刻地分析了旧科举的弊端，把旧科举称之为自古以来最严重的灾难，"而独罹于天地古今至惨之灾，则今之科甲也"。他们指出，洋务派虽然对科举制度进行过某些改革，曾诏旨开经济特科，但徒有其名，实质未变。他们说自己看了张之洞的《劝学篇》后，感觉到"其名虽曰变也，而其实仍不离乎八股经史，仍不离乎一、二、三场，仍不离乎百人取一，是不除旧习，其弊愈滋耳"（《新政真诠》五编，《〈劝学篇〉书后·〈变科举篇〉辩》）。为此，他们极力主张改革科举考试，以广集治国人才。他们主张："宜下令国中宽其考法，不限以额，凡欲专攻帖括者，听其如前考试，而加以万国公法及律学大同二者一体出题答问。"（《新政真诠》二编，《新政论议》）主张凡进士中德才出众者，可以推荐任官，其余的秀才、举人、进士得名之后，"可别事谋生"。特别是他们建议凡学校考试优良者也可以举荐为官，这样就把选官从科举一途扩大到学校。这是传统教育体制的一大突破。

应该说，早期改良派的维新教育主张，既不同于坚决反对向西方学习的顽固派，也不同于仅仅主张学习"西文""西艺"的洋务派。他们的教育思想是其政治经济思想的衍生。他们认识到，要发展民族资本主义工商业，必须有了解西方政治和历史的治国人才，必须有精通科学技术的专门人才；要设议院，实行君主立宪制，就必须实行有限的"民权"和"民主"。随着洋务派的洋务买办事业的日趋破产，早期改良派要求进行社会政治改革的思想情绪日益高涨。到了 19 世纪 90 年代中期、戊戌变法的前夕，近代早期维新思想遂转化成为戊戌时期的变法维新思想。

（七）王韬：倡导近代学制

王韬（1828－1897），字仲弢，别号弢园老人，天南遁叟。江苏长洲（今属苏州吴江区）人。道光二十九年（1849）就职于英国教会所办的中国第一个近代印刷所——墨海书馆。时太平天国农民起义和第二次鸦片战争相继发生，曾屡向当道者献御戎、和戎、平贼等策。同治元年（1862），返里探亲，向太平天国苏州当局出谋献策。事泄，清政府下令缉拿，便逃往香港。在港时，助英人翻译中国经书，创办《循环日报》，介绍西方文化，并游历法、俄、日诸国。光绪十年（1884），得李鸿章默许，返沪定居，任格致书院掌院，并一度主编《申报》，卒于光绪二十三年（1897）。毕生著作宏富，所遗著作已知者不下三四十种，现有《弢园文录外编》《弢园尺牍》《王韬日记》诸书行世。

1. "才有数等"的人才观

王韬幼时在家随父读书，少负才名，十八岁时以第一名的成绩考入县学。次年，与父同到南京应试，不第，从此绝意仕途。日后，他曾说到自己当时的心态："不佞少抱用世之态，素不喜浮夸、蹈迂谬，一惟实事求是。愤帖括之无用，年未弱冠，即弃而弗为。"（王韬：《弢园文录外编》，第 403 页）后来，他在上海的经历，与外国传教士的接触，又游历法、俄诸国，新环境的吸引和新知识的追求开阔了视野，不仅使王韬胸襟大开，而且加深了其对西方物质文明的感性认识，使他对人才观完全有了新的认识。

· 相关链接 ·

王韬曾编撰《普法战纪》十四卷，书籍出版后，人们争相购读。此书很快传到日本，被翻刻流行，在日本引起很大反响。日本文人学者通过《普法战纪》等书获知王韬之名，纷纷与其函牍往来。1879 年，王韬东渡日本，在日引起轰动。日本学者中村正直称颂王韬来日本后，"都下名士，争与先生交。文酒谈宴，殆无虚日，山游水嬉，追从如云，极一时之盛"。（引自王晓秋：《近代中日文化交流史》）与王韬交往的各界人士，既有政府官员，社会名士，也有诗人墨客和普通百姓；既有学问精深的"东国耆儒"，也有"叩门求见"的少年童子。他们对王韬的渊博学识十分钦佩和敬重，"皆愿纳交恐后"。王韬的旅日之行，不但促进了中日文化交流，而且也加强了中日人士之间的互相了解和友谊。

王韬曾亲眼目睹决定西方国家走向成功的关键是人才，认为中国自强求富和由弱变强的当务之急"则在储才"。他指出："今天下要务莫急于理财，诚所以培国本厚民生而立富强之基者也。顾理财尤以得人为先。"（王韬：《论宜得人以理财》，《万国公报》1892 年 11 月第 46 期）"船坚、炮利、兵足，而不得其人，则有船与无船同，有炮与无炮同，兵足与不足同……欲务海战，必求其人。"（王韬：《救时刍议》下，《万国公报》1892 年 9 月第 44 期）

王韬批评洋务派虽以经济、军事、科技为富强运动的主要内容，但由于缺乏人才，并未能取得真正实效。他指出："当此时事日艰，强邻四逼……国家因此许民间肆习西学，仿效西法，枪炮船舰，开矿织布，咸思次第施行，而卒未全收夫实效者何也，是岂宜于泰西而不宜于中国哉？盖中国有泰西之法，而无泰西用人之法也。"（王韬：《论宜得人以理财》，《万国公报》1892 年 11 月第 46 期）显然，王韬把人才视为求强致富的军事工业、工程技术、工商事业等实际活动成功与否的关键因素。

王韬认为，以中国近代化为目标的富强运动是为了消除中国与西方之间存在着的经济、军事、科学、技术乃至政治差距的一次民族总动员，它不仅需要有眼光、有谋略的官僚集团，而且更需要具有不同种类、不同层次的专门人才。他说："才有数等，有吏才，有将才，有出使之才，有折冲御侮之才，有明体达用之才，有应急济变之才。""折冲行阵，则有将帅之才；教习火器，命中及远，则有战斗之才；统率艨艟，乘风破浪，则有驾驶之才；长于战具，巧思独绝，制胜出奇，精益求精，则有制造之才。"（王韬：《弢园尺牍续钞》卷三，光绪十五年铅字本，第 7 页）

所有这些人才，可能因知识构成的特点而不能算作所谓的"通才"，但他们在某一领域所具有的专门知识技能对中国正在进行的富强运动助益匪浅。因此，他主张应充分考虑到人才的不同特性，区别对待，"用之必各当其才，而后才乃见""因才器使，靡有或遗"（王韬：《弢园尺牍续钞》卷三，光绪十五年铅字本，第 7 页）。

王韬还克服了儒家传统人才观浓重的道德主义的思想倾向，强调了专门人才所具有的实用功利的价值。他说："所以甄别人才者，直言极谏，舆图象纬，一切专求乎实用。"（王韬：《弢园文录外编》，第 49 页）他认为，就一个人来说，其才能可能存在着与道德不相一致的情形，但这绝不应该成为拒绝承认和使用人才的借口。譬如说，一个精于算学或擅长矿学的专家，或具有某种"一技之长，一材之擅"的人，他可能在道德方面存在着某些缺陷，德行不及所谓"君子"或"道德之士"，但绝不能否认他的实际学问和才能有益于国计民生，因而也就不能把他排斥在人才之外。"以有用之心思，施之于有用之地，日事讲求富强之效"（王韬：《论中国煤铁之富美国金银之富》，《万国公报》1893 年 10 月第 57 期），这是王韬一贯坚持的人才标准。

王韬对自古以来中国封建社会的人才状况进行了审视，发现在道德主义盛行的传统社会中，人才存在着一种"名"与"实"相分离的状况。一方面，有因翰林、进士、举人等科名而身居要职的人，位在人才之列，肩负治国的重任，但这些人除了怀抱"圣贤之经籍，上下三千年之史册"和所谓道德修养外，别无所知，"无论于泰西之国政民情、山川风土，茫乎未有所闻，即舆图之向背、道里之远近，亦多有未明者。此固无足深怪。独不解其于中国之事，如河漕兵刑财赋诸大端，亦问之而谢未遑焉"。（王韬：《弢园文录外编》，第 83 页）这种所谓人才，说穿了是一种"非治国经野之道，非强兵富民之略"的"伪才"，是一种成事不足、败事有余的"高级游民"。另一方面，中国本来数量就十分有限的从事工商活动而具有真才实学或具有一技之长的人，却处在无职无权、被人轻视，甚至连自己的生活都朝不保夕的可怜地位，空有报国之志而无报效之门。他把人才的"名不副实"看作是中国近代富强运动无法深入的重要原因之一。

总之，重视多样化的专门人才，是王韬人才观的一大特点，这表明他的人才观既摆脱了封建社会重视"通才"的传统人才观，又是对提倡"君子不器"的儒家道德主义人才观的否定，标志着晚清多元化人才观的萌生。

2. "博采西学"的新思想

王韬自青年时在上海墨海书院工作起，就接触"西学"，并热心研究"西学"。他对天学、力学、算学、医学、电气学、格致学、律学、地舆学等近代科学都有兴趣。他与艾约瑟（J. Edkins）、伟烈亚力等欧美来华传教士合译了《格致新学提纲》《光学图说》《西国天学源流考》《重学浅说》等论述西方数学、天文学、物理学的著作，成为近代中国引入西方自然科学的先驱者。正因为他对西方自然科学有全面、深入的了解，因而也能准确地把握西方自然科学的发达与其技术进步之间的内在关系。

王韬有着深厚的"西学"知识储备，他在介绍光学研究及其应用时，指出西方近代光学的研究肇始于波塔、莫罗里库斯，及至斯涅耳、牛顿、伽利略诸人，"相继而起，其学乃大明。光学中热与光本两物。光之发源有五种，万物中光之功用极大"（王韬：《弢园文录外编》，第 391 页）。阐明了对光原的研究，为发掘光的巨大应用前景奠定了理论基础。关于力学研究与机械制造技术之间的关系，王韬认为："西人于器数之学，殚精竭思，其最奥者曰重学。以轻者为学术，行止升降，必藉乎力，高下疾徐，必固乎理，而所以制器测象者，非此不可。"（王韬：《弢园文录外编》，第 391 页）揭示了"制器测象"技术是对力学学理研究的实际应用。

在介绍"西学"时，王韬还超越了各门具体的自然科学的界限，开始强调引入西方近代科学方法论的重要性。王韬最为景仰的是英国大思想家弗兰西斯·培根，推崇他所创立的以实验归纳法为核心的近代实验科学的方法论。他说："其为学也，不敢以古人之言为尽善，而务在自有发明。其立言也，不欲取法于古人，而务极乎一己所独创。其言古来载籍乃糟粕耳，深信胶守则聪明为其所囿，于是澄思渺虑，独察事物以极其理，务期于世有实济，于人有厚益。盖明泰昌元年，培根初著《格物重理新法》（今译《新工具》——笔者注），前此无有人言之者。其言务在实事求是，必考物以合理，不造理以合物。"（王韬：《瓮牖余谈》，岳麓书社，1988 年，第 44 页）培根哲学的基本内核是以实验归纳为标志的近代科学方法论，它反对传统经院哲学及其教条主义，培根的哲学思想和方法论在欧洲思想史上具有划时代的意义，它开启了西方近代实验科学的先河。王韬无疑是认识到了这一点，他指出，培根的《新工具》是欧洲科学"二百五十年之《洪范》"，在其方法论思想影响下，"哈维始为血络周流之学，牛顿始创光学，伽利略始造天文望远镜，哈雷始察彗星往返轨道。总之，培根之前，专心于学者如磨旋之中徒费力，行莫出跬步，自培根辟其机缄，启其橐钥之后，欧洲诸学参悟而出，蒸蒸日上，无不勤察事物，讲求实学真理"（王韬：《瓮牖余谈》，岳麓书社 1988 年，第 45 页）。

可见，伴随着晚清"西学东渐"的潮流，王韬已开始关注西方科学技术赖以形成发展的指导思想和方法论，要求改革传统教育以培养造就掌握这种思想和方法论的人才。

3. 倡导近代学制

王韬的长年海外生活和丰富的译述阅历，使他对西方近代教育有了全面而具体的了解，因此他在对西方近代教育的介绍中，特别重视西方近代学制。

王韬尤为推崇当时最先进的法国学制，指出法国三级学校教育体制为"大学""国学""小学"，而其普及教育的重点在小学。他介绍说："通国市镇计有三万七千五百一十处，所设小学之数如之。设学经费半出于官，半出于民，入学肄习者，毋须自备束脩，其地贫民无力延师者，子弟许在学中。"（王韬：《重订法国志略》卷十七，光绪己丑年韬园老民校刊本，第 8 页）扼要地介绍了法国初等义务教育的概况。关于小学、中学的课程设置，他介绍说："小学、国学中所习课程其目有五：一审求天主耶稣西教中规仪道法，一考察律例，一明医理辨药性，一诵读诗书，一专攻艺术（指各门自然科学技术——笔者注）。此外，府州县镇中所有私设书塾不可胜数，皆以治杂学，习各技，各就所愿，群居讲肆……习兵法，开河道，造器物，博通古今，各国语言文字、历算、地理、史学、性道、图册、汽机，无不涉猎其精粗，考究其本末。"（王韬：《重订法国志略》卷十七，光绪己丑年韬园老民校刊本，第 8、9 页）他还称赞明治日本效法西方创立近代义务教育所取得的显著成果："日本幼孩自少学习西法……其教习之法仿照英法北美章程，最为讲究。……古时学塾墨守旧法，但读中国书，全不明格致要理，饱餐糟粕，以误终身。今皆读外国有用之书，测绘地图，认真不苟，论欧罗巴各国疆域甚详且尽。"（王韬：《重订法国志略》卷十，第 37 页）

王韬强调中国兴学育才，必须以欧美、日本为榜样。他在为清政府设计的兴学方案中明确提出："每省每郡每州每邑，由国家设立文武学塾，以为训习储材之地。"（王韬：《弢园尺牍》卷八，光绪癸巳沪北淞隐庐本，第 16 页）"学校书院之设，当令士子日夜肄习其中，必学立艺成而后可出也。其一曰文学……其二曰艺学……文艺两端，皆选专门名家者以为之导师，务归实用，不尚虚文。"（王韬：《弢园文录外编》，第 29 页）"乡设义学，教导有序，则子弟之俊秀可造者得以习文，资秉鲁钝者亦得工手艺，直可使野无遗贤，里无废人，其效之可观益有如此者。方今朝廷重西学，尚实行，不惜破成格以收奇士，将见义学之中岂无殊尤拔萃之姿，足以……驰驱异域，探求绝艺者。"（王韬：《弢园文录外编》，第 223 页）

可见，王韬对新式小学教育的期待和愿望。

近代教育的一大特征是教学内容日趋丰富，分科授课。因此，他在倡导发展普通教育的同时，主张根据现实的需要创立某些专科学校来开展专门教育。他曾具体提及的专科学校有外语学校、武备院、水师院、船工馆、艺术院等。他认为这些专门学校应配备各种科技书籍、杂志、地图、仪器设备，并聘用西方专家授课，在校学生应有相应的生活补贴和奖学金，毕业后也应有相应的功名以资鼓励。

在倡导近代教育的过程中，王韬还注意到传统教育忽视女子的弊端。他指出：西方各国教育的一大特点是男女接受教育的机会平等，如法国教育"不但盛于儒生，而且教化下及乎女子，国中女塾公私并设"（王韬：《重订法国志略》卷十七，第9页）。他建议，中国也应模仿西方，将女子纳入学校教育的系统之中。他提出："西国重女教，立女书院，中国宜仿其意……各省立女学校，延女师教之六经六学。女之才者，贱得为贵，妻妇得为夫师。"（王韬：《救时刍议上》，《万国公报》1892年8月第43期）。这里的"六经"指"四书"合为一经，加原"五经"并称之；"六学"指西学中的几何学、化学、重学、热学、天文学、地理学、电学、兵学、动植物学、公法学等中的任意六门）。

王韬对近代学制的倡导，虽然在实践层面上尚未真正推开，但对维新运动时期的启蒙思想家产生了深远影响。

4. 提倡教育改革

改革旧学校。王韬认为，要博采"西学"，首要的任务是改革旧学校。他指出，当时的学校脱离实际，因循落后，最主要的是教师问题。他分析说，当时的学校设"教谕训导""虚糜廪粟，并无所事"；而且这些人多是"阘冗无能，龙钟寡耻，不足为士之表率"；"书院山长，只取声誉，以所荐之荣辱为去留，而每月所课，不过奉行故事而已"。因此，他批评说："朝廷有养士之名，而无养士之实"（王韬：《弢园文录外编》卷一，《变法中》）。他主张选择教师时，"不必论声华、尚文字，惟以才干品诣为衡量而已"（王韬：《弢园文录外编》卷二，《除弊》）。选取那些"专门名家者以为之导师，务归实用，不尚虚文，辩论时事，直言极谏"。他说这样办学，"于是士有以教，亦有以养"。（王韬：《弢园文录外编》卷二，《变法自强中》）

改革新学堂。王韬批评洋务运动以来，虽然也办方言馆等新学校，也派遣子弟到欧美留学，军事上也使用洋枪洋炮，但"何以委靡不振者仍如故也？"他说："非西法之不善，效之者未至也。"就是说，对于"西学"，只学其皮毛，而没有真正掌握其实质，即其所说，"所谓变之道未得焉"。他批评洋务运动的教育改革徒有其名，所得人才也都是庸碌之辈："所谓才者未必才，所谓能者未必能，徒碌碌因人成事而已。"这些学校徒尚虚文，不务实学，所以有些人虽然也"能操泰西语言，能识英人文字"，但"于泰西之政事得失，制度沿革，毫不关心"。所以，"通商三十余年来，无能洞悉其情状，深明其技能，抉其所短，而师其所长"。（王韬：《弢园文录外编》卷二，《洋务上》）。因此，他认为学习"西学"，应"宜师其所长，而攻其所短……探其源而沂其流"。（王韬：《弢园尺牍》卷十，《上当路论时务书》）对待西学，不能盲目照搬，也不能囫囵吞枣，而应该"择其善而去其不善，不必强己以就人，而在以彼之所学，就我之范围"。（王韬：《弢园尺牍》卷十，《上当路论时务书》）应该说，王韬提出的学习"西学"的这些原则是正确的，对后世学习"西学"不无裨益。

改革教学内容。王韬在《上当路论时务书》中，解释什么是学问时说："学问一端，亦以西人为尚，化学、光学、重学、医学、植物之学，皆有专门名家，辨析毫芒，凡若非此不足以言学"（王韬：《弢园尺牍》卷十）。在这里，他明确地将近代科学技术学科列为学校教学内容，认为是学生必须掌握的知识。因此，他主张"以学时文之精神才力，专注于器艺学术"（王韬：《原士》，收入璩鑫圭、童富勇《中国近代教育史资料汇编·教育思想》，第 49 页）。

改革科举取士。王韬指出："国家以时文取士，功令綦严，士之抢才负奇者，非此一途莫由进身"（王韬：《弢园尺牍》，《上丁中丞》）。但帖括一途，至今已经所趋益下，"庸腐恶劣，不可飨迹，乃犹以之取士"，尽管可以岁取数千百人，但皆"贸然无知之人"，因此，这些人"以无用之时文为进身之阶，及问其何以察吏，何以治民，则茫然莫对也"（王韬：《弢园尺牍》，《上丁中丞》）。他明确提出："取士之法不变，则人才终不出"（王韬：《弢园文录外编》卷一，《变法中》）。

那么，怎样取士选才呢？王韬说："欲得真才，必先自废时文始"，使士人"以有用之时，讲有用之学"（王韬：《弢园文录外编》卷二，《变法自强中》）。他请求"废时文而别以他途取士"。他建议文科取士废除八股时文，分十科考试：即经学、史学、掌故之学、词章之学、舆图、格致、天算、律例、辩论时事、直言极谏。"不论何途以进，皆得取之为士，试之以官。"（王韬：《弢园文录外编》卷二，《变法自强中》）王韬认为也应该改革武科。他说："文武科两途，皆当变通，悉更旧制，否则人才不生。"（王韬：《弢园文录外编》卷二，《变法自强中》）又说："国家建官，文武二途并重"，为选拔到"名将才""能将才""战将才"，他建议"武科亦宜废弓石而改枪炮"，分智略、勇略、制造三等评选人才。

总之，王韬认为："我中国既尽用泰西之所长，以至取士授官，亦必不泥法。"（王韬：《弢园文录外编》卷一，《变法上》）只有"必不泥法"，才能"见天下之真才"。

5. 投身教改实践

王韬一生倡导教育改革，可直到晚年才有机会亲自参加了教育改革的实践活动。

光绪十一年（1885），在唐廷枢、傅兰雅等人的联合邀请下，王韬出任上海格致书院山长一职。格致书院虽采用传统"书院"为名，但与旧式书院毫无相像之处，其办学宗旨主要在于传授西方科学技术知识。创办人之一的徐寿曾向李鸿章报告说："窃维格致之学，大之可济治平，小之可通艺术，是诚尽人所宜讲求，今日所当急务也……欲使人人通晓而不虞日久废弛，则必有会集讲论之所，招集深思好学之人，随会学习，讲求参考，以冀将来艺学振兴，储备人才施诸实用。卑职等筹议及此，拟于上海设立格致书院，采用分班分科讲授，教学内容讲授自然科学，不讲基督教教义，也不讲儒家经典。"

开办之初，由于生源不足，书院日常的教学活动不得不改为不定期的西学演讲。为了改变这种状况，王韬一方面通过报端发表文章，抨击传统的学校教育，鼓吹格致之学对国家富强及个人生计的功效，开启民间风气；另一方面积极奔走联络，组织规划，终于在书院开办了被他称之为"学塾"的一个比较正规的教学班。

王韬还亲自为书院拟订教学内容，"自西国语言文字外，教以格致诸端"。（王韬：《弢园尺牍续钞》卷五，第16页）这一教学计划可谓是对"博采西学"思想的一次具体实践。它不教授"四书五经"，专讲外语和自然科学，这与旧式书院授"文"不授"艺"、授"中"不授"西"的教学内容大相径庭，比京师同文馆、上海广方言馆等洋务学堂中西合璧式的课程设置也前进了一步；它不教授基督教教义，这与传教士在沿海口岸城市办学旨在传教的宗旨亦属南辕北辙。

为了适应近代自然科学多学科、专门化的特征，王韬在书院创办的"学塾"，其教学组织形式采用班级授课制，教学分门别类进行，虽然其规模不大，且时断时续，但在中国近代教育史上具有划时代的意义（参见《中国教育史研究·近代分卷》，华东师范大学出版社，2009年版，第322、323页）。

（八）郑观应："亟宜一变旧法"

郑观应（1842—1922），字正翔，号陶斋，广东香山县（今广东中山县）人。他出身在一个封建知识分子家庭，其祖辈"敦品励节"，淡于进取，以"设帐授徒"谋生。郑观应自幼"凤秉庭训"，受到良好教育。十七岁时参加科举考试，未中。便"弃书学贾"，离家到上海学习经商，并从英国人傅兰雅（John Fryer）"学习英文，究心泰西政治实业之学"（《盛世危言后编》卷八）。同治十三年（1874），郑观应应聘为太古洋行轮船公司买办。光绪六年（1880）后，历任上海织布局总办、轮船招商局帮办、总办、上海电报局总办，汉阳铁厂总办，粤汉铁路总办等职。他自称："幼猎书史，长业贸迁，愤彼族之要求，惜中朝之失策。于是学西文、涉重洋，日与彼都人士交谈，察其习尚、访其政教，考其风俗利病得失盛衰之由。"（《盛世危言·初刊自序》）他关心时务，学习西学，撰写大量论文，出版《救时揭要》《易言》《盛世危言》等书，影响很大。在这些著作中，郑观应阐明了他的改良主义政治观和文化教育观。

1. 倡言"教育为立国之本"

当郑观应在宝顺洋行、太古轮船公司充任买办，并自己投资经营茶叶、航运等企业的时候，正是西方列强在政治、经济等方面加强对中国的侵略和奴役，并开始逐步造成中国边疆危机的时候。他从自己经营商务的实践中，逐渐认识到西方列强通商是"渐夺中国之利权，并侵中国之地"，"致华人谋生之计日穷"（《易言》下卷）。同时，他又身处"洋人总汇之地"——上海，比较广泛地了解了西方资本主义国家的政治、经济及科学技术等情况，已朦胧地意识到西方经济的发展是其富强的根源。他指出："欲制西人以自强，莫如振兴商务。"（夏东元编：《郑观应集》上册，第 614 页）他通过中西经济和国力发展的横向比较，得出结论："中国以农立国，外洋以商立国"（夏东元编：《郑观应集》上册，第 614 页），其结果西方"博商以富国，亦博商以强国"（夏东元编：《郑观应集》上册，第 623 页）。通过古今时代变化的纵向比较，他又指出："稽古之世，民以农为本；越今之时，国以商为本。"（夏东元编：《郑观应集》上册，第 593 页）他还以日本为例，说日本"国势已形岌岌"之势，其王游历西方各国而归，"窥见利病之故，乃下令国中大为振作，讲求商务，臣民交奋，学西洋之制造，以抵御来源，仿中国之出货，以畅销各国：表里图利而国势日兴"。（夏东元编：《郑观应集》上册，第 615 页）从发展资本主义经济的认识出发，郑观应提出了"习兵战不如习商战"（夏东元编：《郑观应集》上册，第 586 页），开始认识到中国所面临的威胁不仅在于列强兵器的精良，而且更重要的在于它背后所依托的资本主义商品经济的巨大力量。他又认为，"国家欲振兴商业，必先通格致、精制造。欲本国有通格致、精制造之人，必先设机器格致书院以育人才"（《盛世危言》卷三，《商务下》）。可见，郑观应将抵御外侮的"兵战"，变成先富而后强的"商战"；又把发展工商业的"商战"，归结于振兴教育的"学战"。

郑观应把改良政治与兴办教育当作国家的"富强之本"，他认为"育才于学堂，论政于议院"（《盛世危言·初刊自序》）是治国之本。他提出："教育为立国之本，国运之盛衰系之，国步之消长视之。"（夏东元：《郑观应集》上册，第 270 页）本着这种观点，他将"尚富强"与"兴学校"联系起来，倡言："古今中外各国，主教养之规，奏富强之效，原本首在学校。"（夏东元：《郑观应集》上册，第 261 页）在《盛世危言》的《学校》篇中，郑观应把兴学设教提高到国家根本大计的位置上。他说："学校者，造就人才之地也，治天下之大本也。"在《西学》篇中又以中西对比的方式论证非兴学育才不足以强国的道理。他说："学校者，人才所由出，人才者，国势所由强，故泰西之强，强于学，非强于人也。然则欲与之争强，非徒在枪炮战舰也，强在学中国之学，而又学其所学也。"（《盛世危言》卷一，《西学》）可见，他把教育放在多么重要的位置上。

2. 学习西学的"富强之本"

郑观应主张学习"西学"，但他主张的不只限于学习"西技""西艺"，而是强调要学习西方国家的"富强之本"。他认为西方虽与中国国情不同，但也有本末、体用问题。他说："西人立国，具有本末，虽礼乐教化远逊中华，然其驯致富强，亦具有体用。育才于学堂，论政于议院，君民一体，上下同心，务实而戒虚，谋定而后动，此其体也。轮船、火炮、洋枪、水雷、铁路、电线，此其用也。"（《盛世危言·初刊自序》）他指出，西方国家的"体"，即他们的"学堂""议院"；其"用"，则是他们的科技成就和物质文明。因而，他主张学习"西学"，就是要学习他们的"富强之本"，其具体内容，就是他所强调的："富强之本不尽在船坚炮利，而在议院上下同心，教养得法。兴学校、广书院、重技艺、考别课，使人尽其才；讲农学、利水道，化瘠土为良田，使地尽其利；造铁路、设电线、薄税收、保商务，使货畅其流。"（《盛世危言·初刊自序》）

他认为西方国家的"富强之本"，主要是"议院上下同心，教养得法"，即政治体制和教育制度。这就突破了他早先所谓的"中学其本、西学其末"的观点。

郑观应认为，学习"西学"首先应学习西方国家的议院制度和教育制度。他主张"必先立议院"，这样可以"通下情""达民意"；同时他也希望效法欧美教育模式来构建近代学校教育体系。他说："试观英、德、法、美诸邦崛起近世，深得三代之遗风：庠序学校遍于国中，人无贵贱皆有所教……此教养有道，而英、德、法、美诸邦勃然隆盛也。"（夏东元编：《郑观应集》上册，第 480 页）与之相反，"又观印度、安南、缅甸、暹罗诸国，上失教养之方，下无奋兴之士，繁法严刑，横征暴敛，无异虐秦……此教养失道，国势陵替，而先后沦亡如出一辙也。"（夏东元编：《郑观应集》上册，第 480、481 页）他进而呼吁："中国亟宜参酌中外成法，教育人材、文武并重。……通饬疆吏督同地方绅商就地筹款，及慨捐巨资。相助者报部奖励。务使各州、县

遍设小学、中学，各省设高等大学，一体认真，由浅入深，不容躐等。"（夏东元编：《郑观应集》上册，第 267 页）

3. "亟宜一变旧法"的教育主张

郑观应认为，中国"亟宜一变旧法"，提出"道与时为变通"。他驳斥守旧分子说，当今中国遇千古未有之变局，"而犹务守旧法，蹈常习故，其将何以御外侮固邦本哉？"（夏东元编：《郑观应集》上册，第 280 页）但是，他所谓的"变旧法"与"变通"，也只是寄希望于封建王朝自上而下的改良。因此，他在教育上提出的"变通"主张，都是对现有的封建教育制度的改良与改造。

（1）变革科举制度。郑观应提出要"变科举"，他说："中国取士"专尚制艺，"士之工于此者得第，不工于此者即不得第"，结果就使广大士人"不得不以有用之心力，消磨于无用之时文"（《盛世危言》卷一，《考试上》）。他认为应该变革科举制度。他说："不修学校，则人才不出；不废帖括，则学校虽立亦徒有虚名而无实效也。"（夏东元编：《郑观应集》上册，第 261 页）郑观应在《易言》中主张文科考试有经史、策略、诗赋、政事四门，在十余年后刊行的《盛世危言》中又主张考试分为两种："首科既毕，挂牌招考西学"，增设格致、化学、电学、重学、天文、地理、医学、种植新法等门，录取对富强之道实际有用的人才。但那时他还不主张废时文考试，认为"制艺为祖宗成法"，虽不能废，但须于制艺时文之外习一有用之学即可录取。甲午战败后，郑观应的态度又发生了进一步的变化，他坚决主张"废时文"，指出：

"时文不废，则实学不兴，西学不重，则奇才不出。必以重时文者而移之重西学，俾人人知所趋向，鼓舞而振兴之。"（夏东元编：《郑观应集》上册，第 280 页）认为如果能这样做，"数年之后有不人才济济者，吾不信也"（夏东元编：《郑观应集》上册，第 280 页）。

（2）创立近代学制。为了改革中国旧教育，郑观应详细介绍了西方国家的学校教育体系。他特别推崇德国的教育，认为该国学制最为完备，"无论贵贱男女，自五岁以后，皆须入学，不入学者，罪其父母"。他说，西方学校分三等："初学"（即小学），以七岁至十五岁为度，"求粗通文算、浅略地球、史志为准，聪颖者可兼学他国语言文字"；"中学"，以十五岁至二十一岁为度，"穷究各学，分门别类，无一不赅"；"上学"（即大学），以二十一岁至二十六岁上下为度，"至此则精益求精，每有由故得新，自创一事，为绝无仅有者"。（《盛世危言》卷一，《学校》）

除上述由小学、中学至大学的学校系统外，还有各种不同性质、不同类型的学校，如农政、丹青院（即图画艺术学院）、律乐院（即音乐学院）、师道院（即师范学校）、宣道院（即神学院）、女学院、训瞽院（即盲人学校）、训聋瘖院（即聋哑学校）、训孤子院（即孤儿院）、训罪童院（即犯罪儿童教养院）、养废疾院等。学校实行班级授课制，依次递升。各类学校都有"才识兼优"的专职教师，而且"院中书籍、图画、仪器，无一不备"，有较好的教学设备和学习环境。

（3）改革教学内容。郑观应把培养科学技术人才放在学校教育的首要地位，并把教授学习西学作为培养这方面人才的重要途径。郑观应所说的西学，与当时一般人所谈的西学即所谓格致制造诸学有所不同。早在《易言》一书中，他把西学分为经学、法学、智学、医学四门，已认识到西学不以格致制造为限。后在《盛世危言》中，他又把西学分为天学、地学、人学三类，并解释道："所谓天学者，以天文为纲，而一切算法、历法、电学、光学诸艺，皆由天学以推至其极也。所谓地学者，以地舆为纲，而一切测量、经纬、种植、车舟、兵阵诸艺，皆由地学以推至其极也。所谓人学者，以方言文字为纲，而一切政教、刑法、食货、制造、商贾、工艺诸艺，皆由人学以推至其极也。"（夏东元编：《郑观应集》上册，第 272、273 页）

由此可见，郑观应所讲的西学不仅有自然科学技术等，还涉及"政教""刑法"等社会政治学说。他说这些学问"皆有益于国计民生，非奇技淫巧之谓也"。（夏东元编：《郑观应集》上册，第 273 页）他将西方社会政治学说与其自然科学并重，并主张纳入学校教育之中，这是他高于早期维新教育者之处。

（4）主张男女教育机会均等。郑观应指责封建社会"女子独不就学，妇功亦无专司"，把"礼教之不讲，政化之所由日衰"的原因归结为女教不兴（《盛世危言》卷三，《女教》）。他十分赞赏西方国家重视女子教育。他说："泰西女学与男子并重，人生八岁，无分男女，皆须入塾，训以读书、识字、算数等事。"那里的女子，有的接受师范教育，学成以后准其设塾授徒；有的学习政治，从政做官；有的入大学深造，以广闻见。即使是平民妇女，也能够"通书文，明道理，守规矩，达事情，参以书数、绘画、纺织、烹调之事"，以成为"能佐子相夫，为贤内助"。他特别推崇西方女子可以入校学医，凡学业精通者准其就业行医。因此，他建议政府"通饬各省，广立女塾，使女子皆入塾读书"（《盛世危言》卷三，《女教》）。参照西方女学章程，制定规则，"广筹经费，增设女塾"。学习内容，既包括"西学"知识，也包括"中国诸经列传训诫女子之书"，以期妇女"他日为贤女，为贤妇，为贤母"，以便能"佐子相夫，不致虚縻坐食"。

此外，郑观应还反对戕害妇女身心健康的缠足陋习，尖锐指出，中国女子"稚年罹削肤之害，毕世婴刖足之罪"，"酷虐残忍，殆无人理"。他感叹说："至妇女裹足，合地球五大洲万国九万余里，仅有中国而已。"他主张由政府下令严禁女子缠足，"违者罪其家"。他充满信心地说，把"裹足之功，改而就学，馨十年之力，率以读书，则天下女子之才力聪明，岂果出男子下哉"。（《盛世危言》卷三，《女教》）

作为中国近代商人代表的郑观应，主张自由发展资本主义工商业，并要求建立与之相适应的政治制度和教育体制，其改良主义维新教育思想在中国教育近代化过程中产生了积极影响。

二　《马关条约》至"百日维新"

清德宗载湉光绪二十一年（1895）——清德宗载湉光绪二十四年（1898）

光绪二十年（1894）春，朝鲜爆发东学党农民起义，朝鲜政府请求清政府派兵协助镇压，日本也趁机向朝鲜增派军队，并协迫朝鲜政府驱逐中国军队出境。6月25日，日本不宣而战，击沉中国运兵船，向驻牙山中国军队发起进攻，挑起战争。8月1日，中日政府同时宣战，甲午战争开始。在持续近九个月的甲午战争中，日军以海军舰队争夺黄海、渤海制海权为重点，以陆军在中国直隶（今河北）平原与清军主力决战，压迫清政府屈服为目标，陆海军密切协同，战略积极主动。在清军方面，由于最高统治集团的"帝后党争"，主战主和意见分歧，相互掣肘，事先既无组成专门的作战指挥机构，更无统筹全局的战略指导。具体负责战争指挥的北洋大臣李鸿章，不仅对战事准备不足，而且又过分消极地寄希望于俄、美等国的"调停"。因此，清军在整个战争过程中处处挨打、接连失利，清军为保存实力、不愿再战。于是，清政府加紧乞降活动，遂派李鸿章为全权大臣，赴日议和。光绪二十一年（1895）4月17日，中日在马关春帆楼签订了《马关条约》，甲午战争结束。《马关条约》规定：中国将辽东半岛、台湾岛及所有附属岛屿、澎湖列岛割让给日本；赔偿日本军费二万万两白银；增开沙市、重庆、苏州、杭州四个通商口岸；允许日本在中国通商口岸设立工厂，承认日本对朝鲜的控制。这是帝国主义国家强加在中国人民身上的新的沉重枷锁，使中国的半殖民地化速度进一步加快，民族危机愈益深重。

甲午战争的惨败，《马关条约》割地赔款，丧权辱国，助长了列强瓜分中国的狂潮。这就极大地震动了中国社会，唤醒了中国人民的民族意识，早期改良主义思潮迅速转变为一场声势浩大的要求变法维新的政治运动。到光绪二十四年（1898），"百日维新"达到高潮，颁布了一系列包括文化教育在内的变法律令，此即"戊戌变法"。

（一）洋务教育的衰败

光绪二十年（1894）爆发的中日甲午战争，是检验洋务运动及其教育成果的关键性事件，而清军在甲午中日战争中的惨败，则标志着洋务运动及其教育事业的破产。

在中日甲午战争中，清军是每战必败，其最主要的原因是以那拉氏为首的清朝最高统治集团的腐朽与无能。但若仅就战争中的军事较量而言，当时日本的军事装备及数量，其实并不比中国强。当光绪十六年（1890）北洋水师的定远舰、镇远舰出访日本横滨时，日本只有三四艘三四千吨级的巡洋舰，自叹："无法与彼相比"（信夫清三郎：《日本政治史》卷三，上海译文出版社，1988年，第258页）。而且大多数西方人士也都认为，日清较量，"日本必然最后被彻底粉碎"（《剑桥晚清中国史》下卷，第308页）。但事实上，清军在这场战争中遭到惨败，在相当大的程度上，也可以说是源于洋务运动及其教育自身所存在的致命弱点。

日本在明治维新以来，实行了一系列资产阶级改革，废除了封建领主制，在富国强兵、殖产兴业、文明开化的口号下，积极引进西方科学技术；建立示范工厂，推广先进技术；招聘外国专家，派留学生出国，培养高级科技人才；在建立近代军事工业的同时，实行教育改革，兴办近代国民教育。在甲午战争之前，日本已基本普及了小学义务教育；实行征兵制后，建立了近代常备军，为军队输送了文化素质较高的兵员；特别是海军，所有的士兵几乎都接受过近代军事知识和作战技术的教育和训练。日本在中小学阶段就普遍进行军事训练。而晚清的洋务运动，其指导方针上就存在着严重的局限性。洋务派发动洋务运动，其目的与其说是求谋自强之道，毋庸说是为了延长腐朽的清王朝的封建专制统治。洋务派不懂得中国封建政治和西方资本主义列强的差距何在，只认为："中国文武制度事事远出西人之上，独火器万不得及。"（《同治朝筹办夷务始末》卷二十五）因此，洋务运动的变革措施，只是兴办了一些军事工业，仅仅涉及中国社会的皮毛，而不涉及中国社会的根本。在这一前提下，洋务教育进行了几十年，没有触动封建国家的政体及与此密不可分的封建教育制度和科举制度，更谈不上能为国家培养出大批训练有素的军事人才。

甲午战争中的清军主力是由淮军发展来的，这类似于日本征兵制实施前的旧式藩属军队。近代化的天津水师学堂，虽创办较早，但由于经费短缺、管理不善、贪污腐化及教学周期过长，培养人数过少，又受到大多数营勇的抵制和排斥，新式学堂培养出的士官生发挥不了多大作用，加之水兵绝大多数都是文盲，根本不能有效地运用近代化的军事设备和战术手段进行作战。早在光绪十年（1884），当时的有识之士郑观应在《盛世危言》中就提出："尝考日本自其王公大臣出洋游历返回之后，即广设大小学堂。据日报云：现计其能管驾轮船机器武备各员者，每业约有数千人，通化学矿学制造机器者，每业亦有数百人。我中国人民土地十倍于日本，而所设西学堂，所育人材，尚未及其半，恐他日海军有事，人材不足耳。"（《盛世危言》卷一《考试》）康有为在1898 年的《请开学校折》中，曾一针见血地指出："近者日本胜我，亦非其将相兵士能胜我也。其国遍设各学，才艺足用，实能胜我也。"一位考察过日本教育的中国女士钱单士厘，曾批评洋务教育"多从人材一边着想，而尚未注重国民"，并提出："要之，教育之意，乃是为本国培育国民，并非为政府储备人材。"（《癸卯旅行记》卷上，岳麓书社，1985 年）

甲午战争彻底失败以后，作为一种全力服务于军事目的的洋务教育，也已失去原有的活力，从此一蹶不振。由于数额高达两亿两白银的战争赔款，使清政府国库枯竭、财政危机，再也无力支撑这些成本太高、收效甚微的洋务学堂。尽管在甲午战争之后，仍有一批武备、水师学堂陆续成立，以求重振国力，但这无异于回光返照，洋务教育最终走向了衰落。加之，洋务教育本身存留的劣根性，也是导致其衰败的重要因素。如同文馆，清廷虽对其寄以重望，并不惜重金维持学务，但内部管理却十分混乱，种种腐败的现象，与旧式官学并无二样。光绪九年（1883），监察御史陈锦在一篇奏文中揭露出同文馆内部的四大弊端："考课不真，学生与副教习联络声气，试则前茅，食则全俸，叩以算学则茫然不知。铨补不公，保举一节，尤多蒙保、混保之弊。奖赏不实，学生本多寒微，提调克扣学生应得奖赏，中饱私囊，吮众人之膏血，肥自己之身家。馆规不严，提调晚餐醉饱，食足洋烟，概不过问馆内大小事务；苏拉效尤，作乐唱戏，喧哗达旦；学生酗酒赌博、荡侈逾闲。凡此种种，不胜枚举。"（引自《中华文明史》第十卷，清代后期，河北教育出版社，1994 年，第 383 页）

洋务教育为洋务大臣所创办，但洋务大臣也是封建官绅，思想守旧，目光短浅，兴办洋务教育的初衷，原不在增强国力，走向世界，而是为了御敌自守的实用目的，故洋务教育规模狭小，且分散零星，既没有形成全国性的新式教育体系，又没有形成规范的办学标准，相当一批工艺技术学堂，只是为了训练所在部门或所属企业急需的技术工人，任务一旦完成，学堂便自行停办。生源得不到补充，就业得不到保障，更无功名利禄之前景，这样的教育即使没有甲午战争的重大考验，洋务教育也会迅速衰落下去的。当然，洋务教育毕竟是迈出了中国教育走向近代化的第一步，并且培养出了中国最早的一批近代化人才。

（二）西方文化教育的深入

甲午战争后，西方近代教育观念在中国士大夫中间得到广泛传播，西方传教士们直接参与清政府和各地的办学活动变得更加活跃。光绪二十一年（1895），曾任李鸿章家庭英文教师的美国传教士丁家立（Tenney Charles Daniel）受聘为天津中西学堂第一任总教习。另一位传教士福开森（John Calvin Ferguson）于光绪二十三年（1897）辞去教会职务，到上海协助盛宣怀创办南洋公学，并任第一任监院。丁韪良则于光绪二十四年（1898）受聘担任京师大学堂西学总教习。同文书会在一份报告中说："全国各地的中国学生纷纷请求传教士教他们英语、法语、德语或一些西学……我们经常收到各地的来信请求为他们介绍外籍教师。"（转引自〔美〕卢茨：《中国教会大学史》，浙江教育出版社，1988年，第80页）同时，传教士所办的教会学校也在向专业化、世俗化和体系化趋势发展。由于教会学校在教学体制、课程规划、教学方法、考试管理等各方面，都具有近代教育的特征，通过教会教育这个渠道，中国人开阔了教育视野，而且通过课程设置中的科学知识、实用性知识和英语等课程的学习，教会学校毕业生在就业时显示出很强的竞争力，从而增强了教会学校本身对士子的吸引力。同文书会在一份报告中说："自从1895年发起的维新运动以来，许多省份都有类似的现象……关于西方学校和大学的消息，经常出现在内地通信者的信件中……来请教商人和传教士的人络绎不绝。"（转引自〔美〕卢茨：《中国教会大学史》，浙江教育出版社1988年，第80页）教会学校就成了中国人学习西方教育的"样本"。

在19世纪90年代后，西方传教士以更大的精力创办报纸、刊物，出版书籍，游说清政府高级官员和维新派人士，从更广泛的意义上促进西方文化教育的传播。光绪二十四年（1898）初，光绪皇帝订阅了129种西书，第一种就是德国传教士花之安撰写的《自西徂东》。该书分五卷七十二章。第四卷详细介绍了西方文化、教育、新闻、语言、科学技术方面的内容。他对当时中国教育制度、科举取士制度提出了尖锐批评；认为西方教育制度比较适宜发挥人的能力、开发人的智力；他介绍的西方教育机构，如郡学院、实学院、化学院、太学院、技艺院、农政院、通商院、废疾院、女学院、师道院、训罪院等各类学校有20多种。光绪皇帝订阅的西书中，还有英国传教士李提摩太撰写的《七国兴学备要》等，这些著述都大量介绍了西方文化教育方面的情况。广学会的机关报《万国公报》在19世纪90年代以后发行量猛增，由初期的1000份，迅速增长到1898年的38400份。它的撰稿者除传教士外，还包括500名左右的中国士人，作者群遍布50多个城市，成为当时各种刊物之首（熊月之：《西学东渐与晚清社会》，第 416 页），影响所及，包括上自皇帝、军机大臣，下至普通知识分子和学堂学生。此外，传教士林乐知（Young J. Allen）、艾约瑟（Joseph Edkins）等人出版的大量译著，如林乐知编译的《文学兴国策》等，都把鼓吹改革教育、兴学育才作为重要内容。

此外，在 19 世纪 90 年代，归国留学生们已在各自事业的领域中崭露头角，国内新式学堂和教会学校培养的学生展示出强劲的竞争力，他们以自身价值的提高体现和宣传了西学和西方近代教育的价值。

总之，西方文化教育冲击的深入，也促使当时士人阶层的思想观念发生了转变，逐步转向维新思潮。如吴汝纶（1840－1903），安徽桐城人，同治进士，曾任曾国藩、李鸿章幕僚，历任直隶深州、冀州知府、天津府知府。任内日以课士劝学为事。曾受李鸿章聘，主讲于保定莲池书院。吴汝纶"早著文名"，"为学由训诂以通文辞，无古今无中外，唯是之求"（蔡冠洛编著：《清代七百名人传》下册，中国书店，1984 年，第 1809 页），是同光年间的著名古文大师。可是，在 1896 年 9 月，吴汝纶与友人牛蔼如论及书院变革时，对关于西学态度的传统观点进行了批评，认为学习西学的"所谓夷夏大防者"和"西学源出于中国"的观点，"皆中儒谬论"（《吴汝纶尺牍》，黄山书社，1990 年，第 87、88 页）。他在给贺松坡的信中，极力推荐《泰西新史揽要》《自西徂东》《万国公报》等西方"所译诸书"，认为"亦甚可观"，"皆可考览"（《吴汝纶尺牍》，黄山书社，1990 年，第 82 页）。看了严复翻译的《天演论》手稿后，吴汝纶欣喜万分，并为《天演论》写了一篇脍炙人口的著名序言（《吴汝纶尺牍》，黄山书社，1990 年，第 98 页）。又如严修（1860－1927），直隶天津人，光绪九年（1883）进士，后奉命视学贵州。严修比吴汝纶小二十岁，是属于在洋务运动中出生并成长起来的一代士人。严修在贵州学政任内创设学会书局，兴学励士，多所建树。当时贵州地区风气未开，贵阳经世学堂西学教习难聘，严修"亲往督课，并教算学"（严修自订，高凌雯补，严仁曾增编：《严修年谱》，齐鲁书社，1990 年，第 7 页）。光绪二十三年（1897），他在贵阳给远在天津的儿子写信，指出读书治学门径，"有当熟读者，有当常看者，有当备检者，有当精习者"。在"当精习者"中，传统旧学仅"古文"一项，其余"算学、化学、洋文"三项均为西学，而且强调"训诂之学，金石之学，校勘之学，虽不学可也。骈文，古近体诗，不学可也。极而言之，时文、试帖、律赋，不学亦可也。字则小楷最切用，求速求匀，而能事毕矣。篆隶不学亦可也。"（严修自订，高凌雯补，严仁曾增编：《严修年谱》，齐鲁书社，1990 年，第 89 页）也正是基于这一认识，严修才得以在贵州写下后来被梁启超称之为"新政最初之起点"的著名的《奏请设经济专科折》。他们二位士人在 19 世纪 90 年代以后的思想观念的转变，在更广泛层面上反映了当时中国传统士人的思想动态，而西方近代教育的示范影响，正是通过中国知识界思想观念这种较普遍的转变而实现的。

（三）改良主义教育运动的高涨

甲午战争的失败，宣告了 19 世纪 60 年代以来以自强求富为目标、以追求工业和军事近代化为主要内容的洋务运动遭到重大挫折，中国积弱积贫如故，受列强欺凌如故。这就迫使清政府放弃了由国家直接控制的、以发展军事工业为主的经济政策，开始倡导私人资本主义发展。光绪二十一年（1895），清廷让那些"办理并无大效"的官办军火、造船、机器等厂"从速变计，招商承办"（王先谦：《东华录续编》光绪朝，卷一二八）。光绪二十二年（1896）西历 2 月，清廷依照御史王鹏运的奏议，通饬各省督抚分别在省会设立商务局。光绪二十三年（1897），清廷督促各省"官商合力广筹巨款"以"设厂制造，抵制洋商"（朱寿鹏：《光绪朝东华录》，第 3323 页）。清政府经济政策的调整，在一定程度上促进了民族资本主义工商业的发展。一批批纱纺、缫丝等民族工业资本迅速发展，以其丰厚的利润吸引了一批曾在封建仕途长期跋涉并取得较高功名的士绅，冲破世俗之见投身实业。而他们"自溷于贱业"的实际行动本身，则对扭转社会风气起了一定的作用。同时，也催生了一批实业学堂。

光绪二十一年（1895），当《马关条约》签订时，正在北京参加会议的康有为发动各省应试的举人 1300 多人联名上书，反对签订条约，要求立即变法。此次上书虽然被阻挠，但却产生了很大的影响，引起了朝野各界的巨大震动，而且标志着酝酿多年的资产阶级维新思潮已演变为变法维新的政治运动。这一万言请愿书（即康有为的《上清帝第二书》），把改革教育和富国、兴农、变更官制等一起，列为变法的主要内容。请愿书中指出："夫才智之民多则国强，才智之士少则国弱。""泰西之所以富强，不在炮械军兵，而在穷理劝学。彼自七八岁皆入学，有不学者责其父母，故乡塾甚多。"（汤志钧编：《康有为政论集》上册，第 130、131 页）康有为在以后的历次上清帝书及奏折、序跋、演讲中，无不论及兴学堂、废八股、改科举这一重大主题。光绪二十二年（1896）春，赴上海筹办《时务报》的梁启超，在近两年时间里为《时务报》《知新报》等撰写 50 多篇文章，宣传维新变法理论。他的《学校总论》《论科举》《论师范》《论幼学》《论女学》等，阐述了新教育发展的方方面面的问题。而《倡设女学堂启》和《湖南时务学堂学约十章》，则直接促成了经正女学的创办，规定了时务学堂的办学方向。变法运动的另一代表人物严复，先后发表了《论世变之亟》《原强》《救亡决论》

《辟韩》等重要文章，阐述变法图存和教育改革主张；并翻译《天演论》等西方名著，宣传进化论，其"严译八种"在清末西学传播中发挥了显著作用，起到了资产阶级思想启蒙的作用。

维新运动时期学会林立，据近人统计，1895－1898 年期间成立的各种学会有 72 家（闵杰：《戊戌学会考》，《近代史研究》1995 年第 3 期），遍布全国 11 个省份的 24 个城市。当时的学会的性质是多样的，有纯属政治性的学会，有兼学西方政治和学术的，有专学西方技术的，有讲求幼童教育的，有提倡改变社会风气的，等等。虽有这些区别，但总的宗旨是向西方学习，而且在不同程度上带有改革旧社会、旧政治的要求。算学会、农学会、地学公会这样的组织，也是以学习西方科学技术的方式来参加政治运动，不能单纯看作是学术团体。无论哪种学会，都把定期或不定期的聚众讲学作为主要的活动形式，如光绪二十一年（1895）前后成立于上海的新学会，其宗旨是："本新学会之设，原为振兴教学、切蹉人材起见，集中外通人，讲求天算、政法、兵学、医学、格物各种学术，总其名曰新学。"（《本学会谨启》，《新学报》第 5 册，1897 年10 月）著名的湖南南学会，先后举行公开演讲 13 次，推皮锡瑞主讲学术，黄遵宪主讲政教，谭嗣同主讲天文，邹代钧主讲舆地。近代学会这种新型的文人群体组织，在产生之初兼具了社会团体和教育机构的两种职能，当时就有人认为："学堂者，主也；学会者，辅也。始之创新学者，所以为学堂之基础也；继之扩充学会者，所以补学堂之不及也。"（杨昌济：《论湖南遵旨设立商务局宜先振兴农工之学》，《湘报》第 153号）康有为在谈到组织学会的动机时，曾明确指出：学会的组织在于"开知识""开风气""大合群"（《康南海自编年谱》光绪二十一年）。学会的创办旨在合群力以促进讲学风气，是兴学立国的根本措施之一。如北京知耻学会疾呼的知耻"莫如为学"；关西学会《学规》标榜的治经术以言变法，治国闻以学西学；中国女学会声称"专教中华女子学一切有用之学问"，"采仿泰西东瀛师范，以开风气之先"（《湘报》第六四号《中国女学会书塾章程》），等等，均是力图促进中国的教育事业，进而达到富国强兵的目的。事实上，有些学堂就是由学会演变来的，如湖南郴州舆算学会改称经济学堂，江西励志学会改称励志学堂，奋志学会改称奋志学堂等（闵杰：《戊戌学会考》，《近代史研究》1995 年第 3 期）。有些学会同时亦创办学堂，如上海医学善会"立医学堂选高才之士以究其精微"（梁启超：《医学善会序》，《时务报》第 38 册）。有些学会则兼用学堂和学会之名，如中国女公学与中国女学会是同一团体的两个不同名称。这些学会的成员和他们的讲学听众，并非一般意义上的学生，而多是具有新思想的年轻士子，所以对社会影响很大。这里需要指出的是，在维新运动推动下出现的这些学会，并非都能真正贯彻维新派的改良主义政治主张和教育主张。由于维新派人士既不能控制学会，学会人员结构又很复杂，内部又政见不同，且屡遭朝廷守旧势力的弹劾和诋毁，维新派意图通过创办学会、报刊讲求学术，合群力以求治国之道的主张，实施不久便遭挫折。

在维新志士的鼓吹下，全国各地的报刊如雨后春笋，争相创办。从嘉庆二十年（1815）英国传教士马礼逊在马六甲出版第一份以中国人为对象的中文报刊到光绪二十年（1894），八十年间，共出版各种中外文报刊 76 种，其中"十之六系教会报"（李提摩太：《中国各报馆始末》，《时事新论》卷一）。而光绪二十一年（1895）至光绪二十四年（1898）的四年间，仅由维新派人士创办的主要报刊即有 31 种（汤志钧：《戊戌变法史》，人民出版社，1984 年，第 231－248 页）。北京强学会成立后，康有为创办的《中外纪闻》，是维新派所创办的第一份刊物；上海强学会发行的《强学报》，因其言论行动超越了洋务派所容许的范围，与《中外纪闻》一样，被迫停刊。光绪二十二年七月，维新派在上海创办《时务报》；同年冬，在澳门创办《知新报》；次年夏，在长沙创办《湘报》；十月，在天津创办《国闻报》。这几份报纸，成为维新派的主要舆论阵地。维新派通过报刊把他们的思想宣诸社会，广泛地影响群众、左右舆论。《时务报》发行数量达一万七千余份，这是空前的事。反对维新派的屠仁守说，《时务报》发行以后，"虽以僻寂荒城，独无分局，而皆辗转丐托，千里递寄，数人得共阅一编，资为程课"（《翼教丛编》卷三，光绪二十四年刊本，第 26 页）。

在维新变法运动中，改革教育的思潮方兴未艾。光绪二十一年（1895），谭嗣同在代江苏学政龙湛霖的上书中，就指出："讲明今日之时势与救败之道"，当以教育为急务，以"作育人才"为根本；他建议朝廷"凡遇岁、科、优、拔等试，除考制艺外，均兼考西学一门"（《谭嗣同全集·乙未代龙芝生侍郎奏请变通科举必先从岁科试起折》，第 237 页）。主张：应试者，"必须果真精通一门，始得考取，不兼西学，虽制艺极工，概置不录"。（《谭嗣同全集·乙未代龙芝生侍郎奏请变通科举必先从岁科试起折》，第 238 页）谭嗣同认为，变法必先从士始，从士始则必先变科举，变科举则必促动教育变革。在变革教育热潮的影响下，不仅讲堂林立、学会纷设，而且一些地方的科试、岁试及其府州县学考试，也被注入新的内容。例如，光绪二十四年（1898）湖南浏阳县特科试题，县令示牌："值此风云更新之会，何敢拘守常格，使多士怀才莫展。"正场考后，另场考试中的经学考试，出题有《素王改制论》《六经皆正书论》，史学出题有《古机器考》，掌故之学出题有《伸民权所以尊君权说》《罢谏官设议院议》《浏阳兴利策》，等等。学政徐仁铸按试宝庆府时，试题中有《通经致用论》《拟设游历公会论》《问德国占据胶州青岛其蓄意在于何》《立学会开民智以卫国保教说》，等等。这些考试内容的主题显然反映了维新派改良主义教育的宗旨，与以往的科举制艺大相迥异。

维新派人士的上述活动，既推动了清政府上层人士对改革教育的关注，又对广大士人阶层起了一种强有力的导向作用。有的学者估计，在光绪二十一年（1895）公车上书后的一年半时间里，主张兴学的奏折至少有 20 份（章开沅、罗福惠主编：《比较中的审视：中国早期现代化研究》，第 530 页），它们从不同角度强调兴学育才的重要性和迫切性。

（四）维新派与洋务派的教育论战

甲午战争的失败和《马关条约》的签订，给中国社会带来深重的灾难和巨大的冲击。与鸦片战争以来历次战争的失败有所不同的是：它发生在以"自强""求富"为中心内容的洋务运动整整搞了三十多年之后；割地赔款数量之巨比以往任何一次战争失败所造成的物质损失都大；最令人难以忍受的是败给了素为国人所轻视的东瀛岛国。所有这些，使此战以前出现的要求改变现状的早期改良主义思潮，随着民族危机的日益加深，在战后迅速发展起来，并形成一股要求变法维新的社会思潮。如果说，19 世纪 60 年代以后，对"数千年未有之变局"有所觉悟和行动的还主要是一批与资本主义列强接触较多的封建官僚和少数士人的话；那么，至 90 年代中期，中国民族具有群体意义的觉醒从此开始了。以康有为、梁启超等为代表的资产阶级维新派痛定思痛："唤起吾国四千年之大梦，实自甲午一役始也。"（梁启超语，引自《中国教育史研究·近代分卷》，华东师范大学出版社，2009 年，第 72 页）他们对洋务运动时期新教育的发展进行了深刻反思，相当全面地批判了洋务派的教育主张，从批判中阐明了自己的变法维新的教育思想。

在这场论战中，维新派主动发起进攻，既有对过去的深刻反省，更包括对国家前途民族命运的思考和探求，于是有持续四年之久的维新运动。在洋务派方面，论战的主角是张之洞。张之洞（1837－1909），直隶南皮人，洋务派首领之一。他自幼研习封建旧学，洽闻强记，淹贯群书，二十六岁中进士，授翰林院修编，从此步入仕途。光绪三十三年（1907）起任军机大臣，兼管学部。他尊崇旧学，兴办了一些旧式书院。自从开始筹办洋务以后，他开始转向发展新教育，主持兴办了一系列的学习西学为主的新式学堂。甲午战争后，天下士人咸讲维新变法，一时风气大开。张之洞对此深感忧虑。虽然他不十分赞同陈腐守旧的顽固派论调，但他对维新派所宣扬的倡民权、废三纲、立议院等主张更为愤恨。为此，他断绝了与维新派的联系，感到有必要系统地阐述洋务派的观点，便以"劝学"为篇名，以教育为主张来附合"救亡图存"的时代主题，借以宣扬"臣民咸怀忠良以保国"的主张。除了以他的名义在光绪二十四年（1898）三月发表的《劝学篇》外，他的一些幕僚和追随者也发表了大量攻击维新派的文章。顽固的守旧派坚决反对维新，他们也参加了论战，成了洋务派的同盟军，但并不能使洋务派增添多少力量。当时，论战所涉及的问题是多方面的，而围绕教育问题主要在三个方面展开。

1. 是围绕教育改革是"弥补"还是"更张"

洋务派在洋务运动及其教育变革中曾用过"变法"的口号，而维新派从实际事实出发批判洋务派的变法。光绪二十一年（1895），康有为在《上皇帝第四书》中就说："近者设立海军、使馆、招商局、同文馆、制造局、水师堂、洋操、船厂，而根本不净，百事皆非。故有海军而不知驾驶，有使馆而未储使才，有水师堂、洋操而兵无精卒，有制造局、船厂而器无新制，有总署而不通外国掌故，有商局而不能外国驰驱。若其徇私丛弊，更不必论。故徒縻巨款，无救危败，反为攻者借口，以明更张无益而已。"他把洋务派的变法称作是"积习难忘，乃是补漏缝缺之谋，非再立堂构之规，风雨既至，终必倾坠"（《戊戌变法资料》第三册，第 178 页。据时务报馆印本校正）。他指斥洋务派开矿务、设学堂、办商务等，仅仅是"变事"，"于救国之大体无成"（《戊戌变法资料》第二册，第 197 页，据时务报馆印本校正）。他认为洋务派的变法只能叫作"弥补"，而弥补并不是真正的变法。洋务派并不能否认他们自己的那一套已宣告失败的事实，只能进行狡辩。张之洞称维新派为"苛求之谈士"，把他们的批判斥为"局外游谈"，认为失败的原因是"国是之不定，用之不精，责任之不专，经费之不充，讲求之不力"（《劝学篇》，《戊戌变法资料》第三册，第 229－230 页）。

光绪二十二年（1896）七月，梁启超在《时务报》上发表《论变法不知本原之害》，文中指出："变法之本在育人才，人才之兴在开学校，学校之立在变科举，而一切要其大成，在变官制。"（《戊戌变法资料》第三册，第 21 页）谭嗣同也说，洋务派搞的这些，都不过是"洋务之枝叶，非其根本"，他讥笑洋务派对于西方的"法度政令之美备，曾未梦见"（《报贝元徵》，《谭嗣同全集》，第 397 页）。可见，在他们看来，变法及教育变革的本原或根本，就是要改变"官制"。所以，维新派提出的教育的"改弦更张之道"，不是局限于"育人才""开学校""变科举"，"而一切要其大成"，就在于改变封建的教育制度，学习西方教育的"法度政令"。

梁启超在《变法通议·学校总论》中，指责洋务教育是"离乎中国，而未合于夷狄”，并分析洋务教育受病之根有三：一曰科举之制不改，就学乏才；二曰师范学堂不立，教习非人；三曰专门之业不分，致精无自。他主张“采西人之意，行中国之法，采西人之法，行中国之意”，建立一个充分借鉴西洋教育长处的中国式的近代教育体制。为此，他建议认真研究西洋学校之等差、名号、章程、功课，并推荐德国传教士花之安的《德国学校》、英国传教士李提摩太的《七国新学备要》、美国传教士林乐知的《文学兴国策》，认为这是了解西方学校教育制度的必读书。

2. 是围绕教育的当务之急是培养专用人才还是“皆开民智”

洋务教育旨在造就少数的专用人才，而无建立普及教育的近代化国民教育体制。光绪二十二年（1896），维新派官员李端棻在《请推广学校折》中指出，洋务教育“育才之法，匪限于一途；作人之法，当遍于率土”。又强调：巨厦非一木能支，横流非独柱能砥，今天下之大，事变之亟，必求多士，而十八行省只有数馆，每馆生徒只有数十，且功课不精，成就无几，于治天下之才万不足一。他进而主张：自京师以及各省府州县皆设学堂，增广功课，变通章程，远得三代庠序之意，近采西人厂院之长，作为辅助手段而可“与学相须而成者”。他又建议：设藏书院，以广读书之便益；设仪器院，以籍格致实学之试验；开译书局，以广集西书；广立报馆，以知古通今，遍知时务；选派游历，以期大成。这些建议，已远远超出了洋务教育的范围。

光绪二十五年（1899），深入考察了日本、美国等国教育制度的梁启超，在《论学日本文之益》一文中，将洋务教育失败的原因，归咎于偏重兵学、艺学，完全忽视了西方的政治、经济等本原之学，即使学成，于国民之全部也无甚大益。他认为：日本维新变法的成功，就在于广泛地学习了西方的政治学、资生学（经济学）、智学（哲学）、群学（社会学）等，这些学问“皆开民智、强国基之急务”。此后，梁启超从广开学校的一般观点发展成为建立国民教育体制、普及义务教育的系统主张。他在光绪二十八年（1902）的《新民说》中，倡言“新民”为“今日中国第一急务”，“新民”之含义在于提高民德、民智、民力，使中国人民首先取得“一国国民之资格”，然后方可以谋求国家之富强。他在游历美国后撰写的《新大陆游记》中，再次强调中国人“有族民资格而无市民资格”，“有村落思想而无国家思想”（《走向世界丛书》，岳麓书社，1985年，第555—556页），当务之急是发展和普及国民教育。

维新派探讨救亡之道，得出一个结论，就是要“开民智”，针对统治者奉行的愚民政策，提出当广求学于万国，以明其理，以广民智（康有为：《公车上书折》）。而张之洞等则维护封建制度的三纲五常，反对“大权下移于民”。张之洞说：“方今中华，诚非雄强，然百姓尚能自安其业者，由朝廷之法维系之也。使民权之说一倡，愚民必喜，乱民必作，纪纲不行，大乱四起。"（《劝学篇·正权》，《张文襄公全集》卷二○二，第24页。并见《戊戌变法资料》第三册，222页）一些封建守旧派也喊叫说："人人平等，权权平等，是无尊卑亲疏也"，如果治之下者，大权旁落，"于是乎忧先起于萧墙……而隶卒优倡俨然临于簪缨巾卷之上。"（曾廉：《蠹庵集》卷十二，《上林先生书》）梁启超奋然斥责顽固派"欲其民愚"，便于钤制，"譬之居室，虑其僮仆窃其宝货，束而缚之，置彼严室，加扃镝焉。"（《变法通议·学校总论》）严复则不仅将汉学、宋学均斥为无用、无实之学，公然倡言："欲开民智，非讲西学不可"（严复：《原强》，《戊戌变法资料》第三册，第57页）。

显然，究竟以培养专门人才为急务，还是以"开民智"、普及义务教育为急务，反映了洋务教育与改良主义教育的根本分歧。在这一点上，康有为的《请开学校折》、梁启超的《教育政策私议》以及严复的《原强》等，都可视为维新派人士阐述广开民智、普及教育的典型性文献。

3. 是围绕教育改革中如何处理"中学"与"西学"的关系

在处理中学与西学的关系上，洋务派的认识也有一个发展变化的过程。在甲午战争之前，洋务派虽然积极创办各类洋务学堂，但他们都将中国传统的伦理学说及经史学问置于课程的首位，而西学的课程则基本限于外语及自然科技的范畴，虽然一部分学堂开设了"万国公法"课程，也无非是为了了解国际惯例，知彼知己，"不难以矛攻盾，或可稍免俯张"（《广方言馆全案》同治九年三月初三日，总办机器制造局冯、郑上督抚宪禀）。光绪二十四年（1898），张之洞在他的《劝学篇》中，主张会通中西学术、广译西书，并称："中学考古非要，致用为要；西学亦有别，西艺非要，西政为要。"（《劝学篇·序》）他所列的西政内容包括：学校、地理、度支、赋税、武备、律例、劝工、通商；他提倡新旧兼学、政艺兼学；提出广立学堂、设立学制、变革科举等主张，已将洋务派数十年办学的思想加以发展。

但是，张之洞反对维新派更为激进的改良主义教育主张，十分反感维新派人士对于封建纲常礼教的批评。他认为："三纲为中国神圣相传之教，礼政之本原，人禽之大防。"（《劝学篇·序》）而"五伦之要，百行之原，相传数千年，更无异义，圣人所以为圣人，中国所以为中国，实在于此"（《张文襄公全集》卷二○二、二○三，《明纲》《变法》等篇）。他强调："中国学术精微，纲常名教以及经世大法，无不具备，但取西人制造之长补我不逮足矣。"他既指责守旧者因噎废食而不知变通，又指责维新者歧多亡羊而不知本，主张"旧学为体，新学为用"，又称"中学为体，西学为用，既免迂陋无用之讥，亦杜离经叛道之弊"。何谓"中学"？中学也称"旧学"。张之洞所谓的"中学"，其最核心的是封建纲常名教，必须无条件地坚守，"不得与民变革者也"。因为"知君臣之纲，则民权之说不可行也；知父子之纲，则父子同罪免丧废祀之说不可行也；知夫妇之纲，则男女平权之说不可行也"（《劝学篇·明纲》）。可以看出，张之洞所倡导的"中学"，与康梁旨在济世匡物的经学有着本质的区别。何为"西学"？"西学"也称"新学"，"西政、西艺、西史为新学"。西政是指西方有关的文教制度、工商财政、军事建制和法律行政等管理层面的文化制度；西艺即近代西方科技。张之洞主张："才识远大而年长者，宜西政；心思精敏而年少者，宜西艺。"（《劝学篇·设学》）对于中、西学的关系，他在内篇的《循序》篇和外篇的《会通》篇中作了集中阐发。他认为"旧学为体，新学为用，不使偏废"（《劝学篇·设学》）。他认为"中学"是中国人之所以为中国人的基本条件，是保国、保种、保教的前提："如中士而不通中学，此犹不知其姓之人，无辔之骑，无舵之舟，其西学愈深，其疾视中国亦愈甚，虽有博物多能之士，国家亦安得用之哉？"认为"不先以中学固其根柢，端其识趣，则强者为乱首，弱者为人奴，其祸更烈于不通西学矣"。因此，学者必须在通中学的基础上，"然后择西学之可以补吾阙者用之，西政之可以起吾疾者取之"。张之洞自言其《劝学篇》的主旨在"正人心，开风气"。所谓正人心，就是提倡三纲五常，维护君主专制制度，批判维新派的民权观。所谓开风气，就是学习西方科学技术，并没超出洋务运动的范围。"正人心，开风气"正是对"中学为体，西学为用"思想的诠释。

对于张之洞的"中体西用"说，维新派人士给予了坚决的反驳。严复在《与外交报主人论教育书》中，认为张之洞的"中体西用"这一观点，若"循而用之，其害于吾国长进之机"。他指出：体用系即一物而言的，有牛之体则有负重之用，有马之体则有致远之用，中学有中学之体用，西学有西学之体用，分之则两立，合之则两亡。对于洋务派的政本艺末之说，严复提出了尖锐的批评。他认为，所谓的西艺，如名、数、质、量，完全是一种科学，西政之善正是因为建立在了这种科学的原理之上。西政、西艺——皆富强之实资。严复认为：中国之政所以日形其绌，不足争存者，亦坐不本科学而与公例通理相违背的原因。因此，他强调："以科学为艺，则西艺实西政之本。"对于张之洞的中西主辅之说，严复认为：假若所取以辅者与所主者绝不同物，则无异于取骥之蹄以附牛之项领，责之千里固不可得，而田陇之功又从而废之。严复倡言科学的精神，批驳了洋务派"中体西用"说和"政本艺末"说，说明维新派倡导的改良主义教育，不仅具有丰富的思想内涵，而且贯穿了科学的精神。

在甲午战争失败之后，总结战争失败的经验教训，寻求一条更为有效的变革途径，已是当时人们普遍面临的严峻课题。改良主义者在教育领域内也面临着同样的课题，他们在反思历史经验、分析洋务教育利弊得失时，不可避免地与洋务派发生思想交锋。实际上，改良主义者在很大程度上是借助洋务教育的实践，来验证和深化了自己在教育问题上的认识的。

（五）新式教育的纵深发展

从甲午到戊戌，短短几年间，传统教育的变革和新教育的发展，在深度和广度方面都出现新的局面。这一时期的新的教育机构初步打破了前三十余年间以培养外语人才和军事技术人才为中心的格局，陆续出现了一批培养政治人才、实业人才、师范人才的学堂，中国近代由国人自己创办的女子教育机构和高等教育机构也产生于这一时期。

1. 培养维新人才学堂

是为培养维新骨干、传播维新思想而设立的学堂。

万木草堂　光绪十四年（1888），康有为上万言书请求变法，未达。于是，他便决意深入研究变法理论，并意欲通过讲学活动培养维新骨干，宣传变法思想。光绪十六年（1890），康有为移居广州云衢书屋，次年应弟子陈千秋、梁启超之请，在广州长兴里邱氏书屋开设讲席，称"长兴学舍"，并著《长兴学记》作为学规。光绪十九年（1893）冬，他选定仰高祠（位于今广州市文明路）为正式讲舍，定名为"万木草堂"。光绪二十年（1894），该学堂被清政府解散后又恢复，其间康有为因奔走维新事业，驻广州时间极少，万木草堂在历任学长维持下得以正常运转。光绪二十三年（1897），万木草堂达到极盛时期。光绪二十四年（1898）戊戌政变后该学堂自行解散，并被清政府查抄。

在万木草堂，康有为以孔子所说的"志于道，据于德，依于仁，游于艺"为教育纲领，在旧形式中注入了新内容。在学习科目上，虽然沿用了义理、考据、经世和文字之学等传统提法，但是在具体内容上除孔学、佛学、周秦诸子学、宋明理学之外，还包括了泰西哲学、万国史学、地理学、数学、格致、外国文学、政治原理学、中国政治沿革得失、政治应用学、群学等。即使讲授传统经史之学，也"每论一学论一事，必上下古今，以究其沿革得失，又引欧美以比较证明之"（《饮冰室合集》文集之三，第62页）。万木草堂还提倡以读书自学及作笔记为主要学习方法，学生除读《公羊传》《春秋繁露》等中国古书之外，还广泛阅读西洋诸书，如江南制造局有关声、光、化、电等科学译著，容闳、严复等人的译著及外国传教士傅兰雅、李提摩太等人的译本。除此之外，学生每人还备有功课簿，凡读书有疑问或心得，即写于功课簿上，每半月呈缴一次。学生读书问学之余，还仿书院良法，参预编书，群策群力，相与论习。万木草堂的教学明确提出"德育居十之七，智育居十之三，而体育亦特重焉"（《饮冰室合集》文集之三，第 62 页）。把培养政治人才放在首位。万木草堂先后办学八年，培养了梁启超、陈千秋、徐勤、麦孟华、欧渠甲等一大批著名的维新人才。

湖南时务学堂　光绪二十三年（1897），维新运动趋向高潮，湖南巡抚陈宝箴、按察使黄遵宪和督学江标都倾向维新，在谭嗣同、唐才常等维新志士的推动下，在省城长沙创办了时务学堂。熊希龄任总理，梁启超、李维格分别为中、西学总教习，梁启超实主其事。《湖南时务学堂缘起》中声称，其办学目的是"开未开之民智"和"培植人材"，以"湘变"促"中国变"。梁启超亲自拟定《湖南时务学堂学约》十章：立志、养心、治身、读书、穷理、学文、乐群、摄生、经世、传教。在《学约》中，梁启超阐明了学堂课程设置的指导思想："中学以经义掌故为主，西学以宪法官制为归。远法安定经义治事之规，近采西人政治学院之意。"告诫学生"若志在科第，则请从学究以游；若志在衣食，则请由市侩之道"。要求学生立志，学习范文正、顾亭林，以天下为己任（《皇朝经世文新编》卷十九）。在时务学堂学生的课卷中，还可以看到梁启超等中文教习的批语，大都有振聋发聩之气势。例如：课卷中谈到民权，梁启超便批以："《春秋》大同之学，无不言民权者，盖取六经中所言民权者编集成书，亦大观也。"课卷中提到议院，梁启超便加批语："议院虽始于泰西，实吾五经诸子传记随举一义，多有其意者，惜君统太长，无人敢言耳。"课卷提到废拜跪之礼，批语便说："今日欲求变法，必自天子降尊始，不先废去拜跪之礼，上下仍习虚文，所以动为外国讪笑也。"（《觉迷要录》卷四）时务学堂在教学中注重宣传维新变法思想，倡导民权学说，蜚声湘省内外。

此外，光绪二十一年（1895）由洋务大员盛宣怀奏设的天津中西学堂，已开始重视政治人才的培养。该学堂中的头等学堂，分设五门，其中一门即为律例学，所习功课包括大清律例、各国通商条约、万国公法等，培养法律人才。

其他具有维新性质的学堂，如光绪二十三年（1897），严复协助张元济在北京创办的通艺学堂、徐树兰捐资创办的绍兴中西学堂、谭嗣同发起创办的浏阳算学馆等也都较为著名。

2. 实业学堂

这一新式教育机构主要是培养直接服务于农、工、商各业的人才。其重要者如江南储才学堂、江西高安蚕桑学堂、直隶矿务学堂、杭州蚕学馆等。其中以杭州蚕学馆成就最大。

杭州蚕学馆。这是中国最早的蚕业学堂，是光绪二十三年（1897）杭州知府林启设。旨在培养科学养蚕人才，推广科学养蚕方法。林启在《创设养蚕学堂禀》中写道：

"地处五洲蚕丝之利，向推亚洲，亚洲向推中国。此外如日本印度与中国同处亚洲中，西方所称为东方蚕业者也。东方蚕业，日本进步最猛，由其采取外国养蚕成法……遂以夺我中国蚕利。""中国出洋土货，以蚕丝为最，蚕丝以江浙为最，浙中以杭嘉湖为最。"（《集成报》第十九册）为此，他建议在杭州创设蚕桑学校，开各省风气之先，与外人争利权，为百姓谋生计。

《蚕学馆招考章程》规定："学生定额三十名，无论举贡生童，有能家世业蚕，文理通顺，年在二十左右，明敏笃静者，准其报名投考。文字虽佳，考取后要面问养蚕成法，以定去留。惟短视人于显微镜不相宜。"（《时务报》第五一册）对报名学生，强调其"家世业蚕"，考察其父兄要有业蚕经历；考取后还要面试，"问养蚕成法"，以其有无实践经验"以定去留"。这种招生规定，在此前的新式学堂并不多见。光绪二十四年（1898）西历3月，杭州蚕学馆正式开学，第一期学生实际人数25名，另招8名自贴伙食的附读生，另有两名留日生。林启自任总办，聘绅士邵伯绷、茂才章为馆正，聘日人轰木长、前岛次郎为师。

学习课程有物理学大义、化学大义、植物学大义、动物学大义、气象学大义、土壤论、桑树栽培论及实验、蚕体生理、蚕体解剖及实验、蚕儿饲育法及实验、缫丝法及实验、操种法及实验、害虫论等。学校还规定："学生学成后，即分带仪器，派往各县并嘉湖各府，劝立养蚕公会，以为推广。"（《集成报》一九四四册）当时，罗振玉在他主办的《农学报》撰文《杭州蚕学馆成绩记》，盛赞该校师生在日本教习指导下培育的新蚕种："其名曰新园，从此中国广布此种，利益莫大，此亦蚕馆中一大发明也。""太守创此馆，其尤注意在考研蚕病，精究制种之术，每年所制之种，以贱值售之民间，饲之辄得半获，视民间普通所制种或丰收至倍焉。"（《农学报》，第一二〇册）在维新运动中创办的杭州蚕学馆，以后曾数易其名，但培养蚕桑、制丝人才的办学宗旨始终未变，是近代中国教育史上少有的百年老校之一。

3．高等教育及师范学堂

维新运动时期出现的高等教育及师范类学堂主要是北洋西学堂与南洋公学。

北洋西学堂，在光绪二十一年（1895）由津海关道盛宣怀呈请北洋大臣王文韶奏准在天津开办中西学堂，亦称北洋西学堂。内分头等学堂（大学专科程度）和二等学堂（中学程度），并各分四班（相当于今天的年级），学制为8年。后发展为北洋大学。

南洋公学，也是由盛宣怀在上海创办。光绪二十二年（1896）11月，盛宣怀连续呈递《条陈自强大计折》和《请设学堂片》两折，希望清廷"令各省先设省学一所"（盛宣怀：《条陈自强大计折》，《清代后期教育论著选》下册，人民教育出版社，1997

年，第 5 页），培养法律、政治、商税等专门人才；并具体提出以天津北洋西学堂为楷模在上海筹建南洋公学。光绪皇帝颁布谕令后，南洋公学遂于光绪二十三年（1897）正式成立。盛宣怀在解释学校何以取名为"南洋公学"时说："西国以学堂经费半由商民所捐，半由官助者为'公学'。今上海学堂之设，常费皆招商、电报两局众商所捐，故定名曰'南洋公学'。"（盛宣怀：《筹集商捐开办南洋公学折》，《清代后期教育论著选》下册，人民教育出版社，1997 年，第 12 页）南洋公学在办学体制上，首开由政府、企业、个人共同集资办学的新模式，开启了中国公立教育之滥觞。

南洋公学先后开办了师范院、外院（小学程度）、中院（中学程度）、上院（大学程度，分内政、外交、理财各专业）。公学实行分层设学，不但有高等教育，而且有中、初等教育；不但有普通教育，而且有师范教育；不但有正规教育，而且有速成教育。此外，南洋公学还开创了多种办学形式，如译书院、铁路班、特班和政治班、商务班，等等。在南洋公学中，初等教育、中等教育和高等教育上下衔接，依次递升，自成体系；同时，普通教育和师范教育均作为高等专门教育的基础，为培养高级专业人才这一最终目标服务。

在南洋公学，师范院开办最早，1897 年 3 月，其招考学生 40 名，"延订华洋教习，课以中西各学，要于明体达用，勤学善诲为指归。复仿日本师范学校有附属小学之法，别选年十岁内外至十七八岁止聪颖幼童一百二十名，设一外院学堂，令师范生分班教之"（盛宣怀：《愚斋存稿初刊》卷二）。盛宣怀十分重视师范院的建设，主张从基础教育抓起。他曾反复指出："师范、小学尤为学堂一事先务之先务。既病求艾，相需已殷，急起直追，惟虞弗及。""师道立则善人多，故西国学堂必探源于师范；蒙养正则圣功始，故西国学程必植基于小学。"（盛宣怀：《筹集商捐开办南洋公学折》，《清代后期教育论著选》下册，第 9 页）让师范生分班教小学，既是对小学教育的加强，也是培养师范生教学能力的重要手段。南洋公学师范院是近代创办最早的专门培养师资的新式教育机构，至光绪二十九年（1903）停办，先后毕业、肄业生 71 人。尽管存在时间不长，但它明确的办学宗旨、把教育科学的相关内容列入学校课程，以及让学生在附属小学（外院）担任教学和编写教材等工作的训练方式，对中国近代师范教育的产生和发展具有开创性意义，为我国培养了最早的一批教育专门人才。

4. 正规女子学堂

光绪二十三年（1897）10 月，上海电报局长经元善联络沪上人士严信厚、梁启超等人倡议在上海设立女学堂。光绪二十四年（1898）由经元善集资，并同时得到中外人士的赞助，"经正女学"筹备成功，设于上海城南桂墅里，后又设分校于城西淘沙场。

《上海新设中国女学堂章程》，详细规定了学堂的办学宗旨、招生、课程、专业设置、管理及经费筹措等具体内容。其重要者有："办理宗旨。欲复三代妇学宏规，为大开民智张本；必使妇人各得其自有之权，然后风气可开，名实相副。""立学之意。义主平等，虽不必严分流品，然此堂之设，为他日师范所自出，故必择良家闺秀，始足仪型海内，凡奴婢娼妓一切不收。"（《时务报》1897 年 11 月出版，第 47 册所刊载的《上海新设中国女学堂章程》）这里说得非常清楚，创办经正女学主要是为了"大开民智"，使妇女"各得其自有之权"，以树中国女子教育的先声。

经正女学的教师和管理人员皆聘中外女士担任。初邀李提摩太夫人授地理课，后由林乐知之女林梅蕊任两校西文总教习。提调、教习、仆人皆用妇女，堂内以内不准男子进入。初有学生 16 人，暑假后增至 20 人，一律住宿。至光绪二十五年（1899）初，两校学生达 70 余人。学堂课程"中文西文各半。皆先识字，次文法，次读各门学问启蒙粗浅之书，次读史志艺术治法性理之书"。学堂设"专门之学三科：一算学，二医学，三法学……于三科之外，别设师范科，专讲求教育童蒙之法……纺织绘画等事，妇学所必需，俟经费扩充，陆续延请教习，教以中外艺事。"（《时务报》1897 年版，第 47 册所刊载《上海新设中国女学堂章程》）经正女学课程分中西两类，中文重女德教育，授《女孝经》《女论语》《女诫》《内则衍义》等；西文重专业教育，设英文、算术、地理、体操等；此外还教以中外"艺事"，即女红、绘画、医学等。经正女学创办仅一年多，于戊戌政变后被迫解散，但作为近代第一所国人自办的正规女子学校，起到了开风气之先的作用。

除上述新式教育机构外，这一时期还出现了一些普通小学堂，如上海三等公学、育材书塾等。据粗略估计，光绪二十年（1894）至光绪二十四年（1898）百日维新之前，短短四年间，全国各地创办的较有影响的新学堂有近 30 所，超出此前三十年创办学堂的总数（《中国教育史研究·近代分卷》，华东师范大学出版社，2009 年，第 78 页）。

（六）"百日维新"中的教育改革

中日《马关条约》签订后，西方列强企图进一步以中国为宰割对象，光绪二十三年（1897）至光绪二十四年（1898）之际，相继出现德国强占胶州湾、法国强占广州湾、沙俄"租借"旅大等事件，国家面临瓜分危局。维新派人士大声疾呼，力陈变法图存。康有为等人通过上清帝书的形式，提出维新变法的改良主张；又通过上谕的形式，在朝廷推广和实施。1898 年 6 月 11 日，支持变法的光绪皇帝发布《明定国是诏书》，宣布维新变法。在推行变法中，光绪皇帝发布的变法上谕有 120 项左右，涉及政治、经济、军事、文化教育的各个方面。其中，有关文化教育领域的上谕粗略估计即有 40 项，在短短的一百来天，平均每隔三天即有一道教育方面的谕旨发布，反映了这场变法运动的重心所在。教育改革是戊戌变法的重要方面，主要内容有：

1. 设立京师大学堂

京师大学堂是中国最早的国立大学，成立于光绪二十四年（1898），但是其酝酿、筹议却比较早。

早期改良派人物郑观应已有在京师设立大学堂的思想，而首次正式向朝廷提出建议的是在光绪二十二年（1896）。这年 6 月，刑部左侍郎李端棻在上奏清廷的《请推广学校折》中，第一次正式提议设立"京师大学"。他建议"自京师以及各省府州县皆设学堂"；"京师大学，选择贡监生年三十以下者入学，其京官愿学者听之。学中课程一如省学，惟益加专精，各执一门，不迁其业，以三年为期"；毕业后"等其荣途，一归科第，予以出身，一如常官"；其经费"每岁得十余万，规模已可大成"（朱寿朋编：《光绪朝东华录》，总第 3792 页）。在这个奏折中，李端棻还提出设藏书楼、创仪器院、开译书局、选派游历等五项建议，其中心是培养人才。光绪帝将此折交总理衙门议复。总理衙门又将此折交管理书局"察度情形，妥筹办理"。管理书局大臣孙家鼐很快上奏《议复开办京师大学堂折》，认为：在京师设立大学堂，是各国通商以来仅有之创举，既不能沿袭官学义学之例，以猎取功名为鹄的，师徒授受以经义帖括；也不能仿照京师同文馆和福建船政学堂之式，斤斤于文字语言，皆囿于一才一艺。而应"参仿各国大学堂章程，变通办理，以切时用"。其立学宗旨，"应以中学为主，西学为辅；中学为体，西学为用；中学有未备者，以西学补之，中学有失传者，以西学还之。以中学包罗西学，不能以西学凌驾中学"（《戊戌变法》二，第 425－426 页）。建议大学分为十科，包括天文、地学、道学、政学、文学、武学、农学、工学、商学、医学诸科。这些意见虽得到光绪帝的赞同，但顽固守旧大臣却以经费难以筹措为由，主张"缓办"，被搁置下来。此后，康有为、王鹏运等也多次奏请"京师立大学"，都因奕䜣等人的反对而搁置。

1898 年 6 月 11 日，光绪皇帝发布《定国是诏》，决定变法。《定国是诏》中特别提出："京师大学堂为各行省之倡，尤应首先举办。"在此严令下，总理衙门委托梁启超起草了《京师大学堂章程》，于 7 月 3 日上报，光绪帝当即批准，并派吏部尚书、协办大学士孙家鼐为管学大臣，管理京师大学堂。

光绪皇帝在上谕中指出："京师大学堂……必须规模宏远，始足以隆观听而育英才。现据该王大臣详拟章程，参用泰西学规，纲举目张，尚属周备。"（朱寿朋编：《光绪朝东华录》，总第 4041 页）经孙家鼐提议，分设中、西学总教习，聘许景澄为中学总教习、丁韪良为西学总教习。《京师大学堂章程》共八章五十四节，有总纲、学生功课、学生入学、学生出身、聘用教习、设官、经费、新章等。规定京师大学堂为全国最高学府和最高教育行政机关，"各省学堂皆归大学堂统辖"；教育方针为"中学体也，西学用也，二者相需，缺一不可"。

功课"中西并重，观其会通，无得偏废"。所学分两类：普通学有经学、理学、中外掌故学、诸子学和初级算学、格致学、政治学、地理学，以及文学、体操等，学生皆通习。专门学有高等算学、格致学、政治学、地理学及农学、矿学、工程学、商学、兵学、卫生学等，学生可任选一门或两门。另设英、法、俄、德、日五种外语，学生自选一种，与普通学并习。学生入学后，先编入二班习普通学，卒业后升入头班习专门学。另附设藏书楼、仪器院、编译局、中小学、仕学院、师范斋。学生来源，一为现任官员子弟及后裔之愿入学堂肄业者；一为各省中学堂卒业生咨送来京肄业者。定额前者 300 人，后者 200 人。但报名者十分踊跃，据《戊戌履霜录》记载："京外官投名愿附学者逾七百人，学堂不足以容。"（中国史学会主编：《戊戌变法》一，第 368 页）《国闻周报》也有报道称："查得七月间，赴堂投名愿为肄业生者约有千余人。"（转引自庄古发：《清末京师大学堂的沿革》，台北《大陆杂志》第 41 卷第 2 期）《京师大学堂章程》还规定"各省学堂皆归大学堂统管"。

京师大学堂的创办，说明建立中国自己的高等教育机构这一教育近代化的重大课题，已引起清廷朝野的广泛关注。从 1862 年京师同文馆成立，到 19 世纪 90 年代末，全国的新式学堂林林总总有近百所之多，主要是涵盖了各种类型的专业教育，但高等教育尚未引起充分重视。从 1896 年李端棻奏请在京师设大学开始，到 1898 年底招生开学，京师大学堂成了清廷上下议论的热点问题，这反映了中国近代教育发展的内在趋势。而且京师大学堂所开创的统辖各省学堂的规制适应了当时教育发展的需要，在教育行政机构从传统向近代的演进过程中，京师大学堂发挥了过渡性的作用。

2. 废除八股考试

在维新运动中，改革科举制度，废除八股考试之声此起彼伏。在光绪二十一年（1895）的《公车上书折》中，康有为第一次向光绪皇帝提出废八股的请求。其后，他又连续上书光绪帝，痛陈八股取士的严重危害。光绪二十四年（1898），康有为的奏片与代杨深秀草拟的厘定文体折均极力主张尽快废除八股考试。梁启超等人也对八股取士制度的腐朽性作了深刻的揭露。朝廷虽迭令废八股办学堂，但顽固守旧派却在书院考课中"故出八股题"，竭力阻挠。光绪帝在一份谕旨中写道："各省积习相沿，因循玩愒，虽经严旨敦迫，犹复意存观望。"（中国史学会主编：《戊戌变法》二，神州国光社，1953 年，第 60 页）在愤怒的谴责声中流露出无可奈何的心境。

1898 年 6 月 11 日，光绪皇帝发布的《定国是诏》中，反复申说"迩者诏书数下，如开特科、裁冗兵，改武科制度"，"筹之至熟，甫议施行"。反复强调"化无用为有用，以成通经济变之才"，"以期人才辈出"（中国史学会主编：《戊戌变法》二，神州国光社，1953 年，第 17 页）。6 月 23 日，光绪皇帝又下诏："著自下科为始，乡会试及生童岁科各试，向用《四书》文者，一律改试策论"（汤志钧、陈祖恩：《中国近代教育史资料汇编·戊戌时期教育》，第 47 页）。这里所说的《四书》文即八股文，八股废除后，人们不得不寻求新的学问，促进了西学的传播。7 月 23 日，光绪帝下诏催立经济特科，以选拔维新人才。经济特科是贵州学政严修于上年底奏请设立的，区别于明清的进士科，拟分为六项：内政、外交、理财、经武、格物、考工（朱有瓛：《中国近代学制史料》第一辑下册，华东师范大学出版社，1986 年，第 65 页），并强调科举考试要以实学实政为主，不讲求楷法，科举和现实联系紧密了。百日维新失败后，虽然恢复了八股考试制度，罢经济特科，但人们开始向往新式教育，科举考试经此次冲击后，比以前冷清多了，考试的人数锐减。

3. 推广建立新式学堂

光绪帝在《定国是诏》中发布命令：从今以后，王公大臣、士子以及庶民百姓，都要兼习中、西学问，"以圣贤义理之学，植其根本，又须博采西学之切于时务者，实力讲求，以救空疏迂谬之弊"（中国史学会主编：《戊戌变法》二，神州国光社，1953 年，第 17 页）。嗣后，光绪皇帝又令各省督抚督饬地方官，"将各省府州县现有之大小书院，一律改为兼习中学西学之学校"；"地方自行捐办之义学社学等，亦令一律中西兼习，以广造就"；"各省绅民如能捐建学堂，或广为劝募，准各督抚按照筹捐数目，酌量奏请给奖，其有独力措捐巨款者，朕必予以破格之赏"；"至于民间祠庙，其有不在祀典者，即著由地方官晓谕居民，一律改为学堂"。（中国近代史资料丛刊：《戊戌变法》二，神州国光社，1953 年，第 34 页）。

这些政策的出台，推动了各种实业学堂的兴办。五月初二日（6 月 20 日），御史曾宗彦奏请于南北洋设立矿务学堂，总理衙门议准设立，并令各省现有学堂酌增矿学课程。五月十六日（7 月 4 日），诏兴农学，令各省督抚饬地方官劝谕绅民兼采中西各法兴办。七月二十四日（9 月 9 日），准孙家鼐奏请设立医学堂。七月二十六日（9 月 11 日），上谕宣令于已开通商口岸及出产丝茶省份，迅速设立茶务学堂及蚕桑公院。七月十日（8 月 26 日），准梁启超设立翻译学堂于上海，编译书籍报纸一律免税。在变法期间，许多省份也遵旨积极筹办设置新式学堂，如张之洞的《设立农务工艺学堂及劝工商公所折》，黄槐森的《奏广西筹办学堂情形折》，胡聘之的《奏山西筹办学堂情形折》、荣禄的《奏直隶筹办学堂情形折》等。

维新运动期间开设的新式学堂比洋务学堂向前迈进了一大步。从学堂的设置看，它已从专门的习西文和习西艺的培养外交军事人才的专门学堂，发展到近代教育结构初步完善的普通学堂。如京师大学堂、各省的实业学堂、南洋公学等。从课程的内容看，它已从偏重于理学转向偏重于实学。如长沙创办的时务学堂，定公法学、掌故学、格算学为专门学，把经济、诸子学降为普通学。从招生的对象看，出现了中国近代教育的新事物，开办了女子学堂。如光绪二十四年四月十二日（1898 年 5 月 31 日），上海电报局的经元善发起创办的经正女子学堂开学，课程分中文、西文两种，中文课主要有《女孝经》、诗文、图画、医学等；西文课主要有体操、琴学等。又如，美国传教士在烟台为聋哑儿童设立启喑学堂，出现了聋哑学堂。

4. 改革传统书院体制

维新变法中，光绪帝下诏将各省、府、厅、州、县现存之大小书院，一律改为兼习中学、西学之学堂。如贵州学政严修将贵阳南书院改为经世学堂，讲授经史、算学、时务、政要，首开贵州新学风气。又如江南旧有之储材学堂改为江南学堂，旧有之钟山、尊经、惜阴、文正、凤池、奎光等六所书院，全部改为府县学堂（《戊戌变法档案史料》，第 301－302 页）。同时，也改革了旧的书院体制。光绪二十二年（1896），山西巡抚胡聘之、学政钱骏祥上《请变通书院章程折》，主张更定书院章程，书院除讲求经学理学外，也应兼习算学、格致等有用之学。同年，翰林院侍讲学士秦授章上《请整顿各省书院预储人才折》，提出"定课程""重师道""核经费"等主张；对书院课程，议分经、史、掌故、舆地、算学、译学六门，并主张以算学、译学作为正途选拔。梁启超也上书张之洞，议改书院课程，主张向日本学习，"以时务一门课程为诸学之归宿"。在一片改革书院的呼声中，陕西巡抚张汝梅等在陕西创设格致实学书院，课程不限定中学西学，但求有裨实用（白寿彝总主编：《中国通史》第十一卷，《近代前编》总节 19，第 939 页）。改革传统书体制也成为维新教育改革的重要内容。

5. 留学政策的确立

自光绪七年（1881）清廷撤回全部留美学生后，一直没有统一的派遣留学生计划与明确的政策，以致派遣留学生未形成长期的风气。而在维新运动时期，维新派和一些开明官吏在积极推进新式学堂开办时，也积极倡导派遣学生出洋留学。光绪二十一年十二月二十四日（1896 年 2 月 7 日），总理衙门以"近日交涉日繁，需材益众"，拟派同文馆学生 4 名，分赴美、法、俄、德四国学习语言、文字、算法。清廷同意照派，这是甲午战争后中国第一次向外派遣留学生。两江总督张之洞也奏请仿照曾国藩派幼童赴美肄业及福州船政局屡派留学生赴美、法肄业成例，派江南陆军学堂、铁路学堂、储材学堂中已通西文学生出洋肄业，先派 40 名，请出使法国大臣庆常就近监督，由候补知县沈翊清带领出洋。这是维新时期地方上首次奏派留学生。光绪二十二年二月（1896 年 3 月），中国驻日公使经日本政府同意，选定唐宝锷等 13 人留学日本，学习日语及普通学科。此为中国正式派遣留日学生之始。

在总结洋务时期派遣留学生的经验中，派遣学生赴日留学，逐渐成为人们关注的热点。在甲午战争之前，虽有少数有识之士再三提请人们注意日本明治维新的成功经验及其教育变革成就，但在绝大多数中国士儒的眼中，日本还只是一个东夷岛国而已，除了在正史的《东夷列传》所见到的有关日本的陈旧知识之外，他们对日本明治维新以来的重大变化几乎懵然无知。光绪五年（1879），黄遵宪所著的《日本杂事诗》及其后不久出版的《日本国志》，光绪十九年（1893），黄庆澄所著的《东游日记》，光绪十年（1884），郑观应所著的《盛世危言·考试上》以及左宗棠在更早的同治五年（1866），奏请创办福建船政学堂的奏折中所提出的有关日本教育的种种真知灼见，均未引起人们的重视。甲午战争及《马关条约》签订后，中国损兵丧师、割地赔款，如梦初醒，开始对东洋小国日本刮目相看，朝野上下这才激起了学习日本变法图强及教育成就的普遍热情。

光绪二十四年（1898 年 1 月），康有为在《进呈日本明治变政考序》中，曾谈到学习日本的几点理由：其一，日本作为一个封闭的蕞尔小国，经过变法而骤强，其成功经验值得中国学习。其二，日本与中国语言风俗相近，国体相同，又经历了大致相同的"闭关——开放——变法"的过程，中国通过考察日本变政之决策，"鉴其行事之得失，去其误弊，取其精华"，可以使中国变法收其利而去其害，以减少失误。其三，日本大量地翻译了西方自然科学、社会科学的著作，考虑到中国西语人才奇缺而日中语言相近的条件，中国可以通过翻译日本译著间接了解西方学术，这种语言相近的条件也为中国人赴日留学提供了便利。其四，欧美以数百年造成治体，日本效欧美，以 30 年而摹成治体，中国近采日本则可以用更短的时间实现富强。除上述四点原因之外，湖广总督张之洞在《劝学篇》中，对留学日本与留学欧美作了比较，提出了赴日留学的五大优势。张之洞认为："游学之国，西洋不如东洋。一，路近省费，可多遣。一，去华近，易考察。一，东文近于中文，易通晓。一，西书甚繁，凡西学不切要者，东人已删节而酌改之。中东情势风俗相近，易仿行，事半功倍，无过于此。"（《劝学篇·

外篇》，第 5、6 页）康有为、张之洞的看法反映了比较普遍的社会舆论。

同时，日本政府也积极推行中国学生赴日留学的政策。甲午战争之后，日本鉴于在中国东北与沙俄争夺霸权的需要，对中国采取笼络政策。光绪二十四年（1898）5 月 4 日，日本驻华公使矢野文雄在给外务大臣西德二郎的函件中强调了吸引中国留学生的重要性，认为中国仿效日本兵制，"清国之军事，将成为日本化"；培养中国"理科学生之结果"，定将与日本发生密切关系，"此系扩张日本工商业于中国的阶梯"；培养"专攻法政等学生"，"定以日本为楷模，为中国将来改革的准则"；这样的话，不仅"中国官民信赖日本之情"会增加二十多倍，"且无可限量地扩张势力于大陆"。（转引自黄福庆：《清末留日学生》第 8 页，台湾"中央研究院近代史研究所"专刊）这不加掩饰地道出了日本政府在当时吸纳中国留学生的真实目的。于是，日本政府主动致函清政府，表示愿意接受中国留学生赴日学习。

维新运动时期，清政府公开鼓励赴日留学。1898 年 8 月 2 日，光绪帝谕军机大臣："现在讲求新学，风气大开，惟百闻不如一见，自以派人出洋游学为要。至游学之国西洋不如东洋。诚以路近费省，文字相近，易于通晓。且一切西书均经日本择要翻译，刊有定本，何患不事半功倍？"并令总理衙门提出具体方案（故宫博物院：《清光绪朝中日交涉史料》卷五十二）。总理衙门复奏："同文馆东文学生，酌派数人；并咨行南北洋大臣及两广、闽、浙各督抚，就现设学堂中，遴选年幼颖悟，粗通东文诸生，开具衔名，咨报臣衙门知照日本使臣，陆续派往，即由出使日本大臣就近照料，无庸另派监督。各生应支薪水用项，由臣衙门核定数目，提拨专款，记交出使大臣随时支发。"（《约章成案汇览·游学门》乙篇卷三二上，第 24 页）这是清廷第一次明令全国派遣留学生。这样一来，留学政策开始确立，留学日本也从此成为一种国策。

为了鼓励出国留学，清政府还提倡和支持自费留学。光绪二十四年（1898）秋，章京霍翔建议推广游学办法，"令有财力之家，各选聪颖子弟，自备资斧出洋游学"（《总理各国事务奕劻等折》，《戊戌变法档案史料》，中华书局，1958 年，第 295 页），并列举了这样做的七个方面的好处。总理衙门很快同意并明确规定："其有殷实之家，情愿自备资斧随同学习，准其呈明，饬令派往委员，一体照料。"（《总理各国事务衙门招考出洋学生示》，《中华文史丛书》第 4 辑）此后，这项政策一直延续下来。这年九月，戊戌政变发生，但留学政策并未中断。政变的硝烟还未散尽，南洋公学学生章宗祥、雷奋等已奉派整装东渡出海了。

总之，百日维新期间有关文化教育方面的重要谕旨，在除旧方面，致力于改革科举制度，包括废除八股、停罢诗赋、不凭楷法取士、删减繁琐的考试程式等；在布新方面，则大力兴办学堂，特别是农、工、商实业学堂，举办京师大学堂，开设经济特科，倡导各级学堂兼习中学、西学、奖励新发明、新著作，鼓励出国游学等。可以说，自19世纪60年代以来清政府在教育领域所进行的零星的、渐进式的改革，在这短短的一百天内达到了顶峰。5月，梁启超联合在京举人百余人，连署上书，请废八股。奏折还没递上去，"当时会试举人集辇毂下者，将及万人，皆与八股性命相依，闻启超等此举，嫉之如不共戴天之仇"（中国史学会主编：《戊戌变法》一，神州国光社，1953年，第270页）。可见斗争之激烈、阻力之沉重。

（七）张之洞："中体西用"的教育思想

张之洞（1837—1909），直隶南皮（今属河北）人，字孝达，号香涛，晚年自号抱冰老人，卒后谥文襄。张之洞出生于官宦之家，十四岁中秀才，十六岁中举人，同治二年（1863）中进士，授翰林院编修，从此步入仕途。张之洞经历了十年的考官和学官生涯，历任翰林院庶吉士、浙江乡试副考官、湖北学政、四川乡试副考官、四川学政等职。光绪三年（1877）初，他重返翰林院任庶吉士，又任内阁侍郎兼礼部侍郎。光绪七年（1881），补授山西巡抚。光绪十五年（1889）至光绪三十三年（1907），任两广总督、两江总督、湖广总督。光绪三十三年起任军机大臣，兼管学部。其著作结集出版的有《张文襄公全集》《张之洞全集》等。

1. 积极开展兴办教育活动

张之洞步入仕途的第一个官职是主管教育的。从此，教育事业伴随了他一生。张之洞素以"儒臣"自居，重视兴学育才，认为"经国以自强为本，自强以储才为先"，故对清末教育产生了很大影响。

张之洞一生以1884年中法战争为界线。在此之前，他基本上是一个守旧的封建官僚和清流党人。当洋务大臣们正致力于发展洋务学堂的时候，张之洞却醉心于举办传统书院。如他任湖北学政时，在武昌创建经心学院，分经义、治事两科，广收学员学习儒家经典。任四川学政时，建尊经学院，"以通经学古课蜀士"，并亲自制定学规章程，延聘名儒分科讲学。建尊经阁为藏书之所。任山西巡抚时，创办令德堂（也称"令德书院"），选全省高材生入堂学习经史古学。张之洞在兴办的各种学校中，十分重视旧学、经学和纲常名教的学习，均"令诸生通经学古"。此后在湖北、广州所办书院，大力倡导经史实学。当洋务派正在讲求"西学"的时候，张之洞正在鼓励士子考究经史诸子，著《輶轩篇》和《书目答问》，前者教人如何敦励品行、读书作文，后者示人治学门径但基本不录西学书籍。戊戌变法之后，维新变法思想普遍为人们接受，泥古守旧已成为过街老鼠的时候，他在湖北创建存古学堂，仍以旧学为主，以保存国粹相标榜。他在《创立存古学堂折》中明确表示，鉴于"道微文敝，世变愈危"，所以创存古学堂"以存国粹，而息乱源"，教育学生"以忠孝为归"，"以圣经贤传为本"，以实现"崇正学，明人伦"的目标（《张文襄公奏稿》卷四十三）。总之，此时的张之洞虽然热心教育但缺乏洋务新学精神。

光绪七年至十年（1881－1884），张之洞任山西巡抚期间，开始向洋务派转化。当时，英国传教士李提摩太在山西传教，刊行《救时要务》等小册子，并举办仪器、车床、缝纫机、单车的展览和操作表演，张之洞会见了李提摩太，读了他的书，受其影响，拟筹建洋务局，未及实现。光绪十年（1884），法国侵略越南，张之洞被任两广总督，筹划抗法。这一时期，他在兴办洋务企业的同时，办学重心渐渐转移向新式学堂。他在广东创办黄埔鱼雷学堂、电报学堂和广东水陆师学堂。改任湖广总督后，他创办方言商务学堂、算学学堂和湖北自强学堂。光绪二十二年（1896），张之洞暂署两江总督即将离任时，他接连上奏，建议创办江南陆师学堂（内附铁路学堂）、南京储才学堂，选派学生赴英、法、德三国留学，于史册、地志、富国、交涉、格致、农事、商务、武备、工作技艺中选习数门。这些事业基本上是在张之洞离任后才付诸实行，但由此可见他的用心所在。

但是，这一时期的张之洞仍然寄意于对中国传统教育的整顿和振兴。他于光绪十四年（1888）在广州创建了广雅书院和光绪十六年（1890）在武昌建立了两湖书院，这一举动正是他的甲午战争前教育思想路线继承和发展的结果。广雅书院分经学、史学、理学、文学四门教学，两湖书院在此基础上另添算学和经济学两门，但算学和经济学两门"始终虚悬"，实际和广雅书院一样。虽然在两院的藏书中可能有些"西学"书籍，但它们所授的课程都是中国传统旧学。

光绪二十二年（1896），张之洞返任湖广总督。在此期间，他在创办湖北武备学堂、工艺学堂、农务学堂的同时，对两湖书院、经心书院进行改革，使其成为以教授新学为主的新式学堂。他还从加强外语学习出发，对光绪十六年（1890）设立的自强学堂进行改革。在张之洞的推动下，湖北从19世纪90年代后成为全国新式教育的中心之一。

由于在湖北的这些教育革新举措，加之他在光绪二十四年（1898）著成的《劝学篇》又为朝廷所推崇，张之洞在朝野赢得了"通晓学务"的声誉。当清末新政开始后，他奉旨参与并主持《奏定学堂章程》的制订，光绪三十三年（1907）又奉旨管理学部事务。这时，清廷已四面楚歌，处境危急。张之洞到了北京，竭力为清朝的腐败政治补苴罅隙，为了抵制资产阶级民主思想日益流行，他提请设立"存古学堂"，强调要用中国传统文化来对抗新思潮，即所谓"以存国粹而息乱源"。

2. 从"通经致用"到"中体西用"

张之洞出身于官宦世家，在读书以获取功名为目标的中国封建社会里，他也是遵循着"读书——科举——为官"的公式踏入社会的。在"力学问，树功名"思想的指导下，他幼时十分勤勉，"读书好夜坐思"（胡钧：《张文襄公年谱》卷一，北京天华印书馆，1939年，第2页），而且从众多业师接受教育，于是便形成了一种博采汉宋诸学，力主"经世致用"的治学态度及思想特点。所以在他的一生中，其继承发扬了中国传统文化中"经世""变通""务实"等积极的思想因素，"尤究经世之务，以天下为己任……精研历代诸儒之学，而以实用为归"（《张文襄公全集》（一），第15页）。

张之洞的青少年时代，虽然生活在两次鸦片战争给中国造成的灾祸之中，也曾给他的心头笼罩上了阴影。但那个时候他生活在地处偏远的贵州，随父在镇压当地农民起义的军旅中转战各处。林则徐、魏源等先进人士的思想对他尚无影响可言，更遑论西学，沿着科举之途勤奋跋涉是其心志所寄，所以他孜孜以求的，仍然是"明体而达用，化民而成俗"的"帝王之学"（《张文襄公全集》（四），第742－743页）。在他开始登上仕宦之途后，在外国列强肆意侵略、清政府割地赔款的严峻形势下，他与当时绝大部分中国士人一样，虽震怵于民族危机，只能是感愤时事，发发清议，仍在传统故道上寻找出路。这一时期及其之前，他既未接触过外国人，也很少涉猎西学，基本上是固守中国传统旧学，主张"通经致用"。

张之洞"通经致用"的思想特征，集中体现在他任四川学政时与总督吴棠创建的尊经书院的兴学宗旨上，即"以通经学古课蜀士"为宗旨。书院以《学海堂经解》《说文解字注》《三史》《四库提要》等为主要教材，不课制艺八股。又专门撰写《书目问答》和《輶轩语》两书，专门为"诸生好学者来问应读何书，书以何本为善"而作，分经、史、子、集四部加以论述，"经部举学有家法、实事求是者，史部举义例雅饬、考证详核者，子部举近古及有实用者，集部举最著者"（《张文襄公全集》（四），第626页）。虽然在"集部"所举书目中，包括了部分有关西学的书籍，如地理类的《职方外纪》《坤舆图说》《地球图说》等，天算类的《新法算术》《几何原本》《泰西水法》等，但此类西书大多是明清以来被中国学界认同了的"旧籍"陈说，其基本学术思想并未超出传统旧学的范围。学院强调读书要"期于明理，明理归于致用"（《中国书院辞典》，浙江教育出版社，1996年，第657页）在张之洞看来，"通经致用""一可用以考古，二可用以经世，三可用以治身心"（《张文襄公全集》（四），第608页）。

光绪八年（1882），张之洞任山西巡抚。当时山西吏治腐败，人民生活困苦，鸦片流毒严重，"一派阴惨败落景象，有如鬼国"（《与张幼樵》，《张文襄公全集》卷二一四《书札一》，北平文华斋戊辰刊本）。他上任后在山西推行了禁革陋规、整顿吏治、禁烟戒毒、设桑棉局及铁捐局等一系列改革措施。虽然他仍采用"圣经贤传"的治理方略，创办令德堂（又称令德书院），仿照阮元诂经精舍、学海堂的例规，以经史、考据、词章等科目教士。但这一时期，他已开始接触西学，此时，他从省府文档中看到英国传教士李提摩太呈给前任山西巡抚曾国荃的条陈，对其提出的开矿、筑路、兴学等洋务方案颇感兴趣，便召李提摩太请闻其详，并在省城太原组织演讲会，请李提摩太向当地士绅讲授天文、地理、声光化电、医药卫生等西方近代科学知识。这一切，使张之洞对"西技""西艺"开始有了初步认识。光绪十年（1884），张之洞被任命署理两广总督。当时边疆告急，为筹划抗法，他开始兴办洋务企业。他在广东开设水陆师学堂，创设枪弹厂，奏请大治水师、专款购兵舰，设缫丝局，创办机铸制钱局及银元局，筹办织布局和制铁厂等。张之洞在向洋务派的转变中，其办学重心开始移向新式学堂，其学术思想也"由传统学术中求致用，转变为由中西学术中求致用"（苏云峰：《张之洞的经世思想》，《近世中国经世思想研讨会论文集》，第 173 页）。

　　光绪十五年（1889）冬，张之洞任湖广总督。他到了湖北后，积极参加洋务运动，兴办洋务企业。他除了兴办军事工业外，更注意"民用"企业的发展。他在两江、湖广总督任内，主办了湖北大冶铁厂、汉阳铁厂，织布、纺纱、制麻、缫丝四局，这些都是官督民办企业。他在大办洋务企业的过程中，深深认识到"治术以培植人才为本，经济以通达时务为先"，而人才的培植、经济的通达又有赖于新式学堂之创设，这种新式学堂应该是"讲求时务，融贯中西，精研器数……不尚空谈，务求实用"（《张文襄公全集》（一），第 627 页），因而"设立学堂即今日亟应举办之一端"（《张文襄公全集》（一），第 739 页）。因此，开办洋务学堂成了张之洞政务中最主要的活动之一。张之洞办洋务的指导思想，就是"会通中西，权衡新旧"（《抱冰堂弟子记》），但此时办学的侧重点却在于"西学为用"。随着实践的需求和认识的深化，张之洞的"西学"范围也在不断地扩大。在创建广州水陆师学堂时，他引入的西学包括矿学、化学、电学、植物学、公法学在内的所谓"洋务五学"，而到光绪二十一年（1895）他上《吁请修备储才折》中，提出了"专门之学"的人才有交涉：律例、赋税、舆图、译书；农政：种植、水利、畜牧、农器；工艺：化学、汽机、矿务、工程；商务：各国好尚、中国土货、钱币轻重、各国货物衰旺。可见，这一时期张之洞兴学的关注点集中在新式学堂的"援西入中"，突出"西学为用"。

　　正是在"西学为用"为主旨的思想认识基础上，张之洞不仅先后在两江和湖广辖区内励行新政，大力推行新教育，而且对维新运动初期康有为、梁启超等人创学会、办报纸、设学堂的活动给予了积极支持。但是，随着维新运动的高涨，张之洞与康、梁维新派之间的思想分歧便日益暴露出来。他虽然不赞同陈腐守旧的顽固派论调，但他对维新派所宣扬的倡民权、废三纲、立议院等主张更为恐惧。为此，他断绝了与维新派的联系。特别是甲午战后，经维新派的大力宣传介绍，"西学"的传播重心已由科技领域推进到涉及政治体制、意识形态的上层建筑领域，由物质文明层次进入到精神文明层次，直接冲击封建专制主义的政治制度和纲常伦理等"中体"的核心部分，"西学为用"的新教育也出现了"离经叛道之弊"，因而兴起了强调旧学，特别是出现了强调"四书五经"在文化教育中的主导地位的现象。正是在这种"言新学"与"守旧学"两种学术文化思潮的冲突中，张之洞于光绪二十四年（1898）三月撰成《劝学篇》一书，提出了"中学为体，西学为用"的核心思想，比较系统地阐述了他对变法的基本立场和对兴学的指导思想。从《张文襄公年谱》的记载中，可窥见当时张之洞刻苦撰写的情况。该书记载："日撰一首，率以灯下为之，黎明而就。次日复改，易稿至于六七次。书成镂刻，风行海内。五月，袁忠节（袁昶）重刻于芜湖，公续有改正，以为定本。"（许同莘编《张文襄公年谱》卷七，第121页）德宗载湉阅后，发布上谕："原书内外各篇朕详加披览，持论平正通达，于学术人心大有裨益。着将所备副本四十部由军机处颁发各省督抚学政各一部，广为刊布，实力劝导，以重名教而杜危言"（许同莘编《张文襄公年谱》卷七，第121页）。于是，《劝学篇》"挟朝廷之力以行之，不胫而遍于海内"。

　　3.《劝学篇》主旨："中学为体，西学为用"

　　光绪二十四年（1898），张之洞在一份奏折中提出了"以中学为体西学为用，既免迂陋无用之讥，亦杜离经畔道之弊"的思想（《两湖经心两书院改照学堂办法片》，《张文襄公奏稿》卷二十九）。同年，《劝学篇》问世。张之洞以"劝学"为篇名，以教育为主张来附和"救亡图存"的时代主题，借以宣扬"臣民咸怀忠良以保国"的主旨。在《劝学篇》中，张之洞把以中国传统学术教育为主体的"中学"统称为"旧学"，把以西方近代学术教育为主体的"西学"统称为"新学"，指出甲午战败后中国形势的基本特征是"海内志士发愤扼腕，于是图救时者言新政，虑害道者守旧学，莫衷一是"。他认为："旧者因噎而食废，新者歧多而羊亡；旧者不知通，新者不知本。不知通则无应敌制变之术，不知本则有菲薄名教之心。"（《张文襄公全集》（四），第544页）因此，他说写《劝学篇》的本意在于"会通中西，权衡新旧"（《张文襄公全集》（四），第1027页），"规时势，综本末，著论二十四篇"（《张文襄公全集》（四），第544页）。

他又把这二十四篇分为"内篇"和"外篇"两大部分,言明:"内篇务本,以正人心。外篇务通,以开风气。"(《张文襄公全集》(四),第 544 页)为了揭示《劝学篇》的内在逻辑结构,他又进一步解释道:"中学为内学,西学为外学。中学治身心,西学应世事。"(《张文襄公全集》(四),第 589 页)并明确提出"旧学为体,新学为用"的论断(《张文襄公全集》(四),第 570 页)。于是,"内篇"以论述中学为主,"外篇"以论述西学为主,全书以"中体西用"为主导思想而构成一个完整的思想体系。

所谓"中学",也称"旧学"。张之洞认为"四书五经,中国史事,政书,地图为旧学"(《劝学篇·设学》)。他把这些看作是一切学问的根本。在学习"中学"的经史文集中,张之洞特别强调要"读经",他说:"中小学堂宜注意读经以存圣教。外国学堂有宗教一门。中国之经书,即是中国之宗教。若学堂不读经书,则是尧舜禹汤文武周公孔子之道,所谓三纲五常尽行废绝,中国必不能立国矣。"(张百熙、荣庆、张之洞:《学务纲要》,《中国近代教育史资料》上册,第 202 页)他还说:三纲五常乃"五伦之要,百行之原,相传数千年更无异议。圣人所以为圣人,中国所以为中国,实在于此。"(《劝学篇·内篇·明纲第三》)可见,张之洞强调学习"中学"特别是"读经"的目的,就在于强化和坚定三纲五常之信念。在三纲中,张之洞又特别强调了"君臣之纲"的重要,并以这一纲领作为反对维新变法运动的重要依据,宣扬"知君之纲,则民权之说不可行也"。他说:"使民权之说一倡,愚民必喜,乱民必作,纲纪不行,大乱四起","无一益而有百害"(《劝学篇》上,《正权第六》)。张之洞并非反对一切变法,但变法绝不可违背三纲之本。

所谓"西学",也称"新学"。张之洞认为"西政、西艺、西史为新学"。在西政、西艺、西史三类"西学"中,他特别强调西政、西艺。指出:"学校、地理、度支、赋税、武备、律例、劝工、通商,西政也";"算绘矿医、声光化电,西艺也"(《劝学篇·设学》)。可见,西政是指西方有关文教制度、工商财政、军事建制和法律行政等管理层面的文化;西艺即近代西方科技。他提出,学习"西艺",要"政艺兼学";"才识远大而年长者,宜西政,心思精敏而年少者,宜西艺。小学堂先艺而后政,大中学堂先政而后艺。西艺必专门,非十年不成;西政可兼通数事,三年可得要领。大抵救时之计,谋国之方,政尤急于艺。然讲西政者亦宜略考西艺之功用,始知西政之用意。"(《劝学篇·设学》)张之洞在《劝学篇·序》中说:"西艺非要,西政为要",显然要求士大夫们以学习西政为要。

张之洞认为"中学"是"治身心"的。他认为"中学""集千圣,等百王,参天地,赞化育"(《劝学篇·内篇·循序》),博大精神。通"中学"是中国人之所以为中国人的基本条件，直接关系到一个人对国家、民族和祖国文明的感情，是保国、保种、保教的前提；"如中士而不通中学，此犹不知其姓之人，无辔之骑，无舵之舟"，"虽有博物多能之士，国家亦安得用之哉？"（《劝学篇·内篇·循序》）"中学"着重的是人品行的修养，具有"治身心"的功能；而且"中学"又以"三纲五常"为根本，"所谓道本者，三纲四维是也"。如果抛掉了三纲，"而大乱作矣"。（《劝学篇·外篇·变法》）"中学"是"务本"的，若"不先以中学固其根柢，端其识趣，则强者为乱首，弱者为人奴，其祸更烈于不通西学矣"。（《劝学篇·内篇·循序》）张之洞强调说："我圣教行于中土数千年而无改者，五帝三王明道垂法……汉唐及明，崇尚儒术……我朝列圣尤尊孔、孟、程、朱，屏黜异端，纂述经义，以躬行实践者教天下。"（《劝学篇·内篇·同心》）因此，"中学"就是立人之本、立国之本，是"固其根柢"的根本原则。所以，"中学"是"务本"之"体"。

张之洞认为"西学"是"应世事"的。在他那里，"用"被视为具体方法，是立人立国之器。他认为，西政、西艺、西史这些新学确有实用，"此教养富强之实政也，非所谓奇技淫巧也"。（《劝学篇·外篇·益智第一》）它们的作用在于"益智"，而"智"乃救亡之道："大抵国之智者，势虽弱，敌不能灭其国；民之智者，国虽危，人不能残其种。"（《劝学篇·外篇·益智》）所以，"智以救亡，学以益智"，学习新学或西学是完全必要的。他认为，学习西学，可以"开风气"，即可开阔眼界，更新观念，学到一些技艺。他说："知外不知中，谓之失心。知中不知外，谓之聋瞽。夫不通西语，不识西文，不译西书，人胜我而不信，人谋我而不闻，人规我而不纳，人吞我而不知，人残我而不见，非聋瞽何哉？"（《劝学篇·外篇·广译》）对西学"孤陋不通"，即使"手注疏而性理"，也必将为天下万世"怨之詈之"，被视为"尧舜孔孟之罪人"。（《劝学篇·外篇·会通》）当然，引进西学有个原则："果其有益于中国，无损于圣教者，虽于古无征，为之固亦不嫌。"（《劝学篇·外篇·会通》）

张之洞从"中学"为"内学"，"西学"为"外学"，"中学务本"，"西学务通"的思想认识出发，对于中、西学的关系，概言之为"旧学为体，新学为用，不使偏废"（《劝学篇·外篇·设学》）。他从维护清朝封建专制统治及儒家意识形态这一根本目的出发，赋予了"中体西用论"以明确而特定的内涵。他说："今日学者，必先通经以明我中国先圣先师立教之旨，考史以识我中国历代之治乱、九州之风土，涉猎子集以通我中国之学术文章，然后择西学之可以补吾阙者用之，西政之可以起吾疾者取之。"（《劝学篇·内篇·循序》）鉴于当时"旧学恶新学""新学轻旧学"的情况，张之洞从一内一外、一主一辅、一务本一务通的关系出发，提出了"旧学为体，西学为用"的

"中体西用"论，旨在化解中、西学之间的隔阂与纷争，论证两者的结合与共融。张之洞坚持教育所培养的应是"体用兼备"的人才，"令守道之儒兼为识时之俊"（《张文襄公全集·奏稿》卷二十九）。可见，张之洞所谓"体用兼备之才"，那就是深受儒家三纲五常思想熏陶、对清王朝忠心耿耿而又为西方科技知识所武装、具有实际才干的人。这样一来，在"中体西用"教育思想的培养下，使灌输儒家伦理道德的德育与传授西方科学知识的智育相结合，便培养出具有"忠君爱国"意识而又掌握西方科技知识的封建人才。这就充分反映了他所提倡的"中体西用论"的思想本质。

4. "中体西用"思想的教育实践

张之洞在经营洋务、引进西学的过程中，积累了比较丰富的办学经验，形成了以"中体西用"为核心的指导思想，为清末"新政"时期的教育改革提供了基本思路。

清廷在经过了八国联军侵华的战争以后，不得不"变通政治"。光绪二十七年（1901）五月，根据慈禧太后宣布实行"新政"的上谕，张之洞会同刘坤一连续上了三道奏折：《变通政治人才为先遵旨筹议折》《遵旨筹议变法谨拟整顿中法十二条折》《遵旨筹议变法谨拟采用西法十一条折》。这就是有名的"江楚三折"。第一折，是关于办学堂、废科举事，提出设文武学堂，酌改文科，停罢武科，奖励游学等建议。第二折，言致治、致富、致强之道，所言以整顿变通中国成法为主。第三折，言采西法要旨。"江楚三折"所论系统详备而又切实可行，成为清末"新政"的实际纲领，张之洞因此而成为"新政"的主角之一。"江楚三折"涉及的面虽广，但其核心内容则变为变革教育以培养人才，特别是其第一折及第三折以论述变革教育的种种措施为主，实为《癸卯学制》的制定奠定了基础。

在"江楚三折"中，张之洞维护清朝统治、捍卫封建纲常的基本立场与《劝学篇》是完全一致的。他一再强调新政的根本目的在于"使各国见我中华有发愤为雄之志，则鄙我侮我之心渐消；使天下士民知朝廷有改弦更张之心，则顽固者化其谬，望治者效其忠，而犯上作乱之邪说可以不作"（《张文襄公全集》（一），第950页）。由此可说，"江楚三折"可谓是《劝学篇》的延伸和发展。但是，面对民族危机的加深及反清革命的高涨，张之洞清醒地认识到"欲救中国残局，惟有变法一策"，而且"必改用西法……孔孟之教乃能久存"（《张文襄公全集》（四），第12页）。因此，在"江楚三折"中张之洞接受了维新派关于变革传统教育的部分主张，进一步强调仿效西法，首先从改革教育制度入手，"先就育才兴学之大端"，设文武学堂、酌改文科、停罢武科、奖励游学。他将这四条作为"求才图治之首务"，并认为"此四事"之关系是"非育才不能图存，非兴学不能育才，非变通文武两科不能兴学，非游学不能助兴学之所不足"。

（《张文襄公全集》（一），第 917 页）

在"江楚三折"中，张之洞提出了创立近代学制的基本观点。他通过比较各国学制认为"大约西繁而东简，西迟而东速"（《张文襄公全集》（一），第 910 页），主张取法日本。在此认识基础上，他提出兴办各类学堂，包括蒙学堂、初等小学堂、高等小学堂、中学堂、高等学堂与京师大学堂在内的六级学校体制，对各级学校的入学年龄、修业年限、课程设置、教学方法、考试录用等作了明确规定，这些都比《劝学篇》更为详尽。在"江楚三折"中，张之洞又提出"立学教士之要义有三：一曰道艺兼通。二曰文武兼通。三曰内外兼通"。在"设学堂办法"中提出：蒙学识字，正语音，除四书必读外，五经可择读一二部；小学习普通学，兼习五经、中国历代史学大略等；高等小学解经书较深之义理，学为策论词章，学较深算学，兼习外国一国语言文字较浅者等；中学校习普通学，温习经史地理，仍兼习策论词章，习公牍书记文字，精深算法，至弧三角航海驶船法、精深绘图法、外国历史律法格致等学；高等学校分为七专门：经学、史学、格致学、政治学、兵学、农学、工学。至于农工商矿四专门学校，中国经学文学，皆令温习。武备学校，四书、中国历史、策论，人人兼习，等等。他又明确提出：所兴办的各类学堂的"宗旨则不悖经书，学业则兼通文武，特以世变日多，故多设门类以教士"（《筹议变通政治人才为先折》，《中国近代教育史资料》下册，人民教育出版社，1961 年，第 50—55 页）。可见，"江楚三折"是张之洞"中学为体，西学为用"思想的具体化，其提倡在坚持封建统治的儒家意识形态和不变更君主专制制度的前提下，学习西方的一些先进的管理方法和科学知识。

光绪二十八年（1902）十月，张之洞交卸湖广总督之职再次署理两江总督，在这一年又三四个月的时间里，他以创立学制为中心，对湖北全省教育进行了较为全面的改革。在他所上奏的《筹定学堂规模次第兴办折》里，既规划了湖北新教育的学校系统，又提出了办学的总体指导方针。与"江楚三折"相比，此时张之洞的教育改革思想又有了重要的变化和发展。首先，初步提出了国民教育的思想。他说小学教育是以"启发国民之忠义，化成国民之善良"为宗旨（《张文襄公全集》（一），第 977 页），认为"知学为人民当尽之职分，使人民入学为国家当尽之职分"。张之洞在这里也提出了"义务教育"，但他认为义务教育"又曰国民教育"（《张文襄公全集》（一），第 983页）。其次，明确教育的内容包括德育、智育、体育。他考察了欧美国家，特别是日本的近代教育，强调："考日本教育总义以德育、智育、体育为三大端……礼失求野，诚足为我前事之师。"（《张文襄公全集》（一），第 977 页）再次，重视师范教育，指出"师范学堂为教育造端之地，关系至重"（《张文襄公全集》（一），第 978 页）。"今日首以造就师范生为急。"(《张文襄公全集》(一)，第 983 页) 可见，张之洞的教育思想已发生了重大变化，从总体上体现了近代教育的意蕴。但是，万变不离其宗，张之洞的教育思想并没有脱离"中体西用论"的主旨，在新教育的框架内，仍深深地包含着"中学为体，西学为用"的思想特征。他虽然提出了国民教育思想，但指出："其教法大旨一在修身，使人人知义理；一在爱国，使人人知保护国家；一在资生，使人人谋生有具。"阐释国民教育说："言必入学知大义而后为我国之民，不入学则不知民与国一体之义，不得为我国之民。"(《张文襄公全集》(一)，第 983 页) 并不同于资产阶级革命民主派提出的国民教育的含义。在提出日本教育以德育、智育、体育为三大内容

时，认为这"三大端，泃可谓体用兼赅，先后有序"　(《张文襄公全集》(一)，第 977 页)。认为德育特别重要，指出："日本之教科名曰伦理，所讲皆人伦道德之事，其大义皆本五经四书。……日本无学不兼讲伦理。"(《张文襄公全集》〈一〉，第 909－910 页)

光绪二十九年（1903）十一月，张之洞与张百熙、荣庆上《重订学堂章程折》，清末颁布的"壬寅学制"与"癸卯学制"则是在此奏折的指导下完成的。此折提出："至于立学宗旨，无论何等学堂，均以忠孝为本，以中国经史之学为基。俾学生心术壹归于纯正，而后以西学瀹其智识，练其艺能，务期他日成材，务适实用，以仰副国家造就通才，慎防流弊之意。"(《重订学堂章程折》，《中国近代教育史资料》下册，人民教育出版社，1961 年，第 197 页) 可见，张之洞所提倡的新教育是"中体西用"思想的产物，从而使他推行的新式教育笼罩着浓厚的封建色彩。

· 相关链接 ·

与张之洞相似，在日本兼具政坛要角、学术重镇、教育行政大臣身份的森有礼，1885 年出任日本第一任文教大臣，倾心致力于日本国家主义教育制度的建立，成为明治时期教育体制的建立者。森有礼与张之洞都强调保卫国家的重要，要求在教育中激发学生的忠君爱国之心，但是在教育思想上却有不同。森有礼主张日本国家的发展应该以德国为榜样，奉行国家主义，一切个人要求和个人道德都应从属于国家及国家的利益。主张对国民进行军事训练，以忠君爱国作为维护国体的思想基调，以军事训练培养国民护国能力，认为人民的护国精神和忠诚、勇敢、顺从的性格是一国富强的基础。森有礼制定的学校令，规定中小学是教育的场所，是培养忠于国家命令的"善良臣民"的教育机关。东京大学是学术研究的场所，允许在一定的范围内，尽可能开展自由而合理的学术研究和教学工作。在学制上，主张以国家办学为主，提出根据国家经济理论办学，国家必要的办学经费由教育税支出，如不足部分应辅之以国家税收。他反对毫无变化地粗糙地再现儒教伦理，主张以强化明治政权为最高原则，把在中国和日本古书中都没有谈到的爱国心与忠君结合起来，成为一种易于容的儒教伦理体系。森有礼主要关心完善资产阶级教育体系，而张之洞鼎力维护封建制度，关心的是改良封建教育的新式教育。

张之洞的"中体西用"是洋务教育实践的理论概括和思想体现，是以新卫旧、以

西补中为目的，受到资产阶级改良派和革命派的激烈攻击。张之洞说："施之实政则不至于病民，至若康有为之邪说谬论，但以传康教为宗旨，乱纪纲为诡谋，其实于西政、西学之精要，全未通晓，兹所拟各条皆与之判然不同。"（《张文襄公全集》卷五十四，《奏议五十四》，第 32 页）他特地申明他采用的西法内容和实质同康有为维新派的毫不相同。正因为如此，张之洞的《劝学篇》刊行以后，维新变法的进步人士则予以抨击，指出"不特无益于时，然且大累于世"。（何启、胡礼恒：《劝学篇书后》，《新政真诠》五编，第 1 页）梁启超则说：《劝学篇》"不三十年将化为灰烬，为尘埃野马。其灰其尘，偶因风扬起，闻者犹得掩鼻而过之。"（《自由书》，《饮冰室合集》专辑之二，第 7页）张之洞的"中体西用论"，旨在维护清王朝统治和"三纲五常"之道，用以抵制西方近代"自由""平等"的民主思想及学说，他说："知君臣之纲，则民权之说不可行也；知父子之纲，则父子同罪免丧废祀之说不可行也；知夫妇之纲，则男女平权之说不可行也。"（《张文襄公全集》（四），第 552 页）他还特别反对维新派仿效欧美各国创立议会制度的政治改革主张。严复曾指斥"中体西用"是"西法之虚声，而沿中土之实弊"（严复：《救亡决论》，陈学梅主编《中国近代教育文选》，第 196 页）。深刻地揭露了张之洞"中学为体，西学为用"的错误实质。

张之洞是我国近代教育史上非常重要的人物，在"中学为体，西学为用"的思想指导下，锐志教育，创办新式教育，推动教育制度改革，译西书，变科举，派留学生，可以说"是我国半殖民地半封建教育制度重要的奠基人"（陈景磐：《中国近代教育史》，第 102 页）。他的基本立足点是中国传统文化，既承袭"经世""务实""变通""自强"等积极因素，力图顺时应变，通过吸纳外来文化，革故鼎新；同时又深荷纲常名教的重负，以卫道者自居，念念不忘旧学，宣扬"以崇正黜邪为宗"，"以忠孝为归"，"以圣经贤传为本"。这种复杂矛盾的思想，主要体现了张之洞所处的晚清那个过渡时代的特征。

（八）康有为：理想的国民教育制度

康有为（1858－1927），广东南海县人，原名祖诒，字广厦，号长素，人称南海先生。出生于世代官僚家庭，从小受过严格的封建传统教育，但考秀才不第。同治十三年（1874），他始见《瀛寰志略》及日本传入的《地球图》诸书，开始接触"西学"。光绪五年（1879），他得"地利"之便，"薄游香港"，"乃始知西人治国有法度，不得以古旧之夷狄视之"（楼宇烈整理：《康南海自编年谱〈外二种〉》，第 9－10 页）。光绪八年（1882），康有为赴顺天乡试，"道经上海之繁盛，益知西人治术之有本。舟车行路，大购西书以归讲求"（楼宇烈整理：《康南海自编年谱（外二种）》，第 11 页）。回到广东后，他"大攻西学书，声、光、化、电、重学及各国史志、诸人游记皆涉焉"，开始形成历史进化的观念。1884 年中法战争失败，刺激他更进一步向西方寻求真理。光绪十四年（1888），康有为第二次到北京参加顺天乡试，不第，向清帝上第一书，提出政治改革主张，被扣压未上达。于是，他便在广州长兴里万木草堂开始讲学，培养维新变法人才。光绪二十一年初，康有为入京会试。《马关条约》签订，朝野哗然。西历 5 月，康有为联合应试举人一千三百余人上书光绪皇帝，要求拒和、迁都、练兵、变法，受阻未达，此即"公车上书"。此后，他又多次上书，劝说光绪皇帝变法，并与维新人士一起组织学会、创办报纸，广泛开展救亡图存的维新活动。1898 年 6 月 11 日"百日维新"开始，16 日康有为受光绪皇帝召见，"著在总理衙门章京行走"，并许专折奏事，维新运动进入高潮。戊戌变法失败后，康有为逃亡海外，从事保皇活动。后来又与资产阶级革命派论战，坚持改良路线。民国初，发起成立"孔教会"，创办《不忍》杂志，思想更趋保守。1927 年，康有为在青岛病逝。梁启超在《康有为传》中评价其一生说："吾以为谓之政治家，不如谓之教育家，谓之实行者，不如谓之理想者。"（《康有为传》，《戊戌变法》四，第 36 页）

1. "托古"与"维新"结合的教育改革思想

康有为早先是治古文经学的，自结识了今文经学家廖平后，"尽弃其旧说"，并继承了龚自珍、魏源以《公羊》义例评议社会政治的传统，遂潜心"公羊之说"，探究"三世进化"理论，写成了《新学伪经考》和《孔子改制考》等著作。康有为在这些以经学形式表述的著作中，注进了"新学"的思想内容，即"以新知附益旧学"（参见杨向奎先生《繙经室学术文集·康有为与今文经学》，齐鲁书社，1989 年）作为变法维新的理论依据。

康有为否定了古文经学家把孔子当作一个"述而不作"的保守主义者，反其道而行之，把孔子塑造成为"托古改制"的改革家。他认为，孔子的学问在"六经"，而"六经"的宗旨是孔子为治"乱世"而变法"改制"的书。这样，康有为所说的"孔子"，实际是他为了托古改制需要而塑造出来的孔子；他本人主张的维新变法，正是对孔子"托古改制"思想的继承和发展。因为"中国君权，尊国制，猝言变革，人必骇怪，故必先言孔子改制，以为大圣人有此微言大义，然后能持其论"（皮锡瑞：《师伏堂未刊日记》，载《湖南历史资料》1959 年第 1 期）。因此，他把孔子说成是"素王""教主"，或以西欧宗教改革的教主马丁·路德命之，也意在利用道德和宗教的权威，以达到推行变法维新的政治目的。康有为还将西方历史进化的观念与公羊春秋说中的

"变易"哲学相结合，对传统的"三世说"作了新的解释。他认为，当今之中国为"据乱世"，经过变法维新可进"升平世"，而"太平世"为未来理想的大同社会；从政治制度上看，"据乱世"是君主专制时代，"升平世"是君主立宪时代，"太平世"是民主共和时代。他把"三世说"解说成历史的进化是由君主制到君主立宪制再到民主共和制的普遍规律。这样，他借"三世说"来表明走君主立宪道路乃是中国历史发展的必然趋势。康有为认为，他所说的"太平世"，就是孔子所向往的"天下为公"的大同社会。康有为说："人为天所生，人人直隶于天，人人自立自由。""人各有界，若侵犯人之界，是压人之自立自由，悖天定之公理，尤不可也。"（康有为：《论语注》，第61页）无疑，这种观点符合西方资产阶级启蒙思想家卢梭等人所创立的"自由民权说"。康有为把"自由民权说"挂在孔子名下，赋予公羊"三世说"的"太平世"以崭新的思想内容，使他的"大同"的社会理想成为其变法理论的引伸。

康有为所构建"托古"与"维新"结合的思想体系，不仅为维新变法提供了理论依据，而且成为其教育改革思想的理论基础。康有为认为，人类社会必然要经历据乱世、升平世、太平世三个阶段，唯有通过政治改革建立起君主立宪制的"升平世"，才能救亡图存并最终进入"太平世"的大同时代。为此，康有为曾高度评价明治维新后日本以欧美国家为榜样建立起近代立宪政治国家。他说："日本变法二十四年，而后宪法大成，民气大和，士人知学，上下通情，而后议院立，礼乐莘莘，其君日益尊，其国亦日益安，此日本变法已成之路。"（蒋贵麟主编：《康南海先生遗著汇刊》十，"台湾宏业书局"，1976年，第335页）他认为，立宪法、开议院是晚清政治改革的重要目标，而欲立宪法、开议院，就必须大办学校，普及国民教育，从而提高全体国民的政治觉悟和思想水平。他说："民智之始何基乎？基于学校。民智之成何验乎？验于议院。夫学校与议院，相联络相始终也。故学校未开，智识未开，遂兴议院者，取乱之道也。学校既成，智识既开，而犹禁议院者，害治之势也。夫议院之终不能禁，犹学校之必不能废也。"（蒋贵麟主编：《康南海先生遗著汇刊》十，第196页）"立国必以议院为本，议院又必以学校为本。"（蒋贵麟主编：《康南海先生遗著汇刊》十，第306页）

康有为把晚清政治改革与教育改革联系在一起，从政治改革的高度论述了创立近代民国教育制度的重要意义。他认为："欲任天下之事，开中国之新世界，莫亟于教育。"（梁启超：《南海康先生传》，《饮冰室合集》文集之六，第62页）把发展新教育作为振兴中国的重要手段。因此，在维新运动中，康有为无论是上书还是呈折，都将兴学育才作为维新救国的基本保障加以强调。在《公车上书》中，康有为指出：欧美各国之所以富强，"不在炮械军器，而在穷理劝学"。通过比较不同国家的强弱形势和人才状况，得出结论："才智之民多则国强，才智之士少则国弱。"（璩鑫圭、童富勇：《中国近代教育史资料汇编·教育思想》，第 135 页）光绪二十四年（1898），他在《请开学校折》中更将日本战胜中国的原因归结为教育的成功："近者日本胜我，亦非其将相兵士能胜我也。其国遍设各学，才艺足用，实能胜我也。"（璩鑫圭、童富勇：《中国近代教育史资料汇编·教育思想》，第 141 页）又提出：泰西为何"户口少而才智之民多"？中国为何"户口多而才智之民少"？在于泰西广设学校，"百业千器万技，皆出于学"（璩鑫圭、童富勇：《中国近代教育史资料汇编·教育思想》，第 140 页）。他又指出："中国之弱由于学之不讲，教之未修，故政法不举。"（康有为：《上海强学会章程》，收入中国史学会主编《中国近代史资料丛刊·戊戌变法》（一），上海人民出版社，1957 年）因此，康有为极力主张改革旧的教育制度，代之以创立广开民智的国民教育制度。

2. 废八股考试的教育改革主张

在光绪二十一年（1895）的"公车上书"中，康有为第一次向光绪皇帝提出废八股的请求。光绪二十四年（1898），他在奏片与代杨深秀草拟的厘定文体折中均极力主张尽快废除八股，因为八股流传数百年，文题皆有蓝本，八股文只是"务为割截枯困之题，侮圣言以难士人。士人以急于科第，亦争勾心斗角，便词巧说以应之"。于是数百万生童之人"穷志尽气，白首黄馘，日夜孜孜，仍从事于割截枯窘之八股，其为弃才甚焉"。（孔祥吉：《康有为变法奏议研究》，辽宁教育出版社，1988 年，第 235 页）他在见光绪帝时又力陈八股之害："今日之患，在吾民智不开，故虽多而不可用，而民智不开之故，皆以八股试士为之。学八股者，不读秦汉以后之书，更不考地球各国之事，然可以通籍累致大官。今群臣济济，然无以任事变者，皆由八股致大位之故。故台辽之割，不割于朝廷，而割于八股，二万万之款，不赔于朝廷，而赔于八股，胶州、旅大、威海、广州湾之割，不割于朝廷，而割于八股。"（《康南海自编年谱》，《戊戌变法》四，第 146 页）

他建议改革教育制度："从此内讲中国文学，以研经义、国闻、掌故、名物，则为有用之才；外求各国科学，以研工艺、物理、政教、法律，则为通方之学。"这样，就可以求得各种人才。他建议光绪帝，"请废八股试帖楷法试士改用策论"。认为策论这种体裁，"能通古证今，会文切理，本经原史，明中通外，犹可救空疏之宿弊，专有用之问学"。"然后宏开校舍，教以科学，俟学校尽开，徐废科举。"（《请废八股试帖楷法试士改用策论折》，转引自璩鑫圭、童富勇《中国近代教育史资料汇编·教育思想》，第 136—139 页）建议多设学校，教以科学，等到学校之风已开，就可以慢慢废除科举了。康有为把改科举、废八股作为立国育才的大事。他认为，只有这样，才能把士人从"惟事八股，只读四书"的囹圄中解救出来，把精力用在学习和研究科学、政治中去，才能为国家培养经世致用的人才。

为了更有效地学习西学，康有为还提出了派人游学，"以通世界之识，养有用之才"；译西书，以了解欧美、日本的政治、文化和科学技术的情况。

3. 理想的国民教育制度

改革传统教育体制，建立西方资本主义的教育制度，是维新运动的核心内容。康有为以欧美、日本近代教育为蓝本，提出了"远法德国，近采日本，以定学制"的教育改革方针，在《请开学校折》中，设计了一个较为完备的学校教育制度。

乡立小学："令乡皆立小学，限举国之民，自七岁以上必入之，教以文史、算数、舆地、物理、歌乐，八年而卒业，其不入学者，罚其父母。"要求国家对儿童实施强制的普通义务初等教育。

县立中学："县立中学，十四岁而入，增教诸科尤深，兼各国文，务为应用之学。"中等教育分初等科二年，高等科二年，初等科毕业后可升入专门学，专门学则设置："农、商、矿、林、机器、工程、驾驶，凡人间一事一艺者，皆有学。"中学、专门学毕业后可升入大学。

省府设立专门高等学或大学。大学设四科："经学、哲学、律学、医学。"京师则设立一所规模较大的京师大学。他还建议成立"学部"，统管一切教育事务。

各级各类学校的性质、任务是："小学中学者，教所以为国民，以为己国之用，皆人民之普通学也。高等专门学者，教人民之应用，以为执业者也。大学者，犹高等学也，磨之砻之，精之深之，以为长为师，为士大夫者也。"（以上引文均见陈学恂主编：《中国近代教育文选》，第131、108页）康有为力图仿效西方建立近代中国学制。

康有为在《大同书》里，构筑了一个"大同"社会理想的教育制度。他创造性地描绘了一幅"大同"社会的蓝图，在这个理想社会里，破除了"九界"，即消灭了国家、阶级、种族、家庭，消除了性别、职业差异，实现了天下太平。大同社会"人人平等，天下为公"，教育昌盛，文化繁荣，语言统一，教化相同。因为消灭了家庭，"人人皆无家累"，儿童是整个社会的儿童，对儿童的抚养和教育均由社会承担。康有为为"大同世界"设计了一个完整的教育体系："人本院""育婴院""慈幼院""小学院""中学院""大学院"。从母亲受胎怀孕进入"人本院"，到孩子出生后进"育婴院"，然后再进入"慈幼院"，直接进入"小学院""中学院"和"大学院"。

（1）人本院。妇女怀孕后入"人本院"，对孕妇进行胎教。康有为认为，胎儿时期是人生的关键时期，对人的教育必须在其"未成形质之前"就应开始。人本院必须有优良的环境条件，有丰富、健康的文化生活。工作人员需经过精心选择，有女医、女师、女保、女傅等。孕妇本人也要"以高洁、寡欲、学道、养身为正谊"。

（2）育婴院和慈幼院。婴儿断乳之后，即送入育婴院抚养，三岁后送入慈幼院。也可两院合并，不设慈幼院。育婴院和慈幼院是幼儿教育的主要承担机构，主要教养任务是"养儿体，乐儿魂，开儿智识"，特别要保证幼儿身体健康，饮食、游戏、休息都要符合幼儿的身心发展。当幼儿开始学说话时，要"教以言"，利用实物、图画等直观的东西进行教育，不断增进幼儿的知识。到了儿童会唱歌的时候，要"教以歌"，以陶冶儿童身心。等到儿童知识稍开，可"将世界有形各物，自国家至农工商务，皆为雏形，教之制作"，以达到熟练自然的程度。

育婴院和慈幼院的建筑结构和环境选择十分重要，应做到"楼居少而草地多，务令爽垲而通风，日临池水以得清色，多植花木，多蓄鱼鸟"。他认为，幽雅的环境、适宜的气候，对儿童的发育和影响是很重要的。

他认为，婴幼儿的管理者应"仁质最厚"，熟悉"养生学"。工作人员应有医生和女保。医生负责诊视婴幼儿的身体，节度其衣着、饮食和作息；女保负责规划和执行对婴幼儿的看护，应选择"静细慈和有耐性"的女子。他规定婴幼儿教师应具备下述条件："德性慈祥，身体强健，资禀敏慧，有恒性而无倦心，有弄性而非方品者。"

（3）小学院。儿童年满六岁离开育婴院（或慈幼院）入小学院，学习到十一岁。小学院的任务，是"养体为主而开智次之"，所以应遵循"令功课少而游戏较多，以动荡其血气，发扬其身体"的原则。一方面要注意儿童的发展成长，使儿童身体强健；另一方面又应注意儿童智力的培养，教其学习语言、修身、习算、地理、历史等各科知识。他认为，小学教育阶段的儿童年幼，容易受外界的影响，"习于正则正，习于邪则邪，入兰室则香，居鲍肆则臭"，因此他主张，"蒙养之始，以德育为先"，使儿童从幼年期就养成良好品行。

他主张，小学院要设在"山水佳处，爽垲广原之地，以资卫生，以发明悟"，要远离戏院、酒馆、作坊、市场等喧哗之地，以使"非礼不祥之事不接于耳目，哗嚣杂乱之物不扰于神思"，避免对儿童学习和精神的干扰。教室要宽敞明亮，周围要多种花木。学校操场要设置秋千、跳木等体育器材，供学生游戏。小学教师专用"女傅"，兼有慈母的职责，应选择"德性仁慈，威仪端正，学问通达，诲诱不倦者为之"。女傅的言行举止、音容笑貌都应善良规范，让儿童从小模仿，培养起影响终生的善良德性。

（4）中学院。儿童从十一岁起至十五岁入中学院。他认为，中学院阶段是人生的关键时期，因为"人生学问之通否，德性之成否，皆视此年龄"。在学校教育中，倘若中学院阶段学习不好，就不能升入大学院。所以，中学院阶段是承上启下的重要阶段。中学生还在长身体时期，应注意学生体育；中学生知识日开，还必须加强智育；"中学之童，年少血气未定，易于感染"，因此要以"德育为重"。通过礼、乐的学习，以学会"人世相交之道，公家法律之宜"，使之能够"涵养其性情，调和其血气，节文其身体，发越其神色"。在中学院，"男女皆可为师"，教师必须是"行谊方正，德性仁明，文学广博，思悟通妙，而又诲人不倦，慈幼有恒者"，即"有才有德者"。中学院课程应照顾学生的个性特征，根据学生资禀的"敏钝好尚"设班开课。中学院应该设备齐全，要有食堂、藏书楼、体操场、游乐园等设备。他所说的藏书楼，不仅是现在的图书馆，也包括实验室、展览室等。

（5）大学院。大学院收十六岁中学毕业生，学制五年，至二十岁毕业。大学院教以专门之学，分许多专门学科，每科有专业教师，是"专学精深奥妙实验有得者"。大学的任务，"于育德强体之后，专以开智为主"。大学院学政治、法律的可以"为君""为长"；学教育、哲理的可以"为傅""为师"；学贸易、种植的可以"为商""为农"；学一技一能则"为工""为匠"。学习什么专业，可根据各人的才智、爱好自由选择，以使"人人为有用之美才，人人为有德之成人"。大学院教育应重视实验，如"学农必从事于田野，学工必从事于作场，学商必入于市肆，学矿必入于矿山，学律则讲于审判之所，学医则讲于医病之室"。他主张，大学教育"虽讲极虚之文字，亦寄之实验场，试于经用而后可信"。因此，大学院校舍，应根据不同的学科分别设在不同的地方，"譬如农学设于田野，商学设于市肆，工学设于作厂，矿学设于山巅，渔学设于水滨，政学设于官邸，医学设于医院，植物学设于植物场"等，以便于实验。

大学院的教师不限男女，但应选择"专学精深奥妙，实验有得者"担任。教师和管理人员，可以把学习优良的学生推荐给各业公所，让他们选聘。对于高才生或有发明创造、著述的学生，由几位教师推荐，特给学士衔，另加工资三年，以资助他们的研究工作。

在《大同书》里，康有为还论述了男女平等和女子教育问题。他说："男女皆人类，同属天生"，而几千年世界各国"压制女子使不得仕宦，不得科举，不得为议员，不得为公民，不得为学者，乃至不得自主，不得自由"，这是人类社会上最大的不平等。大同世界里应当"男女平等，各有独立，以情好结合"。在教育上，女子在入学资格和毕业出路上都应该与男子平等，如果女子"学问有成"，应该许以"选举、应考、为官、为师"。

康有为在《大同书》中的教育理想，是中国传统的大同思想和近代空想社会主义的综合体，带有明显的未来乌托邦色彩。但他所设计的前后衔接的完整的学校教育体系，则有着鲜明的时代色彩。

在中国近代教育思想发展史上，以康有为为代表的启蒙思想家，其重要贡献在于克服了洋务教育以培养少数专门人才为宗旨的局限性，推动了晚清人才教育向近代国民教育的转换，从而为中国近代国民教育制度的建立创造了条件。

（九）梁启超：培养"新民"的教育宗旨

梁启超（1873—1929），字卓如，号任公，广东新会人，又号饮冰室主人。出身于"且耕且读"之家，早年熟读经史典籍，受过传统的儒学教育。十七岁参加广东乡试，中举人。十八岁入京会试，落第回乡，途经上海，购《瀛寰志略》，始知有五大洲各国。这年秋天，经学海堂同学陈千秋介绍，拜康有为为师，次年正式转入万木草堂攻读，康有为"乃教以陆王心学，而并及史学西学之梗概，自是决然舍去旧学"（《饮冰室合集》文集之十一，第 16 页）。在万木草堂三年，他一度担任学长，承担部分教学工作，还协助康有为编撰《新学伪经考》《孔子改制考》，为他转变为维新思想家奠定了基础。他说："一生学问之得力，皆在此年。"（杨复礼：《梁启超年谱》，《戊戌变法》四，第 172 页）

光绪二十一年（1895）春，梁启超入京参加会试，代表广东 190 名举人上书清廷，反对清政府与日本签订的和约，并随同康有为发起"公车上书"。秋后，与康有为一起创办《万国公报》，旋改《中外纪闻》，组织强学会。光绪二十二年（1896）担任上海《时务报》主笔，发表《变法通义》《论君政民政相嬗之理》等重要文章。光绪二十三年（1897）秋，赴长沙担任湖南时务学堂中文总教习，制定《湖南时务学堂学约》，宣讲维新变法思想，倡导民权学说。光绪二十四年（1898）"百日维新"期间，力助康有为倡行新法政，受到光绪皇帝的召见。帮助康有为组织保国会，草拟《京师大学堂章程》，以六品衔主持京师大学堂译书局。

戊戌变法后，梁启超逃亡日本，继又远游美澳印度。他先后在日本创办东京高等大同学校（1898 年 10 月）、《清议报》（1898 年）、《新民从报》（1902 年 2 月），撰写了一系列介绍西方资本主义国家社会、政治、经济、文化教育的文章，堪称一代资产阶级思想启蒙的大师，但同时拥护改良，曾与资产阶级革命派进行激烈论争。辛亥革命后回国，在北京大学、北京师范大学和南京东南大学讲学，并任清华研究院导师。1929 年病逝于北京。

梁启超一生著述宏富，有《饮冰室合集》传世。教育方面的代表作有《变法通议》《湖南时务学堂学约》《教育政策私议》《论教育当定宗旨》等。

1. 以"开民智"为变法维新教育思想的理论依据

在梁启超看来，国家的强弱以教育为转移，国家强弱主要在于"民智"的开发程度。他说："世界之运，由乱而进于平，胜败之原，由力而趋于智，故言自强于今日，以开民智为第一义。"（舒新城编：《中国近代教育史资料》下册，第937页）他认为，今日中国之贫弱，是"教之未善"，是"民智未开"。他在《学校总论》一文中举例说：牛与虎虽凶，人能捕获，驼、象虽大，人能驾役，都是由于人的"智之强"。欧美各国富强，也是由于"智之强"。

在维新变法期间，梁启超明确地将"开民智"与"兴民权"联系起来，为"兴民权"而"开民智"。他认为"权生于智"，"有一分之智，即有一分之权；有六七分之智，即有六七分之权；有十分之智，即有十分之权"。（《上陈宝箴书论湖南应办之事》，《戊戌变法》二，第551页）这在一定程度上揭示了专制与愚民、民主与科学的内在联系。

梁启超还从世界各国的经验中得出了一个结论："才智之民多则国强，才智之士少则国弱。"中国人之所以被欺凌宰割"拱手受缚"，主要是"愚"之所致。"当诸国竞智之时，吾独愚其士人，愚其民，愚其王公，以与智敌"，岂能不"自求败亡"。"人皆智而我独愚，人皆练而我独暗，岂能立国乎？"（舒新城编：《中国近代教育史资料》上册，人民教育出版社，1961年，第41页）梁启超尖锐地批评了晚清洋务派的教育观："吾将以培人才也，吾将以开民智也……开奴隶之智，亦何尝非民智。"（《饮冰室合集》文集之十，第54页）

那么，如何"开民智"？梁启超的回答是："开于学"，就是兴建学校，办好教育。他说：中国之衰乱由于教之未善，"亡而存之，废而举之，愚而智之，条理万端，皆归本于学校"。（梁启超：《学校总论》，收入舒新城编《中国近代教育史资料》，人民教育出版社，1961年，第941－942页）他认为兴建学校、办好教育是关系到国家兴衰和强弱的极为重要的大事，他说："欲求新政，必兴学校，可谓知本矣。"（《论变法不知本原之害》，《戊戌变法》二，第20页）

梁启超以"开民智"为理论根据，提出了教育改革的总体思路，即"变法之本，在育人才；人才之兴，在开学校；学校之立，在变科举"（《饮冰室合集》文集之一，第10页）。这就赋予了教育在变法图强中的重大作用，因而改革传统的教育势在必行。

2. 确立培养"新民"的教育宗旨

戊戌变法失败后，年仅二十六岁的梁启超亡命日本。由于接触了一个新的世界，使他的"脑质为之改易，思想言论与前者若出两人"（《饮冰室合集》文集之二十二，第 186 页）。在这一时期，梁启超觉察到"民智"和"民权"并不能画等号，教育可以培养一个人的"权利"意识，也可以培养一个人的奴性。认识到教育是一项"收效纯在于将来"的长远事业，也是国家用以"制造国民"的宏大事业，"决非可以东涂西抹，今日学一种语言，明日设一门学科，苟且敷衍，乱杂无章而遂可以收其功也"（《论教育当定宗旨》，收入璩鑫圭、童富勇《中国近代教育史资料汇编·教育思想》，第 254 页）。认为教育的意识性、目的性是很强的。他指出，人类与动物，文明人与野蛮人，最大的区别就是任何行动都是有意识、有目的的。教育是一类极其复杂的活动，必须要有正确的目的，不然，是办不好的。他批评中国传统教育最大的缺点，是培养出来的人缺乏国家观念，有"可以为一个人的资格"，"而独无可以为一国国民之资格"（《新民说》）。即使当时所谓的"新教育"，创办虽已有三十年之久，仍然是以当官发财为目的，这类教育再办三五十年仍无救于今日之中国。他提出必须改变这种教育宗旨，确立正确的教育目的。他说："他事无宗旨尤可以苟且迁就，教育无宗旨则寸毫不能有成。"（《论教育当定宗旨》）

梁启超看到，当今世界已进入一个新的时代，中国在帝国主义列强压迫之下，国家处于岌岌可危的境地。戊戌维新变法失败后，他又目睹八国联军的野蛮入侵，《辛丑条约》的丧权辱国，愈加感到政府的腐败、民智民德的"愚陋怯弱"。因而他取《大学》"作新民"之义，著《新民说》。其意图，正如他在《新民说·叙论》中所说的："余为新民说，欲以探求我国民腐败堕落之根源，而以他国所以发达进步者比较之，使国民知受病所在，以自警自厉自策进。"他从中国的"积弱"与西方国家的"发达进步"的对比中，认为要建立他所期望的新制度、新政府、新国家，必须首先树立"新民"观点，培养新国民。因此，他把国民教育的方针确立为培养新国民，即"新民"的教育宗旨。

梁启超所谓的"新民"，是"养成一种特色之国民"（《论教育当定宗旨》），就是要具有新道德、新思想、新精神。他认为，近代国民教育培养的"新民"，首先要具有"国家思想"。他从改造国民性中的弱点出发，指出中国国民性的弱点主要表现在爱国心之薄弱上。他以西方资产阶级国家思想为武器，对封建国家观进行了尖锐的批判："人非父母无所生，非国家无自存，孝于亲，忠于国，皆报恩之大义，而非为一姓之家奴走狗者所能冒也，而吾中国人以'忠'之一字为主仆交涉之专名，何其慎也。"（李华兴等编：《梁启超选集》，第 220 页）明确划分了忠君与爱国、主人翁与奴才的界线。那么，何谓国家思想？梁启超指出："对于一身而知有国家"，"对于朝廷而知有国家"，

"对于外族而知有国家"，"对于世界而知有国家"，就是要求人们关心整个国家的命运。他特别注重民族国家的观念，强调中国最大的急务是建立民族的国家。他说："今日欲救中国无他术焉，亦先建设一民族主义之国家而已。"（《论民族竞争之大势》，《新民丛报》）他认为，近代国民教育培养近代国民，就是要增强国民的民族主义精神，以提高国民的爱国主义觉悟。

其次，要具有"独立意识"。梁启超接受了孟德斯鸠、福泽谕吉等人关于国民教育的思想，并在此基础上把近代"新民"所具备的意识概括为"独立自尊"意识。他说："凡一国之能力于世界，必有其国民独具之特质，上自道德法律，下至风俗习惯，文学美术，皆有一种独立之精神，祖父传之，子孙继之，然后群乃结，国乃成，斯实民族主义之根底源泉也。"（《饮冰室合集》文集之四，第6页）

据此，他无情地抨击了中国人的"奴性"，认为这种"奴性"的本质在于"既无自治之力，亦无独立之心"（《饮冰室合集》文集之五，第50页）。进而他指出这种"奴性"是由于数千年来封建专制所造成的，并引述孟德斯鸠和福泽谕吉的话来加以阐述："法国大儒孟德斯鸠曰：'凡半开专制君主之国，其教育之目的，唯在使人服从而已。'日本大儒福泽谕吉曰：'支那旧教，莫重于礼乐。礼也者，使人柔顺屈从者也；乐也者，所以调和民间勃郁不平之气，使之恭顺于民贼之下者。'"（《饮冰室合集》文集之五，第29页）因此，梁启超认为："吾中国今无独立之民，以国民缺乏独立之德而已……吾以为不患国不为独立之国，特患中国今无独立之民。故今日欲言独立，当先言个人之独立，乃能言全体之独立。"（《饮冰室合集》文集之五，第44页）

梁启超断言"新民"，即造就一代具有"独立自尊"意识的国民，是中国近代国民教育的首要任务。

此外，还要具有社会"公德"。梁启超抨击了专讲君臣、父子、夫妇等关系的"中国旧伦理"，认为这种旧伦理所注重的只是"一私人对一私人之事"的"私德"，讲求的只是"存心养性""束身寡过"的修养方法，这只能养成"独善其身"，而很少去关心利群的"公德"之事。正是由于"偏于私德，而公德殆阙"，从而便导致中国"日即衰落"（《新民说·论公德》）。他提倡讲"公德"的"社会国家伦理"（亦称"泰西新伦理"），认为其基本目的在于"利群"。他说："公德之大目的，既在利群，而万千条理即由是生焉。"（《新民说·论公德》）他还把"利群"的道德最高标准赋予"爱群、爱国、爱真理"的具体内涵，他说："今世士大夫谈维新者，诸事皆敢言新，惟不敢言新道德，此由学界之奴性未去，爱群、爱国、爱真理之心未诚也。"（《新民说·论公德》）在梁启超看来，作为"新伦理"的"公德"便是"爱群""爱国""爱真理"的道德伦理，是他的资产阶级国家观在伦理思想上的体现。他提出的国民教育培养的"新民"，就是具有这些伦理道德的国民。在理论上，梁启超也认识到："私德公德，本并行不悖者也。"（《饮冰室合集》文集之四，第 13 页）但现实的悖论却使他站在国家本位主义的立场上。因为在他看来，保持国家"有机之统一与有力之秩序"是压倒一切的历史任务，"而自由平等直其次耳"（《饮冰室合集》文集之十三，第 69 页）。

梁启超所说的培养的"新民"，是"不徒为一人之才与智也"（《论教育当定宗旨》），而是一个"新民"组成的民族。他说："新民云者，非新者一人，而新之者又一人也，则在吾民之各自新而已。"（《论新民为今日中国第一急务》，《中国近代思想史资料简编》，第 416 页）从实质上来分析，梁启超所说的"新民"就是资产阶级新一代。在他看来，以这样的方针去办教育，使中国成为具有"国民思想""独立意识"和社会"公德"的民族，就能够改变国家贫弱的地位。

3．改革科举的具体对策

甲午战争后，梁启超就提出了废八股、变科举的主张。他在《戊戌政变记》中指出："八股取士，为中国锢蔽文明之一大根源，行之千年，使学者坠聪塞明，不识古今，不知五洲，其弊皆由于此。""科举不变，荣途不出，士大夫之家聪颖子弟皆以入学为耻，能得高才乎？如是则有学堂如无学堂。"（（朱有瓛主编：《中国近代学制史料》，第一辑下册，第 79 页）在《公车上书请变通科举折》中，他列举八股取士的危害，他说："科举之试以诗文楷法取士，学非所用，用非所学"，因此选取的人，于"内政外交，治兵理财，无一能举者"，甚至官至公卿高位，"多有不识汉唐为何朝，贞观为何号者？至于中国之舆地不知，外国之名形不识，更不足责也。"科举之害，"非徒愚士大夫无用已也，又并其农工商兵妇女而皆愚而弃之"。结果造成官不能治国，农不会种田，士不知生产，兵不能御敌，妇女无以理家。他指出："强敌交侵，割地削权，危亡岌岌"，如果追其"本原"的话，"皆由科第不变致之也"。他愤慨地说："八股代言之制，而等于倡优。"他建议光绪皇帝："将下科乡会试，及此后岁科试，停止八股试帖，推行经济六科，以育人才而御外侮。"（《公车上书请变通科举折》，《戊戌变法》二，第 343 页）他认为："欲兴学校，养人材以强中国，惟变科举为第一义"（《论科举》，收入舒新城编《中国近代教育史资料》下册，第 932 页）。

梁启超在《论科举》一文中，提出改革科举的上、中、下三策。所谓"上策"，即"合科举于学校"，其具体措施是："自京师以讫州县，以次立大学小学……入小学者比诸生，入大学者比举人，大学学成比进士，选其尤异者出洋学习，比庶吉士。其余归内外户刑工商各部任用，比部曹。庶吉士出洋三年学成而归者，授职比编检。"（舒新城编：《中国近代教育史资料》下册，第932－933页）把改革科举与建立学校联系在一起，实际上这是一套废除科举的方案，除保留科举的各级科名外，科举实体已不复存在。

所谓"中策"，即"多设诸科，与今日帖括一科并行"，其具体措施是："立明经一科，以畅达教旨，阐发大义，能以今日新政，证合古经者为及格；明算一科，以通中外算术……明字一科，以通中外语言文字……明法一科，以通中外刑律……；绝域一科，以能通各国公法……；通礼一科，以能读皇朝三通……；技艺一科，以能明格致制造之礼……；学究一科，以能通教学童之法……；明医一科……知中西病名证治者……；兵法一科，以能谙熟操练法程……"（舒新城编：《中国近代教育史资料》下册，第933页）"中策"对于科举取士"未能尽变"，科举与学校"未能遂合"，实际上是对科举制度的改良，"多途胜于一途"而已。

所谓"下策"，即"一仍今日取士之法，而略变其取士之具"。其具体措施是：童子试，"必试以中外政治得失、时务要事、算法格致等艺学"；乡试，须"专问历代五洲治乱存亡之故"，"试天算地舆声光化电农矿商兵等专门"；殿试，可改试策论。就是在科举各级考试中，都要加试专门之实学，而"不拘格式，不论楷法"，也就是打破八股文的死板格式，"稍稍损其故业，以从事于实学"，使应试者稍知实用的知识。他告诫说："由上策者强，由中策者安，由下策者存"，若还墨守旧法，"则虽铁舰阗海，谁与为战？枪炮如林，谁与为用？数万里地，谁与为守？数百兆人，谁与为理？"（舒新城编：《中国近代教育史资料》下册，第934页）在梁启超看来，科举制度是"大变则大效，小变则小效"，不变则国将不保。

在维新派的推动下，清廷不得不废除八股取士制度。虽然不是彻底的改革，但"为去千年愚民之弊"，产生了重大影响。变法失败后，顽固派曾一度恢复八股，但风气已开，人们不再愿意安于守旧。"不独聪明英锐之士，不屑再腐心焦脑，以问津于此亡国之物，即于高头讲章，舌耕口稿数十年，号为时艺正宗者，亦谓诵之无味，不如多阅读报之为愈矣。"（欧榘甲：《论政变为中国不亡之关系》，《戊戌变法》三，第156页）在这方面，梁启超做出了重要的贡献。

4．改革学校教育的新政方案

梁启超把改革科举制与建立学校教育制度联系在一起，在"变科举"的同时，提出了"兴学校"。他在《学校总论》中，提出了如何实施学校教育的意见和要求；在《教育政策私议》中，阐明了他关于学校制度和义务教育的主张。特别是他大量借鉴西方资产阶级的教育思想和参照日本的教育制度，依据儿童身体和心理发展情况，设计了一个国民教育体系，把学校教育分为四个时期：（1）五岁以下为幼儿期，受家庭教育或入幼稚园；（2）六岁至十二岁为儿童期，受小学教育；（3）十四岁至二十一岁为少年期，受中学教育；（4）二十二岁至二十五岁为成人期，受大学教育。并分别介绍了各个年龄阶段学生在身体、知、性、意、自观力（自我意识）等方面的发展情况和基本特征。他设计了一幅"教育制度表"（舒新城编：《中国近代教育史资料》下册，第 949 页）。

就其教育思想而言，梁启超在"学校之制"方面有不少他人所未发、梁氏所独到的论述：

（1）重视小学义务教育。梁启超认为，不论是为中国前途着想，还是从国民教育目标来看，小学义务教育十分重要。他说："今中国不欲兴学则已，苟欲兴学，则必自以政府干涉之力强行小学制度始。"（舒新城编：《中国近代教育史资料》下册，第 948 页）他又说："遍观各国小学，皆行义务教育。义务教育者何？凡及年者皆不可逃之谓也。故各国之兴小学，无不以国家之力干涉之，盖非若此则所谓义务者必不能普及也。"（舒新城编：《中国近代教育史资料》下册，第 950 页）他解释义务教育说："义务云者：其一，则及年之子弟皆有不得不入学之义务也，其二，则团体之市民皆有不得不担任学费之义务也。"（《教育政策私议》，收入舒新城编《中国近代教育史资料》下册，第 950 页）他主张，"凡有千人以上之市镇村落"，必设小学一所；大乡大镇可划为若干区，"每区一所"；"其小村落不足千者，则合数村共设一校"。"学校经费皆由本乡本镇本区自筹"，或以公产收入支付，或可征收学校税，如"田亩税、房屋税、营业税、丁口税等"。（《教育政策私议》，收入舒新城编《中国近代教育史资料》下册，第 951 页）。此外，关于学校的管理，小学章程的制定，教科书的编纂，也都提出了一些看法和建议。为了普及义务教育，他还提出大办小学，缓办大学的建议。

（2）改革儿童教育。在戊戌变法前，西方教育学和心理学知识已零星传入中国，梁启超在了解这些知识的基础上，通过对中、西儿童教育方法的对比，倡导对中国儿童教育进行改革，并撰成《变法通仪·论幼学》一文，阐述了关于儿童教育的改革意见。一是"西人之为教也，先认字，次辨训，次成文，不躐等也。识字之识，必先眼前名物指点，不好难也"。强调由浅入深，由易到难，循序渐进。而中国则"未尝识字，而即授之以经。未尝辨训，未尝造句，而即强之为文"。二是西人注重儿童的学习兴趣，如采用演戏法、说鼓词、歌谣、音乐等儿童乐知、乐闻，"易于上口""易于索解""无太劳致畏难"的形式进行教学；而且"不妄施扑教"，即对儿童教育不实行体罚，而中国传统"导之不以道，抚之不以术"，而是"教匪宗风，但凭棒喝"。三是西人重视理解，而"中国之教人，偏于记性也……惟苦口呆读，必求背诵而后已"。另外，西人注意用实物教学、直观教学，而中国只注重言语文字的教授等。四是西人重视学以致用，而中国教学的知识是"纸的学问"，"书面上的学问"，"纸上谈兵"，"学而不能应用于世"。他主张"学生在校时，令其研究一切社会应用之事"。他告诫说，"学校与社会万不可以分离"（《中国教育之前途与教育家之自觉》，收入舒新城编《中国近代教育史资料》下册，第956－957页）。

梁启超建议应从编写儿童教学用书入手对儿童教育进行改革。他把儿童应读的书分为七类：①识字书。选择社会通用、常用文字，约二千字，按汉字的特点分为形、声、义三类，采用不同的方法进行教学。②文法书。教儿童联字成句、联句成文，教师先口授俚语，由儿童以文言答出，有词不达意的给以改正。③歌诀书。将当前的各种知识，选择切用者，借鉴中国古代的经验，编成韵语。④问答书。与歌诀书相配合，歌诀助记忆，问答通过设问以发明之，引导学生理解。⑤说部书。文言合一，采用俚语俗话，广著群书，包括圣教史事等。让儿童阅读。⑥门径书。开列儿童应读书目。⑦名物书。即字典。梁启超还为以上七类书各应包括的学科内容作了说明。

（3）提倡师范教育。梁启超在分析洋务派所办学堂成效甚微的原因的同时，指出"其受病之根有三：一曰科举之制不改，就学乏才也；二曰师范学堂不立，教习非人也；三曰专门之业不分，致精无自也。"（陈学恂主编：《中国教育近代文选》，第131页）特别重视师范教育，显示出了梁启超在教育改革上的真知灼见。他光绪二十二年（1896）在《时务报》上发表《变法通议·论师范》（璩鑫圭、童富勇：《中国近代教育史资料汇编·教育思想》，第198－201页），在中国近代教育史上首次专文论述师范教育问题。

要改革和发展近代教育事业，必须有足够数量和质量的师资。梁启超认为，"师范学堂不立，教习非人也"。所以他竭力提倡师范教育，指出"夫师也者，学子之根核也"，"故师范学校立，而群学之基悉定"。并强调说："欲革旧习兴智学，必以立师范学堂为第一义"（《论师范》，陈学恂主编《中国近代教育文选》，第143页）。在他设计的《教育制度表》里，就包括有从"寻常师范学校"到"高等师范学校"直至"师范大学"的比较完整的师范教育系统。他主张：应在办理大学堂之前，自京师以及各省府州县，设立小学和师范学堂，师范学堂的学生同时兼任小学堂的教习，以后逐步提高师范生的程度，以至于可以担任中学堂和大学堂的教习。师范学堂的课程应包括"六经"大义、历朝掌故、文字源流、列国情状、格致专门、诸国文字等基础学科。另外，他认为有关"诲人之术"和"为教之道"的微言妙义，已略具于中国古代的《学记》，应加以发掘利用。值得指出的是，梁启超认为培养师资应主要靠本国自力更生，因为"西人言语不通，每发一言，必俟翻译辗转口述，强半失真，甚不相宜"，并且外籍教师"所领薪俸，又恒倍于华人"（《论师范》，陈学恂主编《中国近代教育文选》，第143页），所以招聘外籍教师终非长策。

梁启超倡导师范教育，不仅是从教学职业的特殊性出发，强调对教师进行专门培训，更重要的是希望通过广设师范学校，统一课程设置，培养一批在知识结构和思想观念上都符合维新要求的新教师。

（4）主张创办"政治学院"。梁启超分析了中国当时的教育实际，痛彻地感到仅有西方科学技术，船坚炮利并不能救中国。认为洋务派所办的同文馆、广方言馆、水师学堂、武备学堂、自强学堂、实学馆之类，所以没有培养出理想的人才，关键在于"言艺之事多，言政与教之事少"，而且"其谓艺者，又不过语言文字之浅，兵学之末，不务其大，不揣其本"。因之，"所成无几"。（陈学恂主编：《中国近代教育文选》，人民教育出版社，1983年，第131页）为改变这种情况，梁启超提出了"以政学为主义，以艺学为附庸"的教育改革思想。他说："今日之学校，当以政学为主义，以艺学为附庸；政学之成较易，艺学之成较难；政学之用较广，艺学之用较狭。……今之中国，其习专门之业稍有成就者固不乏人，独其讲求古今中外治天下之道，深知其意者，盖不多见。"（《与林迪臣太守论浙中学堂课程应提倡实学书》，收入舒新城编《中国近代教育史资料》下册，第945页）

梁启超又提出："泰西诸国，首重政治学院；其为学也，以公理公法为经，以希腊罗马古史为纬，以近政近事为用，其学成授之以政，此为立国基第一义。日本效之，变法则独先学校，学校则独重政治，此所以不三十年而崛起于东瀛也。"（《与林迪臣太守论浙中学堂课程应提倡实学书》，收入舒新城编《中国近代教育史资料》下册，第945页）他要求学习西方及日本等国经验，应重视创办"政治学院"，以培养急需的政治人才。

梁启超所谓的"政治"，是指资产阶级的政治学说和政治主张，在他的兴学校、育人才的指导思想中，兴学校"首重政治学院"，使"其学成者授之以政"，以培养具有资产阶级思想的政治人才。在这一办学原则的指导下，梁启超所倡导的近代学校教育体制朝着更鲜明的资产阶级方向发展。

5. 倡导女子教育

光绪二十二年（1896），梁启超在《时务报》上发表《记江西康女士》一文，介绍了中国早期留美女子康爱德的经历和优异成绩，并借此发挥，号召发展女子教育。不久，他又发表《变法通议·论女学》，强调女子教育的重大意义。他说："吾推极天下积弱之本，则必自妇女不学始。"他认为中国的贫弱，是从妇女未受教育开始的。他通过考察世界各国的情况得出结论：女子教育的发展水平反映国势的强弱，中国欲救亡图存，由弱转强，就必须大力发展女子教育。他批评"女子无才便是德"的陈腐观点，认为这乃是"祸天下之道"，是妇女"于天下事一无所闻"，因而造成妇女愚昧无知，使占人口半数的女子不能自立。他斥责封建社会，女子不仅没有受教育的权利，而且遭受摧残，"惟宁不教不业而已，且又戕其肢体，蔽其耳目，黜其聪慧，绝其学业"，对妇女是"闺闼禁锢，例俗束缚，惰为游民，顽若土番"（《倡设女学堂启》，舒新城编《中国近代教育史资料》下册，第797页）。他借鉴西方国家的经验，认为"男女平权，美国斯盛。女学布濩，日本以强"，提出要仿照西方各国，主张男女平等，提倡女子教育。他认为，要发展女子教育，首先必须从破除女子缠足陋习，让女子行动自由开始。

梁启超计划在上海创办女子学堂一所，然后各省、州、县也可以仿照

·相关链接·

梁启超的"新民论"与日本"明治国民的教师"的福泽谕吉的"文明论"，思想渊源虽一脉相承，但这并不能掩盖两者之间的显著差异。福泽谕吉具有开放的世界文明视野，他完全承认欧美为文明国家，主张脱亚入欧。他坚信：陈腐的汉学如果盘踞在晚辈的头脑里，那么西洋文明就很难传入日本。福泽谕吉关心社会和政府能否保障个人才智的发挥，防止人民的自主活动免受政府干扰，倡导国民具有独立不羁的精神，具有个人本位的特征。他把文明归结为智德的进步，认为启蒙活动的宗旨是倡导自然科学和独立精神，因而为庆应义塾制定的教育方针是以数理和独立为本。福泽谕吉提出应当把不切实际的学问视为次等，而专心学习对人的日常生活有用的学问。他对普通教育十分重视，主张教育机会均等。在学校教育中，福泽谕吉主张以德智体"和谐发展"为目标，认为德和智恰似身体的两个方面，没有孰轻孰重之别。在德育方面，反对用忠臣孝子、义士节妇的故事向儿童灌输封建伦理道德，主张以通行的人情道理培养普通的德性，以培养判断力为中心进行德育教育；在智育上，提倡学校不只是传授知识的场所，而且是开发人类天资的地方。他认为学校教育、社会教育、家庭教育三者必须协调统一发展。主张学生必须参加社会变革，接受社会教育；认为习惯比一般的教育更具有影响力，而每个家庭就是一所习惯的学校，父母就是教师。福泽谕吉和梁启超的教育改革思想有不少默契之处，都具有反封建的资产阶级民主精神。然而，福泽谕吉更多以在野的思想家身份探讨明治政府在学校教育制度建立过程中，学校和社会、家庭的协调，公立学校和私立学校的关系，义务教育的普及等问题；而梁启超则兼具思想家和政治家的身份，重点在批判科举制，考虑国家如何建立有系统的国民学校制度。

建立。他写了一篇《倡设女学堂启》，并附《女学堂试办略章》，对女学堂的办学宗旨、课程设置、教职人员、管理制度，及招生对象等都有明确规定：办学宗旨，"必使妇女人各得其自有之权"；招收对象为八岁至十五岁的"良家闺秀"；学习内容，"中文西文各半"，皆先识字，次文法，次读启蒙粗浅之书，"次读史志艺术治法性理之书"；学堂

设算学、医学、法学三科，"学生每人必自占一门"，另设师范科，培养师资，也可根据妇女需要，设纺织、绘画等科；规定学堂管理人员，"上自教习提调，下至服役人事，一切皆用妇人"。（《女学堂试办略章》，舒新城编《中国近代教育史资料》下册，第 798－799 页）梁启超的女子教育思想内容广泛，有鲜明的近代特征，为以往论者所不及。

在梁启超的政治活动中，他组织过学会，主编过报纸，并办过学堂，但教育仍占着重要地位。他提出的"教育为立国之根本"，虽没有超出改良主义的樊篱，但却带有强烈的时代气息和明显的政治目的，他推动今日之教育"非根本改革不可"的胆略和见识，为中国近代社会发展增添了绚丽的光彩，在中国教育近代发展的许多方面起到了思想先导的作用。

三　戊戌政变至施行"新政"

清德宗载湉光绪二十四年（1898）—清德宗载湉光绪三十四年（1908）

光绪二十四年四月二十三日（1898 年 6 月 11 日）开始的戊戌变法，到八月初六日（9 月 21 日）变法失败，历时 103 天。八月初六（9 月 21 日），慈禧太后发动政变，正式宣布恢复太后训政，将光绪帝幽禁瀛台，下令捉拿维新要员并治罪。康有为、梁启超逃亡国外，康广仁、杨深秀、谭嗣同、林旭、杨锐、刘光第六人被杀害（《光绪朝东华录》光绪二十四年八月乙未）。许多参与或支持维新变法的官员，分别受到降级、革职、流放等处分。一切新政全被废除，这自上而下的救亡图存的维新运动宣告失败。

维新运动失败一年后，中国大地爆发了以农民为主体的义和团运动，农民阶级开展了"灭洋仇教"的反帝爱国斗争。义和团运动首先在山东发动，戊戌政变后开始在京、津城内发展。义和团运动迅猛发展，使帝国主义列强非常恐慌。列强为维护自己的在华权益，一方面威逼清廷严厉镇压义和团，一方面着手准备联合发动对中国的侵略战争。光绪二十六年七月初十（1900 年 8 月 4 日），八国联军近 20000 人，从天津沿运河两岸进犯北京，义和团和部分清军进行了英勇抗击。七月二十日，侵略军进入北京。二十一日（8 月 15 日）凌晨，慈禧太后带领光绪仓皇出逃，辗转前往西安。联军侵占北京后，到处烧杀抢掠，犯下累累罪行，堆满金银和历朝宝物的皇宫、颐和园等地，惨遭洗劫，"上自典章文物，下至国家奇珍，扫地遂尽"（柴萼：《庚辛纪事》，《义和团》第一册，第 316 页）。光绪二十七年七月二十五日（1901 年 9 月 7 日，阴历辛丑年），流亡在西安的朝廷，与俄、英、美、日、德、法、意、奥、比、荷、西 11 个国家签订了丧权辱国的《辛丑条约》，又一次使中国的主权受到严重的破坏，大大加深了中国社会的半殖民地化程度。

为了讨好帝国主义，缓和统治阶级的内部矛盾，欺骗人民，抵制革命，慈禧太后在西逃的途中，就以光绪帝的名义下罪己诏，下诏求直言，到达西安后，又下诏变法。《辛丑条约》签订后，八月二十四日（10 月 6 日），慈禧太后自西安行宫启跸，取道河南、直隶回京。光绪二十七年十一月二十八日（1902 年 1 月 7 日）午刻回到北京，结束了她一年零五个月的流亡生活。

光绪二十八年三月十四日（1902 年 4 月 21 日），慈禧太后谕令设立督办政务处，作为筹办"新政"的机关，陆续实行了一些新政。为了拉拢立宪派，共同对付革命党人，慈禧太后于光绪三十四年八月一日（1908 年 8 月 27 日）颁布《钦定宪法大纲》，并且宣布，预备立宪以九年为期。就在这年十月二十一日（11 月 14 日），光绪帝在瀛台涵元殿含恨死去，慈禧太后便将光绪帝的异母弟醇亲王载沣之子，年仅三岁的溥仪立为皇位继承人。次日，慈禧太后病死，她长达 47 年的统治也随着她生命的终结而结束。

（一）教育改革的扼杀

百日维新期间所颁布的教育改革举措，在实际推行过程中遇到了巨大的阻力。首先是由于以慈禧太后为首的守旧势力的阻挠。当变法的诏书接连而下的时候，守旧官员非常惶恐，多请于太后，请她出面禁止。当光绪帝向慈禧太后请求开设懋勤殿以选举英才时，"太后不答，神色异常"（苏继祖：《清廷戊戌朝变记》）。而且慈禧此时已在酝酿，废除光绪。在各地掌握实权的督抚中，有的对教育改革本身并无特别恶意，但出于对晚清政局中帝后之争的切身利益考虑，他们装聋作哑，骑墙观望或阳奉阴违。而有的则是从根本上反对一切新政举措。据一份奏折揭露，时任两广总督的谭钟麟年逾七十，两目昏盲不能辨字，跪拜皆须人扶持，但到任之后却首以裁水师学堂、撤鱼雷学堂为要事。朝廷迭令废八股办学堂，他却在书院考课中"故出八股题"，"学堂至今未立"。不仅如此，"其他商人禀请开矿筑路等事，则必阻之，全省有谈时务者，不委差使，吏士以此相戒"。（中国史学会主编：《戊戌变法》（二），第 89 页）又如两江总督刘坤一，对变法期间"谕令筹办之事，竟无一字复奏"，经电旨催问，刘坤一托称"部文未到"。光绪皇帝在一份谕旨中写道："各省积习相沿，因循玩愒，虽经严旨敦迫，犹复意存观望。"（中国史学会主编：《戊戌变法》（二），第 60 页）在愤怒的谴责声中流露出无奈之意。

　　百日维新期间在教育改革上所采取的举措，如废八股、不凭楷法取士，改祠庙为学堂等，由于触及一部分人的实际利益而遭到反对。早在光绪二十四年（1898）西历 5 月，废八股的诏书还未发布，梁启超联合在京百余举人，连署上书，请废八股。奏折还没有递上去，"当时会试举人集辇毂下者，将及万人，皆与八股性命相依，闻启超等此举，嫉之如不共戴天之仇"（中国史学会主编：《戊戌变法》（一），第 270 页）。及至诏书发布，"愚陋守旧之徒，骤失所业，恨康有为特甚，至有欲聚而殴之者。自是谣诼大兴，亦遍于天下"（中国史学会主编：《戊戌变法》（二），第 25 页）。教育改革的举措引起了一些文人的不满和反对，并发展到"不共戴天之仇"和"欲聚而殴之"的程度。可见教育改革的阻力之大，反对之烈。

　　戊戌政变后，西太后以"训政"名义重新掌权，政变后，文化教育领域的所有改革措施几乎尽皆废置。不仅"明白宣示，嗣后乡试会试及岁考科考等，悉照旧制，仍以四书文试帖经文策问等项，分别考试"。"经济特科，易滋流弊，并著即行停罢。"（中国史学会主编：《戊戌变法》（二），第 109 页）而且，对新式学堂的开办严加限制，停止祠庙改学堂，各府州县设立小学堂，听民自便，不再由官府倡设。

　　政变后，一切改革措施几乎尽废，唯京师大学堂"以萌芽早，得不废"（《清史稿·学校》）。京师大学堂继续受命办学，但受政变影响，不仅学堂规模比原计划大为缩小，仅设仕学院，让举人、进士出身之京曹入院学习；同时附设中小学；而且报名投考人数锐减。"京曹守旧耻入学，赴者绝鲜。"（舒新城：《近代中国教育史资料》第一册，中华书局，1928 年，第 158 页）12 月中旬，学校正式开学，"学生不及百人"，"讲舍不足百间"。课程仅设《诗》《书》《易》《礼》四堂，《春秋》二堂。小学午前读经，午后习科学，如格致、算术、化学、外语等。仕学院及中学生午前

· 相关链接 ·

　　1898 年，日本谷本富著作《将来的教育学》发表。

　　1899 年，日本颁布《教育基金特别会计法》《实业学校令》《私立学校令》《高等女学校令》和《图书馆令》。颁布《幼稚园保育及设备规程》。建立职业中学。

　　1900 年，日本颁布《感化法》《教员免许令》。

　　1901 年，日本私立女子大学成产。

　　1902 年，日本广岛高等师范学校成立。

　　1903 年，日本公布《专科学校令》。

　　1904 年，日本吉田熊次著《社会教育学讲义》。颁布《告小学教员》。印度颁布《大学法》《政府教育政策决议》。

　　1906 年，印度推行义务初等教育。成立促进技术教育协会。

　　1907 年，日本将义务教育年限延长到 6 年。公布《师范学校规程》。

　　1908 年，日本颁布《戊申诏书》，即教化国民的诏书。

无功课，自习经史，午后均习科学。1898 年秋，学生增至近二百人。"士子虽稍习科学，大都手制艺一编，占毕咿唔，求获科第而已。"（刘锦藻，《清续文献通考》（七），第 8649 页）1900 年夏，义和团进入北京，京师大学堂"住堂学生均告假四散"，学堂经费无着。8 月 3 日，西太后下令停办大学堂。之后，八国联军侵占北京，京师大学堂校舍被盘踞，图书和仪器设备被毁，在戊戌政变后得以保存下来的京师大学堂，又遭到帝国主义的摧残。

百日维新期间的教育改革以失败而告终，但它却在中国教育近代化历程中具有重要意义。这一场由封建王朝的最高统治者亲自发动的自上而下的教育改革，反映了资产阶级维新派的主张和愿望，对封建传统教育产生了强大冲击。特别是废除八股取士，在广大士人中产生了极大的震撼，在百日维新中掀起的"人人谈时务，家家言西学"的风潮，激荡起一股思想解放的潮流。正如亲历过整个事件的梁启超撰文所说：废八股诏书发布后，"海内有志之士，读诏书皆酌酒相庆，以为去千年愚民之弊，为维新第一大事也。""虽仅数月，八股旋复，而耳目既开，民智骤进，自有不甘于谬陋者，旧藩顿决，泉涌涛奔，非复如昔日之可以掩闭抑遏矣。故此数月废八股之效，其于他日黄种之存亡，实大有关系也。"（中国史学会主编：《戊戌变法》二，第 25 页）梁启超形象而生动地讴歌了百日维新期间教育改革举措所具有的解放思想的巨大作用。从这个意义上讲，百日维新期间的教育改革虽然失败了，但却是一场留下了丰富历史遗产的悲壮的失败。

（二）颁布"变法"与实行"新政"

慈禧向列国宣战终遭失败，逃亡西安之后，不得不改变反对一切改革的顽固态度，开始唱起变法的调子。

光绪二十六年十二月初十（1901 年 1 月 29 日），西太后以光绪皇帝的名义在西安颁布变法上谕："世有万祀不易之常经，无一成不变之治法。穷变通久，见于《大易》；损益可知，著于《论语》……今者恭承慈命，一意振兴，严祛新旧之名，浑融中外之迹。"上谕中批评此前的学习西学是："晚近之学西法者，语言文字、制造器械而已。此西艺之皮毛而非西学之本源也。""舍其本源而不学，学其皮毛而又不精，天下安得富强耶？"提出要"取外国之长，乃可补中国之短；惩前事之失，乃可作后事之师"。明令军机大臣、大学士、六部、九卿、出使各国大臣、各省督抚：各就现在情弊，参酌中西政治，举凡朝章、国政、吏政、民生、学校、科举、军制、财政，当因当革，当省当并。如何而国势始兴？如何而人才始盛？如何而度支始裕？如何而武备始精？

各举所知，各抒所见，通限两个月内悉条议所闻。(《义和团档案史料》，第 914—916 页)。上述谕旨，反映了经历八国联军之役后，清政府面对"中国残局"，苦涩、无奈而又十分急迫的王朝自救意识。

光绪二十七年三月初，下令成立以庆亲王奕劻、大学士李鸿章等人组成的"督办政务处"，洋务大臣重新强化了自己在政治上的发言权。在文化教育方面实行的"新政"有，光绪二十七年 (1901) 六月，诏开经济特科；八月，诏废八股文程式；九月，诏令各省设立学堂；1902 年派张百熙为管学大臣，令切实办理京师大学堂，拟定学堂章程；1904 年，改管学大臣为学务大臣，派孙家鼐充任，总管全国教育；1905 年，诏自丙午 (1906 年) 科开始，废科举，从学校选拔人才。此外，又命令各省选派学生，用官费送到外国留学，学成后，将分别赏给进士、举人的头衔，等等。这次"新政"在教育方面的改革主要有：改造各级官学，废除科举制度，建立新学制，厘定教育宗旨，改革教育行政机构等。

在光绪二十六年十二月宣布的变法上谕中，重申了康有为一派的罪行："康逆之谈新法，乃乱法也，非变法也"(《义和团档案史料》，第 915 页)。表示同康有为的变法制度划清界限。这个上谕中说："世有万古不易者三纲五常，昭然如日星之照世。而可变者令甲令乙，不妨如琴瑟之改弦。"(《义和团档案史料》，第 914 页) 显然，这完全是要在不改变封建专制体制的前提下的"变法"，学习西学以重建统治秩序。

响应朝廷的号召，刘坤一和张之洞这两个在长江流域首创"中外互保"的总督，在光绪二十七年五六月间联名呈递三个奏折，当时被称为"江楚会奏变法三折"(《张文襄公全集》卷五十二，第 9—29 页)。他们认为，变法的第一步要从"育才兴学"做起，其办法就是开设"文武学堂"，废除八股考试制度和旧式的武科考试制度，奖励到外国留学。

光绪三十一年 (1905)，时任直隶总督兼北洋大臣的袁世凯与张之洞联名上奏，主张停止科举，推广学校。他们说："近数年来，各国盼我维新，劝我变法，每疑我拘牵旧习，讥我首鼠两端，群怀不信之心，未改轻侮之意。""科举夙为外人诟病，学堂最为新政大端。一旦毅然决然，舍其旧而新是谋，则风声所树，观听一倾，群且刮目相看，推诚相与"(《养寿园奏议辑要》卷三十五，第 2—3 页)。可见，晚清最后十年的"新政"，着眼点还是在于使封建专制统治的政权披上"维新"的外衣而求得帝国主义列强的信任。

(三) 新式学堂的发展与书院改革

光绪二十七年 (1901 年 8 月) 清政府颁布"兴学诏书"，鼓励兴办学堂，指出：

"兴学育才，实为当务之急"。强调府及直隶州设中学堂，州县设小学堂，并多设蒙养学堂。（《光绪朝东华录》卷一六九）。

几年内，各省相继兴办了一些新式学堂。黄炎培所著的《清季各省兴学史》记载，从光绪二十七年（1901）起，到光绪三十一年（1905）废科举那年的四年内，河北省（当时名直隶）相继办起一些学堂。如，1902年6月直隶总督袁世凯奏陈在省城建立行营将弁学堂一所；8月，在省城保定建立师范学堂；9月，恢复天津头等二等学堂，并将其旧址改为北洋学堂；同年，直隶创办高等农务学堂，先办预科。1903年10月，袁世凯于保定开办北洋陆军学堂。1904年3月，直隶布政使柳生春奏准创办保定医学堂；10月，严修、张伯苓等人于天津创办敬业中学堂。1908年，直隶高等工业学堂建立，分正科和速成科；同年，陈宝泉、邓澄波在天津西门城隍庙内筹设单级小学，为北方提倡单级教授之始；同年，直隶学务处在天津设立简易学堂。1905年2月，河北农务实业学堂建立，次年改为中等蚕桑实务学堂；3月，袁世凯奏设军医学堂、马医学堂、经理学堂和军械学堂；5月，津榆路局于唐山筹设铁路学堂，次年，唐山铁路学堂改名为路矿学堂；9月，袁世凯就大沽水师营房开办宪兵学堂；同年，直隶札饬府、州、县设初级师范学堂，并附设预备科及小学师范讲习所。又据光绪三十年（1904）《东方杂志》第十期载，江苏省全省学堂计99所，内设高等专门学堂8所，中学堂4所，小学堂24所，蒙养学堂63所。（毛礼锐、沈灌群主编：《中国教育通史》第四卷，山东教育出版社，1988年，第224—225页）。从以上就可窥见，在推行"新政"下，新式学堂有了较快发展。

在当时国内出现的一批著名学堂中，大都为留学生特别是留日学生所创办。如明德学堂，留日学生胡元倓光绪二十九年（1903）创办于长沙，是湖南第一所新式中学堂。南开中学，光绪三十年（1904）严修与张伯苓赴日本考察学务，深感"益信欲救中国，需从教育着手"（《张伯苓教育言论集》，南开大学出版社，1984年，第248页）。回国后，即将原有的两所家塾合并扩充，成立中学，由张伯苓任校长，1908年改称南开中学。中国公学，光绪三十二年（1906）春，留日学生为反对日本政府新颁布的取缔规约，愤而退学，在上海创办该校，学生来自13个省区。此外，像无锡竞志女学、安徽公学、上海浦东中学、丽泽学院、城东女学等，均为留日归国学生所创办或主持校务，各开其地方风气之先。这些著名的新式学堂，大多重视理化、数学等自然科学课程，讲究教授方法的改良，强调图书仪器、试验设备的建设，注重体育训练和学生课外活动的开展，均为时论所重。

在这一时期，新式学堂迅猛发展。仅从光绪三十三年（1907）学部的统计，京师有学堂 127 所，直隶 4 591 所，吉林 1 526 所，湖北 1 298 所，河南 2 692 所（《各省教育汇志》，《东方杂志》第 1 年第 5 号）。全国学校总数达 37 888 所，学生总数为 1 024 988 人（《学部官报·奏章》第四册，第 122 期）。出现了"上有各府州县学堂之设立，下有爱国志士热心教育蒙学女学各种私学之设立"（《论教育》，《时报》甲辰七月初四日）的繁荣局面。

在新式学堂的迅速发展时，清政府对传统官学却很少改造，也没有这方面的政策出台。1902 年 2 月 19 日，翰林院侍读宝熙奏请：变通宗室、八旗学校，建议将宗室、觉罗、八旗官学，改并为小学堂八处，中学堂两处，由京师大学堂管理；咸安宫官学，景山官学两处，亦归并京师大学堂管理。在同一份奏折中还建议将各省驻防官学书院，一律改为小学堂，清廷原则上同意这一奏请，"著张百熙核议具奏"（朱寿朋编：《光绪朝东华录》，总第 4827 页）。光绪三十一年（1905），国子监奏拟南学堂办法，第二年，正式将国子监南学改为师范学堂。国子监和各类宗室、八旗学校的改造，对整个官学体系的改造具有一定的导向作用。

对书院的改革较之官学的改造声势要大。如果说维新运动时期书院的改革大多停留在政策的层面，而这次书院改设学堂却很快付诸实施。1901 年 7 月，湖广总督张之洞、两江总督刘坤一联名上奏《变通政治人才为先遵旨筹议折》。折中建议，在全国普设学堂的同时，对书院要"正名"，改为学校。"成事必先正名。三代皆名学校，宋人始存书院之名……今日书院积习过深，假借姓名希图膏奖，不守规矩动滋事端。必须正其名曰学，乃可鼓舞人心，涤除习气。如谓学堂之名不古，似可即名曰各种学校，既合古制，且亦名实相符。"（《张文襄公全集》，中国书店，1900 年，总第 914 页）这一奏议很快引起清廷的重视。在当年的 9 月 14 日，清廷发布上谕："著各省所有书院，于省城均改设大学堂，各府及直隶州均改设中学堂，各州县均改设小学堂"，并"著各该督抚学政，切实通饬，认真兴办"。（朱寿朋：《光绪朝东华录》，总第 4719 页）

首先起而响应的是山东巡抚袁世凯。袁世凯将山东省城济南泺源书院改为山东大学堂，并拟定了《山东大学堂章程》，包括学堂办法、条规、课程、经费共 96 节，其章程于同年 11 月由清政府颁行各省，成为全国各省争相效法的样本。在 1902 年，先后有山东、江苏、浙江、福建、甘肃、陕西、广西、四川、广东、贵州、安徽、湖南等省区的督抚、学政向清廷报告他们改省城书院为大学堂的经过。当时，由各省省城书院改设的大学堂，很快就遵章改为高等学堂，实际上多为预科程度。大约在 1904 年《奏定学堂章程》颁布前后，就全国范围而言，书院改设学堂已普遍完成。从此，作为传统教育体制重要组成部分，在中国已有千年历史，并曾在有清一代写下过辉煌一页的书院制度，终于退出了历史舞台。

（四）废除科举制度

在晚清最后十年的传统教育变革中，成效最著、影响最为深远的是废除科举取士制度。

1901年3月9日，在清廷颁布变法上谕之后的四十天，两广总督陶模奏请变通科举，提出："请将本年乡试明年会试，暂遵光绪二十四年六月谕旨。……一切章程，并请旨敕部按照光绪二十四年（1898）所定部章分别增减刊刻颁行。仍俟学校齐备，课有成才，即将科举停止，俾天下向学之士归于一途。"（舒新城编：《近代中国教育史资料》第一册，第100—101页）戊戌变法中，曾下诏废除八股试帖小楷取士制度，凡乡会试和生童岁科一律改试策论，并开经济特科，奖掖实学这两项措施，因戊戌政变而被取消。陶模的奏折是在维新运动被扼杀后第一次公开提出变通科举要"暂遵"和"按照"百日维新期间的谕旨和章程办理，所以此折被后人称誉"为废科举之先声"（舒新城编：《近代中国教育史资料》第一册，第99页）。

这年（1901）五月，清廷重臣张之洞、刘坤一又上奏《筹议变通政治人才为先折》，在奏折中提出："科举一事，为自强求才之首务。时局艰危至此，断不能不酌量变通。半年来谘访官绅人士，众论佥同。两广督臣陶模，山东巡抚袁世凯咨来奏稿，言之甚为恳切。改章大旨总以讲求有用之学，永远不废经书为宗旨。拟即照光绪二十四年臣之洞所奏变通科举奉旨允准之案酌办。"（舒新城编：《中国近代教育史资料》上册，第55—56页）其"变通科举"的办法，就是维新变法中提出的废除八股改试策论，同时又提出"停罢武科"。清廷迫于形势，就在这年的8月，不得不第二次明令："自明年始，乡会试及岁科试策论，不准用八股程式，并停止武生童考试及武科乡会试。"这年还仿博学鸿词科例，诏开经济特科，定于癸卯（光绪二十九年）会试后正式举行（《光绪朝东华录》卷一八〇）。

庚子事变以后，一般官僚和封疆大吏纷纷要求分年递减科举取士名额。光绪二十七年（1901）五月，张之洞、刘坤一在《筹议变通政治人才为先折》中提出："拟将科举略改旧章，令与学堂并行不悖，以期两无偏废；俟学堂人才渐多，即按科递减取士之额，为学堂取士之额。"（舒城新编：《中国近代教育史资料》上册，第56页）袁世凯在《条陈变法疏》中建议逐年核减岁、科、乡试的取中名额，另增实学一科，即将旧科所减之额，作为实科取中之数，"旧科中额每次递减一成，实科增额每次递增一成，以五成为度"（《谕折汇存》卷二十二，第12页）。光绪二十九年（1903）十一月，张百熙、荣庆、张之洞在《奏请递减科举注重学堂折》中建议："请乡会试，自下届丙午科起，每科递减中额三分之一。俟末一科中额减尽以后，即停止乡会试"；学政岁科试，"请予乡试两科年限内分两岁考，两科考四次分减，每一次减学额四分之一，俟末一次学额减尽，即行停止学政岁科试"（舒城新编：《中国近代教育史资料》上册，第61页）。但是这种减少科举取士名额，"并非废罢科举，实乃将科举学堂合并为一而已"（舒城新编：《中国近代教育史资料》上册，第60页）。

1904年1月13日，张百熙、荣庆、张之洞在联名进呈《奏定学堂章程》的同时，再次奏请递减科举注重学堂。议论了两年多的递减科举中额一事终于有了下文，清廷就三人的联名奏折发布谕旨："著自丙午（1906年——引者注）"科为始，将乡会试中额及各省学额，按照所陈逐科递减，俟各省学堂一律办齐，确有成效，再将科举学额分别停止，以后均归学堂考取，届时候旨遵行。"（朱寿朋编：《光绪朝东华录》，总第5129页）按照张百熙等人奏折中的建议，从丙午科（1906年）开始减额，要十年后才能停止科举。

20世纪初年，中国社会的变革异常剧烈。国内此起彼伏的请愿活动、民变风潮、武装起义，从不同方面再次使清廷朝野感受到王朝危亡无日的恐怖。科举减额的谕旨还未及时实施，1905年9月2日，直隶总督袁世凯会同盛京将军赵尔巽、湖广总督张之洞、两江总督周馥、两广总督岑春煊、湖南巡抚端方等一批封疆重臣，联名奏请立停科举。他们认为："科举一日不停，士人皆有侥幸得第之心，以分其砥砺实修之志。民间更相率观望，私立学堂者绝少，非公家财力所能普及，学堂决无大兴之望。"所以，"科举不停，学校不广，士心既莫能坚定，民智复无由大开，求其进化日新也难矣。故欲补救时艰，必自推广学校始，而欲推广学校，必自先停科举始。拟请宸衷独断，雷厉风行，立沛纶音，停罢科举。"（朱寿朋编：《光绪朝东华录》，总第5390页）奏折中，把废科举、兴学堂与开民智直接联系在一起，出自清廷重臣之奏折中，反映了当时教育观念的新变化。为了促使清廷下定最后决心，这个奏折还提出五条罢停科举后"最为切要"的补偿措施，即：尊经学、崇品行、优先办师范学堂、未毕业学生暂勿率取、为旧学儒生宽筹出路。折上，清廷于同日批准："著即自丙午科为始，所有乡会试一律停止，各省岁科考试亦即停止。其以前之举贡生员，分别量予出路。及其余各条，均著照所请办理。"（朱寿朋编：《光绪朝东华录》，总第5392页）这就是著名的立停科举之诏。这样，在中国实行了一千三百年之久的科举制度，至此完全废除。这是中国教育史上的一件大事。

（五）“壬寅学制”与“癸卯学制”

19 世纪 70 年代后，部分改良派人士、维新派代表人物，甚至一些知名的欧美传教士，纷纷以著文、上书等形式建议清政府仿行西方建立学校制度，并提出了不尽相同的学制方案。但因以科举为核心的传统教育制度并未根本动摇，“百日维新”的教育改革，又兴而复止，近代学制处在呼之欲出而又呼之不出的边缘境地。1901 年拟行“新政”后，各地官绅纷纷响应清廷的兴学诏书，一时新式学堂越办越多，但各地学堂的课程设置和学习年限差别甚大，弊端不少。在这种情况下，通过制定全国统一的学制系统来确立标准，加强规范，已成为清廷和办学者的共同愿望。同时，1901 年 5 月创刊的中国近代最早的教育专业刊物《教育世界》，系统地翻译介绍了日本的重要教育法规、条例和学制。研究探讨教育改革问题，也为新的学制的建立提供了参照蓝本和人才准备（孙培青主编：《中国教育史》修订本，华东师范大学出版社，2000 年，第 343 页）。清末颁布学制始于《钦定学堂章程》，而成于《奏定学堂章程》。

1. 壬寅学制

光绪二十七年（1901），清廷在经历了一系列“创痛钜深”的沉重打击之后，被迫重新讨论制定新学制的问题，并委任京师大学堂管学大臣张百熙主持筹办京师大学堂和制定学制章程。1902 年初，张百熙在《奏筹办大学堂情形预订办法》中请求在新学制未定之前，为京师大学堂设立预备科，并设速成科培养师资，以为过渡的形式。同年 8 月，张百熙上《进呈学堂章程折》，申明此章程“节取欧美日本诸邦之成法，以佐我中国二千余年旧制。并在此思想宗旨的指导下，拟定了《京师大学堂章程》《蒙学堂章程》《小学堂章程》《中学堂章程》《高等学堂章程》和《考选入学章程》等六件，于光绪二十八年七月十二日（1902 年 8 月 15 日）颁布，统称《钦定学堂章程》。因该年为壬寅年，又称“壬寅学制”。这是中国近代第一个以中央政府名义制定的全国性学制系统，具体规定了各级各类学堂的目标、性质、年限、入学条件、课程设置及相互衔接关系。

“壬寅学制”将学校系统划分为三段七级。第一阶段为初等教育，包括蒙学堂四年，寻常小学堂三年，高等小学堂三年。规定儿童从六岁起入蒙学堂，其宗旨“在培养儿童使有浅近之知识，并调护其身体”。蒙学堂毕业后方可升入小学堂，其宗旨“在授以道德知识及一切有益身体之事”。蒙学堂和寻常小学堂共七年，规划为义务教育性质。寻常小学堂升级，可入高等小学堂学习。第二阶段为中等教育，设中学堂四年，旨在使高小毕业生加深程度，增加科目，“为高等专门之始基”。第三阶段为高等教育，分为三级，高等学堂或大学预科三年（设政、艺两科）；大学堂三年（设政治、文学、格致、农业、工艺、商务、医术七科，各科下又分设若干专业，如医术科分医学、药学两个专业）；大学堂之上设大学院，年限不定，以研究为主，不立课程，不主讲授。不算大学院，全学程共二十年。

学制主系列之外，与高等小学堂平行的有简易实业学堂，与中学堂平行的有中等实业学堂、师范学堂，与高等学堂平行的有高等实业学堂、师范馆、仕学馆等。

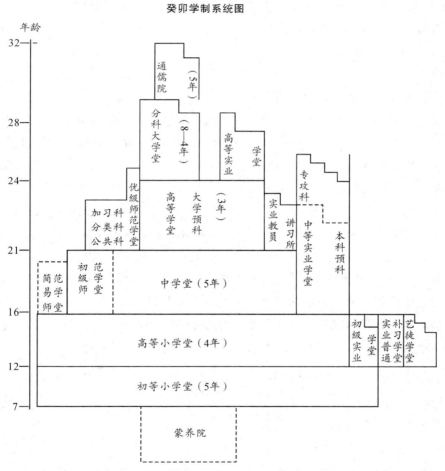

癸卯学制系统图

（参见毛礼锐、沈灌群主编：《中国教育通史》，第四卷，山东教育出版社，1988 年，第 227 页）

"壬寅学制"几乎是照抄了明治三十三年（1900）的日本学制，只是学制的年限增加了两年，并且完全没有涉及女子教育。这个学制的特点：其一，学制系统同时也是教育行政系统，大学院既为最高学府，又是全国最高教育行政机构，这一点既体现了中国古老的国子监学政合一的传统，又借鉴了法国教育制度的模式。其二，注重国民教育，《小学堂章程》中规定："俟各处学堂一律办齐后，无论各色人等，皆应受此七年教育，然后听其任为各项事业。"又注重实业教育，提出分别设立简易、中等和高等实业学堂。这都反映了资产阶级倡导的重要教育思想。其三，学制时间过长，而且还保留着科举制度的痕迹，规定高等小学、中学、师范、高等学堂和大学堂毕业生，分别给以附生、贡生、举人、进士等称号；对于科举出身的人，也可以分别送入高等小学、中学、高等学堂和仕学馆，名义上是沟通学校与科举，实则是科举制度还影响着学校教育。

"壬寅学制"曾于当年颁布，但因学制本身的不够完备，加之清廷对学制拟定人张百熙存有猜忌，对推行新学的作为有所顾忌，至使"壬寅学制"未得到具体实行。

2. 癸卯学制

光绪二十九年（1903），清廷感到有统一学校标准的必要，于是发出上谕："派张之洞会同张百熙、荣庆将现办大学堂一切事宜，再行切实商定；并将各省学堂章程，一律厘定，详悉具奏。"（舒新城编：《中国近代教育史资料》上册，第 197 页）十一月，张之洞等人以日本学堂管理规章为模式，拟定《奏定学堂章程》。经清廷钦定，正式公布了，由张百熙、荣庆、张之洞主持重新拟定的一系列学制系统文件，包括《学务纲要》《各学堂管理通则》《蒙养院章程及家庭教育法章程》《初等小学堂章程》《高等小学堂章程》《中学堂章程》《高等学堂章程》《大学堂章程》（附通儒院章程）《初级师范学堂章程》《优级师范学堂章程》《任用教员章程》《初等农工商实业学堂章程》（附实业补习普通学堂及艺徒学堂各章程）《中等农工商实业学堂章程》《高等农工商实业学堂章程》《实业教员讲习章程》《实业学堂通则》《译学馆章程》（译学馆又称方言学堂）、《进士章程》等（参阅朱有瓛：《中国近代学制史料》第二辑上册，第 78－79 页），统称《奏定学堂章程》。因公布时在阴历癸卯年，又称"癸卯学制"。这是中国历史上第一个由中央政府颁布并首次得以实行的全国性法定学制系统。

经过修订后的《奏定学堂章程》（癸卯学制），开宗明义的第一条，便称："京外大小文武各学堂均应钦遵谕旨，以端正趋向，造就通才为宗旨。"（《奏定学堂章程·学务纲要》）在张百熙、荣庆、张之洞《重订学堂章程折》中也明确强调："至于立学宗旨，无论何等学堂，均以忠孝为本，以中国经史之学为基。"（舒新城编：《中国近代教育史资料》上册，第 197 页）《奏定学堂章程》注入了

· 相关链接 ·

"癸卯学制"以同期日本学制仿制而成，在其形式上以及具体章程的众多细则上有惊人的相似之处。两个学制系统在学习年限上基本接近，中国学习日本设立西方国家学制中没有的高等学校作为大学预科；中国初小比日本多一年；学程共二十五年，比日本长一年。从横向看，即由普通、师范、实业三个系统组成。在学制系统上，中国刻意模仿日本。如重视普及义务教育，《学务纲要》反复强调"小学堂为最要"。又如，师范教育在学制中地位突出，强调国家办学和处于新式教育的初创时期，师范学堂系统与普通系统、实业系统并列为三大系统，并要求各省迅速开办各级各类师范学堂。

一系列旨在强化封建专制集权的内容，如《学务纲要》的第九条规定："中小学堂宜注重读经以存圣教"，并指儒家经典为"中国之宗教"，"若学堂不读经书"，则"三纲五常者尽行废绝，中国必不能立国矣"。在第十四、十五条还抨击男女平等、民权自由之说，是窃取西学，断章取义，依托附会，欺世惑人。在第十六、十七、十八条中，明文禁止私学专习政治法律、兵操，强调"学生不准妄论国政"，并制定《学堂禁令》约束学生。这说明，《奏定学堂章程》虽采用了近代学制的形式，但其思想实质仍不出封建专制文化的范畴。

"癸卯学制"包含着从小学到大学的完整体系，也分三段七级，学制总年限长达二十到二十一年。第一阶段为初等教育。包括蒙养院四年、初等小学堂五年和高等小学堂四年。蒙养院是幼儿教育机构。招收三至七岁幼儿。初等小学堂规划为强迫教育阶段。儿童七岁进入学龄期后应一律进入，"使邑无不学之户，家无不学之童"，"以启其人生应有之知识，立其明伦理爱国之根基。并调护儿童身体，令其发育为宗旨"。课程有修身、读经讲经、中国文字、算数、历史、地理、格致、体操等。高等小学堂则"以培养国民之善性，扩充国民之知识，强壮国民之身体为宗旨"，课程有修身、读经讲经、中国文学、算数、中国历史、地理、格致、图画、体操等。第二阶段为中等教育。设中学堂一级共五年，设修身、讲经读经、中国文学、外国语、历史、地理、算学、博物、物理及化学、法制及理财、图画、体操等课程。第三阶段为高等教育，分为三级，设高等学堂和大学预科三年分第一、二、三类。大学堂三至四年（分为经学、政法、文学、商、格致、工、农、医共八科，京师大学堂八科全备，设于各省至少备其中三科。）通儒院五年，属研究院性质，以"能发明新理以著成新书，能制造新器以利民用"为宗旨。学制规定：通儒院或分科大学的毕业生被授予进士功名；高等学堂毕业生被授予举人功名；中学堂和高等小学堂的毕业生则取得生员（秀才）的功名。保证了新式学堂的毕业生取得正规官员修补者的资格。

与上述体系的各级学校并行的各类学堂，主要有：（1）实业类，有与高等小学平行的实业补习学堂、初等农工商实业学堂和艺徒学堂；有与中学堂平行的中等实业学堂；有与高等学堂平行的高等实业学堂。各级实业学堂一般都划分为农业、工业、商业、商船，四个专业。（2）师范类，有与中学堂平行的初级师范学堂，以培养初等、高等小学堂教员为宗旨；有与高等学堂平行的优级师范学堂，"以造就初级师范学堂及中学之教员管理人员为宗旨"。主系列之外的各级学堂，其修业年限和起始年龄与对应的平行主系列或略有参差（参见下图）。

壬寅学制系统图

年龄	学制	学年
	大学院	
25—23	大学堂	20—18
22—20	师范馆 ／ 仕学馆 ／ 大学预科 ／ 高等学堂 ／ 高等实业学堂	17—15
19—16	师范学堂 ／ 中学堂（实业科） ／ 中等实业学堂	14—11
15—13	高等小学堂 ／ 简易实业学堂	10—8
12—10	寻常小学堂	7—5
9—6	蒙学堂	4—1

（参见毛礼锐、沈灌群主编：《中国教育通史》，第四卷，山东教育出版社，1988 年，第 229 页）

　　"癸卯学制"较"壬寅学制"更为系统详备。就具体条款而言，《奏定学堂章程》比《钦定学堂章程》有较大的改进。一是修订后的学制专设总理学务大臣，主管全国学政，并下设属官六处，初步形成了中央一级的教育行政机构，开始将学校教育系统与教育行政系统区分开了。二是癸卯学制承认了女子在家庭范围内接受教育的权利。三是癸卯学制将初等教育的年限从十年减为九年，并降低了蒙养教育始学的年龄。四是初小一级增设了艺徒学堂，以适应将来就业的需求。五是提高了中等实业学堂的教育程度，并增设专科作为升级途径，以期扩大中高级实学人才的培养规模。六是中学分设实业科，大学预科与高等实业学堂平行，增加了中学选择实学深造的途径。七是加强了师范教育，扩大了师范学校的类型。八是增设译学馆及方言学堂，加强外语教育，并着意推广官音，以期统一各地方语言。九是要求尊重儿童个性，禁止对十三岁以下儿童施行重于罚站之类的体罚。十是在课程整体比重上，西学占主导地位等。

　　"癸卯学制"的颁定，标志着中国近代学制的诞生。这个学制自光绪二十九年（1903）公布起，在宣统年间又经过多次修订和改进，一直延用到宣统三年（1911）清朝覆灭为止，对旧中国的学校制度影响很大。以后学校制度的确立，实际上是在这个学制的基础上渐变而来的。

3. 学制的修正与补充

根据形势的发展和实施中出现的问题，癸卯学制颁布后又做过一些修正与补充，在宣统年间之前，影响较大的是女子教育开始受到政府的注意。

1904 年颁布的《奏定学堂章程》中有《奏定蒙养院章程及家庭教育法章程》，虽然规定"以蒙养院辅助家庭教育，以家庭教育包括女学"。按照张之洞的说法是"中西礼俗不同，不便设立女学及女师范学堂"。《奏定学堂章程·学务纲要》明令禁办女子新式学堂，限制了女学的发展，特别是限制了官办女学的发展。但是，在兴学热潮中这道防线被突破，女子学校相继出现，如严氏女塾（1902 年）、上海务本女塾（1902 年）、蔡元培在上海开办的爱国女塾（1902 年）、湖北幼稚园附设女学堂（1903 年）等。在这一形势下，《奏定学堂章程》对女学的限制越来越不得人心。振兴女学已成为不可阻挡的时代潮流，慈禧太后也不得不正视这一事实，于 1906 年 2 月面谕学部，振兴女学。

1907 年 3 月，学部公布了《奏定女子小学堂章程》和《奏定女子师范学堂章程》，承认"详征古籍博访通人，益知开办女学，在时政为必要之图，在古制亦实有吻合之据"（学部：《奏定女学堂章程折》，《学部奏咨辑要》卷三）。提出女子学堂"以启发知识、保存礼教两不相妨为宗旨"（同上）。到光绪三十四年（1908），全国已有女子学堂29 所，学生 1384 人（《中国教育史研究》近代分卷，华东师范大学版社，2009 年，第141 页）。从此女子教育有了较大发展。

（六）改革教育行政体制

清朝科举制度废除以前，中央教育行政工作由礼部主持，《大清会典》载，礼部掌"学校贡举之法"。分为"仪制""祠祭""主客""精膳"四个司，学校和贡举由"仪制"管理。其职权是："掌朝廷府署乡国之礼，稽天下之学校，凡科举，掌其政令。"礼部并不是管理教育的专门机关。

自同治元年（1862）同文馆建立后，新式学堂逐渐增多。光绪二十四年（1898）维新变法，开办京师大学堂，规定大学堂管辖各省学堂，派孙

·相关链接·

1871 年，日本颁布学制的前一年，明治政府设立文部省作为教育领导机构，负责统辖全国各府县的学校和一切教育事宜。19 世纪大清帝国没有像明治政府那样雄心勃勃的教育计划，为自己确定的目标是有限的，洋务时期各洋务学校附属于洋务机构，戊戌维新时期京师大学堂兼任管理学校的职责，中央没有建立专管学校的机构来筹集财源向人民传播新的价值。1905 年，为推进"癸卯学制"才设立中央教育行政机构，并在全国模仿日本行政体制形成三级教育行政网络。

家兼负责。此为中国新教育行政之开始。光绪二十七年（1901）特设管学大臣，由张百熙充任，"将学堂一切事宜，责成经理"。管学大臣既是京师大学堂校长，又是全国教育行政机关的长官。1904 年 1 月 13 日，张之洞在《奏请设总理学务大臣》一折中，明确提出"管学大臣既管京城大学，又管外省各学堂事务，目前正当振兴学务之际，经营创始，条绪万端，即大学堂一处，已经繁重异常，专任犹虞不给，兼综更恐难周"。（《东方杂志》1904 年第 1 期"教育"，第 12—13 页）他建议在中央专设总理学务大臣，管理全国的教育，京师大学堂另设总监督，专管大学堂事务，并属总理学务大臣节制。同一天颁定的《奏定学堂章程》，对上述主张做了具体的规定。第五十三条规定总理学务大臣统辖全国学务及一切有关教育之事，各省则设学务处总理全省学务，并派讲求教育的士绅参议学务。第五十四条规定总理学务大臣下属六处分管学务，即专门处、普通处、实业处、审订处、游学处、会计处六处。第五十五条规定了总理学务大臣选用属官的章程。但这个机构并未付诸实行。

1905 年 10 月 12 日，山西学政宝熙上《请设学部折》，指出：在"停科举""一学制"的情况下，普及教育日推日广，学堂系统愈重愈繁，欲令全国学制划一整齐，必须有"总汇之臣"总持一切。为此，他建议仿日本文部省之成规，设立学部，并认为在科举废停之后，礼部、国子监已无实务可办，应将其撤裁，归并于学部。

1. 中央教育行政机关

1905 年 12 月 6 日，清廷批准成立学部，作为统辖全国教育的中央教育行政机关，并将原来的国子监并入学部属下。学部的职责："掌劝学育材、稽颁各学校政令，以迪民智。"（《清史稿·职官志六·学部》）学部的最高长官为尚书，其次为左、右侍郎，均为政务官。在尚书侍郎之下，设各项事务官。其中有：左、右丞各一员，协助尚书侍郎管理全部工作，领导各司；设左、右参议各一员，协助尚书侍郎核订法令章程，审议各司重要事宜。下设参事官协助左、右参议工作。

学部内分五司十二科。（1）总务司，下设机要科、案牍科、审定科。（2）专门司，下设专门教务科、专门庶务科。（3）普通司，下设师范教育科、中等教育科、小学教育科。（4）实业司，下设实业教务科、实业庶务科。（5）会计司，下设度支科、建筑科。各司设郎中，各科设员外郎，主持司、科事务。

学部附设视学官专任巡视京外学务。设编译图书局、京师督学局、学制调查局、高等教育会议所、教育研究所等机构。整体上注意到教育行政与教育学术的联系。1906 年，清政府进行政治体制改革，颁布各部官制通则草案，学部机构又作了相应调整，主要是将总务司改为承政厅，增设图书司等。1909 年又颁布了《视学官章程》，规定不再设专门的视学官，而以部中人员和直属学堂管理人员充任，并将全国划为 12 个视学区，每区管辖 2 至 3 省，每三年为一视学周期，各视学区必被视察一次。

2．省级教育行政机关

清朝官制在各省设立提督学政来管理教育，光绪三十年（1904）后，部分省根据《学务纲要》规定设立学务处。1906 年 4 月 25 日，清廷正式撤销各省提督学政，撤销学务处或学校司等省级教育行政机关，改设提学使司，作为各省专管教育的行政机构，长官为提学使，统辖全省学务。

以往学政与督抚互不归属，且学政非常驻地方，只是循例按临，主持岁科分棚调考，存在着"于督抚为敌体，诸事既不便于禀承；于地方为客官，一切更不灵于呼应"的弊端（《大清教育新法令》商务印书馆光绪三十二年版第 12 页）。在废除科举、广设学校的情况下，这种弊端显然不利于地方教育的加强，也不利于加强对地方教育的领导，更不利于协调教育部门与其他行政部门之间的关系。因此，新设提学使司明确规定归督抚节制，该司机关设在省会，属于地方常设的教育机构。

提学使司下设总务课、专门课、普通课、实业课、图书课、会计课六课；各课设课长一人，副课长一人，课员一至三人。此外，另设省视学六人，根据提学使命令，巡视各府厅州县学务。将原学务处，改为学务公所；学务公所设议长一人，议绅四人，帮助提学使筹划学务，供督抚咨询。

3．厅州县教育行政机关

厅州县的教育行政机关为劝学所，每所设总管一人；县设视学一人并兼任学务总董。劝学所不仅掌管本厅州县的教育行政，并承担着十分繁杂的学务，其中包括：定期视学，筹集办学经费，登记所在地区学龄儿童，劝导义务教育，制定官立学堂学额及课程时间，负责学堂的建筑设备，制定教学图表，编制统计，主持认定私塾之改良，制定并监督、处理考试及其相关事宜，等等。每厅州县划分若干学区，设劝学员，负责推动本地区的教育工作。

截至光绪三十二年（1906），清代从中央到省厅州县的完整的教育行政系统，已大体形成，标志着国家教育行政体制的正式确立。

（七）宣示教育宗旨

维新运动开始后，涉及"教育宗旨"的议论逐渐多了起来。光绪二十八年（1902），梁启超著文明确提出教育当定宗旨。张之洞在光绪三十年（1904）奏请颁布《奏定学堂章程》时也提出："至于立学宗旨，无论何等学堂，均以忠孝为本，以中国经史之学为基。俾学生心术壹归于纯正，而后以西学瀹其智识，练其艺能，务期他日成材，各适实用，以仰副国家造就通才，慎防流弊之意。"（朱有瓛：《中国近代学制史料》第二辑上册，第 78 页）此项宗旨明显反映了"中学为体，西学为用"的指导思想。

光绪三十二年（1906），学部成立后，针对民权思想流行和资产阶级革命派的活动，拟定了一个新的教育宗旨，由政府颁布，全国各级各类学校遵行。在《学部奏请宣示教育宗旨折》中，明确提出："夫教育之系于国家密且大矣。若欲审度宗旨以定趋向，自必深察国势民风强弱贫富之故，而后能涤除陋习，造就全国之民。窃谓中国政教之固有，而亟宜发明以拒异说者有二：曰忠君，曰尊孔。中国民质之所最缺，而亟宜针砭以图振起者有三：曰尚公，曰尚武，曰尚实。"（舒新城编：《中国近代教育史资料》上册，第 220 页）学部奏请教育宗旨一折，经清廷谕批，朝廷认定，同意将学部奏请的教育宗旨宣示天下："朝廷锐意兴学，特设专部以董理之，自应明示宗旨，俾定趋向，期于一道同风。兹据该部所陈忠君、尊孔与尚公、尚武、尚实五端，尚为扼要。……著该部即照所奏各节通饬遵行。"（舒新城编：《中国近代教育史资料》上册，第 225—226 页）这是中国近代第一次由政府正式宣布的教育

· **相关链接** ·

在教育方针上，中日两国分别出现了"中体西用"与"和魂洋才"的思想。日本幕末，和魂洋才的思想已在社会上盛行。日本在 1872 年颁布的学制强调通过教育修身、开智、长艺是个人立身、治产、兴业的唯一手段，这种提法带有明显的资产阶级个人主义、自由主义色彩。在后来起草的《教育议》、颁布的《幼学纲要》中，儒学以其陈旧的面貌复活。但在日本宪法颁布后的第二年即 1890 年，由法制局长官井上毅与枢密顾问官元田永孚合写的《教育敕语》颁布，将东方家族主义伦理观与普鲁士的国家有机说与日本的纪元神话结合起来，最后统合到"一旦危急，则义勇奉公，以扶翼天壤无穷之皇运"这个目的上来。《教育敕语》颁布后，日本展开尊王爱国的教育，日本的教育方针基本定型。

而中国直到 1861 年，因出入"夷场"而早识时务的冯桂芬提出：以中国之伦常名教为原本，辅以诸国富强之术，中体西用逐渐成为清末办学的指导思想。维新运动中，梁启超起草的《筹议京师大学堂章程》中，在中体西用涵盖下，突破西学中源论、西学补救中学的论调，主张"中西并重，观其会通，无得偏废"，将西学的范围扩大到学习西方的政体。然新政期间，较为开明的中西会通、中西并重的思想又为保守的中西本末、中西主辅的观点所取代。

总之，在日本，西化派的教育方针一度占据上风，在开明派和保守派的对立中重新找回传统文化的价值；在中国，西学慢慢扩大其范围，但中学始终是教育的核心，没有突破中体西用的局限。在日本，"和魂洋才"具有兼收并蓄的意味，强调东西方思想的融合；在中国，中西学术间的主辅之分、本末之别十分鲜明。在日本，"和魂"是以儒教道德为基础的个人伦理、源于近代西方道德的社会伦理和国家主义的国家伦理三者的结合；在中国，清末占据统治地位的"中体"的内涵与封建伦理日常、政治体制密不可分（参见《中国教育比较史纲》近代卷，第 96—99 页，山东教育出版社）。

宗旨。

　　清政府颁布的这一新的教育宗旨，分为二类五项。第一类为"忠君""尊孔"两项；第二类为"尚公""尚武""尚实"三项。学部在《奏请宣示教育宗旨折》中解释说，前两项"忠君""尊孔"，是"中国政教之所固有，而亟宜发明以拒异说者"；后三项"尚公""尚武""尚实"，是"中国民质之所最缺，而亟宜针砭以图振起者"。

　　所谓"忠君"，就是"使全国学生每饭不忘忠义，仰先烈而思天地高厚之恩，睹时局而深风雨飘摇之惧，则一切犯名义之邪说皆无自而萌"。认为日本之所以能够强大，是因为他们能将国家安危所系之事，"皆融会其意于小学读本中，先入为主，少成若性"，所以人人能"视君心之休戚为全国之荣辱，视全国之荣辱即一己之祸福，所谓君民一体者也"。而"我国夙称礼仪之邦，忠爱根于性生，感发尤易为力"。所谓"尊孔"，就是"使学生于成童以前，即已熏陶于正学，涉世以后，不致渐渍于奇衺；国教愈崇，斯民心愈固"。认为日本之"尊王倒幕，论者以为汉学之功"，即"中国圣贤之学也"；日本对孔子的敬奉"尤为亲切"；"无论大小学堂，宜以经学为必修之科目，作赞扬孔子之歌，以化末俗浇漓之习"；强调学习经义，要"切于实用，而尤以身体力行不尚空谈为要旨"。奏折中强调，"忠君""尊孔"之二义，"固尽人皆当知而行之矣"。认为"中国当列强雄视之时，必造就何等之国民，方具为图存之具，此不可不审者也"。把造就"忠君""尊孔"的"国民"作为救亡图存的重要工具。

　　奏折中认为，中国最大的弊病是"私、弱、虚"，而欲拔其根株，作其新机，则非提倡"尚公、尚武、尚实"不可。所谓"尚公"，就是"使人人皆能视人犹已，爱国如家"。所谓"尚武"，就是"由全国学校隐寓军律，童稚之时已养成刚健耐苦之质地"；"凡中小学堂各种教科书，必寓军国民主义，俾儿童熟见而习闻之"；设音乐一科，"以励其百折不回视死如归之志"；设体操一科，使"幼稚者以游戏体操发育其身体，稍长者以兵式体操严整其纪律……以造成完全之人格"；并认识到，人人"有当兵之义务"。所谓"尚实"，就是要求教学"勖之以实行，课之以实用"，以期发达实科学派，"以求实业为要政"，使"人人有可农可工可商之才，斯下益民生，上裨国计"，以此为"富强之要图"（舒新城编：《中国教育近代史资料》上册，第 221—224 页）。

　　这五项十字的教育宗旨，核心是"忠君"，指导思想是"中学为体，西学为用"，其目的是培养出来的人，政治思想是封建主义的、方法技术要用资本主义的。这一矛盾的教育宗旨，在推动兴办学堂的同时，也给新式教育的发展造成了消极影响。1907年 12 月，在兴学高潮中，慈禧太后颁发了一道懿旨，对当时的士习学风大加挞伐："比年以来，士习颇见浇漓，每每不能专心力学，勉造通儒。动思逾越范围，干预外事，或侮辱官师，或抗违教令，悖弃圣教，擅改课程，变易衣冠，武断乡里，甚至本省大吏，拒而不纳，国家要政，任意要求……大为世道人心之害，不独中国前史本朝法制无此学风，即各国学堂亦无此等恶习。"（朱寿朋编：《光绪朝东华录》，总第5806—5807页）严令学部及各省督抚"大加整饬"。对在学堂里受新思想、新学说鼓荡，"悖弃圣教"，不安于作"通儒"的学生采取严厉制裁。这正好说明清政府在兴学育才中所坚持的教育宗旨上的矛盾：借用近代资本主义的教育体制来培养挽救封建王朝末日的人才，这是一对永远无法调和的矛盾。

（八）留学教育勃兴

自科举制度废除后，新学制取代了传统的教育，一时学校供不应求；即使清廷加紧开办各级新式学堂，但具有新知识的师资力量严重不足。于是，留学教育骤然进入高潮，特别是在光绪三十二年（1906）前后形成的留日高潮。

1. 完整的留学生派遣制度逐步制定

戊戌时期，清廷虽已确定了留学生的派遣制度，但没有完整的计划与政策。伴随着科举制度的改革与废除，一套完整的留学生派遣制度逐步制定。

1901年8月，湖广总督张之洞和两江总督刘坤一合奏《复议新政折》（《江楚会奏第三折》），大力主张留学，特别是提倡到日本留学，并提出具体的奖励办法：给予优秀的自费留学生进士、举人等资格；即使具有进士、举人等资格，如无留学经历则不授官职（《张文襄公全集·奏稿》卷五十四）。清廷批准了张、刘二人的《复议新政折》，令各省选派学生出洋留学，并责成各省订立奖励及限制办法以督促。1902年2月1日，复命选派八旗子弟出洋游学。1902年10月5日，慈禧太后、光绪帝从西安回京不久，又急忙督促各省督抚等派遣学生赴西洋游学。后，又派汪大燮为日本游学生总监督。这年12月27日（十一月二十八日），清廷批准外务部议复《派赴出洋游学办法章程》，规定：派遣出洋游学的留学生，是"未出洋之前，中学精通，而普通学又已毕业者"，所以出洋后，应"更习专门"，否则"即使来洋肄业，亦仅得其皮毛"。对考得外国学位的留学生，"应由使臣随时咨明外务部立案，以便将来从优奖励"（《约章成案汇览》二篇，卷三二上，第28－34页）。光绪二十九年（1903）初，留日学生运动兴起。这年4月29日（四月初三日），在日本东京的中国留学生500余人集会，声讨沙俄侵占我国东北的罪行。鉴于这一情况，张之洞应慈禧太后"以出洋学生流弊甚多，饬筹防范之法"的懿旨，上《筹议约束鼓励游学生章程折》，附《出洋学生约束章程》十款、《奖励章程》十款及《自行酌办立案章程》七款。《约束章程》十款，内容主要包括两个方面：其一，在日留学生，无论官费私费，无论日本官设学堂私设学堂，"均非出使大臣总监督公文保送不准收学"；其二，"妄发议论""干预政治""品行不端"，有"不安分之事者"，一律退学，"严加裁制"。《奖励章程》十款，主要内容为，"中国游学生在日本各学堂毕业者，视所学等差，给以奖励"，毕业得有优等文凭者，根据所在学堂的等级，分别授予拔贡、举人、进士、翰林等出身。《立案章程》七款，主要内容为，保送学生入日本各学堂，除农工商各实业学堂及文科、医科各专门不限人数外，"其政治法律武备之门"，"每年只准保送若干名"。在外务部颁行张之洞上奏的章程的咨文中，又规定："中国留学生非在照办约束留学生章程之日本学堂毕业者，概不给本章所定奖励"；留学生毕业后，由"该官私学堂自行收留者，将来毕业后概不给以奖励"；日本官私学堂对品行不端的仍听其留学者，"毕业后亦概不给以奖励"（《张文襄公全集·奏稿》卷三七，第1—7页）。光绪三十年（1904），练兵处奏定《选派陆军学生分班游学章程》十六条，规定："选派学生，须分年派往，拟以四班为一轮，每年选送一班，每班一百名"；"选派学生各省须有定额"；在日本士官学校毕业的学生，"除考入学校及各专门学校外，其余回国"，经考试，其优者按等次分别授职守备、千总、把总（《大清光绪新法令》，第14册）。光绪三十三年十一月一日（1907年12月5日），学部和外务部奏准了《贵胄游学章程》十二条。

学部成立后，除增订了一些留学生的派遣等项章程外，还拟定了对留学生的考验奖励章程。光绪三十二年四月二十二日（1906年5月15日），学部奏定《考试游学毕业生期限片》，规定自本年始每年八月举行考验游学毕业生一次。10月2日（八月十五日），学部复奏定《考验游学毕业生章程》五条，规定：凡在东西各国正式高等以上学堂毕业，回国后须接受政府按照留学生所习学科，分门考试。考列最优等者，给予进士出身，考列优等及中等者，给予举人出身（《学部奏咨辑要》卷二，《光绪朝东华录》卷二〇二）。同月，学部第一次举行留学生考试，有53名留学生参加考试。此后，每年举行一次，直到辛亥革命后才停止这种考试。

2. 留日高潮的兴起

1901年议行新政后，清政府多次倡导留学，并制定了一系列留学制度，特别是在师法日本的政策上得到了进一步的明确和具体化，颁布了一系列对留日学生的优惠和奖励政策，留日学生逐年增多。光绪三十一年（1905）清政府宣布废除科举制度后，士人为寻求新的出路，纷纷涌向日本，留学日本人员激增。

根据文献记载，在光绪三十一年至光绪三十二年（1905—1906）间，中国出现了留日高潮。仅官费、自费留学生一项，光绪二十五年（1899）是二百人，光绪三十二年（1906）的高潮时增至八千人以上。包括其他渠道，这年留日学生人数就达到一万三四千人（《中国人留学日本史》，第 36 页）。在这期间，出现了女子留日学生。光绪二十八年（1902），日本东京有女留学生十余人，这些都是跟随其父兄或夫婿一起留学日本的。光绪三十一年（1905），湖南省首次官派二十名女学生赴日读速成师范科，此为官费女留学生留学日本之始。紧接着奉天省遣派熊希龄到日本视察教育后，与东京华族女学校的校监，同时也是实践女子学校和女子工艺学校的创立者下田歌子女士约定每年遣派十五名女学生到实践女子学校肄业。光绪三十三年（1907），奉天女子师范学堂派出二十一名学生到实践女子学校读师范科。到年底，仅在东京一地，便有近百名中国女留学生，并组成了留日女生会组织（《中国人留学日本史》，第 54—56 页）。

此外，还有大批游历考察人员，从宗室、亲王、贝子、朝廷近臣，到知府、知州、县令、幕僚，往来不绝于东渡途中，一位日本学者曾对中国的留日热潮作过如下描述："学子互相约集，一声'向右转'，齐步辞别国内学堂，买舟东去，不远千里，北自天津，南自上海，如潮涌来。每遇赴日便船，必制先机抢搭，船船满座……总之分秒必争，务求早日抵达东京，此乃热中留学之实情也。"（转引自〔日〕实藤惠秀：《中国人留学日本史》，生活·读书·新知三联书店 1983 年，第 37 页）在晚清最后十年中，留日学生在人数、规模和实际影响方面始终处于主流。

在留日学生中，就读师范、学教育者占相当多数。究其原因，主要是受 20 世纪初日益高涨的教育救国思潮的影响。正如当时人们所指出的那样："甲午庚子以还，内为志士所呼号，外受列强之侮辱，始知教育为中国存亡之绝大问题，于是众口一声，曰教育教育。"（《教育世界》第 1—5 期合订本）"青年士子稍识时危者，莫不将兴学救亡之策，奔走呼号。"（《豫报》第二号）要救中国，必须兴办学堂；而要兴办学堂，就要"宜速派人来日本学习师范"（《浙江潮》第七期）。为了兴办学堂，当务之急是解决师资问题。于是，清廷便有"师范学生最关紧要"的谕旨（《东方杂志》1905 年第 1 期）。《奏定学堂章程》中明确规定："即速派人到外国学师范教授管理各法。分别学速成师范若干人，学完全师范若干人。"（《奏定学堂章程·学务纲要》）在新式学堂迅速发展的形势下，师资匮乏就成了一个突出矛盾，这便成为留学生进行专业选择的巨大吸引力。因此，在留学生中就有相当多的人"来日本学习师范"。据《清国留学生会馆》的统计，在 1903 年 4 月至 1904 年 10 月的十八个月中，留日学生中毕业于各类师范学校者占总毕业生人数的 44.1%。应该说，直至 1908 年以前，大致保持着这个比例。

尽管大多数留日学生仅完成了速成教育，但他们都是近代中国第一批接受过专门训练的具有近代理论素养的新式知识分子、新型教师队伍。事实上，他们之中确实产生了一批日后活跃于清末民初教育界的优秀人物，如中国公学的创办者、爱国志士姚宏业、著名教育家、明德学堂的创办者胡元倓，对近代师范教育做出重要贡献的陈宝泉，等等，他们广泛地分布在各类学校和不同专业。1907 年 5 月 7 日，学部奏准官费留学生回国后，皆令充当专门教员五年，以尽义务，义务年限未满之前，不得调用派充他项差使（《学部奏咨辑要》卷三）。这就使得清末，从中央教育行政机构到边陲省份的教育官员、从最高学府京师大学堂到地方的中小学堂，全国上下形成一个为数相当可观的留日知识分子群体。

清末留日归国学生虽然在输入近代西方科技方面整体层次不高，但他们充实了新式学堂的师资，壮大了实业技术人才的队伍，翻译了大量日文西学书籍，较广泛地传播了资本主义思想观念。特别是以留日学生为骨干形成了资产阶级革命派群体，促成了辛亥革命的爆发，对中国近代社会的变革产生了重大影响。

3. 欧美留学生的潜滋暗长

清政府在积极鼓励赴日留学的同时，也大力提倡赴欧美留学，并先后制定了一系列针对性很强的有关章程。如 1904 年 9 月 15 日，由外务部、学务大臣奏准的《游学西洋简明章程》。1905 年 9 月 1 日，在留日高潮时期，清廷发布上谕："现在留学东洋者已不乏人，著再多派学生，分赴欧美，俾宏造就。"（朱寿朋编：《光绪朝东华录》，总第 5389 页）

一系列法令章程的实施及新学制的颁布，导致留学欧美也日渐发达起来。除留学英法德美等国外，留学比利时、俄国、奥地利的人数也有大幅增加。光绪二十九年（1903），湖北一省就选送 24 人赴比国留学；光绪三十年（1904），湖南省选 3 人赴比国学习矿业，同年四川选 13 名留学生赴比利时学习路矿。留比利时的人数之所以明显地增加，主要是比利时矿业在欧美较为发达，而且比利时留学费用也比较便宜。

自光绪七年（1881）留美幼童中途撤回后，中国留美教育一直处于低温状态。据统计：光绪七年至光绪二十六年（1900）期间，每年赴美留学的人数最多未超过 4 人，二十年间留美人数总共也只有 15 人而已。从光绪二十七年（1901）开始，留美教育开始复苏。光绪二十七年（1901）留美学生人数增至 12 人，到光绪三十三年（1907）增至 69 人，光绪三十四年（1908）64 人（梅贻琦、程其保：《百年来中国留美学生调查》，转引自陈学恂、田正平编《中国近代教育史资料汇编·留学教育》，上海教育出版社，1991 年，第 687 页）。这一时期，留美人数并没有大的增加。

（九）民间兴学高涨

20 世纪初年，清政府鉴于维新运动时期维新人士聚众讲学、传播新知所形成的潜在威胁，对私人办学并未采取何种鼓励，主要用来推动官办学堂的增设。1902 年 1 月，御史许佑身奏请对出资办学、集资办学或捐助房产及学堂所用书籍、仪器者予以奖励，或实官，或封典衔翎，或升阶，以解决"帑藏支绌，学堂经费筹拨无从"的困境，但清政府借口"各项捐输，请奖实官，业经谕令永远停止……所请著不准行"（朱寿朋编：《光绪朝东华录》，总第 4802 页）。

光绪三十年（1904），清政府在颁布《奏定学堂章程》、推行学制改革中，对私人办学的态度有了很大变化，明确规定："凡有一人出资独立设立一小学堂者，或家属招集邻近儿童附就课读，人数在三十人以外者，及塾师设馆，召集儿童在馆授业在三十人以外者，名为初等私立小学。"高等小学亦同。同时还规定了奖励办法："绅董能捐设或劝设公立小学堂及私立小学堂者，地方官奖之：或红花，或匾额；其学堂规模较大者，禀请督抚给匾额；一人捐资较巨者，禀请督抚奏明给奖。"（《奏定学堂章程·初等小学堂章程》）光绪三十三年（1907），更把这些奖励办法具体化，如规定绅士有办理初等小学堂 10 处，教育学生 500 名以上者，派为绅士长，得享一切绅士权益；办理 20 处以上者，请旨奖给"乐善好施"匾额（《议定强迫教育办法十款》，1907 年 4 月 3 日《中国日报》）。

此外，政府把劝学、办学作为考核地方官员的重要指标，也对促进地方办学、民间办学起到推动作用。光绪三十一年（1905），四川总督根据川省学务处的报请，对各属官吏办学情况分别予以奖惩。计有简州、什邡等十五名知州、知县受奖，奖励分记大功三次、二次、一次三个等级；计有绵州、峨嵋等十一名知州、知县受罚，处罚分记大过五次、三次、二次、一次四个等级。光绪三十二年（1906），锡良又以邛州知府方旭"学识明通"，对兴学"苦心诱掖，洵能不愧表率"；开县知县邹宪章"通知学意，选刻经史教科各书最多，所办学堂规则亦甚完密"，特奏请传旨嘉奖；而仪陇、剑州、阆州三县的地方官则因办学不力，"于学务毫无整理"等原因，分别受到议处、免职、降职的处分（见陈学恂主编：《中国教育史研究·近代分卷》，华东师范大学出版社，2009 年，第 135 页）。四川省这种根据办学业绩大批奖惩地方官员的情况，各省均有。这一措施，有力地调动了地方官员办学的积极性。

在清政府有关政策的鼓励下，民间兴学热情高涨，特别是弥漫在社会上的教育救国思潮，"要救国，只有广办学堂"，这几乎成为进步人士的共识。因此，在晚清新政时期，民间办学成为一大社会时尚。这一时期，不仅私人斥资办学者大有人在，而且以社会团体的名义办学堂更成为一种普遍的形式。据统计，光绪三十四年（1908），全国以"教育会"命名的团体就有 506 个（转引自桑兵：《以清末新知识界的社团与活动》，生活·读书·新知三联书店，1995 年，第 274 页），几乎所有的教育会都把兴学育才作为最重要的活动内容。光绪二十八年（1902）成立于上海的中国教育会，入会者"或为学校教师，或为编译员，或为新闻记者，或为学生"（转引自桑兵：《清末新知识界的社团与活动》，生活·读书·新知三联书店，1995 年，第 197 页）。在其影响下，浙江、江苏、江西、四川、湖南、广东、山东、福建等省也纷纷成立教育会或教育研究会。这些组织的主要活动是："劝导各道或各府建立师范学校，养成教员、管理员，多设初级小学，以谋教育之普及"；"考求实业，劝设实业学校，养成农工商实业之才"；"提倡尚武精神，各学校均宜注意体育"。（《东方杂志》1905 年第 12 期）如江苏学务总会倡办法政讲习所、筹设单级教授练习所，学员来自全国各省。

此外，随着民族资本主义的较大发展，新的传媒载体的出现，如创刊于光绪二十七年（1901）的《教育世界》等，光绪三十年（1904）创刊的综合性刊物《东方杂志》等，以及光绪三十二年（1906）后各省学务部门创办的为数众多的教育官报、学务杂志等，它们在传播教育信息，掀起办学热潮，介绍国外教育理论、制度、方法等方面均发挥了很大作用。

（十）严复：构建"力、智、德"的教育目标模式

严复（1854—1921），字几道，又字又陵，晚年号愈懋老人，福建侯官（今福建闽侯县）人。童年时拜同邑名儒黄少岩等为师，父亲病逝后，家庭经济陷入困境，严复别师弃学。同治五年（1866）冬，严复投考福州船政学堂，以第一名录取。毕业后被派往军舰实习，周游南洋、黄海，后又随沈葆桢赴台湾调查军情。光绪三年（1877），严复作为福州船政学堂第一批留欧生，被派往英国学习海军。留学期间，除学习自然科学外，还广泛阅读西方的哲学、社会科学著作。光绪五年（1879）回国，任福州船政学堂教习。次年，李鸿章在天津办北洋水师学堂，调严复任总教习、会办、总办近二十年之久。甲午战争失败，严复痛感必须实行变法，才能救亡图存。于是他积极配合康有为、梁启超发动的变法维新运动，决心"致力于译述以警世"。在维新变法运动期间，严复翻译出版赫胥黎的《天演论》，发表了《论世变之亟》《原强》《救亡决论》《辟韩》等政论文章，抨击封建专制思想宣传变法维新以强国。后又创办《国闻报》，大力宣传变法维新。戊戌政变后，严复仍继续从事西方学术著作的翻译工作。他率先系统地将西方资产阶级政治经济学说、思想文化制度及其理论依据介绍到中国，打开了人们的眼界，起了巨大的启蒙作用。但自戊戌政变后，他在政治上开始由进步转向保守，学术上逐步转向旧学，至晚年而成为复古主义者。严复在教育方面的主要著作

有：《原强》《救亡决论》《与外交报主人论教育书》《论教育与国家的关系》等。

1. 独树异帜的教育救国论

清朝末年，面对国弊民穷、殖民地程度逐步加深的残酷现实，一切爱国人士都在寻求救国的道路，或主儒学救国，或倡实业救国，或言变法维新，或搞革命排满，五花八门，不一而足。教育救国论也即其中之一。从中国近代思想史上来看，虽不能说严复是"教育救国论"的发起者，但严复却是第一次赋予这种在中国近代影响深远的社会思潮以哲学的内涵及方法论上的依据，而他本人则终身是一位坚定不渝的"教育救国论"倡导者。

作为近代启蒙思想家的严复，深知封建蒙昧主义的危害。他认为，中国当时最大的忧患，是愚、贫、弱。而三者之中，以愚为最要，所以"愈愚"才是根本。他强调，国家的强弱也和民众的智愚状况有关：中国之所以"弱而愚暗者"，就在于"知危者居其少数"，而"懵然弗省"者"居其多数"（《法意》案语）。所以，他在《原强》一文中指出：要解决中国的"贫""弱"问题，必须首先从治愈愚昧之患入手，并由此进而提出"民智者，富强之原"（《原强》）的观点。教育的任务就是教人以自强，给人以智慧。所以要救中国，必须从教育上入手。

严复从进化论的观点出发，认为在生存斗争中，应以"智进"为先。他说："举凡水火工虞之事，要皆民智之见端，必智进而后事进也。""农工商之民，据其理以善术，而物产之出也，以之益多，非民智日开，能为是乎？"（《天演论·要旨》案语）他把"开民智"视作"愈愚"的前提。他说："民智不开，不变亡，即变亦亡。"（《严复集》，中华书局，1986年，第539页）"民智不开，则守旧维新两无一可"。（《严复集》，中华书局，1986年，第525页）1905年，孙中山在伦敦拜访严复，讨论革命事宜。严复说："以中国民品之劣，民智之卑，即有改革，害之除于甲者将现于乙，泯于丙者将发之丁。为今之计，惟急从教育著手，庶几逐渐更新乎！"（《严复集》，中华书局，1986年，第550页）可见，严复把教育看得比革命、维新、实业更重要。

严复主张以教育救国，但他所谓的国，不同于守旧派、洋务派和其他维新派所谓的"国"。他说："一姓一党之利害存亡，均不足道，而祸之所中者，必在吾国，深恐求瓦全而犹难。"（《严复集》，中华书局，1986年，第637页）从古到清，在神州大地所建之国，何者不是一姓一党之国！严复将"国"与"一姓一党"相对立而言，可知其所谓国者，实是指今日之中华民族，而不是一家一姓的清国。在他的救国论中，对当时排外的民族主义颇不以为然，他说："当此之时，徒倡排外之言，求免物竞之列，无益也。与其言排外，诚莫若相勖于文明。……而意主排外，求文明之术，傅以行之，将排外不能，而终为文明之大梗。"
(《严复集》，中华书局，1986年，第
558页）应当承认，这一思想是深刻
的。他主张亟图教育之普及，且力排
文明排外之谈。

严复继承了英国经验主义哲学的
传统，面对国家民族的深重灾难和危
机，从现实的需要出发，强调教育应
充分发挥其改造社会、拯救国家的社
会功能；换言之，在当时的中国，教
育必须为解决"救亡图存"这个时代
所提出的最迫切的课题服务。严复认
为文化科学知识水平提高，人们的智
慧就会越加发达。只有用西方的新文
化来提高人们的文化和科学水平，才
能改变其封建伦理为核心的旧学统治
所造成的愚昧状况，而且可以使国富
民强。在严复这里，教育成为拯救国
家民族危亡最有力的武器，于是教育
便与现实的政治紧紧地联系在一起，

· 相关链接 ·

严复为了能从西方思想宝库中寻找适合中
国需要的理论，翻译著述了《天演论》。《天演
论》是T·H·赫胥黎宣传达尔文主义的重要
著作。原为应英国牛津大学罗马尼斯讲座之邀
所作的讲演，后来增加了导论与其他论文一起
发表，名为《进化论与伦理学》。严复在翻译
时，强调了赫胥黎的进化论思想，采取了意译
形式，加有诸多按语，表达自己的见解和主
张。严复在译述中赞同赫胥黎"物竞天择"的
思想，认为生物进化的规律就是生存竞争。但
赫氏不认为这一原则适用于人类社会，认为人
类的"伦理过程"可以抑制前述生存竞争的
"宇宙过程"。而严复却运用生存竞争的思想解
释人类社会，引用斯宾塞的社会达尔文主义观
点补充赫氏理论，但强调人事努力，反对斯宾
塞关于"任天为治"的为种族主义辩护的观
点。其理论是不科学的，但目的是为了激励中
国人民团结奋斗，救亡图存。《天演论》一出，
在知识界引起轰动，许多爱国的仁人志士以此
作为进行救亡、维新与革命的思想武器，产生
了重大的社会影响。严复历史进化论思想在教
育理论上的反映，即其教育救国论。

染上了当时救世的功利色彩，陷入教育救国的改良道路。

2. 科学的教育学理论

严复主张教育救国，但他并不认为任何教育都能救国，他所用以拯世救亡强国富
民的，是科学的新式教育。

从文化体系的宏观对比上，分析"中学"与"西学"的区别。严复首先分析了
"中人"与"西人"在认识上的区别。他说："中之人好古而忽今，西之人力今以胜
古"；"中国委天数，而西人恃人力"（《论世变之亟》，《戊戌变法》三，第71页）。正
因为中国人好古忽今，所以中人因循守旧，不思变革；西人力今胜古，所以西人追求
未来，改变现实。正因为中国人靠"天数"命运，所以中人听天由命，顺其自然；西
人恃"人力"，所以西人恃人定胜天，自强竞争。其次，严复分析"中人"与"西人"
在观念上的区别。他在《论世变之亟》一文中说："中国最重三纲，而西人首明平等；

中国亲亲，而西人尚贤；中国孝治天下，而西人以公治天下；中国尊主，而西人隆民；中国贵一道而同风，而西人喜党居而州处；中国多忌讳，而西人众讥评。其用财也，中国重节流，而西人重开源，中国追淳朴，而西人求欢虞。其接物也，中国美谦屈，而西人务发舒；中国尚节文，而西人乐简易。"中西对事物的不同态度，反映了中人不思变革的陈腐观念，西人自强不息的竞存观念。此外，严复分析"中人"与"西人"在学风上的区别。他说："其于为学也，中国夸多识，而西人尊新知。"他概括说："苟扼要而谈，不外于学术，则黜伪崇真，于刑政则屈私以为公而已。"（《戊戌变法》三，第 72 页）他认为，中国趋虚避实的观念不转变，必然会闭目塞听，看不到西洋的长处，或不愿学习其长以改造中国，甚至于"其祸可至于亡国灭种、四分五裂而不可收拾"（《戊戌变法》三，第 75 页）。因此，非向西方学习不可，因为"其为事也，一一皆本诸学术；其为学术也，一一皆本于即物实测"。（《原强》，《戊戌变法》三，第 49 页）也就是说，要学习西学的崇实精神，以改造中国。因而，他提出，要想强国，"非开民智，非讲西学不可"（《原强》，《戊戌变法》三，第 57 页），"救亡之道在此，自强之谋亦在此"（《救亡决论》，《戊戌变法》三，第 70 页）。对中国传统教育进行反省和批判。严复以近代自然科学方法论为武器对旧教育思想给予了深刻批判。首先，他认为旧教育的办学方向不对，认为中国前之为学，学为治人而已；至于农、商、工、贾，既有学，至微谫不足道。"中国自古至今，所谓教育者，一语尽之曰：学古入官而已耳！"（《严复集》，中华书局，1986 年，第 282 页）其次，他认为八股取士，为害最烈。他认为，八股有三大害，一曰锢智慧，二曰坏心术，三曰滋游手。有一于此，则其国鲜不弱而亡，况夫兼之者也！他下结论说："救亡之道当何如？曰痛除八股而大讲西学，则庶乎其有鸠耳！"（《严复集》，中华书局，1986 年，第 43 页）再次，他认为旧的教学内容和教学方法，适足以破坏人才。具体分析说："吾国教育，自三育言。则偏于德育，而体、智二育则太少，一也；自物理、美术二方面言，则偏于艺事，短于物理，而物理未明，故其艺事亦难言精进，二也；自赫氏（指赫胥黎）所云二大事言，则知求增长知识，而不重开瀹心灵，学者心能未尽发达，三也；更自内外籀之分言，则外籀甚多而内籀绝少，而因事前既无观察之术，事后于古人所垂成例，又无印证之勤，故其公例多疏，而外籀亦多漏，四也。凡此皆吾教育学界之短，人才因之以稀，社会因之以陋。"（《严复集》，中华书局，1986 年，第 28 页）在这里，严复所说的"外籀"指演绎法，"内籀"指归纳法。他认为"西人后出之新理何以如此之多"，其途径不外这两种方法（《西学通门径功用说》），且二者"相为表里"。严复将培根提出的奠基于经验论和归纳法的近代实验科学称为"实测内籀之学"。所谓"实测"，是指一切科学认识的获得必须从观察事物的感性经验出发，"其为学术也，一一皆本于即物实测"（王栻主编：《严复集》第 1 册，第 23 页）；所谓"内籀"，即指"观化察变，见其会通，立为公例者也"。（严复译：《原富》上，商务印书馆，1981 年，第 8 页）换言之，即考察个别事物，概括出一般性的结论，作为普遍的公例或公理。在归纳法与被严复称之为"外籀"的演绎法中，他更重视归纳法的运用，重视"实测""会通""试验"，在这三者之中，"则试验尤为重"（王栻主编：《严复集》第 5 册，第 1320 页）。而旧教育注重知识的积累，崇尚述而不作，沉湎于对古训的考释求证，演绎发微。在运用演绎法时，又事前"无观察之术"，事后又与"所垂"古人"成例"无法印证。所做的学问，表面看来，"持之似有故，言之似成理"，但"若穷其最初所据……则虽极思，有不能言其所以然者矣"。其原因就在于立论的最初根据不是来源于实验、实测，而是陈陈相因，不究根源（参见《原强》，璩鑫圭、童富勇《中国近代教育史资料汇编·教育思想》，第 287 页）。因此，他批判旧学是"无实""无用"之学，积极提倡"翔实"而"有用"的西学，即所谓"西学之所以翔实，天函日产，民智滋开，而一切皆归于有用者，正在此耳"。（《穆勒名学》案语）

把西方学术的科学方法论引入教育问题的研究。严复根据 17 世纪英国唯物主义哲学家洛克的"白板"说，认为人们的认识来源于后天获得的经验。他说："智慧之生于一本，心体为白甘，而阅历为采和，无所谓良知者矣。"（《穆勒名学》案语）严复十分赞同洛克的"白板"说，认为人们正是根据后天的经历而获得的经验，在生来本是一块白板上画下了各种调和的色彩和印记，根本没有什么先验的理念良知。从这一唯物认识论出发，严复对宋明理学给予了尖锐的抨击。他批驳程、朱的"理在气先"的论点，说"无气又何从见理？"（《天演论》案语）他把陆、王的主观唯心主义看作是旧学"心成之说"的典型，指责陆王心学的主观臆测是违背实际的"向壁虚造"。进而他对宋学、汉学、科举、词章、金石、书法等也都进行了猛烈批判，他说"一言以蔽之，曰无用"，"曰无实"（《救亡决论》，《戊戌变法》三，第 64 页）。他进一步分析，旧学所以与事无补，究其原因，则在于多求"古训"，"求师心自用"，而失之于"本诸格致"，就是没有科学方法。他希望通过思维方式的训练来改变旧的学风。严复主张：（1）教育须以自然为教授的对象，为学术者要读"无字之书"，"学于自然"。他多次指出，"人之学问，非仅读书，尤宜阅世。盖读书者，阅古人之世，阅世者，即读今人之书，事本相需不可废一"（王栻主编：《严复集》第 2 册，第 468 页），强调实践经验的重要性。（2）教育的目的在于"炼心积智"，既要重视知识的积累与增长（"积智"），更重要的是重视对受教育者的思维训练（"炼心"），使之掌握科学的方法论，做到"一理之明，一法之立，必验以物物事事而皆然，而后定之为不易"（王栻主编：《严复集》第 1 册，第 45 页）。（3）在教学方法上，"必使学者之心，与实物径接，而自得其明，不得徒资耳食，因人学语"（王栻主编：《严复集》第 2 册，第 285 页）。即贵"自得其明"，提倡"坐言起行合为一事"。（4）在教育内容上，主张中学西学都要学，但要有新的学风。他说："徒痛以往之非，固无益也。幸今既知其误，则宜图所以挽救之方。所以疗此痼疾者。"（《严复集》，中华书局，1986 年，第 282 页）那么，用什么方法才能疗此痼疾呢？他说："救之疗之奈何？亦变其心习而已。""变其心习"，就是要改变只重文词而轻视实践的思维方式。至于如何变其心习，严复认为必须改变学风。他认为，西学提倡独立思考精神，不因循古人之见解。西学贵于采用观察、试验、实测、归纳等实证的方法独创新知或对前人的既成之论进行验证和质疑。因此，要学习近代科学精神，改良旧学的传统学风。他说："治学之顷，所由之术，有冶炼心能之功，后此治事听言，可以见微知著，闻由决果，不至过差。"（《严复集》，中华书局，1986 年，第 280 页）可见，倡导科学的教育方法，主张学人的思维训练，提倡近代的科学精神，以经验论和归纳法来研究教育问题，是严复对中国近代教育学理论的重大贡献。

3．"力、智、德"三者发展的培养目标

严复以达尔文生物进化论为理论根据，阐明他关于人才教育的理论。他认为，"弱者常为强肉，愚者常为智役"是人类社会发展的规律。英国实证主义哲学家斯宾塞基于社会生物进化论观点，认为竞争可以促进人的体、智、德的发展；在竞争中取胜者，也正是体、智、德三方面表现突出者。严复自然地由此导出：西方各国强盛的原因，是他们的教育做到了"以瀹智慧，练体力，厉德行三者"为教育宗旨，注意科学教育。因为，"不为数学、名学，则吾心不足以察不逼之理"，"不为力学、质学，则不足以审因果之相生"。有了名、数、力、质诸学的基础，再"广之以天地二学"，就可以"见物化之成迹"，最后再以"群学"（即社会学）全其智识，就能够"知治乱盛衰之故，而能有修养治平之功"。所以他说，由此可见，国之强弱存亡就在于人民是否具备三大要素："一曰血气体力之强，二曰聪明智虑之强，三曰德行仁义之强"（《原强》，《戊戌变法》三，第 41 页）。他说："富强之事，造端于民，以智、德、力三者为之根本，三者诚盛，则富强之效不为而成"（《严复集》，中华书局，1986 年，第 514 页）。

但是，"吾中国今日之民，其力、智、德三者"如何呢？他认为中国"积弱积贫"，其根源就在于中国"民力已苶（nié），民智已卑，民德已薄"（《原强》，《戊戌变法》三，第 46 页）。因此，一些朝臣只能是蚁附蜂集，当强敌入侵，国家危急之时，则一哄而散，一败再败，割地赔款。中国要改变这种状况，就必须从提高国民这三个方面的素质着手，"是以今日要政统于三端：一曰鼓民力，二曰开民智，三曰新民德"。（《原强》，《戊戌变法》三，第 53 页）"是三者备，而后可以为其国民。"（《〈女子教育会章程〉序》，《严复集》二，中华书局，1986 年，第 253 页）

所谓"鼓民力"，就是提倡体育。他认为，健康的国民是国家强盛和民族发达的基础，"一国一种之盛衰强弱，民为之也，而民之性质，为优胜，为劣败，少成为之也"。（《〈蒙养镜〉序》，陈学恂主编《中国近代史教育文选》，第230页）古代希腊、罗马所以能称雄一时，重要的原因，就是有健壮的国民。中国古代也很重视体育，学校"不忘武事壶勺之礼，射御之数"，就是为了"练民筋骸，鼓民血气"。他把体育看得很重要，说："少年用功本甚佳事，但若为此转致体力受伤，便是愚事。"（《严复集》，中华书局，1986年，第821页）"夫学所以饰躬，使身体受伤，学何用耶？"（《严复集》，中华书局，1986年，第821页）他在给外甥女何纫兰的信中有这样一段论述："惟是体气之事，不宜仅恃医药。恃医药者，医药将有时而穷。惟此后谨于起居饮食之间，期之以渐，勿谓害小而为之，害不积不足以伤生；勿谓益小而不为，益不集无由之致健；勿嗜爽口之食，必节必精；勿从目前之欲，而贻来日之病。卫生之道，如是而已。"（《严复集》，中华书局，1986年，第843页）虽说的是"卫生之道"，但却强调的是身体的健康。严复认为，体育和智育也是相辅相成的，"形神相资，志气相动，有最胜之精神，而后有最胜之智略"（《原强》，《戊戌变法》三，第54页）。就是说，一个人若没有健康的身体，就不可能有旺盛的精神，当然也就不会有很高的智谋。

为了使国民有强健的身体，严复也极力反对吸食鸦片和妇女缠足。认为这是"种以之弱，国以之贫，兵以之窳"的根源。提出上至君主、下至臣民都能纠察禁用，国家要明令禁止，做到人人自爱，不再吸食鸦片。"至于缠足，本非妇女所乐为也"（《原强》，《戊戌变法》三，第55页）。要讲明缠足的害处，国家也要明令禁止。他十分重视妇女的健康，把"国中妇女自强"，看作是"国政至深之根本"（《论沪上创兴女学堂事》，陈学恂主编《中国近代教育文选》，第213页）。

所谓"开民智"，就是重视智育。严复认为，民智的开发是国家富强的根源。他说："民智者富强之源。"（《原强》，《戊戌变法》三，第56页）他所说的"民智"，包括学问和事功两方面，且两者相资相成。在学问方面，他赞扬西方近世之学，是"以格物致知为学问本始"，其研究学问的方法，"则先物理而后文词，重达用而薄藻饰"。即注重实际，反对浮夸。在事功方面，他列举牛顿（他译作奈端）、瓦特（他译作瓦德）、法拉第、哈尔裴（他译作哈维）等大科学家、大发明家以新的科学理论应用于实际，促进了生产技术的发展。他认为，这些都是民智开发的表现，也是西方进步繁荣的根源。在严复看来，以西方"新学"来开启民智，就可以使国富民强。例如，严复注重自然科学教育，在严复书中，他把自然科学往往称之为物理科学。他认为这些科学，诚此后教育所不可忽视。因为这些学问，不仅为实业所必需，且于改变中国人唯书唯上唯古不唯实的心习即思维方式大有裨益。他说，一切物理科学，使教之学之得其术，则人人均能尚实心习。使神州黄人而但尚实，则其种之荣华，其国之盛大，虽聚五洲之压力以阻我之进步，亦不可能。所以他说："开民智，正人心"，"则非西学格致皆不可。"（《救亡决论》，《戊戌变法》三，第 67 页）

严复认为，要学习西学，开发民智，就必须改革中国传统教育。他说，"中土之学，必求古训"，但对古人的理论又不甚了了，只去"记诵词章"，"训诂注疏"，因而不可能收到启发民智的效果。一些"士人"，还不如农工商贾通达事理和善于处理事务。因而"一旦外患相乘，又茫然无以应付"。他特别以练军为例，说中国不是缺少将帅，而是将帅皆"患不学而无术"。行军若不懂地理知识，不能识图、测量；新式枪炮的使用，若"不知曲线力学之理"，无法让炮瞄准使用，"不讲载力重学，又焉识桥梁营造"（《救亡决论》，《戊戌变法》三，第 97 页），不懂这些西学，就不可能克敌制胜。因此，他得出这样的结论，"富国阜民"，"必皆有事于西学"。在教育学习方面，要"贵自得而贱因人，喜善疑而慎信古"。即从实际出发，独立思考，不因袭古人旧说。学习"西学"，在教逻辑学、数学等科目时，应引导人们"思穷理之术"；在教物理、化学等科目时，应引导人们"观物察变"（《原强》，《戊戌变法》三，第 56 页）。这才是真学问，才能开民智。

所谓"新民德"，就是重视德育。严复主张改变传统教育内容，用西方的民主自由平等取代封建伦理道德。他认为，只有"平等之义明"，人民才能"知自重，而有所劝于为善"。他说，西方教育主张上帝面前人人平等，所以能使人人"内省不疚，无恶于志，不为威惕，不为利诱"，使"民之心有所主"（《原强》，《戊戌变法》三，第 57 页）。正是由于提倡平等，因而能够"以公治众"；正是由于崇尚自由，因而能够"贵信果"。这也正是西方各国"所以能使其民皆有深私至爱于其国与主，而赴公战如私仇者"的原因。他极力赞扬这种对国家的"深私至爱"、对公战的"如私仇"的爱国主义情感（《原强》，《戊戌变法》三，第 58 页）。

然而，中国自"秦以来之为君，正所谓大盗窃国者耳"，而人民"其卑且贱"，都成为帝王的奴仆（《辟韩》，《戊戌变法》三，第 81 页）。因此，造成人民缺乏国家的观念，怎能使人民"爱于其国与主，而共保持之"呢（《原强》，《戊戌变法》三，第 58 页）。所以，他主张学习西方资本主义国家，改革封建专制制度，使人民自由，给人民权利，使人民认识到"国者，斯民之公产也"。（《辟韩》，《戊戌变法》三，第 81 页）要改变人民的奴虏地位，就须"设议院于京师，而令天下郡县，各公举其守宰"。所以他强调，学习西方的议会制度，是富强之道，是教化人民必备的条件，期望以资产阶级的道德代替封建的纲常名教。因为"新民德"，涉及上层建筑的意识形态领域，故严复认为"尤为三者之最难"（《原强》，璩鑫圭、童富勇《中国近代教育史资料汇编·教育思想》，第 288 页）。

严复以"鼓民力""开民智""新民德"为近代教育的宗旨，痛斥"锢智慧""坏心术""滋游手"的传统教育及八股取士制度，这说明他比同时代的其他先进人物更深刻地意识到国民素质的改善提高，较之引进西方的"船坚炮利"各项具体制度，对于中国来说具有更强烈的现实针对性和更深远的历史意义。

4. "体用一致"的文化教育观念

发轫于 19 世纪 60 年代的"中体西用"思想，作为一种对待外来文化，处理中西文化关系的指导方针，在早期对于冲破传统文化教育的束缚起过一定的积极作用；但到了 19 世纪 90 年代，这种思想已不再是中国的先进分子为西方文化教育争夺阵地的主要的舆论武器，而蜕变成顽固保守势力用以巩固传统文化教育的思想工具。张之洞撰写发表的《劝学篇》遭到维新派人士的指责，就是一个明证。显然，这场持续了几十年的争论，正面临着一个新的发展阶段，如何从更高的层次上理解和把握中西两种文化的关系，直接关系到洋务运动失败后中国文化教育何去何从这一重大时代课题。而严复在中国近代文化教育史上的贡献，恰恰表现在他突破了"中体西用论"的思想框架，提出了"体用一致"的文化教育观念。

严复大量翻译介绍了西方资产阶级的政治、经济学说和自然科学知识，目的在于说明资本主义国家强盛并不在于西方"船坚炮利""坚甲利兵"，也不局限于"兴学校""广书院"，更不在于"善会计""善机巧"，关键在于西方务实的科学精神和民主的政治制度。他针对守旧派常用"天不变，道亦不变"的老套说教来说明人道"三纲"的永恒性，运用"物竞天择""适者生存"的进化论，直捣"中体"不可变，强调西人之"日进无疆"；谴责那些对西学"仅得诸耳剽之余，于其实际，从未讨论"，而以名流自居的妄自尊大者，动辄"谓西学皆中土所已有，羌无新奇"（王栻主编：《严复集》第 1 册，第 2—3 页）；进而指出社会有如完整的有机体，"一群之成，其体用功能，无异生物之一体"（《原强》，璩鑫圭、童富勇《中国近代教育史汇编·教育思想》，第 276、281 页），隐含有"体""用"不可割裂的观念。他认为中学和西学各有自己的体和用，中国要想不触动封建专制之体，而辅以西方科技之用，就不可能真正富强。他称赞西学是"以自由为体，以民主为用"（《原强》，《严复集》第 1 册，第 11 页），中国必须全面地学习西方，要对西方的自然科学和社会政治学一体学习。

严复的"自由为体，民主为用"的体用一致论，是用以英国为榜样的欧洲资本主义的经济和政治制度来实现救国的理论。他认为，一个国家的政教学术就好像生物的各种器官，是完整的统一体。"有其元首脊腹而后有其六腑四肢，有其质干根荄，而后有其枝叶实花。使所取以辅者与所主者绝不同物，将无异取骥之四蹄以附牛之项领，从而责千里焉。"（《与外交报主人论教育书》，陈学恂主编《中国近代教育文选》，第218页）他认为，在西方社会里，自由是"体"，民主是"用"。"西人之言曰：唯天生民，各具赋畀，得自由者，乃为全爱，故人人各得自由，国国各得自由……而其刑禁章条，要皆为此而设耳。"西方社会以"自由"为"体"，其"刑禁章条"都是为自由之"体"而设，是以社会民主为"用"。而这正是西方所以能够富强的根本，却是"中国历古圣贤之所深畏"的（《论世变之亟》，《戊戌变法》三，第73页）。在严复看来，西方社会的自由之"体"与民主之"用"，都是统一于西方社会，为西方国家之有机体。所以在西方，各国自由与民主的"体"与"用"是一致的，都是能够使国家强盛起来的精神支柱和政治保证。

严复从"体用一致"这一观点出发，指出"中学有中学之体用，西学有西学之体用，分之则两立，合之则两亡"。（《与外交报主人论教育书》，陈学恂主编《中国近代教育文选》，第218页）他认为，把"中学"和"西学"看成是体用关系、主辅关系，把"西政"和"西艺"看成是本末关系，都是不妥当的。所以，他批评洋务派的"中学为体，西学为用""西政为本，西艺为末""主干中学，以西学辅所不足"等观点。他批评洋务派的"中体西用"论，斥之为非牛非马，指出"牛有牛之体，有牛之用；马有马之体，有马之用"，"未闻有牛之体有马之用"。当然这种牛体马用的比喻存在逻辑上的缺陷，他只是借此说明文化的整合不是简单的支解拼凑。他强调区分中、西学的重要意义，"中西学之为异也，如其种人之面目然，不可强谓似也"。（《与外交报主人论教育书》，陈学恂主编《中国近代教育文选》，第218页）他还认为，也不能说"西政"为本，"西艺"为末，西艺是指名（逻辑学）、数（数学）、质（化学）、力（力学和物理学）等科学而言，而西政正是以科学为基础的。"艺政二者乃并出于科学，若左右手。"没有听说左右手还有什么本末之分的。他认为，"中国之政所以日形其绌"，正是由于当政者"于其艺学一无所通"。不懂科学，要使国家富强是不可能的。因此，他认为"教育中西主辅之说"，是持其一端，是错误的。

严复的"体用一致"，还包括对西学的整体性和发展性的认识。他把近代科学按从基础到应用的层次划分为三类：第一类称"玄学"，即名学（逻辑学）和数学，属思维和工具学科；第二类是"玄著学"，如物理学、化学等，属基础理论科学，提供应用学科的原理；第三类是"著学"，如天学、地学、人学、动植物之学、生理之学、心理之学、群学（各种社会学科）等，属应用学科。各类学科联成一体，相资为用，特别是名学、数学和各种基础理论学科更渗透到近代学术的方方面面（《西学通门径功用说》，璩鑫圭、童富勇《中国近代教育史资料汇编·教育思想》，第302－305页）。他批评洋务教育只是急功近利地孤立学习西方的某些技术，或仅是抄袭西学的现成理论，忽视了西学的整体性和发展性。他认为中国教育，"宜著意科学，使学者之心虑沈潜浸渍于因果实证之间，庶他日学成，有疗病起弱之实力，能破旧学拘挛，而其于图新也审，则直中国之幸福矣"。(《与外交报主人论教育书》，陈学恂主编《中国近代教育文选》，第224页)

其实，严复改变了过去"全盘西化"的倾向，提出了构建一种融会中西、兼备体用的文化教育新体系。"然则今之教育，将尽去吾国之旧以谋西人之新欤？曰：是又不然。……必将阔视远想，统新故而视其通，苞中外而计其全，而后得之。"(王栻主编《严复集》第3册，第560页)"统新故"者，融合古今之谓也；"苞中外"者，兼采中西之谓也。在民族文化中存在有经长期积累、淘汰、选择而保存下来的文化精华，代表了民族的特色，也是吸纳西学，孕育新文化体系的母体。因此，严复提出了"苞中外而计其全"的思想。严复对中西文化教育的宏观比较，为近代中国教育界开创了一种把教育问题放在古今中外广阔的文化视野中进行考察把握的新的研究思路，标志着中国教育近代化一个新的历史时期的开端：中国教育界向西方学习的运动逐渐突破了"中西体用论"的思想框架，开始向思想、观念、精神层面过渡并进行综合考察的转变。

进入20世纪初，严复虽仍在继续介绍西学，希望"破旧学之拘挛"，又声言将西学"与旧学相辅为教"。于是他陷入了在封建势力和资产阶级革命派之间的两面作战。但严复毕竟是维新巨子中绝无仅有的一位学贯中西的人物。独到的经历和广博的学识，特别是他精心翻译的《天演论》以及在译著中写下的大量按语，打开了国人的眼界，启迪了人们的思想。他开启了中西教育比较的先河，是构建德智体"三育论"教育目标模式的第一人，特别是他倡导科学的教育功能，探索用科学方法论研究教育问题，提出构建融会古今兼采中外、阔视宏观的新文化教育体系的设想等。这些都对中国近代教育发展和近代教育理论创立产生了深远影响。

(十一) 王国维：提出"四育"的教育宗旨

王国维(1877—1927)，字静安，号观堂，又号永观，浙江海宁人。他六岁入塾读书，十五岁进州学，后又学于杭州崇文书院，从小受到严格的中国古代的传统文化教育，也曾学过举业。在戊戌变法前后，他常阅读当时宣传维新图强的进步报刊，以及梁启超、汪康年所主办的《时务报》等，对他早期的思想颇有影响。光绪二十四年(1898)即戊戌变法那年，王国维在上海任《时务报》的书记和校对，业余去罗振玉筹办的私立东文学社，跟日本教习学习日文、英文及数、理、化等学科，开始接触西方文化科学。光绪二十六年(1900)冬，在罗振玉资助下，去日本东京物理学校读书，他"昼习英文，夜至物理学校习数学"。但"留东京四五月，而病作，遂以是夏归国，自是以后，为独学之时代"（姚淦铭等编：《王国维文集》第三卷，中国文史出版社，1997年，第471页）。于是，从光绪二十七年至光绪三十三年，他几乎把全部业余时间都用来研究西方哲学名著；并协助罗振玉创办了中国近代史上第一份教育专业杂志《教育世界》，大量翻译发表欧美、日本教育家的著述，撰文介绍夸美纽斯、洛克、卢梭、赫尔巴特、斯宾塞等人的教育思想。辛亥革命后，随罗振玉赴日，从文学研究而转入经史考古学的研究。1916年，从日本回国，为犹太富商哈同编辑《学术丛编》。1918年，在仓圣明智大学任教，从事古文物、古文字学研究。1922年，任北京大学研究所国学门通信导师。1925年受聘为清华国学研究院教授，他较早地介绍了西方哲学、美学、教育学和心理学理论，为近代中国教育科学的构建开辟了新的源头。由于他的思想从辛亥革命以后，已屡跟不上时代的要求，对社会的变革丧失信心，终于于1927年6月3日，在颐和园香藻轩投昆明湖自杀，"在水里将遗老生活结束"。

1. "哲学者，教育学之母也"

从19世纪末开始，王国维就开始研究康德、叔本华的哲学。光绪二十五年（1899），王国维在上海东文学社师从日本教习藤田丰八、田冈佐代时就对此产生了兴趣："二君故治哲学。余一日见田冈君之文集中，有引汗德、叔本华之哲学者，心甚喜之。"（姚淦铭等编：《王国维文集》第三卷，第470－471页）对康德、叔本华的哲学特别倾心。光绪二十九年（1903），当他第一次通读康德的《纯粹理性批判》一书后，尽管自己承认还未读懂，遂不得不改读叔本华的《作为意志和表象的世界》来理解康德，但康德哲学之博大精深却使他景仰不已。以此为基础，王国维又开始翻译日本及欧美学者有关教育学、心理学、伦理学的著作。这样，王国维研究、译介西方学术思想发端于康德、叔本华哲学，这也成为他接受欧洲大陆理性主义哲学的主要契机。王国维推崇康德、叔本华的哲学，便主要接受了理性主义哲学的某些基本观点，并在此基础上阐发自己的教育思想和主张，从而形成了中国教育哲学的若干特色。

王国维提出了"哲学者，教育学之母也"的命题（姚淦铭等编：《王国维文集》第三卷，第318页）。光绪三十年（1904），经张之洞等制定并奏请颁布的《奏定学堂章程》中规定大学经学科、文学科中不设置哲学课程，将西方哲学拒之于门外。对此，王国维深感震惊，认为这是"根本之误"（姚淦铭等编：《王国维文集》第三卷，第69页），遂撰文严加驳斥。他说："夫欧洲各国大学无不以神、哲、医、法四学为分科之基本。日本大学虽易哲学科以文学科之名，然其文科之九科之中，则哲学科哀然居首，而余八科无不以哲学概论、哲学史为其基本学科者。"（姚淦铭等编：《王国维文集》第三卷，第69页）他又说："无论古今东西，其国民文化苟达一定之程度者，无不有一种之哲学。而所谓哲学家，亦无不受国民之尊敬，而国民亦以是为轻重。光英吉利之历史者，非威灵吞（威灵顿——笔者注）、纳尔孙（纳尔逊——笔者注），而培根、洛克也。大德意志之名誉者，非俾思麦（俾斯麦——笔者注）、毛奇，而汗德（康德——笔者注）、叔本华也。"（姚淦铭等编：《王国维文集》第三卷，第70页）本着这种认识，王国维具体分析了西方教育学的发展与西方哲学演变的关系：从弗兰西斯·培根、夸美纽斯到洛克、卢梭、斯宾塞，从笛卡儿、裴斯泰洛齐到康德、赫尔巴特、叔本华，他得出结论道："近世教育变迁之次第，无不本于哲学的思想之影响者。"（姚淦铭等编：《王国维文集》第三卷，第9页）进而提出了"夫哲学者，教育学之母也"的命题。阐明了欲导入西方近代教育及教育学，必须导入西方近代哲学及其价值观念。他还结合自己研究西方哲学与教育学的体会时说道："试读西洋之哲学史、教育学史，哲学者而非教育学者有之矣，未有教育学者而不通哲学者也。不通哲学而言教育，与不通物理、化学而言工学，不通生理学、解剖学而言医学，何以异？"（姚淦铭等编：《王国维文集》第三卷，第4—5页）

王国维从人的本质的角度考察教育的功能。王国维对笛卡儿的理性主义哲学非常推崇。他曾准确地概括了笛卡儿的哲学观点："特嘉尔德（笛卡儿——笔者注）之说……谓向之所信者，宜尽疑之，且凡为疑之对象者，宜尽除之。曰：感觉屡欺人，故吾人不得信赖之，即理性，吾人亦不能以无条件而信用之也……从氏之说，则使向之所信为确定者，悉退而立于不确定之地位。然特氏又谓此不确定者之中，却有一确定不可动者，即怀疑益深，则此怀疑之我之存在，益不得不确实。疑也者，不外思考之一形式。故可曰：'我以思故而

· 相关链接 ·

笛卡尔（1596—1650），17世纪法国哲学家和数学家。他的哲学的主要任务是批判经院哲学，建立为科学撑腰的新哲学。笛卡尔首先提出了他的认识方法是普遍怀疑，为了建立新哲学，破旧立新，就必须对一切进行怀疑，甚至怀疑上帝的存在。他认为凡在理性看来清楚明白的就是真的，这是典型的"唯理论"。笛卡尔哲学体系分为三个部分：（1）形而上学，即认识论和本体论；（2）物理学，即自然哲学；（3）各门具体科学，主要是医学、力学和伦理学。在"形而上学"部分，笛卡尔通过普遍怀疑的方法推出"我思故我在"的论题，这是他的哲学的第一原理。由此又推出上帝存在的论断。他肯定灵魂和形体，彼此独立存在，但都是由绝对客体上帝创造的。在认识论方面，笛卡尔提出三种观念：一是通过感官从外面得来的，常常是混乱的错觉；二是理性本身固有的，即"天赋观念"，如几何学原理，它有清楚明白的必然性；三是我们自己任意制造的，如美人鱼，这是纯属虚妄。他完全否定第三种观念，怀疑第一种观念，认为第二种观念必然正确。他在"物理学"部分提出了典型的机械唯物主义观点。他认为在自然界，物质是唯一的实体，具有广延性，他把物质的多种形态都归结为物质的移动，人既有形体又有思想，是由两个实体结合而成的。笛卡尔的思想和学说对后世哲学和科学有着广泛影响，形成了"笛卡尔学派"，斯宾诺莎、康德和18世纪法国唯物主义直接受惠于他的哲学。

存在也。'我虽疑一切，然其思考之不止，明甚；思考若止，则纵令其他一切存在而我之存在与否，未可信矣。故当知吾人之本体，在思考之上。自我确定，则为一切认识之根据。"（姚淦铭等编：《王国维文集》第三卷，第 11—12 页）

笛卡尔"我思故我在"这个哲学原理，把自我、理性的原则摆在其哲学的首位。他认为一切都可怀疑，甚至怀疑自己的肉体存在和上帝存在与否。但"我在怀疑"本身不能怀疑，而怀疑活动是思想活动，我在思想是无可怀疑的，那么作为怀疑活动主体的"自我"的存在也就是确实可靠的了。于是，他得出"我思故我在"的著名结论。这种以肯定认识主体的自我价值、提倡思想独立自由为主要特征的理性主义哲学，对冲破中世纪宗教神学及经院哲学的束缚，解放思想无疑具有极大的进步意义。在这里，王国维不仅阐释了笛卡儿理性主义哲学观点的本质，而且以此表达了他本人对教育和学习的基本看法。他认为，怀疑是"思考之一形式"，而思考之本体则是"吾人"，他把"自我确定"作为一切认识的"根据"。把笛卡儿的自我、理性哲学原则导入教育问题的研究，指出："氏（指笛卡儿——笔者注）从此根本思想，而于方法论中，谓知觉理解之力，人皆同等，其所以区别之原因，则由养成之法不同。又谓人各有自由思考之权利，人之所信者即其所自决者，故学习上最宜重个人之自由。……氏盖以实质的知识，为增进心力之手段；以使人能达于自求真理之域，为其主要之目的。"（姚淦铭等编：《王国维文集》第三卷，第 12 页）王国维从笛卡儿的理性哲学原则出发，指出人的"知觉理解之力"都是相同的，人各有"自由思考之权利"，人之所信者都是"自我确定"的。从而提出学习最宜重"个人之自由"，反对教育与学习上对人的个性的束缚，并把使人能达于"自求真理"作为教育与学习的主要目的。王国维从哲学的角度来把握教育的本质，率先从培养理性精神，提倡思想独立自由的高度来阐述教育的功能。

2. "四育"的"教育之宗旨"

王国维在汲取康德、叔本华哲学观点及教育思想的基础上，论述了教育的宗旨。他在 1906 年发表的《论教育之宗旨》一文中，明确指出："教育之宗旨何在？在使人为完全之人物而已。何谓完全之人物？谓人之能力无不发达且调和是也。人之能力分为内外二种：一曰身体之能力，一曰精神之能力……而精神之中又分为三部：知力、感情及意志是也。对此三者而有真善美之理想：'真'者知力之理想，'美'者感情之理想，'善'者意志之理想也。完全人物不可不备真善美之三德，欲达此理想，于是教育之事起。"（姚淦铭等编：《王国维文集》第三卷，中国文史出版社，1997 年，第 57 页）

王国维认为人的能力，分为身体之能力和精神之能力，而人的精神能力又是由智力、情感和意志三个部分组成的。所以，"完全之物"就是身体和精神"无不发达且调和"的人，必须"知力、感情及意志"这几个方面都得到发展的。他又认为，"知力之理想"是"真"，"感情之理想"是"美"，"意志之理想"是"善"，将"知""意""情"与"真""善""美"相结合，进而提出"完全人物不可不备真善美之三德"。王国维又指出："教育之事亦分为三部：知育、德育（即意育）、美育（即情育）是也。"（姚淦铭等编：《王国维文集》第三卷，中国文史出版社，1997年，第57页）

在《论教育之宗旨》中，王国维认为，要达"真善美之理想"，必须是"知育""德育""美育"之三者结合，才可为"完全之人物"。也就是说，要培养"完全之人物"，就要实行"完全之教育"，必须由对智力培养的"智育"、意志培养的"德育"和情感培养的"美育"所组成，三者缺一不可。只有将智育、德育和美育统合协调，这才算是"完全之教育"，也才能培养出"达真善美之理想"的"完全之人物"。

智育。王国维认为，"人苟欲为完全之人物，不可无内界及外界之知识"，尤其是生活在"今世"之人，必须要接受"今世之知识"。他又将知识分为理论与实际的两种，认为"实际之知识常先于理论之知识，然理论之知识发达后，又为实际之知识之根本"。认为理论的知识"乃人人天性上所要求者"，是人们的求知欲；实际之知识"所以供社会之要求"，是解决社会和人生的需要。完全的人必须同时具备这两种知识，方能有益于社会，有利于人生。所以"知识之教育，实必不可缺者也"。

德育。王国维认为，"有知识而无道德，则无以得一生之福祉，而保社会之安宁，未得为完全之人物也"。如果有知识而无道德，不仅于个人不能获得真正的幸福，而且于社会也不

·相关链接·

叔本华（1788—1860），德国哲学家，唯意志论的主要代表人物。他自称是康德哲学的继承者和完成者，强调康德的"物自体"就是意志，现象世界只是意志的表象。意志表现为一种求生存的欲望冲动，即生存欲望。宇宙间的一切都是表象，都是生存意志的表象。哲学应该认识的是作为"物自体"的生存意志，而不是作为假象的表象世界。然而，传统的理性思维无法认识到意志的存在，唯有"直觉"能够使人领悟到生存意志本身。与直觉相比较，理性思维只能作为低级的认识形式，满足于认识时空中的表象。直觉则使人摆脱时空和因果性的桎梏，直接深入万物的生命内部。科学只研究现象世界的规律，艺术则进入意志的王国。所以，艺术高于科学。叔本华用生存意志规定了宇宙的本质。人的本质也同样取决于这种盲目的和非理性的欲求。人受制于生存意志，其欲望是没有止境的。欲望意味着痛苦，满足产生厌倦。人生就是在痛苦和厌倦之间不断地摆动。叔本华的唯意志论及其非理性主义倾向，对尼采权力意志论、弗洛伊德精神分析理论、生命哲学和存在主义都产生了直接影响。

能确保其安宁。人一生之"至高之要求"，就在于得之福祉，"而道德与福祉实有不可离之关系"。因为"爱人者人恒爱之，敬人者人恒敬之"，福与德"如影之随形，响之

随声，其效不可得而诬也。"他认为中国古人和希腊古贤所宣传的"福德合一论"，是古今中外之"公理"。他指出，古今中外之哲人"无不以道德重于知识者"，古今中外之教育"无不以道德为中心点"，道德之本原"又由内界出而非外铄我者"。所以，重视和发挥道德的作用，"此又教育之任也"。重视德育，是办教育的一项重要任务。

美育。王国维深受叔本华美学观点的影响。在《论叔本华之哲学及其教育思想》一文中，王国维指出叔本华纠正了康德不可知论的观点，强调了世界的可知性。叔本华认为，物之"自身"（即康德所谓的"物自体"）不可知，我之"自身"则是可知的，而我之"自身"又为物之"自身"的一部分，既然我之"自身"可知，按逻辑推之，物之"自身"亦可知。

"我之自身"即意志，身体只是意志的客体化、外在化，因此"一切物之自身，皆意志也"（姚淦铭等编：《王国维文集》第三卷，第319页）。王国维对这种意志一元论给予了高度的评价。那么，意志的特征是什么呢？叔本华认为是"生存欲望"，意志通过欲望得以表现，而人的欲望是无穷尽的，终归得不到满足，因而人永远处于痛苦之中。王国维在阐发叔本华关于"意志"的观点时也说："夫吾人之本质，即为意志矣。而意志之所以为意志，有一大特质焉：曰生活之欲。何则？生活者非也，不过自吾人之知识中所观之意志也。吾人之本质，既为生活之欲矣。……吾人之意志，志此而已；吾人之知识，知此而已。既志此矣，既知此矣，于是满足与生气，希望与恐怖，数者如环无端，而不知其所终。目之所观，耳之所闻，心之所思，无往而不与吾人之利害相关……然则，此利害之念，竟无时或息欤？吾人于此桎梏之世界中，竟不惑一时救济欤？曰：有。唯美之为物，不与吾人之利害相关矣，而吾人观美时，亦不知有一己之利害。……故美者，实可谓天下之特许物也。"（《叔本华之哲学及其教育学说》，《静庵文集》）他认为"美之为物有二种，一曰优美，一曰壮美"。"吾心宁静之状态，名之曰优美之情"；"知力得独立之作用，以深观其物，吾人谓此物曰壮美，而谓其感情曰壮美之情"。"夫优美与壮美，皆使吾人离生活之欲，而入于纯粹之知识者。"（《红楼梦评论》，《静庵文集》）他承袭了"叔氏更由形而上学进而说美学"的思想，认为人在美的欣赏享受中往往会超脱人世利害关系而忘却痛苦，这便是一种解脱方法。

王国维在充分肯定美的独立地位的基础上，提出把"美育"纳入人的全面发展教育之中。他说："美育有不得不一言者，盖人心之动，无不束缚于一己之利害，独美之为物，使人忘一己之利害而入高尚纯洁之域，此最纯粹之快乐也。"（姚淦铭等编：《王国维文集》第三卷，第58页）他认为，美育之重要毫不在德育和智育之下，因为美育有其特殊的作用：其一，能调和人之感情，"使人之感情发达，以达完美之域"，以养成人之鉴赏美和创造美的能力；其二，"为德育与智育之手段"，在德育上，美育能使

"美德上抽象之教训"变得"易解",以具体、直观的形象来陶冶人的心灵,使人变得"高尚纯洁";在智育上,美育可以发展人的"聪明官及发生器"(《论小学校歌唱科之教材》,《静庵文集续编》)。所以美育"教育者所不可不留意也"。

王国维指出,智、德、美三育,不是"各自独立",而是"互相交错",彼此相辅相成。因为人的任何行动或"为一事时,"总是伴随着认识、情感与意志,所以"此三者不可分离而论之也,故教育之时,亦不能加以区别"。他在论述智、德、美三者关系的基础上,进一步指出:"三者并行而得渐达真善美之理想,又加以身体之训练,斯得为完全之人物,而教育之能事毕矣。"(以上引文均见姚淦铭等编《王国维文集》第三卷,中国文史出版社,1997年)

他指出,不能把德、智、美三者相互孤立起来,只有"三者并行",再"加以身体之训练",才能培养"完全之人物"。在这里,他将智育、德育、美育、体育的"四育"有机结合了起来,为中国近、现代教育思想的创立奠定了第一块基石。"使能达于自求真理之域"的培养目标。

王国维充分肯定笛卡尔理性主义哲学观点,提出教育"以使人能达于自求真理之域,为其主要之目的"。(姚淦铭等编:《王国维文集》第三卷,第12页)那么,教育通过什么方法来达到这一目的呢?他指出,必须"以实质的知识,为增进心力之手段"(姚淦铭等编:《王国维文集》第三卷,第12页)。

什么是"实质的知识"?也就是王国维所说的"完全之知识"。王国维认为,"完全之知识",就其产生的顺序来说,可分为实际的知识与理论的知识,而"溯其(知识)发达之次序,则实际知识常先于理论的知识,然理论之知识发达后,又为实际之知识之根本也"。实际知识是理论知识的基础,而当理论知识发达之后,又成为实际知识的"根本",也就是对实际知识产生反作用,成为人们获得新知的指导。所以,他认为理论知识和实际知识都很重要,两者不能偏废。就其对客观事物的说明层次来说,"完全之知识"可分为"当然之知识与所以然之知识"。他认为,人若是只知其当然而不知其所以然,那就是"蔽";只有知其当然进而知其所以然,方能不"蔽",才算得"完全之知识"(《叔本华之哲学及其教育学说》,《静庵文集》)。就其表现的形式来说,"完全之知识"又可分为"直观的知识"与"概念的知识"(《释理》,《静庵文集》)。他认为,人们经常是通过感知,获取经验,得到关于客观事物的知识,这叫"感性"知识。他认为,通过感知获得的知识,是"最确实的知识"。一切"真正之新知识,必不可不由直观之知识即经验之知识中得之"。(《叔本华之哲学及其教育学说》,《静庵文集》),但他并没有停留在感性认识阶段,进而认为人们的学习,必须由感性认识上升为理性认识,即由直观经验抽象为概念,不过,"概念必实于直观"(《叔本华之哲学及其教育学说》，《静庵文集》）。见得真，才知得深，而概念愈具有普遍性，其离直观愈远，若欲获得关于事物规律性的认识，又须反归于直观。他既肯定了感性认识，又肯定了理性认识；既肯定了直接经验的知识，又肯定了间接经验的知识，包括学习书本知识的必要，强调两者必须紧密结合。

在王国维看来，教育不仅在于给学生以"完全之知识"，而且要以"实质的知识"来"增进"其"心力"，也就是要开发其"智力"。他认为"智力"发展之"最高者"，即是理性之作用。理性是一种"特别之智力"，它有着"自直观之观念中造抽象之概念，及分合概念之作用"（《释理》，《静庵文集》）。所以，理性就是一种思维能力。他认为，发展智力不仅"有心理学上之意义"，而且认为"物之可分析"，认为知识是可供人们进行思维活动的。他说："偿我以知识"，而"慰我以怀疑"（《论近年之学术界》，《静庵文集》）。"疑"，就是思考活动，知识可以解疑，学习知识是释疑的过程，就是发展智力的过程。所以，他强调，必须在传授知识的基础上发展其智力，即"思索之能力"。王国维把教育作为培养人具有理性、具有正确思维的能力的重要"手段"，就是为力图摆脱中国封建教育过分强调教育"治国、平天下"的社会功能，而忽视或抹杀教育对人的理性发展功能的影响，主张教育当以培养人具有理性、具有正确思维的能力和方法。他又说："氏（指笛卡尔——笔者注）从此根本思想，而于方法论中，谓知觉理解之力，人皆同等，其所以区别之原因，则由养成之法不同。又谓人各有思考之权利，人之所信者即其所自决者，故学习上最宜个人之自由。"（姚淦铭等编：《王国维文集》第三卷，第 12 页）。在此，王国维不仅阐述了笛卡尔理性主义哲学观点的本质，而且也表达了他本人主张学习最宜重"个人之自由"，提倡思想独立自由的教育宗旨。

与重视教育对人的发展目的相关连，王国维十分强调教育必须摆脱非学术因素，特别是政治因素的干扰。因此，他主张教育独立，认为教育作为一种发展人的理性的事业必须从数千年来中国"政教合一""官师合一"的传统中解放出来，摆脱其作为政治的附庸的地位，不再唯官府之命是从。他曾沉痛地说道："夫至道德、学问、实业等皆无价值，而惟官有价值，则国势的危险可知矣。"又指出："为今日计，政府不可不执消极及积极之二方法。消极之法，则不以官为奖励之具是矣；积极之法，则必使道德、学问、实业等有独立之价值，然后足以旋转社会之趋势。"（姚淦铭等编：《王国维文集》第三卷，第 86 页）。

王国维还认为，包括教育学在内的一切学术皆应获得独立的地位。他说："欲学术之发达，必视学术为目的，不可视为手段而后可。"为此，他援引康德关于"当视人人为一目的，不可视为手段"的格言引申说："岂特人之对人当如是而已乎？对学术亦何独不然？"（姚淦铭等编：《王国维文集》第三卷，第 38 页）他进一步分析道："学术之所争，只有是非真伪之别耳。于是非真伪之别外，而以国家、人种、宗教之见杂之，则以学术为一手段，而非以为一目的也。未有不视学术为一目的而能发达者，学术之发达，存于其独立而已。"（姚淦铭等编：《王国维文集》第三卷，第 39 页）哲学如此，教育学亦如此。但中国历史的传统，却历来视学术为政治的附属物，学者缺少为学术而献身的独立精神；特别是清中叶以后兴起的今文经学派，毫不掩饰学问皆"有政治之目的"的观点。对此，王国维深表不满。他说："吾人亦非谓今之学者绝不悦学也。即有悦之者，亦无坚忍之志，永久之注意。若是者，其为口耳之学则可矣。若夫绵密之科学，深邃之哲学，伟大之文学，则固非此等学者所能为事也？"（姚淦铭等编：《王国维文集》第三卷，第 88 页）他还批评梁启超导入西方学术及教育思想的译介活动是以政治为目的。虽然他否定学术的政治目的不免偏颇，但王国维的这些论述，为使教育摆脱当时封建专制政治的影响并在一定程度上摆脱政治因素的干扰，进而创立中国近代独立的、科学的教育学理论指明了方向。

王国维还认为，"思想上之事"，或者说知识、学问，"中国自中国，西洋自西洋"，这是没有道理的。知识应该是属于全人类的知识，这是因为"知力人人之所同有，宇宙人生之问题，人人之所不得解也"。认识能力，为人类之共性，所以对宇宙、人生的探索，也就是人类共同的活动。对这些问题进行解释，不论他是"出于本国或出于外国"，在提高人类的知识水平上，意义"则一也"（《论近年之学术界》，《静庵文集》）。因此，他要求人们"破中外之见"，而学习西方。他批评了张之洞提出的"中学为体，西学为用"的教育思想，指出张之洞等倡导"中学"，用意则在于反对、抵制西方资产阶级"新学"。在这样的教育指导方针下，会使人不能达于"自求真理之域"，培养不出具有正确思维的理性之人。

3."亟兴高等之教育"

王国维认为，国家的兴盛在于得人才，"以供驱策之用"，亟兴高等教育，是为了适应培养人才的需要。

高等教育，是国家发展教育事业的"根柢"。王国维说："今人日日言初等教育；至中等教育，则往往谢不敏；若进而主张高等及专门教育，未有不惊其河汉者也。夫以学生修学之次序言之，则先初等、中等，而后及高等教学，固甚当也；若论学问之根柢，与教师之所自出，则初等教育之根柢存于中等教育，中等教育之根柢存于高等教育。不兴高等教育，则中等及初等教育亦均无下手之处。"（《教学小言十二则》，《静庵文集续编》）

王国维认为，初等、中等、高等教育，三者应该并行，而不应偏废。若从学习的次序来讲，应由低到高，"先初等、中等，而后及高等教育"；而根据当时国家教育发展的实际情况来看，应"亟兴高等之教育"。因为，要兴办初等、中等教育，就要重视"教师之自处"，要有合格的教师。而当时"教员之缺乏，可谓极矣！"（《纪言》，《静庵文集续编》）初等学校多为"蒙塾"，教员多是旧时代的秀才、举人，靠这些满脑子旧思想、旧学问的"蒙师"，是断不能"兴普遍教育的"。而新增设的师范学堂，所培养的教师也是"学术卤莽，教授拙劣，断不足胜教员之任，况人数亦属无几"。（《纪言》，《静庵文集续编》）他认为，"无完善之中等及师范学校，而欲求小学之进步，不可得也。以此论法推之，则无完善之大学、专门学校，而欲求中学及师范学校之进步，亦必不可得也"。（《教育普及之根本办法》，《静庵文集续编》）所以，"论学问之根柢"与"教师之所自出"，必先办女子高等教育，才能使初等、中等教育"立其根柢"（《教学小言十二则》，《静庵文集续编》）。否则，"中等及初等教育亦均无下手之处"。

王国维认为，兴办高等教育，可以解决"留学太滥"的问题。20世纪初，"留学生之数之多，如我中国之今日，实古今中外之所未闻也"。这股留学之风一方面打破了闭关自守，及高等教育之教师"非用外人不可"的局面；另方面，也带来了一些问题。他指出，"留学生之大半，所学者速成政法耳，速成师范耳"，甚至"以不谙外国语之人，涉数千里之外，学至粗浅之学"，实在不是经济的事（《教学小言十二则》，《静庵文集续编》）。所以，留学需要"变计"。他主张，一般学科不派留学生，可用留学之经费"兴中国之高等教育，不虞其不足"。而留学生限于从分科大学毕业生中选拔，赴国外"以研究学术之深奥"，"以备他日大学教授之选"。"如此十年，则分科大学中除授外国语学外，可无以外国人而担任讲座者矣，此永久之策也"。（《教学小言十二则》，《静庵文集续编》）

王国维认为，培养学术人才，发展学术事业，必须由高等学府来完成。他主张，大学要办成研究学术的场所，而不可"与工场阛阓等"，即成为工场和市肆（《奏定经学科大学文学科大学章程书后》，《静庵文集续编》）。国家的高等学府不仅要研究应用科学，而且重点应该研究文理科之学理，因为"理论之知识为实际之知识之根本"。大学要讲授和研究哲学、社会科学和自然科学的理论问题。这样，大学才成其为大学，才能"以示世界"。大学应承担起培养学术人才的责任，培养出"兼通世界学术之人，而不在一孔陋儒"。造就这样的人才，就必须"授世界最进步之学问之大略，使知研究之方法"（《奏定经学科大学文学科大学章程书后》，《静庵文学续编》），即掌握当时西方的政治、哲学、文学和自然科学及其科学方法。

他认为，当时学校办不好，原因之一，就是机构庞杂，人员过多。因此，他提出"治校应治其冗"。学校的中心工作是教学，学校人员就应当以教师为主。他主张，凡是名目繁多的非教学人员，应尽量沙汰。职员和管理人员可由"教员兼充"，以利于教与管的统一。这样，"一校之中，实行教授之人多，而名为管理之人少，则一校之成绩必可观矣"。（《教学小言十二则》，《静庵文集续编》）只有精简教育机构，淘汰学校冗员，才能办好学校教育。他认为，学校管理的重要思想是人要专其用，更须尽其才。他说，现代世界分工日趋精细，从事任何职业，都需要受专门的教育与训练，具备专门的知识与技能。而就个人来说，必须具有专职专业和特长，所以，用人之要，就应专其用，尽其才，力求达到领导者"收其用"，"在下者能尽其职"。于是，"揽权旷职之弊"就可以杜绝了。（《教学小言十则》，《静庵文集续编》）

王国维认为，不能把学校变成"官吏制造所"。他特别提出各级师范学校就是培养教师的，不能授教师以官，授官是对"神圣之事业"的教育工作的亵渎。他认为，授官是使人学用不一，唯知有官，唯官是求，唯利是图，热忠于追求功名利禄，反而抛弃一切"道德、学问、实业"。他指出，"以官奖励职业，是旷废职业"；他还反对"以官奖励学问"，以官奖学，就会把学者官僚化。他指出，"以官奖励学问，是剿灭学问"。"以官奖励职业""以官奖励学问"，这就会造成"举天下不知有职业学问，而惟官之是知"（《教学小言十三则》，《静庵文集续编》）。那样，就会把职业学问尽弃之，而"惟知有官之是从"，结果"至道德、学问、实业等皆无价值，而惟官有价值，则国势之危何如矣！"（《教学小言十三则》，《静庵文集续编》）

王国维还提出，学校管理应人、法、物三因素相结合。他认为管理学校的人，应"以明教育者为之"，即"深究教育学理及教育行政者"（《教学小言十二则》，《静庵文集续编》）。学校办得好与坏，还有一个法的问题，即"统筹全局"的计划和制度，使"教育之系统完全无缺"。所以，要使教育事业有成效，就需要有适时的学制体系和完备的学校规章制度，这就叫作"法备"。他还认为，办学经费、教学设备和图书资料等物质条件非常重要，若"教学系统之未成，师资、书籍之未备"，欲兴学校，"盖未之见也"（《崇正讲舍碑记略》，《静庵文集续编》）。在学校管理上，王国维的这些真知灼见，对人们仍有启发。

王国维的教育思想和主张，在中国近代和现代都有很大的影响。特别是他首倡美育，在中国教育史上第一次提出美育应列为学校教育的正式科目。他提出的智育、德育、美育和体育全面发展的思想，开了中国近现代教育思想的先河。在对教育问题的论述中，揭示了一些教育规律，不仅具有一定的历史意义，而且具有一定的现实意义。王国维给后人留下了宏富的学术遗产，但他悲剧性的结局，令人在惋惜之余而深思不已。

卷二十七　末代皇帝宣统——近代教育的演进

清光绪三十四年十月二十一日（1908 年 11 月 14 日），光绪帝在瀛台涵元殿含恨死去。慈禧太后为了继续掌握朝政大权，将光绪帝异母弟醇亲王载沣之子，年仅三岁的溥仪立为皇位继承人，年号宣统。万万没有料到，第二天的未正三刻，慈禧太后也逝去。宣统皇帝年幼，由他的父亲载沣摄政监国。

在资产阶级领导的人民革命迅猛发展的形势下，为挽救危亡，抵制革命，光绪三十二年七月十三日（1906 年 9 月 1 日），慈禧太后发布了"仿行宪政"的上谕，提出立宪的原则是"大权统于朝廷，庶政公诸舆论"。（《上谕档》光绪三十二年七月十三日）这实际上是以立宪之名行专制之实，而且也没宣布实行立宪的时间。由于要求速开国会的呼声日益高涨，而参加到这个行列的不只是资产阶级上层人物，还包括一些驻外使臣、地方督抚、中央官员以至皇室成员。为了拉拢立宪派，共同对付革命党人，慈禧太后于光绪三十四年八月一日（1908 年 8 月 27 日）颁布《钦定宪法大纲》，并且宣布：预备立宪以九年为限。

载沣执政后，为了笼络人心，表示要继续推行立宪，下令各省尽快成立咨议局。宣统元年至二年（1909—1910），各省咨议局和北京资政院相继成立，立宪派在其中占据了优势。从宣统二年（1910）起，各省立宪派连续发起声势浩大的请愿运动，要求清廷缩短预备立宪期限。宣统三年三月（1911 年 5 月），清廷宣布成立第一届责任内阁，军政大权进一步集中到皇族亲贵手中。立宪运动彻底破产。

为了换取帝国主义势力的支持，清廷于宣统三年四月（1911 年 5 月），宣布"铁路干线国有政策"。在"国有"名义下强夺商办粤汉、川汉铁路路权，把这两条重要干线的利权出卖给帝国主义势力。因此，四川、湖南、湖北和广东四省迅速掀起了有广大群众参加的保路运动。立宪派力求控制保路运动，四川总督下令枪杀请愿群众。人民群众更加愤怒，保路运动很快发展成为武装起义。

宣统三年八月十九日（1911 年 10 月 10 日），武昌起义爆发，各地革命党人受到极大鼓舞，纷纷起来响应。建立一个统一的共和国政府的问题，已提到议事日程上。宣统三年十一月初十日（1911 年 12 月 29 日），各省代表会议选举孙中山为中华民国临时大总统。

1912 年 1 月 1 日，孙中山在南京宣誓就职中华民国临时大总统，宣布中华民国临时政府成立，改用阳历，当年称中华民国元年。这年的 2 月 12 日（宣统三年十二月二十五日），孤儿寡母的清室被迫接受南京参议院提出的优待条件，下诏宣布退位。从此，统治中国 260 多年的清王朝宣告灭亡了，也宣告了 2000 多年的封建君主专制政体的终结。

一　宣统时期

清末帝溥仪宣统元年（1909）——清末帝溥仪宣统三年（1911），宣统帝退位

（一）转型时期的教育变化

在清政府统治的最后覆灭之际，世纪之交的社会转型加快了步伐，传统教育的变革和新教育的发展，在深度和广度方面都出现了新的局面。这个转变的显著特点是除旧与布新相辅而行，改革传统教育与推进新式教育同时并举。在这一步履维艰的教育转型时期，传统教育的变革和新教育的发展历经艰辛与阵痛，并留下深刻的时代痕迹。

1. "庚款兴学"与留学潮流的转向

光绪二十七年（1901），清政府与帝国主义签订的丧权辱国的《辛丑条约》，规定向各侵略国赔款共计白银 4.5 亿两，分三十九年还清，本息合计 9.8 亿两，以关税、盐税等各项进款为担保。因事发中国庚子年，史称"庚子赔款"。

光绪三十一年（1905）前后，针对美国 19 世纪末以来的排斥华工政策，中国沿海各地掀起了广泛的抵制美货运动，上海、南京、北京、天津、保定以及其他各地学生纷纷集会响应，使美国的在华利益受到严重损失。同时，随着留日高潮的形成，也格外引起美国朝野的注目，认为这将不利于美国在华的长远利益。光绪三十二年（1906），在华的传教士斯密士面谒美国总统，力陈以庚款培养中国留学生的好处。美

国伊里诺伊大学校长詹姆士提醒美国政府应当采用一种"从知识上与精神上支配中国的领袖的方式"来控制中国的发展（《清华大学史料选编》一，清华大学出版社，1991年，第72页）。光绪三十四年（1908），美国国会通过议案，决定从宣统元年（1909）起，将美国所得庚子赔款的一部分以"先赔后退"的方式退还给中国，并和中国政府达成默契，以所退庚款发展留美教育。美国的这一举动后来被部分相关国家仿效，这就是所谓的"庚款兴学"或称"退款兴学"。

为了实施庚款兴学计划，中国政府专门拟定了《派遣留美学生办法大纲》，规定在华盛顿设立"游美学生监督处"，作为管理中国留美学生的机构；在北京设立"游美学务处"，负责留美学生的考选派遣事宜。宣统元年（1909），清政府外务部、学部会奏《派遣学生赴美谨拟办法折》，具体规定该款项使用方法：从宣统元年起，最初四年，中国每年派遣学生约100名赴美留学；自第五年起，每年至少续派50名。派遣学生以80％肄习农、工、商、矿等科，20％肄习法政、理财、师范诸学。（舒新城编：《中国近代教育史资料》下册，人民教育出版社，1961年，1108—1109页）原计划每年派遣100名，后因考试成绩不佳，实际为宣统元年（1909）派遣47名，宣统二年（1910）派遣70名，宣统三年（1911）派遣63名。当时的一篇论庚子赔款与教育的文章指出，自退还庚款以后，美国大量吸引中国留学生。这些学生，在"归国以后，或作商界之领袖，或为工厂之技师，无形中为美国推销货物，其数匪细"，"美国大受其利"。文章又指出，"以今日留学生发达，每年毕业归国者日多，亦即美国在华之势力日固，将来中美贸易之兴与年俱进，自不难推想而得"（转引自毛礼锐、沈灌群主编：《中国教育通史》第四卷，山东教育出版社，1988年，第438—439页）。

在北京设立的游美学务处，专门负责考选学生赴美留学，并设置肄业馆对出国留学生进行短期训练。肄业馆在京城外择清旷地方修建，约容学生300名，其中办事室、讲舍、书库、操场、教习学生居室均备。此馆专为已经选取各省学生暂留学习之用，选用美国高等初级各科教习教授；所用办法，均照美国学堂，以便学生熟悉课程到美入学（舒新城编：《中国近代教育史资料》下册，第1109页）。宣统三年（1911）2月，游美肄学馆迁入京郊清华园新建校舍，改称为清华学堂，仍为留美预备学校性质。正监督周自齐，副监督范源濂、唐国安。清华学堂学额为500人，首届招生468名。八年制，设中等、高等两科。初定各四年毕业，后改为中等五年、高等三年。课程均参照美国学校办理，学生毕业后直接派赴美国留学，若未经选送出国，则留馆修习各种专门学科。至此，清华学堂便不限于留美预备学校的专一职能，已具有常规学校的性质。1912年（民国元年）10月改称清华学校，隶属外交部，首任校长唐国安。清华学校学生经过八年的高强度学习，到美国后一般可进入大学三年级学习，大部分人都能获得硕士或博士学位后回国。清政府在北京为赴美学生开设的这所预备学校，校名为清华留美预备学校，1942 年这所学校改名为清华大学。

清华留美预备学校对提高中国留美学生的层次和系统引入西学起到了重要作用。通过"退款兴学"，美国确实达到了"把中国的留学潮流引向美国"的目的，宣统元年（1909）之后，留美人数逐年增加，中国留学生的流向结构从此发生了重大变化。

2. 乡村教育近代化的起步

清末兴办学堂直接冲击着乡村的旧有教育。在新式教育进入乡村社会以前，私塾在乡村基本上处于垄断地位，独享着乡村中的各种教育资源。清末兴学后，这一格局被打破。新式教育借助于国家政权力量强行进入乡村社会，便逐渐取代以私塾为主体的传统教育，成为乡村教育的主体，乡村社会的教育近代化由此缓慢起步。伴随着教育近代化在乡村社会的强行推进，新旧教育的激烈碰撞和各种形式的教育冲突也频频发生。

教育观念的冲突　中国乡村教育近代化的过程，是新式教育借助于国家力量在乡村社会强行推进的过程。这一过程必然会出现新旧两种不同教育观念的冲突。当 20 世纪初新式教育走进乡村社会时，乡村社会对新式教育怀有很深的戒心和敌意，人们宁愿把子弟送到私塾也不愿让其接受新式教育。"他们称教科书为洋书，称学堂为洋学堂。于是反对读教科书，反对废除四书五经、《百家姓》，反对上体操、音乐课，以为读书人就是为应童子试的。"（张宗麟：《乡村教育经验谈》，收入张沪编《张宗麟乡村教育论集》，湖南教育出版社，1987 年，第 17 页）"无识无知之乡民，亦望学堂而却步，不肯使其子弟入学肄业。"（《强迫教育和议》，《东方杂志》1907 年第 5 期）就连办学堂之人也不让其子弟入学堂。他们之所以不让其子弟进入新学堂，是因为在他们看来，"学堂不主背诵，不施夏楚，君试思读书而不背诵，果能记忆乎？不施夏楚，学生果有畏惧乎？""恐入学堂数年，将字亦不识矣"（《异哉！办学堂之人乃不令子弟入学堂》，《教育杂志》1909 年第 1 期）。

教育体制的冲突　新式教育的主要框架是从西方引进的，无论在教学内容上，还是在教学方法、学校管理上，都显得与中国乡村社会格格不入。以私塾为主体的乡村传统教育，基本能适应日出而作、日入而息的乡村社会生活，由于教学是个别式的，学生在农忙时几天不上课也不影响整个学习进度，可以根据具体情况调节教学时间，操作起来比较方便，因而容易为乡民所接受。而学堂里每周休息一天，学校放暑假时正是农闲时分，在乡民看来这不符合乡村社会实际，也给乡村儿童的就学带来诸多不便。又如在学生入学年龄上，私塾比较灵活，而新式学堂在学制中则有入学年龄的限制，一些农民子弟由于各种原因，错过就学机会；当他们有条件接受教育时，往往已过了学龄期，这都造成乡民对新式教育的反感。

教育权力的冲突　在兴办新学堂的过程中，一些旧乡绅为了把持乡村教育的领导权，自己开办私塾或学校，与新式学校争夺生源、财源。如浙江诸暨县大东乡阳春庄，仅有百余户人家，该村本设有汾阳初等小学堂，为争夺村里公款，一些乡绅即以旧有家塾为校舍，招徕几个本族子弟，设立朝阳初等小学堂。此校"距村落较远，于学生不便"；科目不全，学生"到堂时止六七人"；"调查时教员均不在堂。杂乱喧嚣，腐败之极"（《绍兴府诸暨县各学堂调查表》，《浙江教育官报》1911 年第 21 期）。这种所谓的"新式学堂"在清末为数不少，严重败坏了新式教育的名声。又如围绕浙江临海县第一小学领导权的归属问题，师范生陈森与劝学所、师范传习生谢绍封等反复控辩。另外，学校及教育行政机关的人事安排，教育与警察、商业等其他新政措施的利益争夺，为此争讼不断。对新旧教育控制权的争讼是乡村教育诉讼的重要内容。

教育政策的冲突　在新式教育进入乡村社会的过程中，一些地方采取激进措施禁设私塾，严令学生一律入学堂肄习，族学也被要求改造为新式学堂，使私塾传统教育机构受到严重打击，学生大量流失，塾师生活受到威胁，致使很多塾师起而反对新式教育。由于这些人在乡村社会具有广泛的影响，其态度往往关系到新学堂的生存和发展。如直隶冀州吴家吕村公议扩充公立初等小学堂，公选师范传习生陈录甲为教员。在开学之时，"讵料同村增生吴广博"反复阻挠，在街上疾呼，"谓学堂尽属洋学，万不可入"；又言"洋学停业，圣教复兴"。并自开私塾，召集生徒，"悉照旧法课读"，新设的初等小学堂已招的学生被"引入私塾"，致使公立学堂无法开办（《冀州廪增生阻挠学界责令自费入省城师范学堂肄业文并批》，《北洋公牍类纂》卷十一，学务二）。还有一些塾师在学堂旁边开设私塾，唆使私塾学生挑起事端，扰乱学校秩序，破坏教学，迫使学校不得不关门了事。

教育利益的冲突　清末兴学之前，儿童到了就学年龄，有能力的家庭或把儿童送到塾师开办的私塾，或延揽塾师在家设馆，基本上是谁受教育谁出钱。对于许多乡民而言，由于没有受教育的机会，也就不存在缴纳学款的问题。而新式教育主要采取就地筹款的方式解决教育经费，无论家庭中有无子弟接受教育，每一村民都要承担起教育经费的责任，有的学校经费需要在一个区甚至全县范围内征收。在大多数乡民看来，这种筹措教育经费的方式，"殊无利益可享，因而合力抵制"（《各省教育汇志》，《东方杂志》1908 年第 4 期）。而且，有的学堂征收学生学费数额过高，超出了乡民的承受能力。乡村学校的经费还靠抽收捐税以及提取寺产、族产等地方公产加以维持。清末各地以办学为名抽收的捐税数不胜数，甚至捐及乞丐和妓女。捐税的抽收损害了普通民众的利益，引起他们的不满和强烈抵制，捐税的分配也会使不同学校和个体间产生矛盾，引发冲突。一些土豪劣绅又以兴学为名，趁机渔利，任意抽收各种捐税，"茶捐酒捐米厘鲜肉捐蚕种贩用捐，名目繁多"（《本司支批嘉兴县详徐婆寺镇官小学改公立文》，《浙江教育官报》1909 年第 8 期），成为诸多教育冲突的导火索。

　　尽管清政府从光绪二十七年（1901）开始实行新政，鼓励兴办新式教育，但直到光绪三十一年（1905）科举制度被宣布停废后，新式教育才大举进入乡村社会，各地乡村才纷纷开辟财源，兴办新式教育。乡村教育负担增加，新旧教育猛烈碰撞，导致乡村毁学事件急剧增加。据记载，宣统二年（1910）左右毁学事件达到高峰，如江苏和浙江两省分别发生毁学事件 39 件和 59 件。在 170 起毁学事件中，有超过 400 所乡村学校被毁，如 1909 年的江西省袁州毁学事件，"各乡学堂被毁者十余区，停办者七八区，乡学一无所存"（引自陈学恂主编：《中国教育史研究·近代分卷》，华东师范大学出版社，2009 年，第 152 页）。针对乡村教育冲突日益激烈的情况，清政府对乡村教育政策进行局部调整。1910 年，学部颁布了《改良私塾章程》，几乎各省和一些州县也都制定出台了私塾改良的具体办法。各地对私塾的改良所采取的方法多有不同，有的是直接取缔；有的对私塾进行考核，如果生徒在一定数量之上，塾师教学合法者准其改为小学，否则予以取缔；有的对私塾进行培训，要求塾师采用新式教育的教学与方法，通过考核后，方准其继续设塾教学；有的则要求对私塾的教学管理活动做出改良，等等。这些措施的实施，对促进私塾向近代学校转化起到了一定积极作用。

　　与此同时，乡村新式教育也进行自我调适。如：在学生入学年龄上，一些乡村学堂也表现出足够的灵活性，根据乡村社会实际，不再拘泥于学部章程中有关学校节假期的规定，而是根据农村生产和生活的特点主动进行调适；一些乡村学校打破学制中关于入学年龄的限制，接受一些大龄儿童入校学习；乡村学堂除广泛筹集经费外，还借鉴私塾的做法，对不同家庭经济背景的学生采取不同的收费办法，等等。在男女同校同学问题上，直到 1911 年 5 月才做出规定："初等小学儿童年龄在七岁以内，准男女同校。"（《各省教育总会联合会议议决案》，朱有瓛主编：《教育行政机构及教育团体》，第 195 页）但一些乡村学校打破了男女学堂分设的禁令，兼收男女学生，实行男女同校同学。部分新式学堂的教师还主动参与乡村社会生活，取代了传统塾师在乡间的地位。

　　针对乡村教育冲突频发的情况，无论是清政府，还是乡村教育自身都在不断进行调整，这在某种程度上起到化解乡村教育矛盾，减少乡村教育冲突的作用。但是也应当看到，这都无法从根本上解决乡村教育的冲突问题，传统的力量依然影响着中国乡村教育近代化进程。

3. 清末兴学的发展

晚清最后十年，各级各类学校的发展，就其增长比重和绝对数而言，确实是空前的。学校数量的急剧增长，必然导致整个教育体制在结构和功能方面都发生了一些新的变化。

首先，普通教育的发展第一次受到重视。整个 19 世纪的 40 年间，中国新教育的发展，其重点始终是语言学堂和与军事有关的技术学堂，其他类型学堂的发展，特别是普通中小学几乎付之阙如。维新运动时期，这种格局有所变化，但未及充分开展就被扼杀。20 世纪初年，国民教育思潮的兴起，人才教育与国民教育的争论，以及强迫教育、义务教育等新名词在政府文件中的出现，反映了人们对近代中国新教育发展的观念的转变。在这一新的教育思潮的推动下，普通中小学堂大量涌现。据学部统计，光绪三十三年（1907），全国（包括京师）有普通学堂 35 241 所（中学堂 419 所），学生 958 600 人（中学生 31 682 人）。到宣统元年（1909），普通学堂数增至 52 138 所（中学堂 460 所），学生 157 491 人（中学生 40 468 人）。两年间，普通学堂净增 16 897 所，增幅达 48%；学生数净增 614 891 人，增幅达 64%。1909 年，普通学堂及普通学堂学生分别占当年学堂总数和学生总数的 88% 和 95%。（陈学恂主编：《中国教育史研究·近代分卷》，华东师范大学出版社，2009 年，第 136—137 页）。普通教育的发展使它在整个教育体系中有了一个比较合理的比例。

其次，实业教育、师范教育得到长足发展。维新运动时期，实业学堂、师范学堂不仅数量极少，而且规制很不完备。

实业学堂　光绪三十三年（1907）实业学堂数 140 所，学生数 8 835 人；到 1909 年实业学堂数达 256 所，学生数达 16 823 人。两年间，学堂净增 116 所，增幅达 83%；学生数净增 79 880 人，增幅达 90%。实业学堂的发展速度是相当快的。

师范学堂　光绪三十三年（1907）师范学堂数 553 所，学生数 36 608 人；到 1909 年师范学堂数达 427 所，学生数达 29 126 人。虽然学堂数与学生数比 1907 年有所下降，但实际上主要是由于初级师范的简易科和师范传习所、讲习所等速成性质的师范教育机构的数量和学生数减少所致。比如，1909 年简易科是 112 校，比 1907 年的 170 校减少 67 校；1909 年的讲习所是 182 校，比 1907 年的 276 校减少 94 校（均不包括京师地区）；相反，1909 年优级师范完全科有 8 校，而 1907 年只有 2 校。可见，师范学堂的办学规制和教育程度却大大提高。

　　实业学堂和师范学堂，各自均形成了较为完整的体系。1909 年，高等实业学堂、中等实业学堂、初等实业学堂的比例是 1∶4.8∶9.4；优级师范学堂、初级师范学堂、师范讲习所的比例是 1∶5.7∶9.1（陈学恂主编：《中国教育史研究·近代分卷》，华东师范大学出版社，2009 年，第 138 页）。实业学堂和师范学堂的各自教育结构也较为合理了。

　　再次，高等教育有了较大发展。晚清最后十年，高等教育有了较大发展。这一时期的高等教育分为大学堂、高等学堂和专门学堂三种类型。大学堂相当于综合性大学，高等学堂相当于大学预科性质，专门学堂又分文科、理科、法科、艺术等类别。

　　1902 年 11 月 10 日，清廷下令恢复京师大学堂，于 12 月 17 日举行开学典礼。光绪三十年（1904），《奏定学堂章程》颁布，在其中的《奏定大学堂（附通儒院）章程》中，把大学分为通儒院、分科大学和预备科三级。分科大学设经学、政法、文学、格致、农科、工科、商科、医科等八科，每科之下又分若干门，共四十六门。）1910 年 3 月 30 日，分科大学举行开学典礼，除医科未能按时开办外，其余各科均正式开办。创办于光绪二十四年（1898）维新运动高涨时期的京师大学堂，作为全国最高学府，近代综合大学的雏形，终于在清政府垮台前一年初具规模。

　　19 世纪末，国内有 3 所大学，除京师大学堂外，天津中西学堂的头等学堂，1903 年恢复后改称北洋大学堂，1906 年开始办本科专业。南洋公学上院，1905 年改校名为商部高等实业学堂，1906 年复易名为邮传部上海高等实业学堂。在 1902 年各省改办学堂的高潮中，省城的书院大多改为大学堂，并在筹备过程中即遵章改称高等学堂或专门学堂。真正属于这一时期创立并长期存在下来的是山西大学堂（省立）。山西大学堂由晋抚岑春煊于 1902 年春筹办，内分西学专斋与中学专斋。西学专斋是以晋省庚子对英赔款 50 万两作为经费开办，每年 5 万两，以 10 年为期；分预科、专科两级，预科三年毕业，专科分法律、工程、采矿、冶金等科，四年毕业。合同期内，由美国人负责办理。中学专斋初习经、史、政、艺四科，后亦仿照西学专斋办法，学习科目渐趋一致。1911 年合同期满，西学专斋收回自办。这是国内省一级创办最早的大学（陈学恂主编：《中国教育史研究·近代分卷》，华东师范大学出版社，2009 年，第 139—140 页）。

　　与 19 世纪末相比，1907 年至 1909 年大学堂数量虽未增加，都是 3 所，但学生数却显著增加；1907 年大学堂学生数为 516 人，而 1909 年的学生数为 749 人。1907 年高等学堂、专门学堂数为 76 所，学生数为 13601 人；而 1909 年高等学堂、专门学堂数为 108 所，学生数为 19899 人，增加幅度较大。一些高等学堂办得很有成效，如浙江高等学堂、四川高等学堂、江西高等学堂等。一些专门学堂的设置开风气之先，如奉天体育美术专修科（1905 年）、四川体操专科学堂（1906 年）、河南体育专科学堂（1907 年）、上海体操学堂（1908 年）等，都办得很有特色。有些专门学堂却有畸型发展的一面，比如法政专门学堂，1909 年有 47 所，几乎占全部专门学堂数的一半以上。这也反映了清末立宪对政法人才的大量要求。

另外，女子教育的发展开始受到政府的注意。肇始于维新运动时期的国人自办的女子学堂，直到光绪三十年（1904）前，一直处于民间自发的状态。但自 1907 年 3 月，学部公布的《奏定女子学堂章程》和《奏定女子师范学堂章程》，提出女子学堂"以启发知识、保存礼数两不相妨为宗旨"（学部：《奏定女子学堂章程折》，《学部奏咨辑要》卷三），促进了女子教育的发展。光绪三十四年（1908），全国有女学堂 29 所，学生 1384 人；宣统元年（1909），女学堂增至 308 所，学生达 14 054 人。一年时间，女子学堂数、学生数均增长近 10 倍（陈学恂主编：《中国教育史研究·近代分卷》，华东师范大学出版社，2009 年，第 141 页）。

此外，国内新式学堂的发展，也为捍卫教育主权提供了一定的后盾。自 1818 年马礼逊在马六甲创办的以中国学生为主要对象的教会学校英华书院、1862 年总理衙门在北京创办的京师同文馆以来，直到 19 世纪末，国人自办的新式学堂以及在校人数，始终落在教会学校的后面。进入 20 世纪，传教士改变办学方针，纷纷创办教会大学，即便如此，1909 年，国人自办的 3 所大学在校生 749 人，而教会大学在 1910 年仅有学生 262 人；至 1912 年，在教会学校读书的学生大约只占全国学生人数的十分之一左右。新式学堂和学生人数的急剧增长，使清政府有可能对外国在华教育机构采取一些限制措施，如光绪三十二年（1906），学部咨文各省督抚："外国人在内地设立学堂，奏定章程并无允许之文；除已设各学堂暂听设立，无庸立案外，嗣后如有外国人呈请在内地开设学堂者，亦均无庸立案，所有学生，概不给予奖励。"（两江学务处编：《学务杂志》第六期）所谓"无庸立案"，在这里即是不承认的意思。这说明，国内新式学堂的空前发展，使清政府在捍卫教育主权方面能够采取一些必要措施。

晚清最后十年，普通教育、实业教育、师范教育、高等教育、女子教育的较大发展，使 20 世纪初中国近代教育体制初具雏形。作为国家占主导地位的教育体制，不再以培养少数仕宦者为唯一宗旨，而以造就各类新式人才为目的；不再以儒学典籍为唯一教学内容，而代之以近代各门类知识的学习。教育体制的转型既是教育观念转变的结果，又在新的层次上促进了观念转变的深化。在体制转型和观念转变过程中成长起来的几百万新知识分子，则成为推动中国近代化前进的强大推动力。但必须指出的是，清末兴学毕竟是封建王朝自救活动中的一部分，使晚清最后十年大规模的教育改革，涂上了一层浓厚的封建底色，对以后新教育的发展带来影响深远的消极作用。

（二）革命派与改良派政治论战中的教育论争

随着戊戌变法的失败和改良主义的破产，资产阶级革命派组织了自己的政党——同盟会，发表了革命宣言，颁布了革命纲领，而以康、梁为代表的改良派被革命吓破了胆，蜕化成了保皇派，他们反对革命派所领导的革命行动及其政纲。这样，革命派以《民报》为主要阵地，保皇派以《新民丛报》为主要阵地展开了激烈的思想政治大论战。对教育问题的不同主张，是革命派与改良派在论战中激烈争执的焦点之一。

改良派以中国人民受教育程度普遍低下、愚昧无知、缺乏治理国家的基本能力为理由，极力反对革命，抵制共和。严复在《与外交报主人论教育书》中说："今吾国之所最患者，非愚乎？非贫乎？非弱乎？则径而言之，凡事之可以愈此愚、疗此贫、起此弱者皆可为。而三者之中，尤以愈愚为最急。"治愚的关键靠教育，"国之所患，在于无学"，"无学而愚，因愚而得贫弱"。（舒新城编：《中国近代教育史资料》下册，人民教育出版社，1961年，第991—993页）他曾在伦敦与来访的孙中山进行讨论时，更鲜明地表达了他的这一思想，他说："中国民品之劣，民智之卑，即有改革，害之除于甲者将见于乙，泯于丙者将发之于丁。为今之计，惟急从教育著手，庶几逐渐更新乎！"（《严复集》（五），中华书局，1986年，第1550页）。在改良派人物中，严复把教育放在解决中国社会问题的基础地位，是一个典型的教育救国论者。

立宪派也认为，在人民素质没有普遍提高之前，就采取暴力革命的方式强行建立共和制，将有导致国家民族灭亡的危险。立宪派代表梁启超就认为："共和政体，为历史上之产物，必其人民具若干种之资格，乃能实行，而不然者，强欲效颦，徒增扰乱。"他认为在中国只能由君主专制到君主立宪，再发展到共和，应"拾级而升"，否则"若贸然建设此政体，则由攘夺政权所生之惨剧，必至不可思议"。（梁启超：《申论种族革命与政治革命之得失》）他还鼓吹说："一二十年内，我国民万不能遽养成共和资格，未养成而遽行之，必足招亡。"（梁启超：《答某报第四号对于本报之驳论》，《新民丛报》1906年）这种先教育后革命的观点，其目的是在不触动清王朝封建统治"之根本"的前提下，实行国内政治上的某些改革。

革命派也把教育作为改造中国的一个重要手段，但认为改造中国的第一步只有革命，先以革命的方式推翻腐败的清政府，建立起共和国，才能谈得上发展教育和其他事业。孙中山1919年10月在上海青年会的演说中说：教育"固是改造中国之要件，但还不能认为是第一步的方法。第一步的方法是什么？……只有革命"。"譬如我们要建筑一所新居，须先将旧有的结构拆卸干净，并且从地底打起地基，才能建筑坚固的屋宇。"（舒新城编：《改造中国之第一步只有革命》，《中国近代教育史资料》下册，人民教育出版社，1961年，第1023—1024页）他们主张，用革命的方法摧毁旧政权，改变中国落后的政治、经济状况，使人民具有基本的生活条件，为享受文化教育提供最基本的保证。在对待教育与革命问题上，革命派认为应分清轻重缓急，先革命后教育；在革命未获成功之前，教育要为革命服务，与革命并行，进行革命的教育。正如邹容在《革命军》中大声疾呼的：要以"革命之教育"来培养"革命之健儿，建国之豪杰，流血之巨子"。

革命派还认为，革命本身就具有"开民智"的作用。如章太炎在《驳康有为论革命书》一文中说："人心之智慧，自竞争而后发生，今日之民智，不必恃他事以开之，而但恃革命以开之。"他针对改良派所谓中国民众没有"养成共和资格"的论点，驳斥道："民主之兴，实由时势迫之，而亦由竞争以生此智慧者也。"也就是说，民众的"民主""共和"的意识和知识是在革命实践中学会的，不必等到学会了再去革命。因此他指出："公理之未明，即以革命明之；旧俗之俱在，即以革命去之。"（璩鑫圭、童富勇：《中国近代教育史资料汇编·教育思想》，第617—618页）。

革命派还认为，要改变封建教育，必须施以革命的精神和手段。20世纪初，清政府也进行了所谓的教育改革，1902年拟定了《钦定学堂章程》，1903年颁布了《奏定学堂章程》，实行新的学校制度。但是，这种改革并没有改变封建主义教育的本质，革命派称这种改革是把专制主义教育穿上西学新装的把戏。他们指出，"戊戌以来，科举虽变，学堂普兴，而所谓新教育者，论其内容八股专家主持讲习，以格言语录为课本者有之，禁阅新书新报者有之，禁谈自由者有之"。他们说："这种学堂依然是一个顽固的天地，依然是无一线光明的黑暗之狱。"（参阅《哀江南》，载《江苏》第一期）所以他们认为，要改变这种教育，"非有翻天倒海之气魄，佐之以快刀攻麻之手段，则不足以言教育"。（《论盎格鲁索格逊人种之教育并今日之教育方针》，《浙江潮》第三期）

在这场论辩中，限于时代限制和理论水平，资产阶级革命派在一些理论问题上有说不清的地方，改良派在认识上也有一些合理因素。改良派强调真正的民主政治必须建立在相应的民众素养基础上，强调文化教育改造和民主建设的艰巨性和长期性。这种认识上的合理因素虽不被处在激烈论战氛围中的革命派所认同，但改良派以民智未开而否定革命，以教育救国而否定革命救国，这不光是对封建专制政治势力的妥协和对"新政"政治改革的幻想，也有悖于教育与政治关系的原理。从总体上说，革命派的"革命教育"之主张，是顺历史潮流而进的，严重地动摇了以皇权为主体的传统封建教育，为资产阶级革命派利用教育阵地开展革命教育提供了现实条件。

(三) 资产阶级革命派的教育活动

甲午战争后，在中国面临被帝国主义瓜分的危机情势下，民族资产阶级开始走上政治舞台，主张变法维新，挽救国家危亡。八国联军侵略、《辛丑条约》签订及其以后的社会政治形势，迅速把民族资产阶级的中下层推进到爱国运动和社会政治运动中，一批仁人志士和年轻知识分子走上了革命救国的道路。以孙中山为首的资产阶级革命派，把中国人民自发的反帝反封建主义的斗争，发展为自觉的民主运动。而在戊戌维新运动时期起过显著作用的维新派，则演变为立宪派，主张实行君主立宪，反对用革命方法推翻清朝统治。随着人们对清政府由失望而变为反对，反清情绪日益高涨，革命逐步代替改良已成为时代的主流。资产阶级革命派通过各种途径宣传革命，利用各种工具组织民众，有力地推动了革命形势的发展，胜利地推翻了清朝统治。

1. 民主革命的宣传教育

光绪末年，中国资本主义有了初步发展，民族资产阶级的力量有所增长，风行一时的出国留学和国内新式学校的开办，为这个阶级培养出大批的知识分子。他们中的许多人接受了变法维新运动失败的教训，又受到农民反帝爱国运动的启发，开始逐渐认识到，要摆脱帝国主义和封建主义的压迫，就必须走推翻清朝统治的革命道路。

光绪二十年十月 (1894 年 11 月)，正当日本侵略军攻陷旅顺后大肆屠杀中国平民的时候，孙中山在美国檀香山联络华侨多人，创立了中国第一个资产阶级革命团体兴中会，提出了"驱除鞑虏，恢复中华，创立合众政府"的革命纲领。翌年又在香港组织兴中会，并准备广州起义。起义未及发动，事泄失败，孙中山不得不流亡海外进行活动，在华侨中发展组织，宣传革命。资产阶级革命派在宣传民主革命思想的同时，进一步展开了建立革命组织的活动，华兴会、科学补习所、光复会等革命团体相继成立，并多次组织武装起义。光绪三十一年七月二十日 (1905 年 8 月 20 日)，孙中山和黄兴等联合各派革命领袖人物，在日本东京正式成立了中国同盟会，以"驱逐鞑虏，恢复中华，创立民国，平均地权"为纲领。同盟会把原来分属各地的革命组织统一起来，产生了全国性的号召力，使全国的革命派有了一个核心组织，极大地推动了资产阶级性质的民主革命运动的发展。

资产阶级革命派在国内外组织的革命团体，出版了许多报纸刊物，宣传资产阶级的民主革命思想。在日本，从 1900 年发刊的"专以编译欧美政治名著为宗旨"的《译书汇编》开始，在短短的几年时间里，具有明显的革命倾向且产生了较大影响的《国民报》《游学译编》《湖北学生界》《浙江潮》《江苏》《二十世纪之支那》等刊物，相继问世。在上海，资产阶级革命派和进步知识分子宣传革命的舆论阵地主要是《苏报》《大陆》《童子世界》《国民日报》《警钟日报》等。同盟会成立后，还创办了《民报》。从孙中山发动广州起义失败后到1911年武昌起义爆发期间，革命党人共印发宣传读物130种左右（白寿彝总主编：《中国通史·近代前编》第19册，上海人民出版社，1999年，第285页），用以传播革命思想。此外，还大量翻译了西方资本主义的政治学说和哲学著作，如严复翻译的赫胥黎《天演论》、亚当斯密《原富》、斯宾塞《群学肄言》等，以及杨廷栋译卢梭《民约论》、蔡元培译德国利培尔《哲学要领》等书，为传播民主革命思想，对辛亥革命的舆论准备和思想准备，起了重要作用。

　　资产阶级革命派创办报刊杂志，印发革命书报，面向整个社会进行民主革命的宣传教育。孙中山十分重视革命思想的宣传，他说："根本救国，端在唤醒国民。"甚至说："革命成功极快的方法，宣传要有九成，武力只可用一成"（《孙中山选集》，第493页）。他把宣传和教育连在一起，强调"教育是宣传"。（《孙中山选集》，第497页）他说："宣传不特是要人知，而且要感化民众，要他们心悦诚服。"（《总理全集》第二集，第502页）宣传的目的是为了使群众懂得革命的道理，更重要的是要让革命道理"注入到内心。要人人的心理上都倾向共和"（《总理全集》第二集，第460页）。在日本东京创刊的《民报》，是同盟会的第一个机关报。孙中山在其《发刊词》中第一次提出了民族主义、民权主义、民生主义的政治纲领，并为《民报》规定了将"非常革新之学说""灌输于人心而化为常识"的办刊宗旨。当时，资产阶级革命派在国内外先后组织创办了许多报刊杂志，大张旗鼓地开展民主革命的社会教育活动。

　　革命派的社会教育活动，主要是指明中国在帝国主义侵略下的危亡局势，唤起人们为改变局势而斗争。革命派的早期刊物《开智录》，在1901年发表了题为《论帝国主义之前途及二十世纪之前途》一文，明确指出："今日之世界，帝国主义最盛，而自由败灭之时代也。"又说：今日世界的帝国主义，"即强盗主义也"。在题为《国魂篇》一文中指出："帝国主义者，民族主义为其父，而经济膨胀之风潮则其母也。"（《浙江潮》第一期，第13页）这种分析在当时是非常可贵的。同时，又指出：帝国主义的经济侵略较之政治侵略更难识破，更富于欺骗性，也更为狠毒。"其资本所在之地，即其政治能力所到之地，征之于近代，历历有明征也。"（飞生：《俄罗斯之东亚新政策》，《浙江潮》第一期，第10页）特别是著名的革命宣传家陈天华，他在文章中以大量事实揭露帝国主义瓜分中国的野心，列举沙俄在东三省的暴行，痛陈中国面临的奇祸，又以印度、波兰、犹太等国被灭的实例，讲述灭国的惨痛，告诫人民，中国正面临着亡国灭种的严重危险。批驳了那种以为中国很大，帝国主义不能瓜分中国的盲目乐观论调，为全国人民敲响了警钟。

革命派的社会教育，就是揭露清朝反动统治的罪行，告诉人民反帝必须和反清结合起来。陈天华在《警世钟》中，一针见血地指出，当时的清政府已经成为帝国主义的代理人，他们是"洋人朝廷"："列位，你道今日中国还是满洲政府的吗？早已是各国的了！那些财权、铁道权、用人权，一概拱手送与洋人，洋人全不要费力，要怎么样，只要下一个号令，满洲政府就立刻奉行。"（《警世钟》，中国近代史资料丛书《辛亥革命》第二册，上海人民出版社，1957 年，第 125 页）帝国主义利用清政府"不劳兵而有人国"，"这朝廷，原是个，名存实亡。替洋人，做一个，守土官长，压制我，众汉人，拱手降洋！"（刘晴波、彭国兴编校：《陈天华集》，第 35—36 页）因此，我们决不能"恃今日之教育官吏以图存"。（《二十世纪之中国》，《国民报》第一期，第 2 页）使人们进一步认识到，要挽救民族危机，必须首先推翻清朝政府。这是中国近代民族觉悟的一大飞跃。

革命派的社会教育，其对象主要是"中等社会"和"下等社会"的人民。他们认为，中国革命"必须以下等社会为根据地，而以中等社会为运动场"。在他们看来，下等社会是"革命事业的中坚"，中等社会"是革命事业的前列"（《民族主义之教育》，《游学译编》第十期）。他们所说的"中等社会"，主要指的是资产阶级和小资产阶级知识分子，而下等社会指的是工农群众和士兵。有个主张革命的湖南人杨笃生（杨毓麟），1902 年写了本《新湖南》的小册子，声明书是写给"湖南中等社会"的。书中说："诸君在于湖南之位置，实下等社会之所托命而上等社会之替人也。提挈下等社会以矫正上等社会者，惟诸君之责；破坏上等社会以卵翼下等社会者，亦为诸君之责。"（《游学译编》第十期上的一篇无署名的文章，见《民族主义教育》，收入《辛亥革命前十年间时论选集》第一卷上册，第 407、409 页）这就是说，"下等社会"虽然是革命事业的中坚，但仍处于蒙昧状态，需要启发和教育，中等社会要站在下等社会前面引导他们。正是由于这样的认识，他们利用报刊杂志宣传革命道理，启发群众觉悟。"惟有使中等社会皆知革命主义，渐普及下等社会。斯时也，一夫发难，万众响应，其于事何难焉！"（《绝命辞》，《陈天华集》）

为了进行社会教育，革命派中的不少人投入会党和新军中去做宣传和组织工作。据记载，为了争取会党，发动武装起义，陶成章腰束麻绳，"数岁之间，提皮包，蹑草履，行浙东诸县，一日或八九十里"（龚味生：《自叙革命史》）。其他一些革命领导人也积极联络会党，宣传革命。

2. 各种形式的革命教育活动

资产阶级革命派在革命活动中十分重视教育，极力主张"革命与教育并行"，"革命之前，须有教育，革命之后，须有教育"（邹容：《革命军》，《中国近代思想参考资料简编》）。早在光绪十八年（1892），孙中山就提出"设报馆以开风气，立学校以育人才"（《兴中会章程》，《中国近代思想史参考资料简编》，第 792 页）。因此，在革命活动中，资产阶级革命派开展了多种形式的革命教育活动。

创办教育报刊　中国最早的教育刊物是《教育世界》。光绪二十七年（1901），由罗振玉在上海发起创办，王国维任主编。罗振玉、王国维等人是《教育世界》的主要译著者。该刊物所载内容均为涉及有关教育的言论、学校管理、家庭教育、学制、教育史、学术史、传记、教育小说等内容。系统介绍了夸美纽斯、洛克、卢梭、裴斯泰洛齐、赫尔巴特、福禄贝尔等著名教育家的专著和传略，同时系统介绍了欧美各国的教育理论、教育事业发展的历史和现状。宣统元年，中国商务印书馆创办的《教育杂志》为教育月刊，内容涉及外国资产阶级教育思潮、各国教育制度、教育学、职业教育、社会成人教育等方面，对建立适合中国国情的教育制度和方法起过一定作用，对当时教育界人士、教育理论和实践起过重大影响（参见《中国小百科全书Ⅳ·人类社会》卷 4，团结出版社，第 295 页）。

创立教育团体　光绪二十八年（1902），蔡元培与上海教育界人士叶瀚、蒋观云、林少泉等人集议发起成立"中国教育会"，蔡元培任会长。《中国教育会章程》规定：教育会以教育中国男女青年，开发其智识而增进其国家观念，以为他日恢复国权之基础为目的。中国教育会下设教育、出版、实业三个部：教育部分为男女两部，计划"于中国枢要之地设立学堂"，以教授普通学、专门学各种技艺；出版部设在上海，并推及各通要都市，编印教科书及一切有关学术诸书；实业部设于枢要之地，量地方情状及财源，开办工厂公司等（引见孙培青编：《中国教育史（修订版）》，华东师范大学出版社，2000 年，第 354 页）。蔡元培等公开表示："我辈欲造成共和的国民，必欲共和的教育。要共和的教育，所以先立共和的教育会。"（《爱国学社之建设》，《选报》第 35 期，1902 年 12 月）中国教育会表面上办理教育、编订教科书、推行函授教育、刊行丛报等，而实际上是在"暗中鼓吹革命"。其影响不断扩大，江浙一带还建立了中国教育会的支部。中国教育会在资产阶级革命中起到了很大的宣传和组织作用。光绪三十四年（1908），中国教育会被迫解散。宣统三年（1911），张元济等人又在北京发起成立了中国教育会，这是清末教育界人士组织的民间教育团体。推举出正会长张元济，副会长伍光建、张謇。其宗旨是谋全国教育之发达及改良。主要活动是建议当局关于教育行政及其他教育事项之意见，调查讲演，建设图书馆，以全国之名义表彰教育界之有功绩者。

革命派还组织了多种社会团体进行革命宣传教育。除去早期的"兴中会""华兴会""光复会""同盟会"等政治组织外，还在知识界建立了许多学术团体和教育机构。当时比较著名的还有："日知会""集贤学社""文学社""科学讲习所""共进分社"，等等。这些社会团体都在积极开展社会活动，宣传革命。如武昌的科学补习所，名为研究学术，实则谋划革命。日知会本是群众读报机构，但革命党人经常在这里宣传革命，发表演说，对致使"凡来听讲者，多醉心革命，执守不惑"（《辛亥革命》），都有着不同程度的贡献。

创建新型学校　爱国女校是中国教育会创办的著名革命学校。早在 1901 年 12 月，蔡元培、蒋观云等人就计议开设女校，但至 1902 年 4 月中国教育会正式租校舍成立，定名为爱国女校，同年 12 月 2 日正式开学。首任经理（校长）是蒋观云，继任者为蔡元培。第一班学生约 10 人，为发起人之妻女。1903 年校址迁至泥城桥福源里，开始招收外来学生，学生逐渐增多。蔡元培《在爱国女校之演说》中指出："本校初办时，在满清季年，含有革命性质。"（高平叙编：《蔡元培教育文选》，第 14 页）该校的办学宗旨是"增进普通知识，激发权利义务之观念"。（《上海学堂一般》，《江苏》第三期）光绪三十年（1904）秋公布的《爱国女学校补订章程》，提出以"增进女子之智、德、体力，使有以副其爱国心为宗旨"。（《警钟日报》1904 年 8 月 10 日）规定学习年限为预科 3 年，本科 2 年。其中本科分文科和质科两部：文科课程有伦理、心理、论理、教育、国文、外国文、算学、历史、地理、法制、经济、图画、体操；质科课程有伦理、教育、国文、外国文、算学、博物、物理、化学、家事、手工、裁缝、音乐、图画、体操。该章程还规定学生不得缠足、涂抹脂粉、着靡丽之衣服及首饰，不为诡异骇众之装束与举动等。为了培养女学生的勇敢精神和暗杀本领，"爱国女学为高材生讲法国革命史、俄国虚无党历史，并由钟先生及其馆中同志讲授理化，学分特多，为练制炸弹的预备。年长而根底较深的学生如周怒涛等，亦介绍入同盟会，参加秘密小组"。爱国女校为辛亥革命培养了一批妇女革命骨干力量，"辛亥革命时，本校学生多有从事于南京之役者"（高平叙编：《蔡元培教育文选》，第 14 页）。后因蔡元培等人创办的中国教育会被迫解散，爱国女校"渐渐脱离革命党秘密机关之关系"，遂成为普通女子中学。

爱国学社是中国教育会为南洋公学罢学学生组建的学校。光绪二十八年（1902），因上海南洋公学限制学生言论自由，为反对学校专制压制，200 多名学生愤而罢课退学。在部分罢学学生的请求下，中国教育会通过募款于上海泥城桥福源里会所设立爱国学社，蔡元培任总理、吴稚晖任学监，教师有章炳麟、蒋观云、蒋维乔、黄炎培等，均纯为尽义务。该校以"重精神教育，以自由独立为主"作为教育宗旨，学校民主自由空气十分浓厚，"校内师生高谈革命，放言无忌"。学校分寻常级和高等级，修业年限均为二年。学习内容，寻常级有修身、算术、理科、国文、地理、历史、英文、体操等八科；高等级有伦理、算学、物理、化学、心理、论理、社会、国家、经济、政治、法理、国文、日语、英文、体操等十五科（《上海学堂一般》，《江苏》第三期）。学校强调"重精神教育，重军事教育，而所授各科学皆为锻炼精神激发志气之助"（《爱国学社章程》，《选报》第 35 期，1902 年 12 月）。初有学生（社员）55 人，后学生增至 150 余人。学生实行自治，把全校学生分为若干联，每联约二三十人。学生组织联合会，学社的事情多由学联开会讨论决定，然后交主持者执行。学生均为中国教育会的会员。爱国学社还出版《童子世界》《学生世界》等革命刊物，刊登各种时论、小说等革命文章，教员则为《苏报》撰写政治文章，鼓吹革命，持论尤为激烈。还成立"义勇队"（后改名为军国民教育会），早晚进行军事训练。光绪二十九年（1903），因《苏报》经常刊登爱国学社师生等革命党人的文章，章炳麟等人被捕遭到监禁，邹容死于狱中，报馆被查封，这就是轰动全国的《苏报》案。因此，爱国学社也被迫解散。

1905 年 9 月，光复会成员徐锡麟、陶成章等在浙江绍兴创办大通学校，后改为大通师范学堂。光绪三十三年（1907）起，由著名的女革命家秋瑾主持校务。大通师范学堂名为培养小学体育教师，实际上是培养军事干部。教学内容有语文、算术、史地、理化、生物、外国语、教育、伦理、图画、音乐、体育等课程，特别重视军事体育教育。除去一般体育活动外，对爬山、泅水、行军、武器使用等军事训练尤为重视，有时还进行实弹军事演习。学堂招收各地会党首领入学堂练习兵操，培养革命军事干部，并使女生部进行军事操练，编为女国民军。在当时，大通师范学堂成为浙江一带的革命中心，全校学生大部分参加了光复会，他们积极准备发动武装起义，但由于准备不足，起义不幸失败，清军包围了大通师范学堂，许多学生壮烈牺牲，秋瑾被捕并被杀害，这就是有名的"血战大通学堂事件"。大通师范学堂为中国近代教育史谱写了光辉的一页。

1903 年，孙中山在日本东京附近创办青年军事学校，对中国留日学生进行军事训练和革命思想教育。在国内，革命派也还创办了许多新型学校，如湖南的明德学堂，福建的侯官两等小学，芜湖的安徽公学，江苏的丽泽学堂等。资产阶级革命派以这些新型学校为据点，"秘密进行革命宣传，散播革命种子，纠结志士，发展组织，培养骨干，发动群众，为武装起义准备条件"。（《辛亥革命回忆录》（四），第 377 页）如影响最大的芜湖安徽公学，就被称为"安徽革命的温床"（《辛亥革命回忆录》（四），第 377 页）。这些学校为辛亥革命在舆论上和干部培养上作了准备，有着不可磨灭的贡献。

组织留日学生　资产阶级革命派把吸引留学生参加革命，作为重要的革命工作，在留学生聚集的日本东京积极开展活动，在留学生中间办报纸，成立革命团体，进行革命思想的宣传和革命队伍的组织工作。光绪二十八年（1902），由章太炎等人发起，孙中山支持，在东京成立了留日学生爱国组织"青年会"。"其会章第一则，规定以民族主义为宗旨，以破坏主义为目的。"（冯自由：《革命逸史》初集，第 124 页）把斗争的矛头直指清朝的封建政权。光绪二十九年（1903），沙皇俄国侵占我国东北，激起了广大群众的极大愤慨，500 多名留日学生在东京召开大会，成立了以"拒俄"为主旨的爱国团体。不久，一些留日学生秘密成立了"军国民教育会"，明确规定以养成尚武精神、实行民族主义为宗旨，将反帝爱国运动发展为反清的民主革命，在辛亥革命期间，留日学生成为中国反帝反封建的一支重要方面军，他们在民主革命思想的传播、爱国运动的发展、革命团体的建立，以及辛亥武装起义等方面都起了"先锋和桥梁"的作用。1911 年黄花岗起义，许多留日学生闻风赴义，他们为了"以强祖国，使同胞享幸福，虽奋斗而死亦大乐也"。（方声洞：《绝笔书》）这些留学生的崇高爱国思想和坚韧不拔的革命精神是中华民族的珍贵遗产，永远值得继承和发扬、光大。

3. 对封建专制主义教育的尖锐批判

戊戌变法运动以后，清朝统治阶级的顽固派在政治上更加反动，教育上更加倒退，他们借助孔子的偶像地位和封建的纲常名教愚弄人民。光绪二十九年（1903），清政府公布的"癸卯学制"就提出其"立学宗旨"："无论何等学堂，均以忠孝为本，以中国经史之学为基。"光绪三十二年（1906），清政府标榜实行所谓"预备立宪"时，又把"忠君""尊孔"定为教育宗旨，规定经学为全国各类学校"必修之课目"，并且要求学生礼拜孔子。当年的维新派，也就是此时的立宪派，实际上成了封建主义同盟军。他们在教育领域里极力提倡尊孔读经和宣扬三纲五常等封建礼教，妄图以此来麻痹人民，挽救濒临灭亡的封建专制统治。他们积极鼓吹尊孔读经，甚至要求定"孔教为国教"。因此，资产阶级革命派在揭露和抨击封建专制主义教育时，又是从反对尊孔读经和批判封建礼教入手的。

早在光绪二十三年（1897），孙中山就指出，封建教育制度下的士人，"终生所诵习者，不外四书、五经及其笺注文字"，目的就是"以养成其盲从之性"（《孙中山选集》上卷，人民教育出版社，1956 年，第 23 页）。进入 20 世纪后，资产阶级革命派更明确地揭露了封建教育的奴化本质，"于儿童学语之初，即告以奴隶之口号；扶立之顷，即授以奴隶之拜跪；……未几而入塾矣，先受其冬烘之教科，次受其豚立之桎梏，时而扑责，时而唾骂，务使无一毫之廉耻，无一毫之感情，无一毫之竞争心，而后合此麻木不仁天然奴隶之格"。（《箴奴隶》，《国民日报汇编》第 1 册）邹容在《革命军》中，批判过去的封建教育完全是一种奴化教育，指斥封建伦理道德教育无非是教人要"柔顺也，安分也，韬晦也，服从也，做官也，发财也"，都是"中国人造奴隶之教科书也"。他告诫人们，这种奴化教育再不改变的话，"我同胞将由今日之奴隶，以进为数重之奴隶"，进而从地球上消灭。他认为这种奴化教育，培养的都是些"五官不具，四肢不全，人格不完"之人，"实奄奄无生气之人也"。

革命派批判封建教育的核心内容是封建礼教，以"三纲"为核心的封建礼教是束缚人们的精神枷锁，资产阶级革命派一针见血地指出：清王朝所以"尊三纲，定名分"，是为了"有利于专制"，他们"以托黜邪崇正之名，以束缚臣民之思想，使臣民柔顺、屈从，而消磨其聪明才力"（《道统辨》，《辛亥革命前十年间时论选集》第一卷下册，第 736 页）。革命派也认识到，三纲五常是"吃人"的礼教，封建统治者利用它箝制"臣民"，束缚"子弟"，压迫"妇女"。他们从资产阶级的天赋人权思想出发，批判"顺民奴隶以为忠，割骨埋儿以为孝，焚身殉葬以为节"（《广解老篇》，《大陆》第九期），认为这是对人性的残暴践踏。革命派指出，在封建社会妇女受礼教之害最深。清政府在学部《奏定女子小学堂章程》中说："中国女德，历代崇重，今教育女儿，首当注重于此，总期不悖中国懿媺之礼教，不染末俗放纵之辟习。"妄图把广大妇女紧紧束缚于封建礼教的牢笼之内。资产阶级民主革命的女英雄秋瑾在《中国女报》第一期中指出，中国妇女在"三纲五常"的封建礼教残害下，处于悲惨的奴隶地位。她说："曰三从四德也，培养奴隶之教育也；曰缠足也，摧残奴隶之酷刑也；曰女子无才便是德是也，防范奴隶之苛律也。"深刻揭露了封建礼教对妇女的残害。因此，秋瑾号召广大妇女挣脱"男尊女卑"的条条绳索，走出家门，走进学堂，"求一个自立的基础，自活的艺业"，免做那"幽禁闺中的囚犯"（秋瑾：《敬告姐妹们》，《秋瑾集》，中华书局1960 年）。引导妇女冲破封建礼教的束缚，投身到革命运动中去。

革命派还将批判的锋芒指向封建文化的偶像——孔子。他们尖锐指出："孔子在周朝的时候虽然很好，但是如今看起来也是很坏。至圣两个字，不过是历代的独夫民贼加给他的徽号……因为孔子专门叫人忠君服从，这些话都是益于君的，所以那些独夫民贼喜欢他的了不得，叫百姓都尊敬他"（君衍：《法古》，《童子世界》第 31 期）。章炳麟（太炎）断然指出："我们今日实行革命，提倡民权，孔教是断不可用的。"（章炳麟：《东京留学生欢迎会演说辞》）他揭露清王朝所以"尊事孔子，奉行儒术"，是"便其南面之术，愚民之计"（章炳麟：《驳康有为论革命书》）。他又在《续无神论》中，揭露了帝国主义侵略中国的先锋队——传教士，指斥他们是直接"以上帝为其杀人戮人的响导"，并不是传播什么"福音"和"文明"，而是侵略中国的文化特务，戳穿了帝国主义分子宣扬礼教的实质。

革命派反对封建的"法古教育"。他们认为，"法古教育是亡种之根"，是历代专制政体相沿的结果。他们认为"古人有古人的时势"，所谓圣人之言、圣人之行，皆为"古人之理法"，而"至今时势变矣，则理法从之而变"，今之形势已变，理法也应该改变，"今日天下之大势在日日进步，大非昔比"（《法古》，《童子世界》第 31 期）。以此否定法古教育，提倡研究现实，主张培养"从事实业的才能"。所以他们说："言教育者，必以研究目前之人事，为真正之教育。"（《教育泛论》，《游学译编》第十期）

革命派渴望教育培养为资产阶级革命服务的人才。他们把中国封建教育与西方资产阶级教育培养出来的人相比较，指出："他（指西方资产阶级）的极下等人，其学问胜过我国的翰林、进士，所以他造出一个轮船，我只能当他的水手；他立一个机器厂，我只能当他的粗工；他们安坐而得大利，我们劳动而难糊口。"他要求改造旧教育，要像欧美和日本那样，"兴学堂，教育普及"，"兴女学，培植根本"，学习近代"天文、舆地、伦纪、化学、物理、算学、图画、音乐，一切有用的学问"。主张建立"陆军、海军、文科、农科、医科、师范"等专门学校，以改变中国落后的教育状况（陈天华：《猛回头》）。邹容明确提出要实施革命教育，以造就"知平等自由之大义"，"复我天赋人权"，"其道德，其智识，其学术，均具有振衣昆仑顶，濯足太平洋之慨"的资产阶级革命需要的人才。他号召人民起来革命，推翻清王朝的反动统治，建立"中华共和国"（邹容：《革命军》）。

资产阶级革命派以挑战封建皇权的姿态，对三纲五常的封建教育进行无情的鞭挞和批判。尽管从教育变革的长远观点看，其还有潜在的偏颇性。但这对引导人们认清封建教育的本质，无疑具有振聋发聩的作用，将近代思想的启蒙推进到一个新的境界。

（四）西方教育科学的传播

西方教育科学在近代中国的传播，大致可以以维新变法时期为界。维新运动以前，被译成中文的西方教育科学论著数量稀少，发展新式教育的社会需要还不是那么迫切和强烈，人们对西方教育的认识还十分肤浅，西方教育理论的传入只是处于启蒙阶段。而在维新运动之后，尤其是在中日甲午战争之后，西方教育科学的传入形成了高潮，到了 20 世纪初叶，这股传入势头通过日本媒介而迅猛上升，译介西方教育论著的主力军变成了中国人。

1. 耶稣会士来华与西方教育知识的传入

从历史来看，西方教育的传入并不是开端于近代。早在明清之际，罗马天主教耶稣会士来华，就带来了大量的西书、西器和西图，开启了中西教育交流之先河，也带来了与中国传统教育理论异质异构的西方教育知识。

明清之际天主教耶稣会士来华，在传播宗教教义的同时，翻译介绍了西方各种自然科学和社会科学知识，其中也包括了西方教育的知识。其中，意大利传教士艾儒略的贡献（Julio Aleni，1582—1649）尤为突出。艾儒略自明万历三十八年（1610）到达澳门，万历四十一年（1613）进入中国内地传教后，在中国传教近四十年。他精研儒家经典，学识渊博，在传教中注意结合中国传统文化的特点，因而世人尊称其为"西方孔子"。他写的《西学凡》，依据耶稣会所公布的《教学章程》，对当时西方中等教育及高等教育的专业设置、课程大纲、教学过程、教学方法和考试形式等做了全面而又简要的介绍。据该书所述，欧洲教育共分六科，即文科、理科、医科、法科、教科和道科。六科的学习循序渐进，分阶段进行。还就 16 世纪西方培养专门人才的专业教育的内容和方法等做了阐述。《四库全书提要》称此书为"所述皆其国建学育才之法"。并由李之藻收入《天学初函》中，这是我国最早的一部关于西方学问的中文丛书，内收西人译著 19 种，《西学凡》被列为第一种，在当时产生了一定的影响。

另外，还有《职方外纪》，题为西海艾儒略增译，东海杨廷筠汇记，共五卷，有李之藻、杨廷筠、瞿式耜序，明天启三年（1623）刊于杭州。此书为中文著作中第一部系统论述五大洲地理的专书，主要介绍世界各国风土、民俗、气候、名胜等。在第二卷《欧罗巴总说》中，概括介绍了西方各级学校的设置、规模、学习年限、课程、考试方法和教师资格等。书中写道：欧罗巴诸国，国王广设学校，一国一郡有大学、中学；一邑一乡有小学。小学选学行之士为师，中学、大学又选学行最优之士为师，生徒多者至数万人。其小学曰文科，学成，优者进入中学。中学曰理科，学成，优者进于大学。大学乃分四科：一曰医科，主疗病疾；一曰治科，主习政事；一曰教科，主守教法；一曰道科，主兴教化。皆学数年而后成，经过师儒严考问之，如果取中，便许任事。在同卷"以西巴尼亚"（即西班牙）章中，还介绍了当时欧洲四所著名大学，即西班牙的撒辣曼加大学（Salamanca）、亚而加辣大学（Alcala）及葡萄牙的扼勿勒大学（Evora）和哥应拔大学（Coimbia）。另在同卷的"拂郎察"（即法兰西）章中，介绍了巴黎大学。《职方外纪》一书亦被收入《四库全书》《天学初函》，以及《守山阁丛书》《墨海金壶》和《边防舆地丛书》。

艾儒略的《西学凡》和《职方外纪》，向国人介绍了欧洲各国各级各类学校相互衔接的体系，基础教育和专门教育的区分，以及学习年限、学习内容、考试方法等方面的具体做法，还可由此窥见西方不同的教育价值观和目的论，都具有十分重要的意义。

此外，意大利耶稣会传教士高一志（Alphonse Vagnoni）撰译的《童幼教育》，则是第一本由西方传教士撰著的教育理论专著。全书分上、下卷。上卷为教之原、育之功、教之主、教之助、教之法、教之翼、学之始、学之次、洁身、知耻等节；下卷为缄默、言论、文字、正书、西学、饮食、衣裳、寝寐、交友、闲戏等节。内容涉及儿童教育的各个方面，是在我国较早出现的关于西方儿童教育的专门著作，亦被列入《四库全书总目提要》。

除此之外，译介的更大量的西方教育知识当是西方大学的讲义。在当时被翻译引进的西方科学知识中，有许多就是西方大学通用的教材。例如，堪称历史上第一部伟大的数学典籍的《几何原本》，就是经意大利耶稣会士利玛窦（Matteo Ricci）口授，徐光启笔受而首先介绍到中国来的。利、徐二人反复订正，三易其稿，被《四库全书总目提要》称之为"西学之弁冕"，并收入《天学初函》。另有《同文算指》十卷和《浑盖通宪图说》六卷，亦由利玛窦口授、李之藻笔受，均为利氏的老师丁先生在罗马大学任教时的讲义，一并收入《天学初函》。当时，译成中文最多的是葡萄牙哥应拔大学的讲义，计有《灵言蠡勺》二卷、《寰有诠》六卷、《修身西学》五卷、《名理探》十卷等。这些西方教材的传入，其意义不仅仅在于传播了西方科学知识，而且对中国教育产生了一定的影响。

在明清之际的这一时期，尽管中西文化交流一度比较活跃，但西方教育的传入并未引起中国教育界的更多关注。当时主要对明代礼部尚书、内阁大学士徐光启和历局监督李之藻等少数上层士大夫产生了一些影响，他们主张教育应求实致用，应以数理列为学校学科。但是，他们的主张在当时并不为人理会。相反，攻讦之言甚嚣尘上，或曰"其说浸淫"；或曰"妄为星官之言，士人亦堕其云雾"（《辨学章疏》，《徐光启集》上册）。可见，当时的知识分子阶层以"天朝大国""礼仪之郡"自居，故步自封，盲目排外，陷于只重视科举八股的文化氛围之中。他们对西方文化的兴趣只是停留在较为肤浅的器、艺等物质层面，只是出于新鲜和好奇，而对西学科技则是坚决排斥的。如清朝康熙时代的钦天监杨光年就反对"地圆说"，他说："若然，则四大部洲万国山河大地，总是一大圆球矣……所以球上国土之人脚心与球下国土之人脚心相对……竟不思在下之国土人之倒悬。……有识者以理推之，不觉喷饭满案矣。"（杨光年：《不得已》，南京国学图书馆影印本）其无知和愚昧，以此为极。在当时的中国社会内部并没有产生社会变革的需要，也不可能有教育变革需要的社会潮流，极少有人会认真考虑以西方教育为借鉴，来改革传统教育。

明清之际来华的耶稣会士，其引进西学只是传教士传播福音的一种手段和媒介，是宗教事业的副产品。出于宗教信仰，也由于传教的实际需要，他们不可能把主要精力放到传播科学文化知识方面，其选择时的取舍亦取决于是否与宗教教义相悖。据统计，从明万历十二年（1584）到清乾隆五十五年（1790）约二百年时间中，传教士共计翻译西文书籍437部，其中直接与基督教义有关的达251部，占总数的57%；人文科学占13%；自然科学，包括军事和其他占30%；而教育著作只有4种，仅占译书总数的0.9%（《中国教育史研究·近代分卷》（6），华东师范大学出版社，2009年，第258页）。而且，这些译著介绍的也并不都代表当时科学技术发展的最新成就，如其时哥白尼的日心地动说已问世，但耶稣会士仍沿用第谷旧说。从教育方面看，笼统介绍一般的西方教育制度和概括较多，介绍教育思想和理论的较少，更缺乏从教育体制、教育理论到教育方法的全面介绍。

当时来华的耶稣会传教士，尽管根本动机是以基督教征服中国社会，改造东方文化，洗涤中国人的头脑和心灵，但他们中有不少人学识渊博，在许多领域有很深的造诣。如汤若望（Jean Adam Schall Vonbell）、邓玉函（Jean Terreng Terentio）、罗雅谷（Rho Giacomo）就是当时罗马灵采研究院院士。而且，不少人愿意尊重中国的传统、礼仪和风俗，谙熟汉语，积极与士大夫们交往，不仅把中国传统教育的主要内容——儒家经典、四书五经等译成拉丁文，在欧洲知识界和上层社会流传，中国的科举考试制度亦曾对西方的文官制度产生过重大影响，还有对中国历史、地理的介绍及中文文法、文典的编译等等；而且给中国学术界的知识价值观、学术风气和研究方法等均带来一定影响，在学术界唤起经世致用之风，注重客观考察、考证、分析、推理等科学方法，这些都对中国的教育产生了积极的作用。

由于各种复杂因素的共同制约，在清雍正元年（1723），清王朝驱逐耶稣会士，实行闭关锁国政策；同时，因宗教内部纷争，罗马教廷下令解散了耶稣会。至此，明清之际的这一轮的中西教育交流便几近夭折了。

2. 新教传教士来华与传统教育的变革

19世纪以后，随着西方殖民主义者海外扩张的日益加深，传教士们又把目光投向了中国大地，开始了新一轮的西教东传、西学东渐。但其角色却转换了，由基督教新教取代了天主教耶稣会。

出生于英国诺森伯兰的马礼逊，是基督教新教第一位来华外籍传教士。清嘉庆十二年（1807），马礼逊牧士抵达广州，从事翻译《圣经》、编纂中英字典及传教活动。由于清政府实行禁教政策，马礼逊和米怜便以马六甲为对华传教基地。他翻译《旧约》，当时名为《神天圣书》，创办英华书院，培养传教人员并大量刊发传教印刷品。19 世纪初叶东来的传教士们只能在中国沿海边缘城市广州、澳门秘密地从事传教活动，并积极进行各方面的准备工作。19 世纪的西方传教士多是以翻介、编写、出版书刊作为西方教育传入的一个重要载体。

晚清中国，传教士所办的出版机构首推广学会。英国伦敦会传教士韦廉臣（Alexander Williamson）于光绪十三年（1887）在上海成立同文书会，后易名为广学会。广学会存在历时 70 年，是西书出版中介绍西学最多、对中国社会影响最大的教会出版机构。他们认为："要感化中国，就没有比文学宣传来得更快的方法了。"（李楚材：《帝国主义侵华教育史资料·教会教育》，教育科学出版社，1987 年，第 370 页）由此，广学会在翻译、编写、出版书刊方面倾注了大量精力。据统计，广学会从光绪十三年（1887）到光绪二十六年（1900），大约出版书籍 176 种（熊月之：《西学东渐与晚清社会》，第 553 页），其内容有纯宗教的、非宗教的，也有宗教与世俗混杂的。最著名的是《泰西新史览要》和《中东战纪本末》。其中林乐知的《文学兴国策》和李提摩太的《七国新学备要》是专门论及西方教育的。

《文学兴国策》的"文学"，不是今天所指的文学艺术，而是指文化教育。该书是森有礼任日本驻美大使期间收集的美国教育资料和对日本发展教育的意见汇编而成，曾对日本维新后的教育发展起过重大作用。《文学兴国策》的内容主要涉及三个方面：一是论述发展教育对于国家和民族的重要意义；二是介绍美国教育制度和各类学校概况，包括国家对学校的重视、有关教育的法律、政府对教育的管理、美国教育发展史、各级各类学校概况、课程设置、教学方法等；三是就日本教育的问题提出建议。大多数书函从不同角度论述了重视教育则国家富强、民族兴旺的道理，无疑为正在寻求拯救中国的先进分子注入了一针强心剂。光绪十五年（1889），英国传教士李提摩太出版了《七国新学备要》。书中列举了英、法、德、俄、美、日、印度七国学校、报纸、图书馆的概况，并向中国提出了具体建议：设一教育新部以专责成，令其在各省要处皆立新学；特赐新部专权于各省，免得督抚升迁调换之际于新学有碍；除现在各学费用之外，计每年至少先发银一百万，嗣后再随时酌补；饬新部督劝各省绅商富户量力捐输银两。戊戌变法期间，李提摩太又据其中有关内容加以扩充，单独出版，名曰《速兴新学条例》。该书对中国近代教育改革起过一定的促进作用。于光绪十九年（1893），李提摩太还发表了《整顿学校》一文，阐述教育问题。此外，在其他众多的介绍世界各国历史、地理、社会政治、经济情况的书籍中，对有关教育方面的内容均有论及，如《天下五洲各大国志要》《论生利分利之别》《泰西新史揽要》等，书中描述了世界各国学校教育状况，论述了教育对推动社会生产发展、有益于国计民生的重要意义（熊月之：《西学东渐与晚清社会》，第 593—600 页）。

创办报刊是传播西学的又一重要途径。19 世纪后期，传教士创办的《万国公报》是其中最有影响者。《万国公报》的前身为《教会新报》，于同治七年（1868）创办。该报在创办过程中，为争取读者，宗教色彩不断淡化，宣传的西学内容日益增多，其中连载的关于教育方面的书籍主要有：《西国书院》，介绍西方教育制度；《西国学校论略》介绍西方各类学校，包括技艺院、格物院、农政院、乡塾郡学院、实学院、化学院、太学院等；《德国学校论略》，介绍德国的船政院、武学院等。同治十三年（1874），《教会新报》更名为《万国公报》，后又成为广学会的机关报。《万国公报》曾发表不少文章，从中西比较的角度，对中国这一时期的众多教育热点问题提出了改革意见。比如，呼吁仿效西方，建立新式学校教育制度；倡导女子教育和社会教育；介绍关于学校规则和管理的知识；对科举制的评析；等等。教会主办的这份报纸，尽管其办报宗旨是以西学为矢、宗教为的，有一定的局限性，但它以其新颖及有针对性的报道，赢得了良好的社会声誉，其影响所及至于皇帝、大臣乃至普通知识分子，发行范围遍及全国，对近代中国学习西方教育、改造传统教育，尤其对戊戌维新期间的教育改革产生了重大影响。

此外，传教士们编译的教科书，成为中国新教育发展的又一影响源。京师同文馆成立后，一个重要任务就是结合翻译课程，翻译西书，用作教材。如担任京师同文馆算学总教习的李善兰，就曾翻译了欧几里德的《几何原本》（后九卷）、棣公甘的《代数学》和罗密士的《代微积拾级》等。光绪三年（1877），益智书会，即"学校和教科书委员会"在上海成立，这是基督教传教士编辑、出版教科书的专门机构。委员会成立伊始，决定编写初级和高级两套教科书，内容有算术、几何、代数、测量、博物、天文、地理、化学、地质、植物、动物、心理、历史、哲学、语言等各个学科领域。至光绪十六年（1890），该会共出版和审定教科书 98 种，189 册，3 万余本。中国"教科书"的称谓亦自此始。其中还包括有教育理论方面的著作，如美国心理学家海文著、颜永京译的《心灵学》（1889 年），为中国近代翻译的第一部西方心理学著作；同时颜永京译、英国著名教育家斯宾塞著作的第一个中译本《肄业要览》也于 1882 年完成，该书为斯宾塞的代表作《教育论》中的第一篇"什么是最有价值的知识"，也可谓国人译介西方教育理论著作的先声。这些教科书中，最有影响的是傅兰雅编写的《格致须知》和《格物图说》两套丛书，前者总括各门学科的基础知识，后者是教学挂图的配套读物。此外，他还译编了一些学校心理卫生教育方面的教科书，如《治心免病法》《孩童卫生编》《幼童卫生编》和《初学卫生编》等（引见《中国教育史研究·近代分卷》（6），华东师范大学出版社，2009 年，第 263 页），开风气之先。传教士译编的各类教科书极大地拓展了中国传统的教学内容，适应了新式学堂兴起后对新式教科书的需求，而且在一定程度上体现了当时西方资产阶级新教育观，为近代中国教育的改革和新式教科书的编写提供了示范。

这一时期西方教育科学传入的特点，就是介绍欧美西方国家教育状况的多，西方传教士翻译介绍的书籍多，中国人的译著极少。从总体上看，这一时期西方教育科学的传入还是较零星和肤浅的，除了传入的西方教科书的数量较大外，真正的教育专著为数极少。据梁启超《西学书目表》（1895 年）的统计，当时传入的西学书籍共三百种，而关于教育方面的书籍却只有七种。比例之小，足可见这一时期西方教育科学传入之微。但是，这一时期西方教育科学的启蒙作用却是不可忽视的。人们从西方教育内容的求实致用上，更深切感受到了中国传统教育的空疏无用；人们从西方教育体制的普及程度上，更清楚地看到了教育对国家的强大、民族的兴盛所起的重要作用。近代中国人在西方教育的启示下，已经找到了中国教育改革的基本方向。诚如梁启超所言："西人学校之等差，之名号，之章程，之功课，彼士所著《德国学校》《七国新学备要》《文学兴国策》等书，类能言之，无取吾言也。"（《学校总论》，《饮冰室合集》第一册，第 14—21 页）这就是说，关于中国传统教育变革的方向，传教士所写的介绍教育制度之类的书籍已讲得很详尽了，无须再说什么了。足见这些译介书籍、报刊文章对中国近代教育的影响了。

3. 西方教育科学传入的兴盛时期

西方教育科学的传入在中日甲午战争之后形成高潮，尤其是到了 20 世纪初叶，西方在漫长的历史中产生形成的各种教育理论、学说，在短短的十几年间涌入中国，其规模之大，内容之全，数量之多是前所未有的。这一时期译介西方教育科学的主力军是中国人，而且又是以日本为中介迅速形成热潮。

清政府在中日甲午战争中遭到惨败，一个泱泱"天朝大国"竟然败在了一个"蕞尔小国"之手，这对近代中国人来说刺激不小。痛定思痛，近代中国人开始认真反思鼓噪了三十几年的洋务运动，开始深入探讨救亡图存的新路，从而把目光转向了日本。近代中国人认为，日本之所以能在短短的几十年时间内由弱变强，雄视海外，是因为它在明治维新时期，以教育为最有效手段，输入西学，培养变法人才，开启民智，收效显著。康有为就认为，"近者日本胜我，亦非真将相兵士能胜我也，其国遍设各学，才艺足用，实能胜我也"。（《请开学校折》，见《中国近代教育文选》）张之洞在《劝学篇》中也说："日本小国耳，何兴之暴也？伊藤、山县、榎本、陆奥诸人皆二十年前出洋之学生也，愤其国为西洋所胁，率其徒百余人分诣德、法、英诸国，或学政治工商，或学水陆兵法，学成而归，用为将相，政事一变，雄视东方。"（《劝学篇·外篇·游学》）因而他们认定救国的根本出路在于改革教育，而改革教育的唯一途径，就是学习日本。因为日本自 1872 年以西方教育模式为蓝本，正式创立了近代学校制度，开始走上了西洋化的道路。这一经验，给近代中国人以振奋和信心。正如张之洞与刘坤一在一奏折中所言："日本诸事虽仿西法，然多有参酌本国情形斟酌改易者，亦有熟察近日利病删减一通者，于中国采用，尤为相宜。"（光绪《谕折汇存》卷二十一）由于日本教育近代化的成功给了中国一个现代的借鉴蓝本，因而使近代中国人开始转向由日本引进西方教育科学。正如张之洞所说："各种西学书之要者，日本皆已译之，我取经于东洋，力省效速，则东文之用多。"（《劝学篇·外篇·广译》）故而自 19 世纪末叶开始，朝野上下竞相效法日本，公费自费争先浮槎东渡，形成了一个游学日本、广译日书的热潮。

从此，西方一些著明教育家的学说和著作，纷纷假手日本介绍过来，给清末教育以极大影响。如美国教育理论家斯宾塞（Herbert Spencer）的教育主张就很为当时人们所青睐。在教育理论上，斯宾塞是以功利主义为基础提出一个科学的实科教育体系，认为教育的宗旨在于为完美的生活做准备。完美的生活应包括直接和间接地存续自己、抚育子女、履行社会义务、社交、娱乐等；教育内容应以学习科学知识为主，包括德、智、体；教育方法应采取"自然适应"的法则，提倡"自然后果"教育。光绪二十一年（1895），严复在《原强》一文中就以《明民论》和《勤学篇》为名对斯宾塞的《教育论》做了介绍，强调了民力、民智、民德为"生民之大要"，提出了"今日要政，统于三端：一曰鼓民力，二曰开民智，三曰新民德"的教育主张（见《中国近代教育文选》第 174 页）。南洋公学在编写蒙学教材时，也强调了这一宗旨。其《蒙学读本二编编辑大意》指出："泰西教育之学，其旨万端，而以德育、智育、体育为三纲。"德育者，修身之事也；智育者，致知格物之事也；体育者，卫生之事也；蒙养之道，于斯为备。光绪二十七年（1901），译书汇编社将斯宾塞的《教育论》第一次翻译出版。

在西方教育史上，自德国教育家赫尔巴特（J. F. Herbart）以伦理学和心理学为教育学奠定了科学基础，并以此建立了一个完整的理论体系后，教育学得以作为一门独立的学科跻身于科学的殿堂，从而标志着科学教育理论的诞生。后来，经过他的学生们的积极宣传和发展，赫尔巴特学说风靡全球，遍及美国、英国、日本、澳大利亚、南非、智利、墨西哥、希腊、俄罗斯、芬兰、瑞典和罗马尼亚等许多国家。日本盛行赫尔巴特教育学说是在 19 世纪 80 年代。在这之前，日本教育界曾一度接受了英、美的功利主义教育思想。但由于极端的功利主义会导致个人主义的泛滥，于国民的国家主义、民族主义和理想道德教育十分不利。因此，为了贯彻明治天皇《教育敕语》的精神，日本教育界转向模仿德国。尤其是德国学者如戴意、赫斯克纳特等相继到日本讲学后，日本教育界开始普遍重视赫尔巴特的教育学说。于是，赫尔巴特教育学说便通过大量翻译引进的日本教育理论著作传入中国。

据记载，日本著名的赫尔巴特学派倡导者大濑甚太郎撰写的著作有五本被翻译成了中文，另一个代表人物波多野贞之助编写的教育学讲义有三本被翻译成了中文。其他如汤本武比古、汤原之一、樋口勘次郎、谷本富的专著也都被介绍了进来。《教育世界》刊载了一系列介绍赫尔巴特学派的文章，如《司脱伊（Stoy）、秩耳列尔（Ziller）、莱因（Rein）氏之教育学》（1901）、《费尔巴尔图派之教育》（1903）、《海尔巴脱派之兴味论、品性陶冶论》（1904）、《德国教育学大家海尔巴脱传》（1904）等，以及长谷川乙彦的《教授原理》（1905）、富永岩太朗的《大教授法》（1907）等（《中国教育思想通史》第五卷，湖南教育出版社，1994 年，第 450 页）。

赫尔巴特学说对清末教育影响最大的还要数教授法。赫尔巴特的形式阶段教学理论，试图以儿童心理活动规律为基础，构建课堂集体教学模式，并由其弟子进一步阐述整理后，演变为可操作的五段教授法，对全世界产生了广泛而深刻的影响。而当时的中国，由于班级授课制的推广，使大多数由举人、贡生以及附生充任的中小学教员在教学上感到陌生和困难，所以对赫尔巴特的五段教授法尤感兴趣。宣统元年（1909），商务印书馆创办的《教育杂志》第一期就悬赏征集按五段教授法编制的教授案。宣统二年（1910），师范讲习社发行的师范讲义《教育史》就以较大篇幅介绍了赫尔巴特的教育学，称其统觉说和五段法"尤为当时独到之见"。该社发行的《教育学》，第一编则完全根据赫尔巴特的教育理论体系，把教育分为管理、教授和训练三部分。该社发行的《教授法》通篇都是赫尔巴特学派的观点。《管理法》的第十章专讲赫尔巴特的儿童管理论。宣统元年出版的蒋维乔的《新教育学》，是根据日本吉田熊次郎的原著翻译，宣明自己书中的"教授大纲多系来自赫尔巴特主义"，详细讲述了赫尔巴特的"四段论"和齐勒尔、莱因的"五段法"。这股以赫尔巴特教授法为准绳的教育改革运动一直持续到民国时期。

综而观之，自维新运动以来，西方教育科学的传入通过日本为中介而进入了一个兴盛期。正是在这一背景下，其他西方资产阶级教育家的学说也相继传入中国，欧美日各国的各种教育思潮也先后介绍了进来，兴起了一个前所未有的介绍西方教育理论的规模和声势，直接推动了清末新式教育的发展。而清末新学制的建立，新式学堂的普及推广，又反过来促进了西方教育科学的传入。这为逐渐瓦解传统教育制度，建立近代新式教育制度，起到了积极的促进作用。

4. 西方教育科学传入的主要渠道

西方教育科学以日本为中介传播到中国，主要有三个渠道：

（1）出洋留学

如果说西方教育科学的早期传播在一定程度上可视为传教事业的副产品，其传播以传教士为主角的话，那么，当历史的车轮驶入 20 世纪初期，西学东渐的主要载体则转由大批出洋的留学生来承担。

光绪二十七年（1901），清政府下兴学诏，其中强调"各省办理学堂员绅宜先派出洋考察"的规定。以后又迭令各省督抚，遴选在职官员和学生资送日本游历游学，因而一时东渡日本者众。如官费自费游学生，光绪二十五年（1899）是 200 名左右；光绪二十九年（1903）达 1300 余人；光绪三十二年（1906）达到万名以上。这其中，念速成，读师范，考察学务者占了多数。这些人学成回国，将日本教育科学和西方教育科学介绍到中国，成为当时传播西方教育科学的重要渠道，是任何其他群体所无法替代的。

这些游学日本的人员大致可以分为两类。一类是由清政府和各部院、督宪派出的游历职官，即所谓考察学务的政府官员，许多自费出国考察的各级办学人员亦可纳入此类。就整体而言，考察学务的官员在出国前均有过广泛的教育活动经历，他们大多对封建教育的弊端有着切身的体验，抱有改革旧教育、发展新教育的共同愿望。他们出国考察，在日本广泛接触日本教育界的人士，足迹遍及各级各类学校，考察和学习了日本明治维新以来学习西方、发展近代教育的经验和理论，回国后对传播西方教育科学、推广新式教育发挥了重要作用。例如，江苏淮安人罗振玉，于光绪二十七年（1901）受张之洞、刘坤一的委托，率队东渡考察学务。虽然时日较短，但在两个月零八天的时间里，他们访问了日本政界、教育界著名人士，考察了东京和京都的各类学校，并由当时任东京高等师范学校校长的嘉纳治五郎专门为他们讲解教育科学七天。罗振玉回国后，张之洞曾五次接见听取汇报，并命他们"于督署学务处为幕府及各学堂提调教习与守令演说教育事十日"（罗继祖：《永丰乡人行年录》，江苏人民出版社，

1980 年）。学部成立后，罗振玉奉派视察河南、山东、江西、安徽四省学务。罗振玉参照考察所得草拟一部学制呈交张之洞、刘坤一。他在《教育世界》上连续撰文，从大、中、小学的学制系统到各级学堂的课程设置，全面提出了自己的设想。而这些设想与清政府颁布的《钦定学堂章程》有许多相同之处。与罗振玉一道赴日考察的陈毅，是张之洞教育方面文牍的主要起草者之一。王国维曾指出："今日之奏定学校章程，草创之者沔阳陈毅，而南皮张尚书实成之。"（《教育世界》第 118 号）在维新运动时期因上《奏请设经济特科析》而声名远播的严修，于 20 世纪初，两次东渡考察学务，并有《壬寅东渡日记》一书行世。光绪三十年（1904），严修受任直隶学校司督办，掌管全省学政，对学务多有建树。后任学部侍郎。在学部任职期间，严修延揽重用了一批留日学生。在他主持下，于京师设督学局、图书局。各省置提学使司、各府州厅县设劝学所的地方教育行政制度，亦为他所首创。他不仅参预了《女子小学堂章程》的拟定和《大学堂章程》的修订，还协助制定教育宗旨。他为学部起草的《奏请宣示教育宗旨折》中，提出的"忠君、尊孔、尚公、尚武、尚实"的教育宗旨，为清廷采纳而颁行全国。又如，新知旧学均极受时人推重的吴汝纶，光绪二十七年（1901）由张百熙奏荐为京师大学堂总教习，固辞不获，乃自请先赴日本考察。翌年赴日考察学务三月，深入各级学校口问手写，广泛与日本教育界各方人士探讨中国教育发展中的重大问题。所著《东游丛录》一书，可以说是 20 世纪初有关日本教育的百科全书。全书分为四大部分，其目录有如下目次："文部所讲第一。教育行政；教育大意；学校卫生；学校管理法；教授法；学校设备；日本学校沿革。"在"学校图表第三"中介绍了东京大学、西京大学、东京高等商业学校、东京府立中学校、西京寻常中学校、东京府师范学校、东京府女子师范学校及东京盲哑学校、私立女子职业学校等办学经费、日课表、成绩表、寄宿舍规则、学校概则等内容的介绍，以及现行学校系统、学校系统目次（附学科课程表）、高等学校预备科课程表等内容。此书以观感、资料的形式介绍了西方教育科学。

　　游学日本的另一类人员是广大官费、自费留日学生。在这些留日学生中，读师范、学教育者占了相当数量。由于当时受教育救国思潮的影响，青年士子"始知教育为中国存亡之绝大问题"（《教育世界》第 1—5 期合本），莫不将兴学作为救亡之策，所以主张"宜速派人来日本学习师范"。（《浙江潮》第 7 期）为适应新式学堂迅速发展的实际需要，清政府更有"师范学生最关紧要，著管学大臣择其心术纯正学问优长者详细考察，分班派往游学"的政策导向（《东方杂志》1905 年第 1 期），也成为留学生进行专业选择的一种巨大吸引力。据统计，在光绪二十九年（1903 年 4 月）至光绪三十年

（1904 年 10 月）一年半的时间中，留日学生中的毕业生共有 464 人，其中读师范者 194 人，占 41.8%（田正平、霍益萍：《游学日本热潮与清末教育》，《文史》第 30 辑）。这些人在日居留时间多则二三年，少则半年，甚或二三个月，专攻教育学、心理学、教授法、学校管理等科目。为了学到更多的教育科学，他们不仅仅坐在课堂听讲，"一星期间，恒有一二日，由教员率领学生，至男女各学校，乃至幼稚园，察看考验"。（《中国教育思想通史》第五卷，湖南教育出版社，1994 年，第 436 页）他们积极将所学到的西方教育科学译介给国人，成为传播西方教育科学的又一生力军。如在留日学生中出现了一批翻译团体，有译书汇编社、教科书译辑社、国学社等。他们不仅致力于教科书的编译，而且还努力译介西方的教育理论专著。留日学生也注意介绍日本、欧美流行的教育思想。如光绪二十八年（1902），在日本成城学校读书的蔡锷，以"奋翮生"的笔名在《新民丛报》发表《军国民篇》；浙江留学生蒋百里又作《军国民之教育》，大力宣传日本盛行的军国民教育思想。这些留日学生归国后，积极投身新式教育，成为清末各级教育机构的生力军。

（2）翻译日书

假道日本，翻译介绍西方教育理论，是清末西方教育科学传入的又一渠道。

译书假道日本，是因为"译日本之书为我文字者十之八，其成事者少，其费日无多也"（康有为：《广译日本书派游学折》，《戊戌变法》），也是因为日本学习西方的成功。因而在光绪二十二年（1896），京师同文馆增设东文馆，正式着手培养翻译人才。光绪二十三年（1897），康有为、梁启超在上海创办大同译书局，其主旨为："以东文为主，而辅以西文，以政学为先，而次以艺学。"其后各大书局、报刊杂志纷纷兴起翻译日书的热潮，诚如梁启超所说："日本每一新书出，译者动辄数家，新思想之输入，如火如荼矣。"（梁启超：《清朝学术概论》，中华书局，1954 年，第 71 页）正是在这一背景下，西方教育科学假道日本而广泛传播进来。其主要方法大致有如下几个方面：

一是全文翻译出版当时东西方教育名著。杨寿椿根据《译书经眼录》所载书目统计得出，光绪二十八年（1902）至光绪三十年（1904），译成中文的教育理论专著共 48 册，其中译自日文的就有 39 册，占 80% 以上（张静庐：《中国近代出版史料二编》，第 99—101 页）。在这些书中，有日本人翻译的西方教育专著，如英国斯宾塞的《教育论》，法国卢梭的《教育论》《爱弥儿》，英国斯迈尔的《自助论》，美国如安诺的《教育论》等等，都是由日文本再译汉文本的。也有一部分是日本学者的专著，如嘉纳治五郎的《支那教育问题》，熊谷五郎的《教育学》，富山房的《教育学新书》《教育学问答》《学校管理法问答》《教授法问答》，成濑仁藏的《女子教育论》，水江正直的《女子教育论》等等。这些译著，大多出自留学生之手。

二是在国内刊物或留学生办的刊物上发表有关译介文章。如罗振玉创办、王国维主编的《教育世界》，是我国有史以来的第一个教育杂志。该刊以介绍外国教育制度和教育理论为主旨，曾详细译介了欧美日各国的学制、教育法规、教授法、各科教科书，以及世界著名教育家的思想学说。仅以其前 40 号看，共收文 240 篇（包括分号所连载的），其中 193 篇全文译载了日本各项教育法规、制度、条例达 93 种之多，各类教科书、教育理论著作达 27 种。例如，该刊对赫尔巴特理论作了介绍，为此连载了日本汤本武比古的《教育学》，并附录了应用五段教授法的六则教授案。此外，连载了日译本的《费尔巴尔图派之教育》、日本的《实用教育学》等。在其分类纂辑的《教育丛书》中，还收集有《教育学教科书》《家庭教育法》《简便国民教育法》《社会教育法》《实业教育》《女子教育论》《心理的教授原则》《小学教授法》《理科教授法》《欧美教育观》《日本近世教育概览》《二十世纪之家庭》《自助论》《西洋伦理学说史》《海军机关学校内则》《学校卫生学》等欧美日本的教育专著。

除此之外，以留日学生为主体组成的翻译团体也创办了杂志来介绍他们的成果。如译书汇编社创刊的《译书汇编》月刊，湖南编译社创刊的《游学译编》月刊等，编译内容不仅选择单行本书籍，而且也选择报纸杂志的论文。此外，还有其他的译介阵地，如《浙江潮》《真说》《湖北学生界》《江苏》《东方杂志》等刊物。以《江苏》第一期为例，在"学校栏"和"译篇栏"里共发表有关教育译著六篇，包括洛克、斯宾塞、福泽谕吉等人的著作、语录（《中国教育思想通史》第五卷，湖南教育出版社，1994 年，第 438—439 页）。当时，夸美纽斯、卢梭、洛克、斯宾塞、裴斯泰洛奇、福禄培尔、赫尔巴特等西方著名教育家的名字和他们的传记、学说，在留学生所办的刊物上屡见不鲜。借这一渠道介绍给中国人的西方教育思想和学说，对清末教育改革起了巨大的推动作用。

（3）自己动手编著

当时国人和留学生自己编著的教育专著，虽然带有明显的编译痕迹，但仍不失为我国近代最早的教育论著。如《浙江潮》从第二期开始，连载署名不懸子的一部用文言文写成的《教育学》，全书共十一章，各章标题如下："绪言""教育之定义""教育之界限""教育学之为科学何如""教育者""被教育者""教育之目的""教育之方法""教育之制度""现今教育之研究法""结论"。可以说这是一部体例相当完备的教育著作。如书中关于教育之定义，文中说："教育者何？教育者对被教育者定一贯之目的，立美善之方法，施实行之制度，而举被教育者之身体、之心意、之胆力、之智慧，发达之，陶冶之，而持之以悠久者也。"（《中国教育史研究·近代分卷》（6），华东师范大学出版社，2009 年，第 127 页）这种观点，显然是吸收了西方教育理论的成果，在教育问题的论述上开始显现出一定的理论深度。尽管国人自己动手编著的这些教育论著，其理论瑕瑜互见，但都是作为传统教育思想的对立面而被人研读的。

（4）广聘日本教习

西方教育科学传入的另一个渠道，是一些应中国方面邀请到中国讲学的"日本教习"。虽然，当时在中国充当教习的外国人并不限于日本一国，但日本教习的数量占了绝大多数，而且对清末教育产生的实际影响远远超过了欧美国家的教习。

在中国的日本教习大致可以分为两类：一类是在中国开办学校者，一类是应中国政府和学校招聘而任教者。

20 世纪前后，日本人在中国开办了一些学校，其中重要的如：光绪二十四年（1898）在杭州开办的日文学堂；光绪二十五年（1899）在泉州开办的影化学堂、在天津开办的东文学堂；光绪二十六年（1900）在厦门开办的东亚学院、在南京开办的同文书院；光绪二十七年（1901）在南京开办的本愿寺东文学堂、北京的东文学社；光绪三十一年（1905）在上海开办的留学高等预备学堂等。以北京东文学社为例，它的主持人中岛裁之，受保定莲池书院院长吴汝纶之托，为其弟子教授日语和英语，收效甚佳。后，中岛裁之与吴汝纶商谈在北京开设学校，得到一些权贵的支持和名人的援助，即以北京外城前孙公园胡同的锡金会馆为校舍，由廉任总理，中岛裁之任总教习，于光绪二十七年正式开学，定名为东文学社。这是在中国开办学校的日本教习的情况，而应中国学校招聘的日本教习则遍布中国 20 个省的 48 个城市，共 178 所学校中。日本教习在各校讲授的科目有日本语和各类专业知识。由于日本教习的教育活动和亲身传授，加速了西式教育的传播，扩大了西方教育理论的影响。

如果说，派员游学、翻译日书、自己编著都有助于近代中国人从理论上学习和认识西方教育科学的话，那么，日本教习在中国的教育活动，对清末新式教育的实践也具有启迪和促进作用。因此，清末正是靠着这几种渠道，使西方教育科学主要通过日本这个中介逐步地传播到了中国。

总观西方教育传入中国的历程，其发端于明清之际来华的耶稣会士，他们在服务于传播福音的大前提下，附带介绍了西方教育的一鳞半爪；当中西交流的渠道再次开通时，仍由传教士担任主角，他们利用不平等条约的保护，同样是在传播宗教的旗帜下翻译介绍西方教育科学；这种局面直到 20 世纪初大批学子赴日考察和留学，才发生了根本性的变化。从此，传播西方教育科学的主体日益转由留学生来承担，应该说这一变化标志着传播西方教育和教育科学的主动权回到了国人自己的手中，标志着在中西教育交流中，中国从被动接受不断地走向主动寻求。

（五）张謇："实业与教育迭相为用"

张謇（1853—1926），字季直，号啬庵，出身于江苏南通一个农民兼小商人的家庭。幼时聪颖，四岁能背诵《千字文》，十一岁时读毕四书。十六岁中秀才后因家贫不得不外出谋生，初入江宁发审局当书记。1876 年去浦口，入吴长庆军幕，掌文案兼教吴家子弟读书。1884 年吴长庆病逝，张謇从此离开了淮军。次年他参加顺天府乡试，中举人。此后十年，他四次赴京会试，屡试不第，在此期间主要是在家乡兴蚕桑，并执教于江苏赣榆选青书院和崇明瀛洲书院。中法战争后，他鉴于"国势日蹙"（张孝若编：《张季子九录·实业录》卷四，文海出版社，1965 年），萌发了创办实业和教育救国的思想，但把这种思想付诸实施，则是到了甲午战争以后。1894 年，张謇再度赴京参加会试，考中状元，授翰林院修撰。是时，甲午战争爆发，清军大败，使张謇思想产生了很大的震动，他上书痛劾李鸿章"主和误国""战不备""败和局"。他在京接触了不少清廷官员，"目睹国事日非，京官朝吏不足与谋"（张孝若编：《张季子九录·实业录》卷五，文海出版社，1965 年）。遂弃官不做，而走上了创办实业和教育的新路。

1. 提倡以农为本的"实业救国"

张謇投身实业和教育之日，已是洋务运动衰落之时，洋务企业逐渐由"官督商办"或"官商合办"体制转变为商办民营体制。这一体制下的许多商人，既不像早年郑观应那样的买办，也不再是盛宣怀那样的官商了，他们在身份和地位上发生了变化，已成为中国民族资产阶级的主体。作为民族资产阶级近代商人的张謇，较之洋务运动时期的买办或官商，具有更为自觉的爱国主义意识。

1895 年签订的中日《马关条约》中载有允许日本人在内地办厂的条文，为了赶在外资输入之前抢先发展中国的民族工业，张謇在两江总督张之洞和刘坤一的支持下，招商集股在南通创办了大生纱厂，经过三年的艰苦创业，终于在 1899 年正式投入生产。为了使大生纱厂能自成体系，他又创办了通海垦牧公司、上海大达轮船公司和南通天生港轮船公司。他还开办了许多企业，如资生铁厂、广生榨油厂、面粉厂、电厂等等。甲午战争后二十多年中，他在南通地区先后创办了二十多个工厂企业，并创设淮海实业银行，形成了中国近代著名的"大生工业集团"。

张謇走上创办实业的道路，从思想根源上来说是其爱国主义意识驱动的结果。早在 1895 年，他在为张之洞起草的《条陈立国自强疏》中就提出了发展实业以实现国家富强的观点。他说："国非富不强，富非实业立不张。"（张孝若编：《张季子九录·实业录》卷四，文海出版社，1965年）强调工商实业的发达是国家富强的根本。他批判洋务派以"练兵"，或单纯以办"商务"为立国之本的论点，指出："凡有国家者，立国之本不在兵也，立国之本不在商也，在于工与农。"（张孝若编：《张季子九录·政闻录》卷二）他援引欧美、日本等先进国家为例，指出：欧美各国和日本崛兴，都是"先图工业"，"未有不致力于工而能立国者也"。（张孝若编：《张季子九录·教育录》卷二）他借鉴甲午战争中日两国一败一胜的经验教训，强调"日本之所以强，变法从工入；中国之所以弱，变法从兵入，本末易位，缓急失宜"。（张孝若编：《张季子九录·政闻录》卷三）同时，他在论述发展实业对中国富强的重要性时，还强调农业是工业发展的基础。他说："农产品为各种制造品之原料，不有增殖之，则工商业之发展，永无可望。"（张孝若编：《张季子九录·政闻录》卷七）他认为农业不仅是实业发展之源，"工商之本在农，农困，则工商之本先拔"（张孝若编：《张季子九录·政闻录》卷三）；农业也是人民的衣食之源，故"天下之大本在农"（张孝若编：《张季子九录·实业录》卷一）。以农为本地发展工商业是他创办实业的指导思想。

2. 把"实业"与"教育"相结合

张謇在创办实业的过程中思想发生了飞跃，即把"实业"与"教育"结合起来，从"实业救国"发展到"实业教育"。他开始把发展实业与普及教育联系起来加以考察，强调"其根本在先致力于农工商，必农工商兴而后教育能普及，教育能普及而后民知爱国，练兵乃可得而言也"（张孝若编：《张季子九录·实业录》卷五）。他认为"农工商兴"而后"教育普及"，而后"民知爱国，练兵乃可得"。随着认识的不断深化，张謇在《条陈立国自强疏》中写道："中日马关约成，国势日蹙，私窃叹为政府不足惜，非人民有知识，必不足以自强，知识之本，基于教育。"（张孝若编：《张季子九录·实业录》卷四）此后，他反复强调："实业、教育，富强之本也。"（张孝若编：《张季子九录·自治录》卷一）他认为，"以实业辅助教育，以教育改良实业，实业所至即教育所至"。（张孝若编：《张季子九录·教育录》卷二）概括地说，张謇主张的是"实业与教育迭相为用"。

张謇所提倡的"实业与教育迭相为用"，其思想主要包含四个方面：

（1）实业为教育提供物质基础。他认为办教育必须以实业为基础，教育经费的来源要依靠发展实业，实业发展了教育投入才有保障。他在分析实业与教育的关系时指出："有实业而无教育，则业不昌；不广实业，则学又不昌。"（张孝若编：《张季子九录·政闻录》卷二）实业要昌，必须依靠教育；实业不昌，则会影响教育。只有工商业和农业发达了，才能有雄厚的物质基础去发展科学文化事业。正是在这种思想指导下，张謇克服了种种困难，在南通创办了许多企业，并从这些企业所获利润中拿出部分资金来办学。如大生纱厂曾规定每年提取 1/10 的利润作为师范基金，并从垦牧公司拨出 9000 亩地作为师范的固定资产。他以自己的企业为依托，并通过筹资集股的方式来创办文化教育事业。他和他的兄长及其友人在南通等地兴办学校，如通州师范、女子师范、南通纺织专门学校、南通医学专门学校、初等小学、通海五属中学、法政研习所、巡警教练所、商业学校、工商补习学校、农业专门学校、女工传习所、伶工学社、幼稚园、盲哑学校等学校，并投资创办了博物院、图书馆、体育场、剧场、天文台等文教设施（《上海银行团关于张謇事业之现状报告》，1923 年油印本）。还对南京高等师范学校、吴淞中国公学、上海复旦学院、吴淞商船学校、苏州铁路学校、南京河海工程专门学校等学校的创立均有赞助。

（2）教育为实业提供人才基础。张謇在创办实业的过程中，认识到人才培养的重要性。他深有体会地说道："吾国人才异常缺乏，本应在工程未发生之先从事培育，庶不至临事而叹才难，自毋须借欧美人才供吾使用。"（曹从坡、杨桐编：《张謇全集》第四卷，江苏古籍出版社，1994 年，第 182 页）他说："人皆知外洋各国之强由于兵，而不知外洋各国之强由于学。夫立国由于人才，人才出自立学，此古今中外不易之理。"（张孝若编：《张季子九录·实业录》卷四）指出西方之所以富强，就是因为办教育培养了各方面的人才，发展了实业的结果。他举例说："泰西人精研化学、机械学，而科学益以发明，其立一工厂之事也，则又必科学专家而富有经验者。故能以工业发挥农业而大张商战。夫工业已发达，工学终效之征也。"（张孝若编：《张季子九录·教育录》卷四）欧美国家工业发展很快，是由于有大量的科学技术专家发挥了重大作用。因此，他指出："夫世界今日之竞争，农工商之竞争也；农工商之竞争，学问之竞争也。"（张孝若编：《张季子九录·教育录》卷四）他认为，世界今日之竞争，是实业之竞争，但实业之竞争，实际上是科学技术之竞争，这就需要通过教育培养大批掌握了先进科学技术的人才。

（3）实业教育是实业与教育结合的理想模式。张謇主张普遍兴学，而且他把兴学的重点放在培养各类专门人才的专门教育上。因此，他建议，"应请各省广设学堂，自各国语言文字，以及种植、制造、商务、水师、陆军、开矿、修路、律例，各项专门名家之学，博延外洋各师教习。"（张孝若编：《张季子九录·实业录》卷四）他重视发展普通教育，但认为普通教育倘若没有专门教育与之配套，则难以培养出"学必期于用，用必适于地"的各类专业人才；他也重视创办大学，但他主张先办各类专门学校，然后在此基础上形成大学。在发展各类教育中，张謇认为实业教育是实业与教育相结合的理想模式，并称之为"富强之大本也"（张孝若编：《张季子九录·自治录》卷一）。他说："窃惟环球大通，皆以经营国民生计为强国之根本，要其根本之根本在教育。而实业不振，又无以为教育之后盾。现吾国国民生计日蹙，欲图自存，势已岌岌，舍注重实业教育外，更无急要之计划。"（曹从坡、杨桐编：《张謇全集》第四卷，第90—91页）他提出了"求治之法，唯在实业教育"（张孝若：《南通张季直先生传记》，上海书店，1991年，第506页）的主张。

（4）实业知识是实业教育的主要教学内容。张謇创办了通州师范学校和通州女子师范学校，在《师范章程改订例言》中，他主张："国家思想、实业知识、武备精神三者，为教育之大纲。"（张孝若编：《张季子九录·教育录》卷一）他将"实业知识"作为"实业教育"的主要教学内容。在此办学方针指导下，他在通州师范学校附设测绘、蚕桑、农、工等科。1905年，他向两江总督上《请设工科大学堂公呈》，建议在上海制造局附近创建工科大学；1906年，为筹划南洋大学，他又向两江总督端方建议："江宁宜就制造局左近设工科，苏州宜就昆山、新阳有荒地处所设农科，就上海设医科。至安徽、江西，亦宜各设一文科，或更量设法、理高等一二所，以备三四年后升入大学。"（张孝若编：《张季子九录·教育录》卷三）张謇的教育思想，是以提倡实业教育为其重要特色，确立了实业教育的独特地位。

3. 造就专门人才的实业教育思想

张謇所倡导的实业教育，大致而言包括中等教育以下的实业教育和高等教育范畴的专门教育。他毕生创办了多达几十所进行实业教育的学校，其中既有属于初等、中等教育机构的大量实业学校，也有属于高等教育机构的各类专科学校。辛亥革命后，南京临时政府成立，他被任为实业总长，未就职。1915年，因不满袁世凯公然复辟帝制，辞职南归，返乡后继续走创办实业和教育的路子。随着职业教育在全国范围内广泛开展，张謇又参与创立了近代中国第一个以研究、倡导、试验、推行职业教育为职志的全国性机构——中华职业教育社。在其一生的教育活动中，他把主要精力投放在造就专门人才的实业教育上。

张謇创办实业教育，主要是从自己创办实业的实践中深切体会到造就适应工商业发展需要的"专才"的重要性，但从其思想来源看，他主要是继承了古代儒家"经世致用"思想的影响。张謇出身科举，博览群经，受儒家文化影响至深且广，特别是受明末清初兴起的"经世致用"思想的影响更大。他极力推崇顾炎武、颜元等人的言行，对颜元"学问固不当求诸冥想，亦不当求诸书册，惟当于日常行事中求之"的话很是赞成，对顾炎武"载诸空言，不如见诸行动"的论断尤为信服。他大力倡导力实业、笃实践履创实业、办学校，都反映了一种经世致用、讲求实效的思想和精神。他像郑观应、盛宣怀等人一样，也受到洋务运动学习西方近代科学技术思想的影响，也把培养专才作为近代教育的主要目标，但他继承的经世致用的思想更多地受到了西方科学技术思想的影响，使他冲破了"义利之辨""华夷之辨"的传统禁锢，从封建士大夫的群体中游离出来，以自己办实业和教育的实践开创了一条通往近代文明的道路。

张謇重视实业教育，但他并没有把实业教育与其他教育对立起来，而是主张普遍兴学。他重视发展普通教育，主张普及国民教育须从小学始。他提出的办学顺序应为"师范启其基，小学导其源，中学正其流，专门别其派，大学会其归"（张孝若编：《张季子九录·教育录》卷六）。他重视师范教育，曾言"师范是鄙人血汗而成之地"，"家可毁不可败师范"。亲自筹办师范学校并任总理（校长）。他在普兴学校中，特别重视实业教育，认为发展实业教育是救国救民"欲图自存"的"急要之计划"。在教育理念上，张謇认为"中国教育之为道，使人知伦纪与德行艺三者而已"。（张孝若编：《张季子九录·教育录》卷五）在教育方针上，他提倡"中西会通，文武兼备，德术兼修"。在教育制度上，他主张"学制仿成周，教法师孔子"。在教育方法上，他提倡因材施教，严格管理，训练准则为"坚苦自立忠实不欺"，反对对学生放任自流。晚年，他反对学生爱国运动，反对男女同校和男女平等。这就充分反映了他的实业教育思想，主要继承了中国古代"经世致用"的思想传统。

尽管如此，但张謇的实业教育思想符合了中国近代民族资本主义发展的总体趋势，体现了民族资产阶级为发展资本主义工商业而变革传统教育、创立近代教育的普遍要求。然而，近代中国仍然是一个以农为本的国家，资本主义发展比较缓慢，加之帝国主义列强的压迫和侵略，中国沦为半殖民地半封建国家。落后的民族资本主义工商业使实业教育的发展缺乏基础和动力，也使实业教育思想未能上升为系统的理论。然而，张謇的实业教育业绩和思想，仍给人们留下了一笔宝贵遗产。

（六）邹容："革命教育"思想

邹容（1885—1905），谱名桂文，曾改名绍陶，字蔚丹，或作威丹、味丹，留学日本时改名邹容，四川巴县人。他出身于一个颇为富裕的大行商家庭，生性聪颖，六岁上私塾。此时，正当维新运动高涨之时，邹容逐渐接触到许多新知识新思想，并由此而在一定程度上萌发了蔑视封建文化、科举制度的感性认识，他觉察到清朝统治的腐败，对中国面临的遭受帝国主义瓜分的险境也深感忧虑。当戊戌维新运动遭到扼杀，谭嗣同等"六君子"伏尸都门的讯息传到四川，邹容不胜愤慨，在谭嗣同的遗像前题诗悼唁："赫赫谭君故，湖湘士气衰。惟冀后来者，继起志勿灰。"（邹鲁：《中国国民党史稿》第 4 篇"列传"，《邹容传略》）这时，邹容还未成年。为进一步寻求新知，他怀着渴望摆脱传统桎梏的心情，于光绪二十八年（1902）八月东渡日本，入东京同文书院学习。此时，在日本的中国留学生已有 500 余人，其中已有一部分显露了革命的倾向，并开始对改良派的保皇论调加以抨击。邹容在日本广泛地接触资产阶级革命思想，成为投奔到民主革命旗帜下的一位勇猛战士。凡遇留学生开会，他那敏锐的政治嗅觉，激进的反清立场，充沛的爱国热忱，经常见于形色，溢于言表。

光绪二十九年（1903）三月中旬，邹容从日返抵上海，就读于爱国学社。爱国学社是光绪二十八年（1902）十月南洋公学退学风潮的产物。因此，学社里的政治空气异常活跃，师生们经常在上海著名的张园集会，演讲时事。光绪二十九年（1903）三月，传闻广西巡抚将借法兵平定该省会党起事，东京留日学生即致电爱国学社及中国教育会，盼相互响应，亟起抵制。后又传来俄国违反撤兵协议，妄图独占东三省利权的消息，留日学生决议组织"拒俄义勇队"。于是，上海千余人在张园集会，蔡元培当场宣读东京留学生电文，群情益愤。爱国学社师生旋即仿东京留学生的做法，组织义勇队（嗣后不久改称国民教育会），朝夕操练。在全国狂飙乍起的"拒俄"运动中，邹容越加意气奋发，积极参与张园集会和义勇队的操练。中国教育会在张园开会，邹容作《论改革中国现时大势》的演说，爱国热忱，意切情深。他完成的《革命军》一书，署名"革命军中马前卒邹容"，作为"义师先声"正式问世，被誉为"今日国民教育之第一教科书"，受到举国瞩目。为了扑灭革命星火，扼杀革命报刊《苏报》，清廷与各国驻上海领事团勾结，《苏报》馆章太炎、程吉甫、陈仲彝、钱宝仁等被捕。邹容也自投巡捕房，以与章太炎共患难。至光绪三十年四月（1904 年 5 月），轰动清末的"苏报案"才得以结案，判章太炎监禁 3 年，邹容监禁 2 年，罚做苦工。邹容自入狱起，即抱定为革命牺牲的决心，在狱中与章太炎赋诗明志，互相砥砺。不幸的是，邹容入狱后，即被折磨致病，于光绪三十一年二月二十九日（1905 年 4 月 3 日）在狱中逝世，年仅二十岁。邹容以短暂的年华，为中华民族的解放和人民自由，建立了不朽的勋绩。

1. "革命之前，须有教育；革命之后，须有教育"

邹容非常重视教育在整个革命过程中的作用，非常欣赏意大利建国豪杰玛志尼的"革命与教育并行"的口号，进而提出"革命之前，须有教育；革命之后，须有教育"的主张。他在《革命军》一文中写道："吾闻法国未革命以前，其教育与邻邦等。美国未革命以前，其教育与英人等。此兴国之往迹。为中国所未梦见也。吾闻印度之亡也，其无教育与中国等。犹太之灭也，其无教育与中国等。此亡国之往迹。我中国擅其有也。不宁惟是，十三州之独立，德意志之联邦，意大利之统一，试读其革命时代之历史，所以鼓舞民气，宣战君主，推倒母国，诛杀贵族，倡言自由，力遵自治，内修战事，外抗强邻。上自议院宪法，下至地方制度，往往于兵连祸结之时，举国靡烂之日，建立宏猷，体国经野，以为人极。一时所谓革命之健儿，建国之豪杰，流血之巨子，其道德，其智识，其学术，均有振衣昆仑顶，濯足太平洋之慨焉。吾崇拜之，吾倾慕之，吾究其所以致此之原因，要不外乎教育耳。"（《革命军》，中国近代史资料丛刊《辛亥革命》第一册，上海人民出版社，1957 年，第 349—352 页）

邹容认为，革命与国民是密不可分的，革命源于国民，因于国民，因此"革命之前，须有教育"，主要是通过教育，使国民认识到中国社会不平等不自由的原因，认识到争取天赋人权平等自由的斗争的合理性、必要性，从而提高参加革命的自觉性和献身革命的牺牲精神。"革命之前，须有教育"还在于培养无数个像华盛顿、拿破仑那样的革命英雄。他说："今日之中国，固非一华盛顿、一拿破仑所克有济也，然必预制造无量无名之华盛顿、拿破仑，其庶乎有济。"（《革命军》，中国近代史资料丛刊《辛亥革命》第一册，上海人民出版社，1957）因此，革命之前的教育，除动员群众、启发群众的觉悟外，还在于培养千千万万个有才华、有学识的像华盛顿、拿破仑那样的英雄豪杰。

"革命之后，须有教育"，是指在革命成功之后，教育在建国立国的过程中仍起着非常重要的作用。建立一个正常的社会秩序，除通过政治、法律等手段治理国家外，还必须通过教育，使人们放弃野蛮和无知，树立法律与政治观念。如果不对人民进行教育，即使革命成功以后，也仍然存在着亡国的危险。他说："人民无政治上之观念，则灭亡随之。"他认为印度、波兰这些国家亡国的教训就是前车之鉴，提醒同胞们不要再犯这样的过失。

2. "三义""四种"的教育内容

邹容主张的革命教育，不仅重视革命在教育中的重要作用，而且也提出了充满革命思想的教育内容。概括起来，他主张的教育内容主要是革命的教育与道德的教育两个方面。

革命的教育，其内容可以概括为"三义"，即树立三种观念——"三义"：

①当知中国者，中国人之中国也；

②人人当知平等自由之大义；

③当有政治法律之观念。

革命的教育之第一义，即为民族主义革命的教育。邹容在《革命军》中指出，清政府投降帝国主义，将祖国大好河山拱手让给外国侵略者，致使中国人民沦为"地球上数重之奴隶"。因此，必须教育国人，要认识中国是中国人民的中国，是中华民族得以世代繁衍生息的土地，保卫祖国不受外族的入侵，是我们神圣的责任和义务，若有异族入侵，我们当不惜牺牲自己的生命而共逐之。革命的教育之第二义，即资产阶级自由平等思想的教育。邹容认为首先要使人们认识到自由平等是人类社会的本来面貌，是上天赋予我们的权利。他说："有生之初，无人不自由，即无人不平等。"远古时代的首领都是人民之公仆，"尽义务于同胞"，"开莫大之利益，以孝敬于同胞"。可是到了后来，那些"举众人之所有而独有之，以为一家一姓之私产"，从而使天下之人，无一平等，无一自由。所以"我同胞今日之革命，当共逐君临我之异种，杀尽专制我之君主，以复我天赋之人权"。革命的教育之第三义，是对人民群众进行政治、法律教育。建立新型的资产阶级民主国家的政治基础是"一国办事之总机关"，人民若无与之相适应的政治观念，"则灭亡随之"。在维持一个新国家的新秩序时，人民无法律观念也是不行的，否则"我能杀人，人亦能杀我"，其结果必然是"两不自由"（《革命军》，中国近代史资料丛刊《辛亥革命》第一册，上海人民出版社，1957 年）。总之，邹容提出的革命的教育的三个基本内容，其核心是通过教育来唤醒国人的民族意识，启发人民的自由平等意识，树立民众的民主国家的政治法律意识，以达到推翻清政府的封建统治，建立新型的资产阶级民主国家的目的。

道德的教育则侧重在培养个人的精神、品德和修养等方面，其教育可以概括为"四种"，即养成四项品质：

①曰养成上天下地惟我独尊，独立不羁之精神；

②曰养成冒险进取赴汤蹈火、乐死不避之气概；

③曰养成相亲相爱、爱群敬己、尽瘁义务之公德；

④曰养成个人自治、团体自治，以进人格之人群。

道德的教育内容之一，是强调养成自我意识，注重自我。邹容认为"上天下地，惟我独尊"，这与资产阶级天赋人权、尊重个人的思想一脉相承，提倡养成"独立不羁"的个人品质，去掉奴隶之根性。他认为应做"国民"，而不能做"奴隶"。他说："奴隶者，与国民相对待而耻于人类的贱称也。"他提出，革命首先要去掉奴性，要有"独立之性质"，以保持自己的独立人格。道德的教育内容之二，是强调养成献身精神、冒险精神。献身与冒险精神是资产阶级处于上升阶段的主要精神风貌。邹容非常崇拜和倾慕像华盛顿、拿破仑那样的资产阶级革命健儿，他们身上充满了献身精神和冒险精神，他希望中国人也应该有这种精神与素质，"冒险进取""乐死不避"。道德的教育内容之三，是强调养成相亲相爱、各尽义务的社会公德。邹容强调国人要相亲相爱，既要"爱群"，也要"敬己"，人人都要尽力承担起自己的责任和义务，"尽瘁义务"于国家，"尽义务于同胞"，这应成为一种社会公德。道德的教育内容之四，是强调培养成为一种具有自治能力的健全的人格的人。邹容认为，每个人都应有自己独立的意志，都应注意培养个人自治的习惯与能力。对于一个团体来说，则强调团体的自治。每个人都有自己的健全人格，而由这些人组成的团体才是最有战斗力的群体。在这个团体中，每个人仍保持自己独立的人格。他强调要培养那些有独立意志与见解的"完全无缺之人"，以进入具有健全人格之群体。总之，邹容提倡的道德的教育内容从根本上否定了几千年来封建的道德教育的核心部分，展现出了全新的资产阶级民主意识和道德观念。

3. 批判封建奴化教育，提倡实施革命教育

对于中国几千年的封建教育，邹容有切肤之痛。他感叹地说："今日之中国实无教育之中国也。吾不忍执社会上种种可丑、可贱、可乐、可嫌之状态以出于笔下。"他认为中国之所以如此落后，就是因为教育不得力，人民的愚钝是因为不能学习，士人的无生气是因为学了些不该学习的东西。

邹容认为，过去的封建教育完全是一种奴化教育。他说"中国所谓二十四朝之史，实一部大奴隶史也"，"数千年来名公巨卿名师大儒们"，所提倡的垂教万世的"忠""孝"是"奴隶教育"。他们鼓吹的"柔顺""安分""韬晦""服从""做官""发财"等等，是"中国人造奴隶的教科书"，而曾、左、李者，中国人为奴隶之代表也。在这样教育的熏陶下，中国一些士人就成为一伙道貌岸然、不学无术的寄生虫。他分析道："汉学者流，寻章摘句，笺注训诂，为六经之奴婢"；"宋学者流……高谈太极无极性理之功，以求身死名立"；"词章者流，立其桐城、阳湖之门户流派，大唱其姹紫嫣红之滥调排腔"；"名士者流，用其一团和气、二等才情、三斤酒量、四季衣服、五声五律、六品官阶、七言诗句、八面张罗、九流通透、十分应酬之大本领，钻营奔竞，无所不至"。他认为这些士人都是些"人格不完"之人，其"名为士人，实则死人之不若。"他希望中国能实行全新的教育，以培养"知平等自由之大义""复我天赋人权"，"其道德，其智识，其学术，均具有振衣昆仑顶，濯足太平洋之概"的资产阶级革命需要的人才（《革命军》，中国近代资料丛刊《辛亥革命》第一册，上海人民出版社，1957年）。他号召人民起来革命，推翻清王朝的反动统治，建立"中华人民共和国"。

邹容对封建教育的批判，虽然言辞过于激烈，有些也失之片面，但他的矛头所向

是几千年的封建教育，抓住了封建教育的实质与核心，这对中国传统意识积淀如此沉重的古老大地来说，则造成了一种强大震撼。这也正是《革命军》在全国影响巨大的原因之一。

（七）陈天华："警世"教育思想

陈天华（1875—1905），原名显儒，字星台、过庭，号思黄，湖南新化县人。父亲是个落第秀才，母亲早年去世，家境贫寒。他五岁随父读书，嗣后以家贫，被迫"废学营小买卖自给以求学"（杨源濬：《陈君天华行状》，新化县自治会编）后随父徙居新化县城，入资江书院求学。戊戌变法期间，考入新化实学堂肄业。光绪二十七年（1901），陈天华"入省中求实书院，以文章名"。（杨源濬：《陈君天华行状》，新化县自治会编）光绪二十九年（1903）初，他以官费游学师范生被送日本留学，入东京弘文学院师范科学习。是年秋，回湖南长沙参加黄兴等人组织的华兴会。他"日与下等社会谈论中国大事，虽目不识丁者，闻之皆泣下。所著《猛回头》及《现世政见之评决》风行于世，湘赣间尤甚。三户之市，稍识字者，即朗读《猛回头》。至有小学校总角少年，募资广刷，其感化力之深类此者。"（杨源濬：《陈君天华行状》，新化县自治会编）因此，湘中反动政府查封他们办的报纸并准备迫害陈天华。光绪三十年（1904）春，陈天华再次东渡日本，入东京政法大学。六七月间，终因爱国情炽，深虑瓜分豆剖的横祸已迫近眉睫，因而又不辞跋涉，回到祖国。九月间，因华兴会准备发动起义的计谋泄露，黄兴、刘揆一等先后逃脱，陈天华也再一次去了日本。光绪三十一年（1905）七月，陈天华出席了孙中山召集的同盟会筹备会，被推举偕同黄兴、宋教仁、马君武等 8 人起草会章。同盟会成立伊始，陈天华就以踔励奋发的姿态，出现在宣传阵地的前沿。曾被誉为"革命党之大文豪"（曹亚伯：《武昌革命真史》前编上册，第 4 章《陈天华投海》，上海书店印行，第 25 页）。该年夏秋间，日本政府为了诱胁清廷，打击中国留学生的反清革命活动，于十月初六日（1905 年 11 月 20 日）发布《清国留学生取缔规则》，对中国留学生的集会、结社、言论、通信等横加限制、取缔，旨在阻禁和迫害中国留学生的革命宣传活动。于是，中国留学生群起奔走呼号，"东京市内各校之清国留学生八千六百余人集体停课"（引自白寿彝总主编：《中国通史》第十一卷《近代前编》（下），上海人民出版社，1999 年，第 1652 页）。当他读到《朝日新闻》对反对《取缔规则》的中国学生运动的恶意攻讦，更是愤恚难消，无法忍受，痛不欲生。为了"警动"中国人民及全体留日中国学生，他于十一月十一日（12 月 7 日）晚间伏案疾书，写下一份悲壮凄怆的《绝命书》。次日晨，他将《绝命书》挂号寄留学生会馆杨度收，随即到大森海岸投海自尽，以他三十岁的青春年华表达了高度的爱国热情。

陈天华的投海，不能认为是意志薄弱，灰心丧志，而是以一死来警醒同胞，"力求振作之方，雪日本报章所言，实行救国之实"（《绝命辞》，刘晴波、彭国兴编校《陈天华集》，湖南人民出版社，1982）。陈天华在短暂的一生中，写下了不少"警世"的文章与小册子，如《猛回头》《警世钟》《中国革命史论》《最近政见之详决》《论中国宜改创民主政体》《狮子吼》《国民必读》《最近之方针》等。他写的文章在全国引起强烈的反响，被誉为出色的资产阶级革命宣传家。他的教育思想也主要体现在这种革命的宣传之中，"警世"的教育思想是其最主要的特色。

1. "警世"的教育目的

"警世"的教育思想产生于大革命的酝酿准备阶段。在这种特定的历史环境中，许多投身革命的志士认识到，唤起民众、启发民众觉悟是当时最为重要的革命活动。利用报刊杂志写文章进行革命的宣传教育，是革命者们的共识。革命的宣传即是最重要的教育活动，而革命也需要这种唤起民众的教育。陈天华短暂的一生，就是以全部精力投身于唤起民众的教育活动中。

在陈天华的"警世"教育中，首推强烈的反帝爱国思想。如他在《猛回头》里，以大量的事实揭露帝国主义瓜分中国的野心：

> 俄罗斯，自北方，包我三面；英吉利，假通商，毒计中藏；法兰西，占广州，窥伺黔桂；德意志，胶州湾，虎视东方；新日本，取台湾，再图福建；美利坚，也想要，割土分疆。这中国，哪一点，我还有分？这朝廷，原是个，名存实亡。替洋人，做一个，守土官长，压制我，众汉人，拱手降洋！（刘晴波，彭国兴编校：《陈天华集》，第35—36页）。

陈天华以大量的事实揭露帝国主义瓜分中国的野心，痛陈中国面临的危如累卵的处境。他又以印度、波兰、犹太等国被灭的实例，讲述灭国的惨痛，号召人们奋起反抗，"齐把刀子磨快，子药上足"，"万众直前杀那洋鬼子，杀投降那洋鬼子的二毛子"。（刘晴波、彭国兴编校：《陈天华集》，第71页）在中华民族存亡绝续的危急之秋，陈天华为全国人民敲响了警钟，而且唤起民众起来反抗。

在陈天华的"警世"教育中，资产阶级民主主义思想是很突出的。他告诫大家，当时的清政府已成为帝国主义的代理人，是"洋人的朝廷"。他在文中指出：

> 列位，你道今日中国还是满洲政府的吗？早已是各国的了！那些财权、铁道权、用人权，一概拱手送与洋人，洋人全不要费力，要怎么样，只要下一个号令，满洲政府就立刻奉行。……故我们要想拒洋人，只有讲革命独立，不能讲勤王。

（《警世钟》，中国近代史资料丛书《辛亥革命》第二册，第 125 页，上海人民出版
社，1957 年）

他认为当时的清政府"把四万万个人，做四万万只羊，每月送几千"给帝国主义
宰杀做人情，人们若反抗，便以抗拒朝廷论处。

> 我们分明是抗拒洋人，他不说我们与洋人作对，反说与现在的朝廷作对，要
> 把我们当作谋反叛逆的杀了。列位，我们尚不把这个道理想清，事事依这朝廷的，
> 恐怕口虽说不甘做洋人的百姓，多久做了尚不知信。朝廷固然是不可违抗，难道
> 说这洋人的朝廷也不该违抗么？（《猛回头》，中国近代史资料丛书《辛亥革命》第
> 二册，第 126 页）

要不甘心做洋人的奴隶，就要起来与帝国主义斗争，与帝国主义的奴才清政府斗
争，这个近代无数先进的中国人探索出的道理，陈天华作出了明确的阐述。

陈天华也如同孙中山、章太炎一样，把民主革命看作顺天应人、符合历史进化规
律的运动，认为"质而言之，革命者，救人世之圣药也。终古无革命，则终古成长夜
矣！"因此，在他的著述里，也充满着讴歌民主、盛赞共和，期待步武泰西革命的文
词，宣称，"泰西革命之所以成功者，在有中等社会主持其事；中国革命之所以不成功
者，在无中等社会主持其事"（《中国革命史论》，《陈天华集》，第 215 页）。所以，他
在《绝命辞》里谆谆相嘱："故今日惟有使中等社会皆知革命主义，渐普及下等社会。
斯时也，一夫发难，万众响应，其于事何难焉！"（《绝命书》，刘晴波、彭国兴编校
《陈天华集》，湖南人民出版社，1982 年）

在陈天华的"警世"教育中，把树立民族自信心也作为其重要内容。他的《猛回
头》一文，开头就为人民描述了中国辽阔的领土，众多聪慧的人民，丰饶的物产及数
千年的文明历史，回顾了中华民族的始祖黄帝的光辉形象与业绩。这当然不是发思古
之幽情，而是为了阐述在这些革命中使死人复生是为了赞美新的斗争，是为了再度找
到革命的精神，唤起民众的觉醒，使人民产生民族自豪感，激发人民与帝国主义进行
斗争的勇气。近代以来，由于清政府腐败无能在侵略者面前屡战屡败，在许多人心中
便产生了把洋人看得极重的倾向，陈天华说："其实洋人也不过是一个人，我也是一个
人，我怎么要怕他？""我是主，他是客，他虽然来得多，总难得及我。""只要我全国
皆兵，他就四面受敌，即有枪炮，也是寡不敌众。"（《警世钟》，中国近代史资料丛刊
《辛亥革命》第二册，第 121 页）中国人民"一十八省四万万人都舍得死，外国纵有精
兵百万，也是不足长了……只要我人心不死，这中国万无可亡之理"。他奉告人们要
"把胆子放大，全不要怕他"。（《警世钟》，中国近代史资料丛刊《辛亥革命》第二册）

陈天华用他自己爱国主义情操和革命自信心来唤醒人民的爱国热情与自信，这种自信就是战胜帝国主义、推翻封建专制统治。

2. 资产阶级民主政治的教育思想

光绪三十一年七月（1905 年 8 月），孙中山组织的中国同盟会成立，陈天华和黄兴、宋教仁等负责起草会章及文告，著名的《革命方略》即由陈天华执笔。因此，他不仅拥护同盟会的三民主义学说，而且也为在中国建立民主共和制度取代清朝君主专制统治进行了宣传与鼓动。

陈天华特别崇拜西方的资产阶级民主政治，称赞华盛顿"固定了民主制度""人民好像生活在天堂一般"。对于卢梭《民约论》在法国推翻帝制建立民主共和国中所起的作用倍加赞许。受此文影响，他极力鼓吹资产阶级天赋人权及资产阶级民主自由。在《国民必读》一文中阐述了国民的权利与义务，他说："国以民为重，故称国民，国民的讲法，是言民为国的主人，非是言民为国的奴隶。"他说皇帝、长官也不过是国民中的一个人，皇帝、官吏应该是社会的公仆，"要尽力监察他，惩创他，命令他，禁止他，软弱一点不得，退让一点不得，畏惧一点不得"。他提出国民应有八项权利，几乎包括了资产阶级所要求的政治、经济、外交、个人生命财产、言论、结社等各个方面，并将"政治参与权"当作"争权利的第一项"。由此可见，陈天华社会教育的目的，就是要建立一个像法国、英国那样的资产阶级共和国。

陈天华既要人们学习美、法、英那样的资产阶级共和国，又号召人们要反对美、法、英那样的帝国主义。于是，他提出了学习"外人的长处"的教育主张。他认为，要战胜帝国主义的势力，"须要先学外人的长处"。他以日本国为例说："日本国从前很恨西洋人，见了西洋人就要杀他，有藏一部洋书的，就把他全家杀尽。到明治初年晓得空恨洋人不行，就变了从前的主意，一切都学西洋"，结果"洋人的长处，日本都学到了手"（《警世钟》，中国近代史资料丛刊《辛亥革命》第二册，第 132—133 页），国家也日益强盛起来，西洋再也不敢欺压日本了，中国也应像日本一样，要想不受帝国主义的欺压，就应当学习他的长处，使国家富强起来。

陈天华提出了向西洋人学习的具体内容，并概括为"十要"，即："要除党见""要讲公德""要重武备""要务实业""要兴学堂""要立演说""要兴女学""要禁缠足""要把洋烟""要凡社会"等各个方面。陈天华还号召要学习法兰西、德意志、美利坚、意大利等国历史上争取自由民主和民族独立的光荣历史，认为在学习外国的时候，"形式或者可以慢些，精神一定要学（精神指爱国、有公德、不做外种的奴隶）"（《警世钟》，中国近代史资料丛刊《辛亥革命》第二册，第 133 页）。陈天华认为，我们越恨他们，就越应该学习他的长处，切不可义气用事，拒绝学习他的长处，他说这"譬如与我有仇的人家，他办的事很好，却因为有仇，不肯学他，这仇怎么能报呢？他若是好，我要比他更好，然后才可以报得仇呢"。（《警世钟》，中国近代史资料丛刊《辛亥革命》第二册，第 131 页）"越恨他，越学他，越能报他，不学断不能报。"（《警世钟》，中国近代史资料丛刊《辛亥革命》第二册，第 133 页）可见，陈天华主张学习"外人的长处"，其目的主要是反对帝国主义对中国的侵略和瓜分，这标志着在向西方学习的问题上步入一个新时期，在中国近代思想史及教育思想史上都有重要意义。

3. "教育普及"的教育主张

陈天华在《警世钟》一文中，明确提出了"兴学堂，教育普及"的教育主张。他以亚洲、非洲为例，从反面说明不普及教育的危害。他说："天下五大洲，亚细亚洲最大，第二就是非洲，人口也有二万万，只蠢如鹿豕，全不讲求学问。欧洲各国逐渐把他们的地方瓜分了。又将人口掳回，叫他们做最粗的工，好比牛马一样。西洋人看待此处的人，如草芥一般，享福的是西洋人，受苦的是此处人。这是何故？都缘其人概不读书，愚蠢极了，所以受制于人。"（《猛回头》，中国近代史资料丛刊《辛亥革命》第二册，第 131、155 页）他认为欧美各国以及日本，由于他们普及了教育，儿童六岁进学堂，一学就是十余年，进学堂学的知识又都是实用的天文、舆地、伦理、化学、物理、算学、图画、音乐等，所以他们的国家才如此强大。陈天华在这里把不读书不爱教育与做亡国奴"受制于人"相联系强调说：

> 无学问，无教育，则无民智，无民气；无民智，无民气则无政治，无法律；无政治，无法律，则无战备，无实业。学问，教育者，三累而上，强国势之起点也。（《警世钟》，《中国近代史资料简编》，第 646 页）

陈天华提出"教育普及"，强调的是教育强国而不是教育救国。他认为，国家要富强，就必须办学堂普及教育，提高每个国民的文化素质，使每个人都对国家有一种强烈的责任义务感。他批评有些中国人，全然不把国家的事当作自己的事，是"最可耻的"。这些人"是不晓得国家与身家有密切的关系，以为国是国，我是我"（《警世钟》，中国近代史资料丛刊《辛亥革命》第二册，第 131 页），国家有难，与自己无干。他说："其实，国家不保，身家怎么能保呢？国家譬如一只船，皇帝是一个舵工，官府是船工和水手，百姓是出资本的东家"（《警世钟》，中国近代史资料丛刊《辛亥革命》第二册，第 155 页）。所以，"船"的好坏，是与皇帝、官府以及每个百姓都有关系的。因此，他提倡普及教育，就是要通过教育以提高国人的国家意识和国民意识，树立"国家是人人有份"的思想，使每个人把国家的事当成自己的事，中国才有希望。

在陈天华看来，强国必须"兴学堂，教育普及"，但他提倡的"兴学堂"，绝非清政权下的旧式学堂，而是传播新思想、培养革命新人的新学堂。他把中国封建教育培养出来的人与资产阶级教育培养出来的人相比较，认为西方"极下等人，其学问胜过我国的翰林、进士，所以他造出一个轮船，我只能当他的水手；他立一个机器厂，我只能当他的粗工；他们安坐而得大利，我们劳动而难糊口"。（《猛回头》，中国近代史资料丛刊《辛亥革命》第二册，第155页）因此，他提倡的兴学堂，是像欧美和日本那样的，学习近代自然科学与社会科学知识的新学堂。在陈天华看来，要使国家富强，必须改变陈腐的旧教育制度，培养能为资产阶级革命服务的人才。

陈天华认为，要从根本上改变中国教育落后的状况，还必须选派留学生出国，希望他们把外国先进的科学技术和立国富国的本领带回国内，而不要像有些出国者那样，回国以后，只字不提"那外国立国的根本，富国的原因"。（《警世钟》，中国近代史资料丛刊《辛亥革命》第二册，第114页）他赞赏日本的做法，说道：

> 日本国的出洋人员回了国后，就把国政大变的变起来，西洋大儒的学说大倡的倡起来。朝廷若不依他们，他们就倡起革命来，所以能把日本国弄到这个地步。若是中国出洋的人，回国也和日本一样，逼朝廷变法，不变法就大家革起命来，中国早已组织了一个完完全全的政府了。（《警世钟》，中国近代史资料丛刊《辛亥革命》第二册，第113页）

由此可见，陈天华主张派留学生出国的目的，是希望通过出国留学以培养资产阶级人才，并通过他们引进外国的革命思想来促进国内的革命。

在妇女受教育的问题上，陈天华有着独到的见解。首先，他认为妇女教育的问题是普及教育中非常重要的问题，是"培养根本"的问题。他批判封建社会鼓吹"女子无才便是德"的谬论，是"真正害人得很"。他指出："中国的女子一点知识没有，丈夫儿子不但不能得她的益，且被她阻挠不少，往往大有志的人，竟消磨于爱妻慈母。男子半生都在女子手里，女子无学，根本坏了，那里有好枝叶呢！"（《猛回头》，中国近代史资料丛刊《辛亥革命》第二册，第161页）他认为中国也应向西洋人学习，女孩到了六岁也应该和男孩一样入学受教育，她要像西洋女子那样有学问。女子受教育问题与救国大任也相联系，"亡国的惨祸，女子和男子一样，一齐都要受的，那救国的责任也应和男子一样，一定要担的"。（《警世钟》，中国近代史资料丛刊《辛亥革命》第二册，第143页）他认为妇女在救国运动中起着一种特殊的作用，"女子若是想救国，只要日夜耸动男子去做，男子没有不从命的"，从这一点讲，"妇女的势力，比男子还要大些"（《警世钟》，中国近代史资料丛刊《辛亥革命》第二册，第143页）。

　　发展教育，普及教育，办学堂，兴女学，派留学生，这是清末以来就被许多先进分子所认识到的问题，所以维新派、立宪派、改良主义者们也都主张办学堂，普及教育。但他们都是以封建主义思想为基础，主张在旧的封建统治体制不动的情况下作一些修修补补，而以陈天华为代表的资产阶级民主派却要砸烂旧的体制，建立与旧体制完全不同的新的教育体制。在这方面。陈天华表现得非常突出，最为革命。

（八）孙中山：三民主义教育思想

　　孙中山（1866—1925），名文，字载之，号日新，又号逸仙。旅居日本时曾化名"中山樵"，"中山"之名由此而来。广东香山县（今中山市）人。因家境困苦，孙中山自幼参加农业辅助劳动，十岁始从学村塾。光绪四年（1878），孙中山远涉重洋至檀香山，在孙眉开设的商店协理店务，随之"就傅西校"学习（《在广州岭南学堂的演说》，《孙中山全集》第二卷，第 359 页），开始受西方资产阶级民主主义思想熏陶。光绪九年（1883），孙中山自檀香山归国，在村里采取了一些兴革乡政的措施，不久被迫出走香港，入基督教，先后进入香港的拔萃书室、中央书院（即后来的维多利书院）、皇仁书院读书。在香港工人反法爱国斗争的影响下，他开始滋生了"倾覆清廷"的意念。光绪十八年（1892），孙中山毕业于香港西医书院，先后在澳门、广州行医，并致力于挽救民族危亡的政治活动。

　　光绪三十年十月（1904 年 11 月），孙中山重抵檀香山，成立了兴中会总机关，随后又到广州建立了兴中会组织。孙中山亲自起草和修订的《兴中会章程》及入会的秘密誓词，提出了"驱除鞑虏，恢复中华，创立合众政府"的革命主张（《檀香山兴中会盟书》，《孙中山全集》第一卷，第 20 页）。光绪二十九年（1903）秋，孙中山前往檀香山，在改组兴中会的基础上建立了名为"中华革命军"的组织，在入会誓词中提出了"驱除鞑虏，恢复中华，创立民国，平均地权"的 16 字纲领，并在《檀香山新报》上撰文与保皇派论战，批判君主立宪主张。并创办了同盟会机关报《民报》。孙中山在发刊词中，把同盟会的 16 字宗旨归纳为"民族""民权""民生"的三民主义。此时的三民主义学说，其核心内容是要通过民族主义和民权主义达到一个政治目的，即在中国建立民主共和制度来取代清朝君主专制统治。同盟会成立后，他把主要的时间和精力投入到策划反清武装起义的实践中。宣统三年（1911）辛亥革命后，孙中山被推选为中华民国临时大总统。在一生的革命斗争中，他始终关注教育问题，总是把教育作为革命工作的一个重要方面；他曾亲自创办学校，为学生讲课，并在探讨与实践中形成了较为系统的教育思想。他的三民主义教育思想，是他的资产阶级民主革命思想的有机组成部分。

1. 三民主义教育思想的形成

孙中山在青少年时代，就初步接受了资产阶级文化教育。光绪二十年五月（1894年 6 月），孙中山赴天津上书李鸿章，主张变法自强，提出发展教育培养人才。首先，他认为人的一切知识都来自后天的学习。他说：

> 夫人不能生而知之，必待学而后知，人不能皆好学，必待教而后学，故作之君，作之师，所以教养之也。（《上李鸿章书》，《孙中山选集》，人民出版社，1981年，第 2 版）

虽然每个人的天赋资质是不同的，在接受知识的快慢程度以及运用知识的能力方面都存在着很大的差别，但在知识与能力的获得过程中，起决定作用的因素还在于个人的主观努力。比如"甲乙二人，甲聪明而不好学，乙聪明虽不如甲，而好学过之，其结果，乙之所得必多于甲，此则由于力学也"。（《军人精神》，《孙中山选集》，人民出版社，1981 年，第 2 版）他认为人天赋资质大致可以分为三种类型，"就是世界人类其得之天赋者约分三种，有先知先觉者，有后知后觉者，有不知不觉者"。（《三民主义》，《孙中山选集》，人民出版社，1981 年，第 2 版）这里讲的"先知先觉"，并不是孔子讲的"生而知之"的那种先知先觉，而是说"这种人有绝顶的聪明，凡见一件事，便能够想出许多道理；听一句话，便能够做出许多事业"。所谓"后知后觉"，是指那些"人的聪明才力比较第一种人是次一等的，自己不能够创造发明，只能够跟随摹仿，第一种人已经做出来了的事他便可以学到"。而"不知不觉"者，"这种人的聪明才力是更次的，凡事虽有人指教他，他也不能知，只能行"。（《三民主义》，《孙中山选集》，人民出版社，1981 年，第 2 版）虽然人的天赋资质有这些差别，但是即使是最聪明的人，若不学习，他那天赋的资质也不能很好地表现出来。因为"质有智愚，非学无以别其才，才有全偏，非学无以成其用"。（《三民主义》，《孙中山选集》，人民出版社，1981 年，第 2 版）他认为，"盖贤才之生，或千百里而见一，或千万人而有一，若非随地随人而施教之，则贤才亦以无学以自度，以至于淹没而不彰"。（《上李鸿章》，《孙中山选集》，人民出版社，1981 年，第 2 版）由此可见，孙中山认为人的知识才能都是通过施教与学习而获得的。

孙中山认为，国家的强盛兴衰是与这个国家的教育密不可分的。中国古代教育发达，当时的国家也很强盛，而西方诸邦的强大，恰与中国古代相类，也正是由于教育的发达。他说：

> 泰西诸邦崛起近世，深得三代之遗风，庠序学校遍布国中，人无贵贱皆奋于

学。凡天地万物之理，人生日用之事，皆列于学之中，使通国之人，童而习之，各就性质之所近而肆力焉。又各设有专师，津津启导，虽理至幽微，事至奥妙，皆能有法以晓喻之，有器以窥测之。其所学由浅而深，自简及繁，故人之灵明日廓，智慧日积也。（《上李鸿章》，《孙中山选集》，人民出版社，1981 年，第 1 版）

因此，无论是哪一个国家，要想富强发达，就必须发展教育。通过教育，人民掌握了更多的知识，懂得了更多的道理，就必然促进这个国家的文明进步。"世界的文明要有知识才能进步。有了知识，那个进步才很快。我们人类是求文明进步的，所以人类要求知识。……人类的知识越发达，文明的进步当然是越快。"（《总理全集》，第二卷，第 226、227 页）总之，国家的盛衰、文明的进步都与教育有着直接而密切的关系。

孙中山又指出，发展教育的目的是培养人才，以及这些人才能否发挥其作用。他说：

窃尝深维欧洲富强之本，不尽在于船坚炮利，垒固兵强，而在于人能尽其才，地能尽其利，物能尽其用，货能畅其流——此四事者，富强之大经，治国之大本也。（《上李鸿章》，《孙中山选集》，人民出版社，1981 年，第 2 版）

他主张从发展教育、农业、工矿业、商业和交通运输企业四方面着手，作为中国"富强之大经，治国之大本"。而在这四大事业中，应把"人尽其才"放在首位。他说："泰西治国之规，大有唐虞之用意，其用人也，务取所长而久其职。"（《上李鸿章》，《孙中山选集》，人民出版社，1981 年，第 2 版）正因为欧洲诸国"人能尽其才"，"人既尽其才，则百事俱举；百事俱举，则富强不足谋也"。（《上李鸿章》，《孙中山选集》，人民出版社，1981 年，第 2 版）

要做到"人尽其才"，首先在于"教养有道"。"所谓人能尽其才者，在教养有道，鼓励有方，任使得法也。"（《上李鸿章》，《孙中山选集》，人民出版社，1981 年，第 2 版）孙中山批判封建教育，认为"今使人于所习非所用，所用非所长，则虽智者无以称其职，而巧者易以饰其非。如此用人，必致野有遗贤，朝多倖进"。而泰西治国，"为文官者，其途必由仕学院，为武官者，其途必由武学堂，若其他文学渊博者为士师，农学熟悉者为农长，工程达练者为监工，商情讲习者为商董，皆就少年所学而任其职"。总之，凡学堂课此一业，则国家有此一官，幼而学者即壮之所行，其学而优者则能仕，且恪守一途，有升迁而无更调。"故教养有道，则天无枉生之才"（《上李鸿章》，《孙中山选集》，人民出版社，1981 年，第 2 版）。可见，"教养有道"就是学为有用，用其所学，用其所长，这样才能"人尽其才"。这就需要变革现有的教育制度和用人制度。

孙中山提出铲除当时中国那种腐朽的教育，必须建立新的教育制度。为此，他提出三民主义教育思想："吾党主义，是曰三民。揭橥理则，地义天经。为教育，本正源流。勖哉诸子，竭蹶陶成。"（引自顾明远主编：《教育大辞典》增订合编本（下），人民教育出版社，1998 年，第 1500 页）其主要思想：（1）倡导教育平等。认为"圆颅方趾，同为社会之人，生于富贵之家，即能受教育，生于贫贱之家，即不能受教育，此不平之甚也"。（《社会主义之派别及方法》，《中国近代教育史资料》下册，人民教育出版社，1961 年，第 1018 页）因此，他主张"中国人数四万万，此四万万之人，皆应受教育"。（《女子教育之重要》，《中国近代教育史资料》下册，人民教育出版社，1961年，第 1017 页）他主持制定的《中国同盟会总章》中，把"普及义务教育"作为政纲之一。（2）强调学校教育要"力求实用"。他说："学校者，文明进行之泉源，在衣食住行四种人生需要之外，首当注意办学。"学校的目的在于读书识字学问智识之外，当注意于双手万能，力求实用。在这种学校里，可以学到"天地万物之理，人生日用之事"，可以使"智者进焉，愚者止焉，偏才者专焉，全才者普焉"（《上李鸿章》，《孙中山选集》，人民出版社，1981 年，第 2 版）。（3）提出读书为民的求学方针。他反对学生读书只为个人，只图私利，提出"诸君须知此后求学方针，乃期为全国人民负责，非为一己攘利权"。"当用其学问，为平民谋幸福，为国家图富强。"（《民国教育家之任务》，《中国近代教育史资料》下册，人民教育出版社，1981 年，第 2 版）

孙中山还提出，要利用学校来培养革命急需的人才。他在军官学校开学典礼上说：

> 我们今天要开这个学校，是什么希望呢？就是要从今天起，把革命的事业重新来创造，要用这个学校内的学生做根本，成立革命军。诸位学生就是将来革命军的骨干。有了这种好骨干，成了革命军，我们的革命事业便可以成功。所以今天在这地开这个军官学校，独一无二的希望，就是创造革命军，来挽救中国的危亡。（《在陆军军官学校开学典礼的演说》，《孙中山选集》，人民出版社，1981 年，第 2 版，第 917 页）

孙中山利用学校为宣传革命的重要据点，不仅在国内的学校，而且在海外的留学生中广泛开展革命宣传工作，大力培养革命骨干，领导了伟大的辛亥革命，推翻了清政府，结束了中国两千多年的封建专制统治。

2. 发展教育的基本构想

先革命，后教育　在孙中山早期革命活动时期，中国改良主义的救国论甚嚣尘上，如当时的严复就认为"国之所患，在于无学"，"为今之计，惟急从教育上着手乎庶几逐渐更张也。"（《侯官严先生年谱》）立宪派们也认为要实现民主革命建立共和制，绝对不能是暴力革命，而应当用教育的方法，提高人民的文化程度，"养成共和资格"，未养成而遽行之，必足召亡。孙中山对这些先教育后革命的论调进行了有力的批驳。他在《改造中国之第一步》一文中明确指出："教育固是改造中国的条件，但还不能认为是第一步的方法。第一步的方法……只有革命。"（《改造中国之第一步》，《孙中山选集》，人民出版社，1981年，第474页）孙中山等革命派认为，只有首先革命，推翻清政府的封建统治，才谈得上去发展教育，政治没有改革，教育的改革也无法实现。孙中山把教育放在革命的要务之中，作为改造中国的一个重要手段。

先经济，后教育　在发展教育与发展经济的关系问题上，孙中山认为，"民以食为天，不足食胡以养民？不养民何以立国？是在先养而后教，此农政之兴尤为今日之急务也"。（《上李鸿章》，《孙中山选集》，人民出版社，1981年，第11页）由于封建专制的长期统治，中国十分贫穷落后，广大人民群众连吃饭、穿衣等起码的生活条件都难以保证。为了生活，他们的子女不得不过早地承担起养家糊口的重担。在这种情况下，即使办起不收学费的平民学校，他们还是无法上学。所以孙中山认为，发展教育必须以"治本为先，穷宜救急。衣食足而知礼节，仓廪实而知荣辱。实业发达，民生畅遂，此普及教育乃可实行矣"。（《不知亦能行》，《中国近代教育史资料》下册，人民教育出版社，1961年，第1023页）在他看来，只有政治经济问题首先得到解决后，发展教育才能不落于空谈。

"励行教育普及"思想　实行教育普及，是孙中山的一贯思想。他说："吾国虽自号文物之邦，男子教育不及十分之六，女子教育不及十分之三，其有志无力者，颇不乏人。其故何在？国家教育不能普及也。"（《总理全集》第二集，上海民智书局，1930年，第140页）因此，他提出："惟教育主义，首贵在普及。"（《孙中山全集》第二卷，第76页）他主持制定的《中国同盟会总章》中，把"普及义务教育"作为政纲之一。

普及教育首先就是要实现教育平等。孙中山主张教育平等，提出："凡为社会之人，无论贫贱，皆可入公共学校，不特不取学膳等费，即衣履书籍，公家任其费用。"（《社会主义之派别及方法》，《中国近代教育史资料》下册，人民教育出版社，1961年，第1018页）普及教育必须重视女子教育。孙中山认为，"中国女子有二万万，惟于教育一道，向来不注意，故有学问者正少，处于今日，自应认真提倡女子教育为最重要之事"。他认为，要建设一个真正的民主共和国，就必须实行男女平等，而要做到男女平等，首先就要让广大女子受到良好的教育，"教育既兴，然后男女可以望平权"。（《女子教育之重要》，《中国近代教育史资料》下册，人民教育出版社，1961年，第1017页）普及教育更应以青少年教育为本。孙中山在桂林学界欢迎会上说："要教育少年，那班少年受了教育，十多年之后，便成有用的人才，可以继续你们前辈去办事。如果他们失了教育，你们以后的人才，便新旧不相接，以后的事业，便没有人办。"（《在桂林学界欢迎会上的讲话》）因此，他提出"以全力发展儿童本位之教育"。在解决青少年以及广大儿童入学的问题上，他提出要重点解决穷苦儿童的入学问题，还提倡设公共讲堂、书库、夜校，"为年长者养育知识之所"（《地方自治开始实行法》）。普及教育还要关心少数民族教育。孙中山在蒙藏统一政治改良会演讲中指出：要重视少数民族的教育，把教育普及到"蒙、藏、青海、回疆同胞"中去，是使他们成为"共和国之主人翁"的必要措施。

总之，孙中山普及教育的思想是建立在自由平等的资产阶级民主意识基础上的。在他看来，穷人的孩子不能受教育，女子不能受教育，少数民族地区教育落后等现象，都体现了人与人之间的不平等。而这些不平等现象是与他倡导的"三民主义"背道而驰的。因此必须改变旧的教育体制与模式，建立一种全新的平等的教育，这就是普及教育。而这种普及教育只有在革命成功后才有实施的可能。

3.　"知难行易"的教育哲学

"知易行难"是中国古代认识论中的一个概念，很早就出现在《尚书》和《左传》中，后来被许多哲学家视为一种亘古不变的信条。孙中山面对革命失败的惨痛教训，认真研究了"知易行难"问题，大胆提出了针锋相对的"知难行易"的命题，以在于从认识论的高度来加强革命党的思想建设（"心理建设"），以振奋革命党人的士气而使之坚持斗争。他所破所立并不完全正确，但在当时有一定的积极意义。

孙中山首先以进化发展的哲学思想，把人类进化和知识的发展直接联系起来。他说：

> 以考世界人类之进化，当分为三时期：第一由草昧进文明，为不知而行之时期；第二由文明再进文明，为行而后知之时期；第三自科学发明而后，为知而后行之时期。……其近代之进化也，不知固行之，而知之更乐行之，此其进行不息，所以得有今日突飞之进步也。（《知行总论》，舒新城编《中国近代教育史资料》下册，人民教育出版社，1961年，第1019—1020页）

这种机械的阶段划分当然不尽科学，但他主要表达的是知识文明是人类进化的产物，知是从行产生的。他通过对饮食、用钱、建屋、造船等十件事的"知难行易"的详细剖析和论述，说明人们的知识是在"行"的基础上形成的，只有"行"了，才能得"知"。故他得出结论："古人之得其知也，初或费千百年之时间以行之，而后乃能知之；或费千万人之苦心孤诣，经历试验而后知之；而后人之受之前人也，似于无意中得之。"（《知行总论》，舒新城编：《中国近代教育史资料》下册，人民教育出版社，1961 年，第 1019 页）这既明确表述了"行先知后"的观点，同时也说明了后人接受的间接经验中也包含着前人"行"的实践经验。而且，孙中山还特别强调，知识还要经过"千万人"的"试验"后才能获得，这就使他的"行先知后"的认识论建立在近代科学试验的基础上。在这一认识论的基础上，孙中山指出，许多事尤其是大事，通常不可能先知再行，需要一种致力于去行的决心和勇气。他认为"日本之维新多赖冒险精神，不先求知而行之；及其成功也，乃名之曰维新而已。中国之变法，必先求知而后行，而知永不能得，则行永无期也"。（《知行总论》，《孙中山选集》，人民出版社，1956 年）若像教育救国论者所说，先用教育的方法使国民"养成共和资格"，再进行革命则是不可能的。"若必俟我教育之普及，知识之完备而后始行，则河清无日，坐失良机，殊可惜也。"（《不知亦能行》，《中国近代教育史资料》下册，人民教育出版社，1961 年，第 1022—1023 页）

孙中山承认人有天赋智力的差别，但他认为，天赋智力只是获得知识的一个条件。人要获得知识，仍必须通过后天的"力学"和"经验"。所以说："若由学问上致力，则能……较天生之智为胜。……谚云：'不经一事，不长一智。'故所历之事既多，智识遂亦增长，所谓增益其所不能者，此由于经验也。"（《军人精神教育》，《孙中山选集》，人民出版社，1981 年，第 2 版）因此，他反对"生而知之"的观点，强调"人不能生而知之，必待学而后知……凡天地万物之理，人生日用之事，皆列于学中。……质有愚智，非学无以别其才；才有全偏，非学无以成其用"。（《上李鸿章》，《孙中山选集》，人民出版社，1981 年，第 2 版）后来，他还认为，要从"行"中获得真知，还要"靠实地去考察"，并论述了在"行"中考察事物的方法与过程。他把人们"行"中求知的过程，看作是由科学试验的观察和哲学理论思维相结合的过程，说明他已认识到此二者的重要性。因此，他强调人们应重视学习，重视掌握科学理论。他说："故天下事惟患于不能知耳，倘能由科学之理以求得其真知，则行之绝无所难，此已数回翻覆证明，无可疑义矣。"（《知行总论》，《孙中山选集》，人民出版社，1981 年，第 2 版）

孙中山进一步认为，人的认识过程，还应由"以行而求知"发展到"因知以进行"。因为，人们在"行"中获得了科学的真知，就会更有把握地和更积极地使"知"见诸于"行"。正如他所说的："因已知而更进于行"，"知之更乐行之"，"知之则必能行之，知之则更易行之"（《孙文学说》）。在他看来，求得科学真知，不仅是为了正确指导"行"，而且人们一旦掌握了科学之后，就可以"从知识而构成意象，从意象而生出条理，本条理而筹备计划，按计划而用工夫，则无论其事物如何精妙，工程如何浩大，无不可指日以乐成者也"（《孙文学说》）。也就是说，人们掌握了科学知识，即能"收事半功倍之效"（《孙文学说》），并成为改造大自然的无穷力量，所谓"生五谷，长万物，取五金，不待天工而由人事"（《上李鸿章》，《孙中山选集》，人民出版社，1981年，第 2 版）因此，孙中山特别重视知识的学习，认为"学问为立国之本"（《民国教育家之任务》，《中国近代教育史资料》下册，人民教育出版社，1961 年，第 1016 页）提出不仅要学习祖国传统文化中的宝贵知识，还应该学习西洋的自然科学和物质文明，认为"外国人的长处是科学"，我们应当"迎头去学"（《三民主义》，《孙中山选集》，人民出版社，1981 年，第 2 版）。孙中山的知识论，是对他自己的知行学说教育思想的发展。

孙中山还以"行"来证明"知"的正确与否。他认为知识有真的有假的，要经过试验才能知道它对与不对，如果能够实行，才可以说是"真学理"。他认为，"凡真知特识，必从科学而来也。舍科学而外之所谓知识者，多非真知识也。"（《知行总论》，《中国近代教育史资料》下册，人民教育出版社，1961 年）他提倡"科学的知识"，反对"天数气运"和宗教迷信之类的假的知识，其标准就是"行"。他说："不去行，便无法可以证明所求的学问是对与不对。"（《知难行易》）说明他是以"行"作为检验真知的标准的。

孙中山的"知难行易"说的积极意义不在于指出人类获得知识必须经过"行而后知"的阶段，而在于肯定了"先有事实，后有言论"的唯物主义认识论，这是对"知先行后"的唯心主义先验论的批判。"知难行易"说教育思想的积极意义就在于突破了古代知识论和学习观的局限性，把人类的知识进步看成行知相长的过程，把人类的学习行为看作是人类获得知识的前提和进步的原因，并对知与行赋予了近代科学实验及生产斗争和民主政治的思想内容。

4. 对传统教育思想的重视与改造

树立"天下为公"的志向　立志是读书人最紧要的一件事，所以孙中山提出学生读书首先要立志。但是只笼统地讲立志还不行，因为人类社会存在两种思想，"一种就是利己，一种就是利人"，"重于利己者，每每出于害人亦有所不惜"。怀有"利己"思想的人，他的聪明才力专门用来夺取别人的利益；而"重于利人者，每每至有牺牲自己亦乐而为之"，这种人的聪明才力专门用来"谋他人的幸福"。前者形成"专制阶级"，造成了人与人之间的不平等。所以大家都应该除去利己之心，树立服务于人类的"天下为公"的思想。立志，就是要立这种大志。如果所立之志仅是为了个人私利，而这种私利会与他人的利益发生冲突，最终大多数人是不可能都"得志"的，譬如发财、做官等都属于此类情况。只有那些立"大家公共的志"的人，因为符合大多数人的利益，大家没有利益冲突，"众人都向此做去，便容易成功"。(《三民主义》，《孙中山选集》，人民出版社，1981年，第2版)

铸造"民族之魂"　孙中山是近代物质文明和精神文明的积极倡导者。他在提倡"心性文明"的建设中，把中国传统文化中的"人格"与"国格"观念，作为中华民族的"民族之魂"。他从中国传统文化中，着重吸取了关于"人格"和"国格"观念的思想资料，并且赋予了它们以新意。他认为，"人类的人格既好，社会当然进步"。因此，他号召国民要"彼此身体力行，造成顶好的人格"。他说："我们要人类进步，是在造就高尚人格。……我们要造成一个好国家，便先要人人有好人格。……要正本清源，自根本上做工夫，便是在改良人格来救国。"(《国民要以人格救国》)他在这里所说的"顶好的人格""高尚人格"，主要是讲求人生价值和崇高社会理想的追求，即他们提倡的"利人"精神和"天下为公"的社会理想。概括来说，孙中山的"人格"说的核心就是讲求一个"公"字。这说明孙中山力图把传统的"人格"和"国格"观念改造成为国为民奉献一切的新的意义，乃至铸造成具有时代意义的崭新的"民族之魂"，作为民主革命和民族独立的重要的精神武器(参见张岂之主编《中国思想史》，西北大学出版社，1989年)。

改造"固有道德"　孙中山认为，一个民族所共同具有的高尚道德是这个民族得以独立于世界民族之林的强大内聚力，甚至还有同化异族文化的强大威力。他说：

> 因为我们民族的道德高尚，故国家虽亡，民族还能够存在，不但是自己的民族能够存在，并且有力量能够同化外来的民族。所以穷本极源，我们现在要恢复民族的地位，除了大家联合起来做成一个国家团体以外，就要把固有的旧道德先恢复起来。有了固有的道德，然后固有的民族地位才可以图恢复(《三民主义》，《孙中山选集》，人民出版社，1981年)。

孙中山所谓"固有的旧道德"，主要是指中国传统道德的"忠孝""仁爱""信义""和平"几个范畴。但他对这些传统道德并非一概赞成，而是有鉴别、有取舍，并且加进了新的内容，并否定了"三纲"等封建道德。对于"忠孝"，孙中山认为："君主可以不要，忠字是不能不要的。"因为"忠"是指"我们做一件事，总要始终不渝，做到成功，如果做不成功，就是把性命去牺牲亦所不惜"。因此，我们可以讲"忠于国""忠于民""忠于事"，"为四万万人效忠，比较为一人效忠，自然是高尚得多。故忠字的好道德，还是要保存"。(《三民主义》，《孙中山选集》，人民出版社，1981年)至于"孝"，他认为，"我们中国尤为特长，尤其比各国进步得多"，"所以孝字更是不能不要的"（《三民主义》，《孙中山选集》，人民出版社，1981年）。

对于"仁爱"，孙中山认为"仁爱是中国的好道德"，而且自古有之。他认为"仁爱"，就是墨子的"兼爱"、西方的"博爱"。作为革命者的"仁"，就在于"实行三民主义，以成救国救民之仁而已"。（《军人精神教育》）因此，他倡导要"把仁爱恢复起来，再去发扬光大，便是中国固有的精神"。（《三民主义》，《孙中山选集》，人民出版社，1981年）至于"信义"，他认为中国人历来比外国人做得好。他说："就信字一方面的道德，中国人实在比外国人好得多"，说了就算数，"守信用很多"。"至于讲到义字，中国在很强盛的时代也没有完全去灭人国"（《三民主义》，《孙中山选集》，人民出版社，1981年），他进而批评世界列强"不讲信义"，对弱小国家，往往不是欺诈，就是掠夺。孙中山特别称赞"中国更有一种极好的道德，是爱和平"。他说："中国人几千年酷爱和平，都是出于天性。""和平的道德，更是驾乎外国人。这种特别好的道德，便是我们民族的精神。"（《三民主义》，《孙中山选集》，人民出版社，1981年）

可见，孙中山说的"忠孝""仁爱""信义"不是以"三纲"为内容的封建道德，而是热爱民族和国家的道德；也不是西方资产阶级提倡鼓吹的"天赋人权""私人财产神圣不可侵犯"等的个性自由的思想倾向，而是既有继承，也有改造。他所说的恢复"固有的旧道德"，是力图通过继承和发扬中华民族的优秀文化和道德传统，以抨击当时盲目崇拜西方的民族虚无主义，从而提高民族的自尊心和爱国主义精神。

5. 民主革命的教育学说

主张学习传统道德知识　孙中山主张学习祖国传统文化中的宝贵知识。他说："我们今天要恢复民族精神，不但是要唤起固有的道德，就是固有的知识也应该唤醒它。"（《三民主义》），《孙中山选集》，人民出版社，1981年，第2版）比如中国的政治哲学中就人生对于国家的观念方面，中国比欧美国家的政治哲学更完全。他说，《大学》中有关"格物、致知、诚意、正心、修身、齐家、治国、平天下"的论述十分精彩，虽然它们"本属于道德的范围，今天要把它放在知识范围来讲才合适"（《三民主义》，《孙中山选集》，人民出版社，1981年，第2版）。孙中山为什么要把这些道德范围的东西放在知识范围来讲呢？他认为，"正心、诚意内治功夫是很难讲的"，"修身、齐家、治国那些外修的功夫，恐怕我们现在还没有做到"。"大家对修身的功夫太缺乏。大者勿论，即一举一动，极寻常的功夫都不讲究。""像吐痰、放屁、留长指甲、不洗牙齿，都是修身上寻常的功夫，中国人都不检点。"（《三民主义》《孙中山选集》，人民出版社，1981年，第2版）这些修身功夫，应是道德教育的内容。中国自古以来，重视修身养性，许多大教育家都非常注意对于学生日常行为规范的要求，讲究坐、立、行、言、笑等均符合一定的礼仪，他们把这些称之为"践履"的功夫。孙中山认为当时的许多人，连"这些知识的精神也失去了"，"普通人读书，虽然常用那一段话作为口头禅，但多是习而不察，不求甚解，莫名其妙"。(《三民主义》，《孙中山选集》，人民出版社，1981年，第2版)因此，他强调学习中国"固有的道德"，就要像学习"固有的知识"那样，学以致用，而且"要从自己的方寸之地做起"(《在陆军军官学校开学典礼的演说》，《孙中山选集》，人民出版社，1981年，第2版)。

提倡学习"外国人的长处"　　孙中山认为，"外国人的长处是科学"，我们应当"迎头去学"(《三民主义》，《孙中山选集》，人民出版社，1981年，第2版)。他认为，科学就是"真知识"，是"主张用观察和实验研究万事万物的学问"(《三民主义》，《孙中山选集》，人民出版社，1981年，第2版)。他说："科学的知识，不服从迷信，对于一件事，须用观察和实验的方法，过细去研究"(《在广州全国青年联合会的演说》，《孙中山全集》)。他强调知识要经过人们的"试验"，认识要建立在近代科学实验的基础上，主张学习外国人的实验科学方法论。只要掌握了科学，"人事可以胜天"。所以，在谈及学习的方法时，孙中山反对"死读死记"，只知其然，不知其所以然，主张"要靠实地去考察"。他说：外国人"考察的方法有两种；一种是用观察，即科学；一种是用判断，即哲学"。他认为这两种方法很好，"人类进化的道理，都是由此两学得来的"。(《三民主义》，《孙中山选集》，人民出版社，1981年，第2版)

提出学校要"做革命的学问"　　孙中山在陆军军官学校开学时的演讲中，谈到学校光学习文化知识是不行的，要"做革命的学问，不是专门从学问中求出来，是从立志中发扬出来的"。在革命的非常时期，不可能在学校把全部知识学好后再去干革命，只能采取"能够学得多少便是多少"的态度，而且还要"加以革命精神教育"，"如果没有革命精神，就是一生学到老，死记得满腹的学问，总是没有用处"。(《在陆军军官学校开学典礼的演说》，《孙中山选集》，人民出版社，1981年，第2版)

要求教师应"成国民之模范"　　孙中山非常重视师范教育，他说："欲四万万人皆得受教育，必倚重师范"，"而女子师范尤为重要"。他视师范教育为发展"教育之根本"，为"当务之急"，应将其置于优先发展的地位。

同时，他又提出做好教师的三项要求：首先，必须具有渊博的知识。他说："文学渊博者为师"，学识浅薄的昏昏之辈，是断然担负不起教育培养学生的重任的，他说："惟必有知识，方可担任教育。盖学生之学识，恒视教师以为进退，故教师之责任甚大。"(《女子教育之重要》，《中国近代教育史资料》下册，人民教育出版社，1961年，1017页)其次，教师要"养成国民之模范"。他说，教师"本来是教少年男女的，是教少年男女去做人的"（《孙中山全集》第十卷，第18—19页）。青少年时期又是一个人重要的发展时期，其中教师的言行、习惯、理想、信念、道德、情操等，都在潜移默化地感染着每一个学生，对他们起着重要的影响。因此，教师要"谨慎小心，养成国民之模范"（《孙中山全集》第二卷，第358页），即教师要为人师表。再次，教师要关心政治。孙中山指出："教育者，乃引导人群进化者也。"（《孙中山全集》第五卷，第56页）而促进人类进化最有力者乃是政治，而且"教育随政治为转移"（《孙中山全集》第五卷，第565页）。他针对当时教师界存在着"以不谈政治相尚"的模糊认识，明确指出这实为"大谬"，"为害匪浅"。他指出，教师的最主要任务就是教少年男女去做人，而"做人的最大事情是什么呢？就是要知道怎么样爱国，怎么样可以管国事"，以及"对于国家应负的责任"，而作为"师长"就必须首先明白这个道理（《在广东第一女子师范学校校庆纪念会的演说》，《孙中山选集》，人民出版社，1981年，第2版）。因此，孙中山强调："教育家须谈政治、理政治，引导人民谈政治。"（《孙中山全集》第五卷，第566页）要求教师谈政治，就是要求教师投身革命。

孙中山是"充满着崇高精神和英雄气概的革命的民主主义者"（《中国的民主和民粹主义》，《列宁选集》第2卷，人民出版社，1995年，第292页）。他创立的三民主义的教育思想，是以他所处的特殊的历史时期以及他作为革命先驱者身份为特点的。他的"施教"对象是四万万同胞，所"教"的内容是资产阶级民主革命的道理，其教育理论和思想是为资产阶级民主革命事业服务的。